本书系湖北省教育厅哲学社会科学研究项目重点项目
"基于表现标准的体育教育专业学生核心素养测评框架的构建与应用"（21D092）研究成果

循证视角下体育教育专业学生核心素养的表现标准研究

王慧莉　著

WUHAN UNIVERSITY PRESS

武汉大学出版社

图书在版编目(CIP)数据

循证视角下体育教育专业学生核心素养的表现标准研究/王慧莉著.
武汉：武汉大学出版社,2024.10
ISBN 978-7-307-24341-5

Ⅰ.循…　Ⅱ.王…　Ⅲ.体育专业—大学生—素质教育—研究
Ⅳ.G640

中国国家版本馆 CIP 数据核字(2024)第 062187 号

责任编辑:陈　帆　　　责任校对:汪欣怡　　　版式设计:马　佳

出版发行:**武汉大学出版社**　（430072　武昌　珞珈山）
（电子邮箱:cbs22@whu.edu.cn　网址:www.wdp.com.cn）
印刷:武汉邮科印务有限公司
开本:787×1092　1/16　印张:19.25　字数:384 千字　插页:1
版次:2024 年 10 月第 1 版　　2024 年 10 月第 1 次印刷
ISBN 978-7-307-24341-5　　定价:79.00 元

前　言

在国际教育革新的浪潮中，核心素养奏响了学校课程与教学改革的主旋律，培育具备核心素养的未来人才已达成国际共识；在国内教育评价指挥棒的引领下，新时代教育评价改革的深化发展为核心素养评价提供了政策保证与评价方案。与此同时，新时代学校体育也提出了体育师资质量的新标准，体育教师要从单纯地传授运动知识和技能的"教书匠"转变为通过体育教学促进学生形成学科核心素养和全面发展的"育人者"。尤其是2022年《体育与健康》新课标的实施，更加激发了社会对体育教育专业师资人才培养高质量发展的现实需求。由此，体育教育专业学生核心素养的评价问题浮出水面。表现标准作为规范化的学习结果是教育质量要求的集中体现，它在我国教育评价领域缺席已久，导致学校课程中对学生学习结果的认识与分析、监测与评价、激励与问责等无法在同一标准下形成闭合回路。因此，对表现标准进行专题研究成为教育评价领域无法回避、亟待解决的现实问题，具有重大的理论价值与现实意义。

本书以"学生核心素养如何有效评价"为问题导向，以循证为逻辑框架，运用文献研究法、问卷调查法、专家访谈法、案例研究法等对体育教育专业学生核心素养的表现标准进行探索研究。以循证实践理论和第四代评估理论为理论基础，以与表现标准的相关的体育教育专业方面的国家政策以及课程目标特点为现实基础，通过对中美体育教育领域表现标准发展概况的分析，归纳出我国体育教育领域表现标准发展的趋势以及美国表现标准发展的启示；进而，构建了体育教育专业学生核心素养指标体系，并对其表现标准体系的呈现框架、循证程序和证据支持系统进行详细解析。最后，以体育教育专业学生核心素养锚定表现标准和单元表现标准的研制为案例进行实践论证。本书为丰富表现标准本体理论提供了崭新的循证视角，也为体育教育专业学生核心素养表现标准的本土化研制提供了典型案例，还为后续研究建立"以证据为中心"的学生核心素养测评框架辅垫基石。

目前，对于"表现标准"的研究并不是国内教育评价领域关注的热点，"表现标准"也较少作为独立的研究主题出现。但是，随着我国新课标改革中学科核心素养和学业质量的出现，"基于标准"的教育改革势必会引发对我国课程改革中缺席已久的"表现标准"这一研究主题的迫切关注。尤其是，从核心素养评价相关研究成果来讲，有关核心素养评价指标体系构建研究的理论成果众多，但与之相配套的评价标准却未能引起应有的重视；从表现标准的相关研究成果来讲，其理论研究成果多与课程标准、学业质量评价、表现性评价等相关研究相关联，呈现出碎片化的状态，未能形成一定规模的独立研究体系。因此，本书将表现标准作为研究主题，借鉴循证实践理论和第四代评估理论充盈表现标准自身理论与方法，积极促进表现标准理论与实践的本土化推进，逐步完善体育教育专业教学质量监控与人才培养质量标准体系的建设。对体育教育专业学生核心素养的表现标准来说，通过表现情境、表现水平、表现样例等将抽象的学生核心素养指标进行具体化的表现描述，凸显了学生核心素养发展水平由低级到高级的序列化学习轨迹，为判断学生核心素养发展状态提供了有效证据。所以说，基于表现标准的学生核心素养评价是通过对学生学习结果的质性表述和样例呈现作出核心素养发展水平的综合性评价。它改变过去以内容标准为主线只关注知识点和标准答案的现状，建立了以学生发展核心素养为主线关注学习结果的评价体系，其特点是"以证据为中心"取代了以往"以知识点为中心"的评价方式，从而使核心素养变得可操作、可测量、可评价。

另外，通过对国外表现标准相关研究成果的分析，发现较多高质量的表现标准研究成果出现在医学院学生的学业表现、实习生临床能力及医生专业发展评价框架中。追根溯源，在医生的培养及医生专业发展历程中，受到循证医学思维逻辑的影响，其评价体现出"遵循最佳证据"的理念。因此，本书选择在"循证视角"下展开对体育教育专业学生核心素养的表现标准研究，率先尝试从循证新视角切入，充分利用"以证据为中心"的共同特征将循证实践理论与表现标准关联起来，借鉴循证实践理论中的循证程序、证据处理模式、证据集成的"系统整合"循证思维，并融合于表现标准的理论构建与应用实践之中，使表现标准作为规范化学习结果的证据本质真正有理可依、有据可证。通过循证视角可以将目标问题升华为对证据本质的认知与解释，在复杂的实践环境中探寻各因素的逻辑关系，从而形成对证据的有效评价，最大限度地填补了科学研究和社会真实之间的差距。也就是说，如果从循证视角看待学生核心素养评价这一现实问题，破解之道就是探寻学生核心素养内化外现的学习结果，通过有效证据来判断学生核心素养的达成度。

"质量为王、标准先行"，大数据时代"以证据为中心"基于标准的评价与决策无处不在，表现标准的功能与价值将在更广大的理论研究与应用实践领域中寻求突破。希望本书对表现标准的专题研究可以起到抛砖引玉的作用，引发众多学者关注表现标准领域的研究进展，并在该领域作出更多贡献。

目　　录

第一章 绪 论

21世纪，以创新驱动为特征的智能时代已然来临，社会环境与生活环境给人力资源与个体生活带来了与时俱进的挑战和翻天覆地的变革。2020年10月，中共十九届五中全会审议通过了《中共中央关于制定国民经济和社会发展第十四个五年规划和二〇三五年远景目标的建议》，指出新一轮科技革命和产业变革深入发展，国际力量对比深刻调整；同时，国际环境日趋复杂，不稳定性、不确定性明显增加；我国已转向高质量发展阶段，但发展不平衡、不充分问题仍然突出。① 我国正处于"两个一百年"奋斗目标的历史交汇时期，在"十四五"时期教育事业的主要目标是"建设高质量教育体系"，对于教育的高质量发展需求比以往任何时候都更加迫切，对于创新型人才的渴求比以往任何时候都更加强烈。进入新发展阶段，教育的高质量发展应紧盯国家战略需求，源源不断输出高素质人才、高端科技成果和先进文化，发挥学校在中华民族伟大复兴历史进程中稳固的基础支撑作用。

"不以规矩，不能成方圆。"同样，追求教育的高质量发展，就需要制定描述教育质量的"标准"。质量包括质和量，不言而喻，这个"标准"既要有质，也要有量，教育应该追求全面的质量。② 表现标准作为学业质量要求的重要标志已经成为世界各国监测、保障国家教育质量的重要依据，广泛应用于基础教育、高等教育和职业教育中。从广义上来讲，表现标准属于一种描述学生学业成就要求的教育质量标准；③ 从狭义上来讲，表现标准就是在课程标准中与内容标准相匹配的，用来描述学生掌握内容标准的程度与证据的规范化学习结果。④ 2001年第八次基础教育课程改革标志着我国学校课程进入"标

---

① 中共十九届五中全会在京举行[N].人民日报，2020-10-30(1).

② 王策三.教学论稿[M].北京：人民教育出版社，2005：65.

③ 中国教科院教育质量标准研究课题组.教育质量国家标准及其制定[J].教育研究，2013(6)：4-16.课题组从标准的核心组成以及目前国际基本共识来看，将教育质量标准分为三个维度：内容标准(content standards)、表现标准或绩效标准(performance standards)、保障标准或学习机会标准(assurance standards)。

④ 邵朝友.基于学科素养的表现标准研究[M].上海：华东师范大学出版社，2017：58.邵朝友对当前国内存在的教育质量标准、学业质量标准、内容标准与表现标准等相关概念进行辨析，从教育输出的视角取其共同内涵，即这些概念都指向学生学业成就的要求。

准时代"①，但是由于 2003 年版的《课程标准(实验)》中只有内容标准而无表现标准，对学生学业质量的评价缺乏依据、难以操作，最终导致教育质量难以监控，课程改革的理念无法真正落实。国际经验已经表明，"基于标准"的教育改革是个系统工程，随之而来的必定是基于标准的课程设计、基于标准的教学设计、基于标准的评价、基于标准的问责等，而基于标准的评价又恰恰是当前课程改革遇到的瓶颈。② 表现标准在我国的教育评价领域缺席已久，对于"主动脉"——国家教育质量监测与评价体系的构建产生了不利影响，同时也导致"微循环"——学校课程教学、评价与反馈无法在同一标准下形成闭合回路。因此，对表现标准进行专题研究成为教育评价领域无法回避、亟待解决的现实问题，具有重大的理论价值与现实意义。

"质量为王、标准先行"，教育标准建设是提高教育质量的基础工程。2010 年 5 月，国务院常务会议审议并通过《国家中长期教育改革和发展规划纲要(2010—2020 年)》，明确指出要把提高质量作为教育改革发展的核心任务，制定教育质量国家标准，建立健全教育质量保障体系。③ 直至 2017 年版新课标④颁布，才第一次出现了描述学生对内容标准掌握程度的表现标准——学业质量。紧接着，2018 年 1 月，教育部高等教育司发布《普通高等学校本科专业类教学质量国家标准》。这是我国高等教育领域首个教学质量国家标准，与重视人才培养质量的世界教育改革发展潮流相吻合，对建设中国特色、世界水平的高等教育质量标准体系具有重要的标志性意义。⑤ 至此，无论是基础教育还是高等教育的官方文件中都正式提出了多种层次和不同类型的表现标准。那么，在教育的高质量发展过程中，"标准为先、使用为要"必将引发"基于标准"的评价研究领域新浪潮，对表现标准将会有更广泛范围、更深层次的理论研究与应用探索。本书借鉴国外关于表现标准专题研究的成果与经验，立足本国国情与教育改革实践，对体育教育专业学生核心素养的表现标准进行专题研究，探索表现标准在体育教育专业学生发展核心素养过程中课程与教学层面的

---

① 季浏，钟炳枢. 普通高中体育与健康课程标准(2017 年版)解读[M]. 北京：高等教育出版社，2018：6.

② 崔允漷. 迎接新的教育评价范式[M]//周文叶. 中小学表现性评价的理论与技术. 上海：华东师范大学出版社，2014：9.

③ 中华人民共和国教育部. 国家中长期教育改革和发展规划纲要(2010—2020 年)[EB/OL]. (2010-07-29)[2021-01-20]. http：//www. moe. gov. cn/jyb_xwfb/s6052/moe_838/201008/t20100802_93704. html.

④ 中华人民共和国教育部. 教育部关于印发《普通高中课程方案和语文等学科课程标准(2017 年版)》的通知[EB/OL]. (2018-01-05)[2021-01-23]. http：//www. moe. gov. cn/srcsite/A26/s8001/201801/t20180115_324647. html.

⑤ 中华人民共和国教育部. 教育部发布我国高等教育领域首个教学质量国家标准[EB/OL]. (2018-01-30)[2020-07-24]. http：//www. moe. gov. cn/jyb_xwfb/gzdt_gzdt/s5987/201801/t20180130_325920. html.

理论构建与应用实践，旨在为学生核心素养的评价铺垫基石。

第一节 研究缘起

一、研究背景

（一）顺应国际教育核心素养导向课程与教学的改革趋势

21 世纪初，经济合作与发展组织（Organization for Economic Co-operation and Development，OECD）发起"核心素养的界定和遴选"国际项目，[①] 各个国家、地区或国际组织、研究机构等都围绕培养应对 21 世纪社会与生活所需的核心素养展开了一系列教育改革研究与实践探索。"核心素养"引领了当今世界各个国家课程与教学改革新趋势，它直接描绘了在复杂多变的知识经济、信息时代各个国家所需要的新型人力资源的具体形象。在这个多元异质的社会和环境中，以体力劳动为主、有固定的工作流程与规范的工作岗位正在逐渐被人工智能取代，人们不可避免地要学会整合已有的知识、技能、方法或观念，在更复杂、陌生的任务情境中创造性地应对和解决问题。

2014 年 4 月，"核心素养"首次出现在《教育部关于全面深化课程改革 落实立德树人根本任务的意见》中。该意见明确提出要研究制定学生发展核心素养体系和学业质量标准，根据学生的成长规律和社会对人才的需求，把对学生德智体美全面发展总体要求和社会主义核心价值观的有关内容具体化、细化，深入回答"培养什么人、怎样培养人"的问题。[②] 我国课程改革中所提出的学生发展核心素养，高度概括描绘出当下国家所需要人才的理想化素养模型；更重要的是，此次课程改革从以往对课程内容的关注转向对学生学习结果的关注，从关注"分数"转向对学生"表现"的关注。那么，核心素养如何在学生身上内化与外现？其外在表现的标准是什么？又如何在课程实施的问题情境中识别、判断与评价？基于这一系列的现实问题，在体育教育专业学生核心素养培育过程中，首先要构建体育教育专业学生的核心素养指标体系，然后根据此体系的导向逐层细化出核心素养的表现标准，

---

① Organization for Economic Co-operation and Development（OECD）. Definition and Selection of Key Competencies：Executive Summary［M/OL］. Paris，France：OECD，2005. http：//www. oecd. org/dataoecd/47/61/35070367. pdf.

② 中华人民共和国教育部. 教育部关于全面深化课程改革 落实立德树人根本任务的意见［EB/OL］.（2014-04-08）［2020-11-20］. http：//www. moe. gov. cn/srcsite/A26/jcj_kcjcgh/201404/t20140408_167226. html.

使表现标准成为贯穿在教—学—评一致性[①]学校课程实施中的"证据链"[②]，最后使所教即所学、所学即所评、所评即所教，真正促进学校课程与教学层面学生发展核心素养的落实。

(二)遵循我国新时代教育评价改革深化发展的政策导向

教育评价是引领教育价值的指挥棒，事关教育的发展方向。2020 年 10 月，中共中央、国务院印发了《深化新时代教育评价改革总体方案》，指出坚持科学有效，改进结果评价，强化过程评价，探索增值评价，健全综合评价，充分利用信息技术，提高教育评价的科学性、专业性、客观性。[③] 此方案首次系统提出"四个评价"，倡导多样化评价类型与方式的广泛应用与深度契合，逐渐矫正由传统标准化考试导致的"唯分数论"倾向，为深化新时代教育评价改革的实践指明方向。尤其是当前，在以核心素养为主旋律的课程改革实践中，必然会涉及课程设计、教师教学与学生学习模式、学业质量评价体系等一系列的配套改革。[④] 随着课程改革的深入进行，有关学生核心素养评价的现实问题已然浮出水面。那么，如何通过教育评价有效地促进学生发展核心素养？

新时代必须重新认识 21 世纪新型学习观和评价观以及它们的相互影响。一方面，这种孕育核心素养的新型学习观呈现出主体驱动性(agency-driven)、情境化(situated)、具身性(embodied)、社会文化限定性(social-culturally shaped)的特征。[⑤] 新型学习观对教育评价的理论、技术和实践等方面提出了崭新的挑战，不再仅仅局限于考查学生特定领域零碎知识或单一技能的掌握程度，而是更加关注对学生高阶思维的考查，尤其是学生在批判性思维、创新、沟通和交流、团队协作等技能上的综合表现。另一方面，近半个世纪以来，教育评价实践领域发生了巨大的变革——从心理测量学范式转换到教育评价范式，[⑥] 新型评价观更加倾向于情境化的、解释性的、基于表现的质性评价取向。这就要求教师能够创设与学生自身经验相关联的、真实问题情境下的开放式任务，引导学生采取合作式、探究

---

① 崔允漷，雷浩．教—学—评一致性三因素模型的建构[M]//刘良华，王小明．指向改进的教学与评价．上海：华东师范大学出版社，2015：3-12.

② 黄山．教师真的在基于证据作出教学决策吗？——对 89 次教学决策过程的分析[M]//刘良华，王小明．指向改进的教学与评价．上海：华东师范大学出版社，2015：307-315.

③ 中国政府网．中共中央、国务院印发《深化新时代教育评价改革总体方案》[EB/OL]．(2020-10-13)[2020-10-14]．http：//www.gov.cn/zhengce/2020-10/13/content_5551032.htm.

④ 贺新家，周贤江，王红梅．核心素养视角下我国学校体育政策及特征研究——基于 2014 年以来的 11 份政策文本量化分析[J]．武汉体育学院学报，2019，53(10)：28-35.

⑤ 杨向东．"21 世纪学习与测评议丛"总序[M]//琳达·达令-哈蒙德(Linda Darling-Hammond)，编．新一代测评：超越标准化考试，促进 21 世纪学习．韩芳，译．长沙：湖南教育出版社，2020：1-3.

⑥ 王少非．促进学习的课堂评价[M]．上海：华东师范大学出版社，2018：120.

式、项目式、问题式、体验式等多种建构型学习方式。与此同时，新型评价观更加强调采用与学习有机融合的过程性评价，注重收集学生在与情境化任务互动过程中所产生的学习结果。而表现标准从本质上来讲，就是一种描述学生学习程度与证据的规范化学习结果，作为评价核心素养的一种质性评价工具和重要依据，使无法直接量化衡量的核心素养体现出来。对体育教育专业学生核心素养的表现标准进行专题研究，就是要在新型学习观与评价观下，提高教育评价的科学性、专业性、客观性。

(三)满足新时代学校体育对高质量师资人才的社会需求

2020 年 10 月，中共中央办公厅、国务院办公厅印发了《关于全面加强和改进新时代学校体育工作的意见》[①]，指出：到 2022 年要"配齐配强体育教师，开齐开足体育课"，采取推进高校体育教育专业人才培养模式改革，推进地方政府、高校、中小学协同育人，建设一批试点学校和教育基地等一系列措施。全面加强和改进新时代学校体育工作对体育师资和体育课的数量和质量都提出了新需求，也对体育教育专业学生培育质量提出了新标准。

体育与健康课程改革的步伐不断推进，对体育教育专业学生的培育质量产生了连锁反应。2020 年 5 月，教育部印发了《普通高中课程方案和语文等学科课程标准(2017 年版 2020 年修订)》的通知。此次课程改革构建了我国信息时代课程体系，确立了以发展学生核心素养为目标的课程改革方向。[②] 课程改革是一项系统工程，教师作为一线实施者，在执行新课标的过程中起主导作用。在《普通高中课程方案(2017 年版 2020 年修订)》第五项条件保障第一条中明确指出要加强教师队伍建设。[③] 而且，新课标在贯彻立德树人和学生学科核心素养培养、学业质量标准与多样化学习评价等方面对教师的课程实施能力也提出了新要求。例如，《普通高中体育与健康课程标准(2017 年版 2020 年修订)》首次凝练了体育与健康学科核心素养，包括运动能力、健康行为和体育品德。[④] 体育教师要从单纯地传

---

① 中国政府网.中共中央办公厅、国务院办公厅印发《关于全面加强和改进新时代学校体育工作的意见》和《关于全面加强和改进新时代学校美育工作的意见》[EB/OL]. (2020-10-15)[2020-10-17]. http://www.gov.cn/zhengce/2020-10/15/content_5551609.htm.

② 中华人民共和国教育部.教育部关于印发《普通高中课程方案和语文等学科课程标准(2017 年版 2020 年修订)》的通知[EB/OL]. (2020-05-13)[2020-07-10]. http://www.moe.gov.cn/srcsite/A26/s8001/202006/t20200603_462199.html.

③ 中华人民共和国教育部.普通高中课程方案(2017 年版 2020 年修订)[S].北京：人民教育出版社，2020：14.

④ 中华人民共和国教育部.普通高中体育与健康课程标准(2017 年版 2020 年修订)[S].北京：人民教育出版社，2020：5.

授运动知识和技能的"教书匠"角色向通过体育教学促进学生形成学科核心素养和全面发展的"育人者"角色转变。①

2022 年，《义务教育体育与健康课程标准（2022 年版）》的颁布使中小学体育教师作为新课标实施者的关键作用更加凸显。那么，要想在体育课中实现促进中小学学生发展体育与健康核心素养，发挥体育课"以体育智、以体育心"的独特功能，体育教师自身首先应该具备哪些核心素养才可以承担此重任？未来体育教师应具备全面理解体育与健康核心素养、分解核心素养并设计层级性体育课程目标体系、选择整合性体育课程内容、开展创新性体育教学实践、实施多元性体育学习评价五个方面的新关键能力，从而全方位培养中小学生的体育与健康核心素养。②

以核心素养为核心的基础体育教育改革，要求体育教育专业人才培养转变观念，遵循"产出导向"，秉承"学生中心"，落实"立德树人"，倡导"持续改进"。③ 同时，"卓越体育教师"的培养促进了体育教育专业课程体系的重塑与优化，④ 从"重技术教学"⑤向"重核心素养培养"转变，以核心素养为纲进行相关专业知识体系、课程体系、教学方法、手段及教学评价的课程改革设计。⑥ 目前的体育教育专业（本科）人才培养方案和课程教学大纲多以高度概括的培养目标和内容标准为主，重在强调课程内容和知识点的传授，并未涉及适应现实需求、突出成果导向的体育教育专业学生核心素养的表现标准体系。个别学校已经尝试了基于体育教师专业标准的体育教育专业课程改革可行路径，⑦ 突出教师素养养成，促进教学能力生成。但目前，由于表现标准的缺失，对体育教育专业学生学习结果缺乏清晰、明确的规范化描述，导致无论是课堂教学还是学业评价都缺少统一的参照标准和评价依据，进而降低了学生核心素养落地化处理的可操作性。因此，针对我国新时代学校体育

① 季浏. 体育教师未来不再是"教书匠"[N]. 中国教育报，2017-01-06（8）.

② 尹志华，刘皓晖，侯士瑞，等. 核心素养时代体育教师专业发展的挑战与应对——基于《义务教育体育与健康课程标准（2022 年版）》的分析[J]. 体育教育学刊，2022，38（4）：1-9，95.

③ 胡庆山，向彪，王维. 专业认证下体育教育专业课程思政建设：理论逻辑、现实审视与策略因应[J]. 武汉体育学院学报，2022，56（11）：45-53.

凌晨. 专业认证——我国体育教育专业人才培养质量保障的新举措[J]. 武汉体育学院学报，2017，51（1）：77-81.

④ 舒宗礼，王华倬. 面向"卓越体育教师"培养的体育教育专业课程体系的重塑与优化[J]. 武汉体育学院学报，2017，51（4）：75-81.

⑤ 张磊，孙有平，季浏，等. 范式及其反思：我国高校体教专业术科教学改革研究 20 年[J]. 武汉体育学院学报，2014，48（7）：78-83，97.

⑥ 吕万刚，季彦霞. 我国体育高等教育面临形势与挑战及对体育类专业建设的启示[J]. 天津体育学院学报，2022，37（5）：497-503.

⑦ 黄爱峰，王健，郭敏，等. 基于体育教师专业标准的体育教育专业课程改革研究——以华中师范大学专业教改实验为例[J]. 武汉体育学院学报，2016，50（9）：63-68.

的应时之需与新课标实施的应尽之责，构建体育教育专业学生核心素养的表现标准体系，能够为明确学生核心素养的内化外现、中小学体育师资的培养规格与学业质量评价提供可参考的证据。

(四)完善大数据时代以证据为中心的教育标准建设

大数据时代的信息风暴正在改变人们的生活、工作和思维，一切皆信息——导致每个人都身陷其中，成为数据库中一个行走的样本。大数据时代不仅仅为"以证据为中心"的教育标准建设提供了数据处理技术上的可行性，更重要的是数据的呈现特点引发了人类思维的大变革。[1] 首先，数据更多——不是随机样本而是全体数据，意味着"样本=整体"；其次，数据更杂——不是精确性而是混杂性，意味着对事物的描述从一个数据点到一种表现趋势；再次，数据更真——展现事物"是什么"而不是"为什么"，意味着无须延续思维习惯紧盯事物之间的因果关系，寻找事物之间的相关关系会提供非常新颖且有价值的观点。因此，大数据时代的新思维引导人们如何有效利用数据，生产、传播、转化和应用最佳证据促进科学决策和循证实践，挖掘证据背后的真相，为提高教育评价的科学性、专业性与教育标准的公平性、有效性提供技术支持。特别是，对于表现标准体系的构建不仅可以提供学生学习结果的证据链和循证教育学数据库中的整体样本，还可以以证据为中心寻找表现标准与其他事物的相关关系，进而拓展表现标准的多领域应用。

预测是大数据的核心，也是人们获得新认识、创造新价值的源泉。"以证据为中心"将核心素养指标、表现标准、循证实践联系起来，利用证据集成"系统整合"的循证思维，寻找学生学习结果的证据、核心素养评价、预测、决策等之间的相关关系，旨在为教育决策者制定合理的科研方案、有效的教学措施、科学的教育政策等提供可靠的证据。2000 年 2 月，美、英等国发起成立的循证社会科学研究协作网——"Campbell 协作网"[2]已经发展成为享誉世界的社会科学类多学科交叉的智库平台，其中循证教育学数据库分支为相关领域的科学决策和实践提供了高质量的系统评价证据支持。2014 年，兰州大学循证医学中心与美国南加州大学社会工作学院共同开发"中国儿童及老年健康证据转化数据库"，在我国循证数据库的建设方面迈出了实质的一步。[3] 展望未来，如果我国建立大型循证教育学数据

① 维克托·迈尔-舍恩伯格(Viktor Mayer-Schönberger)，肯尼思·库克耶(Kenneth Cukier). 大数据时代：生活、工作与思维的大变革[M]. 盛杨燕，周涛，译. 杭州：浙江人民出版社，2013.

② 杨克虎，李秀霞，拜争刚. 循证社会科学研究方法：系统评价与 Meta 分析[M]. 兰州：兰州大学出版社，2018：364-388.

③ 童峰. 基于循证实践方法的老年人口健康干预研究[M]. 成都：西南财经大学出版社，2016：123.

库，那么反映学生学习结果的数据将产生更为广泛的应用价值。

哈佛大学创新实验室的专家托尼·瓦格纳(Tony Wagner)举例指出，谷歌以只雇用一流大学平均学分绩点和考试成绩最高的学生而闻名，但是最近谷歌高级人事部副总裁拉兹罗·博克(Laszlo Bock)在采访中表示，这些数据对预测员工的效能"毫无价值"。[①] 他们想要的是"能找到答案"的员工——能创造性地解决问题者或创新者。那么，大数据时代借助现代信息和脑科学技术，必将会日益丰富学生学习结果的测评方式与手段、表现标准的证据类型与数量。对于学生学业成就评价不再是成绩单上的考试成绩、平均学分绩点，而是包括行为、心理、生理、脑电波等多模态数据的转变。要对千千万万个学生应对和解决复杂的、不确定性的现实生活情境的综合品质作出评价，我们需要收集学生各类学习结果的证据，并从中寻找隐藏在大数据中的模式、趋势或相关性，继而揭示教育现象与学生核心素养的发展规律。

综上所述，本书依据国内外教育发展热点与社会需求，重点着墨于体育教育专业学生核心素养的表现标准研究，借鉴循证实践理论充盈表现标准基础理论，为学生核心素养评价提供不可缺少的质性评价工具以及证据样例，也为未来循证教育学数据库中有关学生学习结果的证据收集制作与分级分类提供参考。

二、研究目的与意义

(一)研究目的

表现标准作为规范性的学习结果，是教育质量要求的集中体现，为明确学生发展核心素养的达成度与教学质量监控提供可供参考的证据。表现标准在我国教育评价领域缺席已久，导致学校课程中对学生学习结果的认识与分析、监测与评价、激励与问责等无法在同一标准下形成闭合回路，从而影响学生发展核心素养的培育效果以及人才培养质量标准体系的建设。本书借鉴国外关于表现标准专题研究的成果与经验，立足本国国情与教育改革实践，从循证视角对体育教育专业学生核心素养的表现标准进行专题研究，构建体育教育专业学生核心素养指标体系，并对其表现标准体系的呈现框架、循证程序与证据支持进行详细解析与案例论证。旨在为丰富表现标准理论提供崭新的循证视角，也为体育教育专业学生核心表现标准的本土化研制提供典型案例，还为学生核心素养评价问题提供解决

---

① 托尼·瓦格纳(Tony Wagner). 序言[M]//鲍勃·伦兹(Bob Lenz)，贾斯汀·威尔士(Justin Wells)，莎莉·金斯敦(Sally Kingston). 变革学校：项目式学习、表现性评价和共同核心标准. 周文叶，盛慧晓，译. 长沙：湖南教育出版社，2020：1-4.

方案。

(二)理论意义

1. 有利于从循证新视角阐明表现标准作为学生规范化学习结果的"证据"本质

从循证视角构建体育教育专业学生核心素养表现标准体系，重点阐明体育教育专业学生核心素养的表现标准作为一种"证据"的呈现框架、循证程序和证据支持，体现了证据集成"系统整合"的循证思维内核，使其作为"规范化学习结果"真正有理可依、有据可证；同时，也为未来循证教育学数据库中有关学生学习结果的证据收集制作与分级分类提供理论参考。

2. 有利于在"以证据为中心"核心素养测评框架中明晰体育教育专业学生核心素养与表现标准之间的映射关系

学生核心素养是衔接教育目标与课程标准的重要枢纽，为研制表现标准提供一种分析框架；而表现标准则凸显了学生核心素养发展水平由低级到高级的序列化学习轨迹。在基于核心素养的课程改革中，表现标准对学生学习结果的描述突破传统的以学科知识体系为中心和线索，转变为以核心素养为中心和线索，从而实现对学生学业评价从关注学科知识的掌握转向关注核心素养的内化与外现。特别是大数据时代"以证据为中心"去寻找课堂教学要素之间的相关关系，发现表现标准成为教师课程教学设计、学生学习目标、教学质量评价的"公因子"，形成学校课程实施中教—学—评一致性的重要证据链。如果抓住了课程的"DNA"核心素养，掌控了"公因子"表现标准，那么教师教到什么程度、学生学到什么程度、评价依据什么标准等一系列问题将迎刃而解。

3. 有利于从学理上丰富对表现标准概念与内涵、呈现框架、循证程序与证据支持等基本理论问题的本土化认知

在新时代贯彻深化教育评价改革总体方案的背景下，对表现标准基本理论问题进行专题研究，从借鉴国外经验的移植到探索适合我国国情与教育环境的本土化创新，拓展表现标准在体育教育专业人才培养质量标准体系中的理论研究，并促动与新时代基于核心素养的课程改革、学生学业评价、教育质量评价等的互动研究，为体育教育专业学生核心素养表现标准的研制与应用提供广域的理论支撑。

(三)实践意义

1. 有利于进一步规范表现标准的研制程序与编制方法，并提供一个典型的本土化实践案例

在学校领域，以循证实践理论与第四代评估理论为依据，对体育教育专业学生核心素养锚定表现标准与单元表现标准进行研制开发，详细说明各类表现标准的研制程序与编制方法，为一线教师、教育管理者提供操作性较强的表现标准研制案例。

2. 有利于拓展表现标准在体育教育专业教学质量监控与人才培养质量标准建设中的实践应用

在基于核心素养的课程改革与新时代贯彻深化教育评价改革总体方案的趋势下，通过促进构建体育教育专业学生核心素养指标体系及其表现标准体系、表现标准研制案例等一系列研究目标的达成，拓展表现标准在体育课堂评价与学生学业质量评价中的实践应用，从而发挥表现标准作为核心素养质性评估工具的效用。

3. 有利于探索大数据时代表现标准在学校领域和社会领域的管理机制与应用策略

大数据时代不仅仅为"以证据为中心"的教育评价提供了数据处理技术上的可行性，而且还搭建了表现标准与其应用领域之间的相关关系。在政府和学校教育教学管理层面，表现标准在课堂教学、教育质量评价、行政管理问责等方面共享化、信息化和整体化的应用，可以为政府和学校教育决策、教学管理提供可供参考的现实依据。

第二节 概 念 界 定

一、核心素养

对于 21 世纪学生发展核心素养的研究与探讨，是国际社会和各国政府教育机构共同关注的热点问题。围绕"教育应该培养什么样的人"这一问题，各个国家可以在本国所构建的核心素养理论框架中找到答案。其中，核心素养概念和内涵的具体表达方式因带有不同社会背景与文化烙印而存在差异。现就经济合作与发展组织、联合国教科文组织和欧盟三个具有代表性的国际组织以及我国近五年对核心素养概念和内涵的研究进行分析，探析概念差异背后的思想内涵，以便在课程改革与教学评价中对体育教育专业学生核心素养进行准确定位。

(一)经济合作与发展组织对核心素养概念的界定

1997 年年底，经济合作与发展组织（Organization for Economic Co-operation and Development，OECD）[1]发起了"素养的界定与遴选"项目（Definition and Selection of

---

① Our global reach—OECD［EB/OL］.［2020-11-15］. http：//www.oecd.org/about/members-and-partners/.

Competencies：Theoretical and Conceptual Foundations，DeSeCo），旨在为应对全球经济和文化面临的普遍挑战提供一个合理的核心素养框架，为素养指标的研制和调查结果的解释提供参考；同时，提升青年和成人素养水平相关国际调查的评估质量，为政策决策者提供参考信息。2003 年最终研究报告 *Key Competencies for a Successful Life and a Well-Functioning Society* 出版，成为国际组织有关核心素养最有代表性的研究项目。DeSeCo 项目组以核心素养的价值定位为切入点，围绕"成功的人生和健全的社会需要人们具有什么样的素养"这一命题，试图从一个广泛的跨学科范围来寻求答案。为了应对当今世界的复杂挑战，个人需要一系列素养的集合体，其中核心素养必须满足以下条件：为社会和个人创造有价值的成果；帮助个人满足各种情况下的重要需求；不仅对专家重要，而且对所有个人都很重要。① 显然，这里对素养的界定体现了整合的观念——整合了个人在具体和一般领域的知识、技能、态度等，并可以在其应对现实生活的真实任务中体现出来。林崇德等（2016）将经合组织 DeSeCo 项目对核心素养的界定表述为：个人实现自我、终身发展、融入主流社会和充分就业所必需的知识、技能及态度的集合，它们是可迁移的，并且发挥着多样化的功能。② 具体来说，DeSeCo 项目组将核心素养框架分为三个维度：第一，个人需要能够使用广泛的工具与环境进行有效的互动（Use tools interactively）；第二，在一个日益相互依存的社会里，个人需要能够与他人交往，而且由于会遇到来自不同背景的人，所以能够在异质群体中进行互动是很重要的（Interact in heterogeneous groups）；第三，个人需要能够承担起管理自己生活的责任，能够在自己生活之余的更广阔的社会背景中自主行动（Act autonomously）。这三个维度各有侧重点且相互关联，在不同的情境下各自发挥着不同的作用。

综上所述，经济合作与发展组织对于核心素养的研究具有以下特点：第一，从不同学科（哲学、人类学、心理学、经济学和社会学等）角度构建了不同的核心素养理论模型；第二，在跨学科、跨文化但享有共同价值观的基础上，根据本国国情构建核心素养指标体系；第三，以开展国际评价项目的方式促进核心素养的落实，尤其是在终身教育的环境中去实施。

（二）欧盟对核心素养概念的界定

随着全球化持续给欧盟带来的新挑战，每位公民都需要核心素养以灵活地适应快速变

---

① Organization for Economic Co-operation and Development（OECD）. Definition and Selection of Key Competencies：Executive Summary［M/OL］. Paris，France：OECD，2005.［2020-11-15］. http：//www. oecd. org/dataoecd/47/61/35070367. pdf.

② 林崇德 . 21 世纪学生发展核心素养研究［M］. 北京：北京师范大学出版社，2016：13.

化和高度互联的世界。2006 年，欧盟发布了 *The Key Competences for Lifelong Learning—A European Reference Framework*①。这个针对终身学习的核心素养欧洲参考框架构建的主要目的是确定并定义个人成就、积极公民身份、社会凝聚力和知识社会就业能力所需要的核心素养；支持会员国的工作，确保在初级教育和培训结束时青年人的核心素养发展达到足以适合成人生活的水平，并为进一步学习、工作奠定基础；同时成年人也能够获得终身学习的机会，发展或更新他们的核心素养。林崇德等（2016）将欧盟对核心素养的界定表述为：一个人要在知识社会中实现自我、融入社会，以及具备就业时所需的能力（包括知识、技能、态度）。② 欧洲参考框架列出了八项核心素养：母语交流（Communication in the mother tongue）、外语交流（Communication in foreign languages）、数学素养和科技素养（Mathematical competence and basic competences in science and technology）、数字化素养（Digital competence）、学会学习（Learning to learn）、社会和公民素养（Social and civic competences）、主动意识和创业精神（Sense of initiative and entrepreneurship）、文化意识和表达（Cultural awareness and expression），并且对每项核心素养进行了界定和具体描述；同时，也指出这八项核心素养同等重要且存在重叠或连锁关系，都有益于公民在知识社会中获得成功的生活。

综上所述，欧盟对于核心素养的研究具有以下特点：第一，从知识社会终身学习的角度构建了欧洲核心素养框架，体现了知识经济时代人力资本应具有的八项核心素养；且每一项核心素养都是从知识、技能、态度三个方面进行描述的。第二，充分体现作为欧洲社会公民的价值观，核心素养必须能够使个体可以追求个人生活目标、积极参与社会公共事务、通过工作获得成功生活，从而增强作为欧洲公民的自我认同感。特别是将社会和公民素养、文化意识和表达都列入欧洲核心素养框架中，旨在通过强化欧盟各成员国在人力资本方面的投入，促进公民核心素养在终身学习中发展，以满足社会对人力资本的新需求。

（三）联合国教科文组织对核心素养概念的界定

2012 年，联合国教科文组织（United Nations Educational, Scientific and Cultural Organization, UNESCO）联合美国著名智库机构布鲁金斯学会的环球教育中心（Center for Universal Education at Brookings Institution）成立了"学习成果衡量标准特别工作组"（the

---

① European Commission and the Member States Within the Education and Training 2010 Work Programme. The key competences for lifelong learning—A European reference framework[J]. Official Journal of the European Union, 2006, L 394: 10-18.

② 林崇德. 21 世纪学生发展核心素养研究[M]. 北京：北京师范大学出版社，2016：64.

Learning Metrics Task Force，LMTF）。① 2013 年，工作组第一份报告 *Toward Universal Learning：What Every Child Should Learn* 正式发布，对于学习领域国际框架维度及内涵进行界定，提出了与学习成果相关的七个领域：身体健康（Physical well-being）、社交与情感（Social and emotional）、文化与艺术（Culture and the arts）、文字沟通（Literacy and communication）、学习方法与认知（Learning approaches and cognition）、计算与数学（Numeracy and mathematics）、科学与技术（Science and technology）。② 林崇德等（2016）认为联合国教科文组织所构建的学习领域国际框架描述了 0~19 岁基础教育阶段学生应该达成的学习成果体系，可以看做对学生应具备的核心素养的一种描述。③

综上所述，联合国教科文组织对于核心素养的研究具有以下特点：第一，学习成果是核心素养的外现，从学生学习成果角度构建学习领域以及学习子领域的框架结构，并对每个维度进行内涵解释，将核心素养与学习成果、课程改革、教育质量提升等问题直接关联起来，有助于核心素养在学习领域的落实与推进。第二，将学习成果具体化到明确的年龄阶段，关注 0~8 岁、5~15 岁、10~19 岁三个年龄阶段的不同发展特征，从而更加符合教育规律，有利于针对核心素养在不同年龄段的培育与发展。第三，以开展"全民教育"来引导学习领域的改革，以对学习成果的评价来促进教育质量的提升，尤其是以学生发展为根本教育目的的新时代教育本质观的确立，增加了学生发展核心素养的实践力量。

（四）我国对核心素养概念的界定

2014 年，"核心素养"首次出现在《教育部关于全面深化课程改革　落实立德树人根本任务的意见》中，预示着"核心素养"将成为我国教育领域重要的政治话语和学术热点，构建落实立德树人根本任务背景下的核心素养中国框架将是重中之重。根据学生成长规律和社会需求，把对学生德智体美全面发展的总体要求和社会主义核心价值观的有关内容具体化，深入回答"培养什么人、怎样培养人"的问题。该文件首次明确提出研究制定学生发展核心素养体系和学业质量标准，主要包括：第一，组织研究各学段学生发展核心素养体系，明确学生应具备的适应终身发展和社会发展需要的必备品格和关键能力，突出强调个

---

① United Nations Educational, Scientific and Cultural Organization（UNESCO）. Toward Universal Learning：What Every Child Should Learn[R]. Quebec, Canada：UNESCO Institute for Statistics and Center for Universal Education at Brookings，2013：1.

② United Nations Educational, Scientific and Cultural Organization（UNESCO）. Toward Universal Learning：What Every Child Should Learn[R]. Quebec, Canada：UNESCO Institute for Statistics and Center for Universal Education at Brookings，2013：4-49.

③ 林崇德. 21 世纪学生发展核心素养研究[M]. 北京：北京师范大学出版社，2016：15.

人修养、社会关爱、家国情怀，更加注重自主发展、合作参与、创新实践；第二，研究制定中小学各学科学业质量标准和高等学校相关学科专业类教学质量国家标准，根据核心素养体系明确学生完成不同学段、不同年级、不同学科学习内容后应该达到的程度要求，指导教师准确把握教学的深度和广度，使考试评价更加准确地反映人才培养要求。①

2016 年，由北京师范大学林崇德教授承担的教育部哲学社会科学研究重大委托专项课题成果之一《21 世纪学生发展核心素养研究》出版。课题组对核心素养的概念进行了界定，指出核心素养是学生在接受相应学段的教育过程中，逐步形成的适应个人终身发展和社会发展需要的必备品格与关键能力。② 中国学生发展核心素养总体框架以"全面发展的人"为核心，包括文化基础、自主发展和社会参与 3 个领域，人文底蕴、科学精神、学会学习、健康生活、责任担当、实践创新 6 项核心素养指标。③ 唐智松等（2018）根据林崇德课题组对核心素养概念的表述，对核心素养的本质属性进行了相应的解读，即教育性和获得性的统一、内在性和必要性的统一、稳态性和适用性的统一、社会性和价值性的统一。④

针对林崇德课题组提出的核心素养概念，国内学者随即展开了对核心素养概念、内涵的持续探索与争鸣。钟启泉（2016）在论述基于核心素养的课程发展问题时指出，核心素养是课程发展的 DNA，勾勒了新时代人才的形象，规约了学校教育的目标、内容与方法。所谓"核心素养"，指的是同职业上的实力与人生的成功直接相关的，涵盖了社会技能与动机、人格特征在内的统整的能力。⑤ 由此可以看出，这不仅涉及"知道什么"，而且注重考察在现实中"能做什么"。崔允漷等（2016、2017）指出核心素养理应是课程发展的中心与起点，所有课程共同承担核心素养的培育，每门课程承担了适合各自课程特征的部分核心素养要求（如学科核心素养）。在某种程度上，核心素养是个体适应未来社会生存与发展所需的关键能力、必备品格与价值观念。⑥ 关于核心素养的概念界定并没有达成统一，但是

---

① 中华人民共和国教育部．教育部关于全面深化课程改革 落实立德树人根本任务的意见［EB/OL］．（2014-04-08）［2020-11-20］．http：//www. moe. gov. cn/srcsite/A26/jcj＿kcjcgh/201404/t20140408＿167226. html.

② 林崇德．21 世纪学生发展核心素养研究［M］．北京：北京师范大学出版社，2016：29.

③ 核心素养研究课题组．中国学生发展核心素养［J］．中国教育学刊，2016(10)：1-3.
林崇德．构建中国化的学生发展核心素养［J］．北京师范大学学报(社会科学版)，2017(1)：66-73.
林崇德．中国学生核心素养研究［J］．心理与行为研究，2017，15(2)：145-154.

④ 唐智松，徐竹君，杨士连．"核心素养"概念的混沌与厘定［J］．课程·教材·教法，2018，38(8)：106-113.

⑤ 钟启泉．基于核心素养的课程发展：挑战与课题［J］．全球教育展望，2016，45(1)：3-25.

⑥ 崔允漷，邵朝友．试论核心素养的课程意义［J］．全球教育展望，2017，46(10)：24-33.
崔允漷．素养：一个让人欢喜让人忧的概念［J］．华东师范大学学报(教育科学版)，2016(1)：3-5.

这些概念都在回答同一个问题，即如何从学生学习结果的角度来回答未来社会需要哪种人才。那么，从概念界定的逻辑起点思考，核心素养是从学生学习结果的角度界定未来社会所需要的人才形象。①

余文森（2017）指出，核心素养是个体在面对复杂的、不确定的现实生活情境时，能够综合运用特定学习方式所孕育出来的（跨）学科观念、思维模式和探究技能，结构化的（跨）学科知识和技能以及世界观、人生观和价值观在内的动力系统进行分析情境、提出问题、解决问题、交流结果的综合性品质。② 王俊民等（2018）指出，核心素养是针对个体适应终身发展和社会发展的一种理念构想，本质上是一种跨学科（情境）的综合能力，只能通过一定情境下观察到的表现进行推测而无法直接观察和测量，其本质属性是通用性或可迁移性；从科学取向教学论的视角来看，核心素养不仅涉及个人认知领域的高阶思维，还拓展了认知心理的视野，将与个体发展相关的社会与文化因素纳入学习结果，包括认知领域、内省领域、交际领域和信息技术领域。③

马健生等（2018）在探讨核心素养的边界与限度时指出，从国际组织和部分国家及地区的政策文本与教育文献来看，与国内当前使用的"素养"一词相对应的英文主要是 competency 或 competence——其中经济合作与发展组织多使用 key competencies，欧盟多使用 key competences，它们二者在内涵上几乎没有区别。但是在一项对欧盟中小学核心素养实践进行评估的报告 Key Competences in Europe：Opening Door for Lifelong Learners Across the School Curriculum and Teacher Education 中，复数形式的 competences 更加倾向于指人的特征、能力和素质（qualities）的整体观念，具有内在性；而 competencies 则更接近技能的应用，它通常是习得的，更强调通过采取某种行动来达到预期结果。④

沈章明等（2019）在讨论核心素养的生成逻辑与发展方向时指出，核心素养实为"通用能力"，具有超越的特性，应从知识、智力和理解维度进行界定、遴选和落实，变革教育，力求促进个体、家庭、国家、世界的共同进步。⑤ 核心素养定义的边界在不断发展、更新，从合乎社会就业需求的劳动者到可能是社会、文化精英的代表者——先是要求新一代

①　崔允漷. 追问"核心素养"[J]. 全球教育展望，2016，45（5）：3-10，20.

②　余文森. 核心素养导向的课堂教学[M]. 上海：上海教育出版社，2017：15.

③　王俊民，丁奕晨. 核心素养的概念与本质探析——兼析核心素养与基础素养、高阶素养和学科素养的关系[J]. 教育科学，2018，34（1）：33-40.

④　马健生，李洋. 核心素养的边界与限度——一种比较分析[J]. 北京师范大学学报（社会科学版），2018（3）：28-40.

⑤　沈章明，许营营. "核心素养"的生成逻辑与发展方向：基于相关政策文本的分析[J]. 外国教育研究，2019，46（11）：3-28.

劳动者能够灵活解决复杂问题,具有高度适应性;接着强调其在企业发展方面作为人力资本的贡献能力,创造社会价值;后来又强调其在家庭、社会、国家形象建设以及文化推广方面的积极作用,遴选者都普遍希望具有超越特性的核心素养能够变革教育,培养出合乎时代和社会需求的新型人才。

杨向东(2020)通过对核心素养若干概念和命题的辨析,指出核心素养可以被理解为个体在面对复杂的、不确定的现实生活情境时,综合运用特定学习方式下所孕育出来的学科或跨学科观念、思维模式和探究技能、结构化的学科知识和技能以及不同学科领域所蕴含的世界观、人生观和价值观,分析情境、提出问题、解决问题、交流结果过程中表现出来的综合性品质,并进一步指出核心素养是学生在经历完整的复杂现实问题解决过程中调动和整合人类文化工具、方法和资源建立起来的情境、观念和结果之间的内在联系和心智灵活性。[①] 突出核心素养的培养必须以情境为依托,强调连接学生日常生活和社会实践的多样化真实情境在核心素养培养过程中的根本价值。

综上所述,国内学者对于核心素养的研究具有以下特点:第一,尽管目前国内学者对核心素养概念的界定不统一,对于核心素养的内涵解析不尽相同,但是对于核心素养概念界定的逻辑起点,即从个体发展和社会需求两个方面来描述"培养什么样的人"这一点是达成一致的。第二,以"全面发展的人"为核心,在全面深化课程改革、落实立德树人根本任务的社会背景下构建核心素养的中国框架,为国际核心素养研究提供中国方案。基于我国国情与教育传统,核心素养不仅仅涉及"培养什么样的人"这一国际热点问题,而且涉及"怎样培养人"和"为谁培养人"的国内本土问题。由此引发的课程改革就是针对后面两个问题的回应。第三,通过深化课程改革、研究制定学业质量标准和教学质量国家标准等教育实践促进核心素养在学校课堂教学中落地。学校教育成为学生发展核心素养的重要场所,围绕核心素养的培育必定会推进课程—教学—评价一致性的整体改革实践。第四,在核心素养中国框架的研制中,核心素养是从学生学习结果的角度界定未来社会所需要的人才形象,不仅仅要体现必备品格和关键能力,更要充分体现作为中国公民应具备的价值观,把社会主义核心价值观的有关内容具体化、细化,尤其重视吸收中国传统文化的精华。

---

① 杨向东.关于核心素养若干概念和命题的辨析[J].华东师范大学学报(教育科学版),2020,38(10):48-59.

二、体育教育专业学生核心素养

(一)概念界定的逻辑起点

核心素养是一种在各国社会背景、文化语境中描述新型人才形象的"类概念"。[①] 核心素养在国内外文献中的用词多种多样,例如外文用 key competencies、key competences、literacy、skills、ability、capability 等,中文用核心素养、关键能力、通用能力、学养、修养等。通过对核心素养的概念解析,不难发现国内外"核心素养"不仅在具体表达方式上存在差异,而且在概念的内涵与外延方面都具有不同的释义。但核心素养所表达的思想内核却是共通的,其实它回答了一个永恒的时代问题——教育应该培养什么样的人。核心素养概念的演变与人类进步和社会发展密切相关,是社会生产力与生产方式发展变化的产物。[②] 因此,核心素养直接反映的是当今社会发展的需求。为了应对知识经济社会的全球化、信息化对人才培养需求的变化,倡导学生发展核心素养就是培养能够自我实现且与社会和谐发展的高素质国民与世界公民的基础。

本书对体育教育专业学生核心素养的概念界定不纠结于核心素养众多概念的差异问题,而是换个角度思考,从这类概念产生的逻辑起点探究"核心素养"到底在描述什么——描述各个国家对个体终身发展和社会现实所需的新时代新型人才的概括化整体形象。所以,依据崔允漷在《追问"核心素养"》中指出核心素养是"从学习结果界定未来人才形象"的类概念这一观点,[③] 选择"描述未来人才形象"这一出发点,从学生学习结果的角度来回答社会所需要的中小学体育教师是什么样的人才形象。针对本书的题目关键词进行准确定位,研究的是"学生核心素养",而不是"体育学科核心素养"或"体育教育专业核心素养"。

(二)概念界定的操作方法

1. 采用专家访谈法咨询概念界定的注意事项

对于体育教育专业学生核心素养概念的界定,笔者在问卷调查之前对赵富学教授进行

---

① 类概念_百度百科[EB/OL]. [2020-11-15]. https://baike. baidu. com/item/%E7%B1%BB%E6%A6%82%E5%BF%B5/22118388? fr=aladdin. 类概念形成的过程就是以某种方式将两个或者两个以上的东西作为相同的东西,以便获取知识并且进行预测。也就是说,抽象出不同物体的共同特征,根据相似性原则,把彼此相似的物体归于相同的类概念。

② 林崇德. 21 世纪学生发展核心素养研究[M]. 北京:北京师范大学出版社,2016:1-11.

③ 钟启泉,崔允漷. 核心素养研究[M]. 上海:华东师范大学出版社,2018:37-44.

了专家访谈(见表 1-1),重点了解赵富学教授博士学位论文中体育学科核心素养概念界定以及相关问题的研究心得。

表 1-1　　　　体育教育专业学生核心素养概念界定以及相关问题的访谈内容

访谈信息	具 体 内 容
访谈专家	赵富学,教授、博导。研究方向:体育课程与教学论
访谈时间	2021 年 1 月 15 日上午 9:00-9:30
访谈地点	武汉体育学院科学运动与健康促进湖北省协同创新中心办公室
访谈提纲	问题 1:结合您博士学位论文《课程改革视域下体育学科核心素养研究》谈谈对体育学科核心素养研究的心得体会
	问题 2:如何看待体育教育专业学生核心素养评价问题,以及对我博士学位论文写作的建议

针对问题 1 的回答要点:(1)从选题来讲,在新课标改革初期我就率先对体育学科核心素养进行专题研究,当时还没有出现"体育学科核心素养"这个概念。我博士学位论文的研究结果与新课标颁布后的体育与健康学科核心素养的主要内容基本吻合。你要研究体育教育专业学生核心素养,也要关注新课标。因为体育教育专业学生是未来的中小学体育教师,也是新课标教学一线的执行者。(2)从体育学科核心素养内涵界定来讲,因为"核心素养"这个词在国外研究与实践较早,所以我读博期间借助去美国访学的机会,广泛阅读核心素养有关的外文文献,了解美国与加拿大、英国与德国、日本与澳大利亚体育学科核心素养的研究及推行,再结合国内教育环境与核心素养研究现状,就更加清楚体育学科核心素养内涵的界定与其内在特征。在界定这个概念的时候,也了解了与核心素养相关的教育政策,借鉴了林崇德《21 世纪学生发展核心素养研究》中所界定的核心素养概念,主要从我国传统体育文化中发掘、从国际经验比较中推行、从我国体育课程改革的实际需求中总结、从促进学生全面发展的理念与实践中归纳。

针对问题 2 的回答要点:(1)强调研究的理论依据。你选择循证视角,就要把循证理论吃透。例如,我博士学位论文用的是学科结构理论,按照学科结构理论的"过程—结构"要求,体育学科核心素养内涵的界定处于学科结构初始构建阶段,回答"体育学科培养学生"的问题。有关经典理论的具体使用方法,你可以参考我的专著《中国学生体育学科核心素养研究》。(2)强调学生核心素养评价一定要在课堂教学中落地,那么研究者要对教学过程中学生核心素养的培育以及产生的学习结果具有较为深刻的理解与把握。我的博士学位论文通过能力化(对学生培养)、课程化(对课程改革)、专业化(对体育教师)三个方面的策略促使体育学科核心素养在课程中落地。(3)强调既要阅读经典专著,也要紧随学术前沿,多看文献、多练笔,希望你能够做出课堂教学中实用的学生核心素养评价体系。

根据对赵富学教授访谈所提炼出的要点,笔者认为本书在概念界定时应注意:(1)该概念应突出专业特色或者职业特色。体育教育专业学生核心素养与新课标中体育与健康学科核心素养的关系提示,体育教育专业学生作为未来的中小学体育教师就是新课标教学的一线执行者。这点在第三章介绍美国职前体育教师标准中要求职前体育教师应关注 K-12 体育教育的观点同向而行。(2)该概念应突出关键词"必备品格"与"关键能力"。国外核心素养的概念与实践较为丰富,可以增加对核心素养概念多样化的理解与辨析。但国外核心素养指标并非完全适应我国教育环境,所以在概念界定的时候要根植于本土教育政策与教育环境。本书选择借鉴林崇德(2016)①、杨向东(2020)②的核心素养概念和赵富学的体育学科核心素养概念③作为参照。(3)该概念应突出学生"人"的核心素养。本书选择循证实践理论作为整体研究的理论依据,用"以证据为中心"将学生发展核心素养所呈现的现实学习结果与作为规范化学习结果的表现标准相关联,同时也为后续研究学生核心素养评价问题打下基础。(4)该概念应包含核心素养孕育的情境。为了实现学生核心素养评价在课堂教学中落地,除了制定体育教学专业学生核心素养的锚定表现标准,还在研制的案例中演示课堂教学中所使用的表现标准如何制定。因此,该概念所涉及的中小学体育教师的真实性工作任务与体育教育专业课程教学情境应存在对应性。

2. 采用问卷调查法调查概念拟定的合理性

在 3 轮问卷调查中,广泛收集专家对该概念拟定的意见与建议。第 1 轮问卷专家较一致地指出所拟定的概念要简洁且突出体育教育专业特色(见表1-2)。在问卷调查中附带了对体育教育专业学生核心素养概念拟定合理性的评价,第 2 轮问卷专家(N=22)认为合理的占 68%,认为比较合理的占 18%(见图1-1);第 3 轮问卷专家(N=12)认为合理的占 75%,认为比较合理的占 17%(见图1-2),专家整体认同率从 86% 上升到 92%。

---

①　林崇德.21 世纪学生发展核心素养研究[M].北京:北京师范大学出版社,2016:29.

②　杨向东.关于核心素养若干概念和命题的辨析[J].华东师范大学学报(教育科学版),2020,38(10):48-59.

③　赵富学.中国学生体育学科核心素养研究[M].北京:人民出版社,2020:138.

表 1-2   体育教育专业学生核心素养概念界定的问卷调查情况

问卷	概念相关内容	专 家 建 议
第 1 轮问卷	第 1 轮问卷中并没有出现成形的概念，希望通过问卷调查的机会与专家对概念的界定进行交流，广泛收集专家意见。向专家介绍了概念界定的出发点：崔允漷《追问"核心素养"》指出核心素养是"从学习结果界定未来人才形象"的类概念。目前，核心素养的概念很多，本书则选择"描述未来人才形象"这一角度，从学生学习结果的角度来回答社会所需要的中小学体育教师师资是什么样的人才形象	多数专家认同选择"描述未来人才形象"这一出发点，建议借鉴林崇德课题组对核心素养概念的界定，突出体育教育专业特色
第 2 轮问卷	体育教育专业学生核心素养：体育教育专业学生通过整个学段学习所形成的基于中小学体育教师职业活动内容、过程和价值的真实性工作任务所具备的思想品质与专业能力，以及对学生自我发展产生持续影响且在多样化情境中满足社会发展需求的知识、技能、情感态度与价值观等方面的整合程度与对复杂工作的整体把握程度等所体现出来的问题解决能力和知识创新能力	(1) 概念表述面面俱到，过于繁琐，尚需提炼 (2) 进一步考虑体育教育专业学生核心素养与一般素养的区分度，并斟酌素养与能力的区分度 (3) 厘清体育教育专业学生（即职前体育教师）核心素养与"体育与健康学科核心素养"之间的关系，突出体育教育专业特色 (4) 结合问卷中学生核心素养的指标，将最核心的素养在概念中体现出来
第 3 轮问卷	体育教育专业学生核心素养：通过体育教育专业整个学段的学习，学生所形成的能胜任中小学学校体育工作所必备的思想品质与专业能力，尤其是在践行师德、体育教学、综合育人以及自主发展需求情境下知识、技能、情感态度与价值观综合表现出来的心智灵活性	(1) 概念表述再简洁一点会更好 (2) "尤其"之前与之后的语句内涵是否有重复的内容 (3) 再考虑下具有体育教育专业特色的工作任务情境

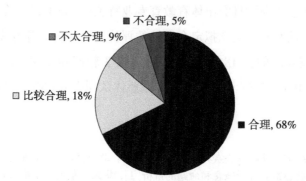

图 1-1   第 2 轮问卷调查体育教育专业学生核心素养概念拟定合理性的专家评价

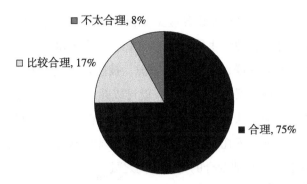

图 1-2　第 3 轮问卷调查体育教育专业学生核心素养概念拟定合理性的专家评价

(三)概念内容及其内涵的特征解析

体育教育专业学生核心素养是通过体育教育专业整个学段的学习，学生逐渐形成的能胜任中小学学校体育工作所需要的必备品质与关键能力，尤其是在师德践行、体育教学、综合育人和自主发展的复杂现实问题解决过程中所建立的情境、行为表现和结果之间的内在联系和心智灵活性。

1. 职业性

体育教育专业学生核心素养要体现出中小学体育教师的职业特质，可以准确反映新时代教育回应社会需求和公众期望的未来人才形象，标志着素养导向的时代烙印。依据 2018 年版《普通高等学校本科专业类教学质量国家标准》将体育教育专业目标定位为培养能胜任学校体育工作的应用型人才，[①]从目标定位上该概念指向的是"教育应该培养什么样的学校体育工作者"这一问题的答案。

2. 情境性

所谓情境，就是个体和世界产生互动的当下环境。[②]核心素养的产生、发展与现实情境密不可分，它恰恰考查的是个体在面对不确定的或是多样化的现实情境时，能够综合运用知识、技能以及渗透在行为中的品格和价值观去分析情境、提出问题、解决问题所作出的恰当反应。这种即时反应因情境而异，而核心素养恰恰就体现在不确定情境中的"随机应变"。根据 2021 年版《中学教育专业师范生教师职业能力标准(试行)》以师德践行能力、教学实践能力、综合育人能力和自主发展能力为重点展开的对中学教师职业能

---

① 教育部高等学校教学指导委员会. 普通高等学校本科专业类教学质量国家标准(上)[M]. 北京：高等教育出版社，2018：76-84.

② 约翰·杜威. 我们怎样思维：经验与教育[M]. 姜文闵，译. 北京：人民教育出版社，2005.

力的描述，① 体育教育专业学生核心素养应主要根植于师德践行、体育教学、综合育人和自主发展这类现实情境之中，使学生能够调动、重组、整合和灵活运用相关资源，不断建立情境、行为、结果之间的关联，提高学生知识、技能的结构化程度和学科思维、品质、价值观等发展程度。学生核心素养一旦形成，就可以超越中小学体育教师工作情境而广泛应用于多样化的社会情境中，从而再促进学生核心素养在复杂情境间的迁移而向更高阶素养发展。因此，核心素养虽然依托于情境，但是却可以跨越情境。这点才是核心素养应对21 世纪现实世界与虚拟世界互动融合的与众不同之处。

3. 进阶性

核心素养作为一种类概念，会形成有逻辑性的层次网络模型即核心素养的指标体系。其中每一项指标(目标信息)都是根据个人发展和社会所需新型人才整体形象(源信息)类比推理的映射，可以体现不同时间阶段核心素养水平发展变化的轨迹。这就决定了体育教育专业学生核心素养指标所对应的表现水平也会呈现出进阶性的特征。那么，对于学生核心素养的评价就应该采取形成性评价与终结性评价相结合的方式。另外，由于我国暂时没有官方认证的体育教师专业标准，职前体育教师与体育教师专业标准无法形成一个完整的标准体系，导致体育教师专业发展失去了标准导向。

4. 基础性

体育教育专业学生核心素养代表个体普遍应达到的共同素养，是体育教育专业学生所有人都必备的素养。对于体育教育专业学生来说，其毕业标准则是对应初级中小学体育教师标准，同时也应满足用人单位招聘中小学体育教师的要求。因此，核心素养是职业素养发展的"共同基础"。学生在成为职业领域的"专才"之前，首先要成为社会所需的"人才"。② 在概念拟定过程中，有专家思考该概念如何体现"核心"而非"一般"，也许是中文用词惯性思维认为"核心"与"一般"是对立存在的；但是从国内外文献来看，"核心"其实还有"基础"的意思。也就是说，核心素养代表应该达成的最低共同要求是社会每个个体都必须获得的素养。

5. 内隐性

体育教育专业学生核心素养要体现出学生核心素养的存在状态不是静态的、显性的，而是动态的、隐性的。这就涉及对"素养"与"表现"相关关系的辨析：素养是一种将知识与技能、认知与情感、创造性与德性融为一体的复杂心理结构，它遵循的是"心灵(mind)

① 中华人民共和国教育部. 教育部办公厅关于印发《中学教育专业师范生教师职业能力标准(试行)》等五个文件的通知[EB/OL]. (2021-04-02) [2022-01-05]. http：//www. moe. gov. cn/srcsite/A10/s6991/202104/t20210412_525943. html.

② 刘新阳. 教育目标系统变革视角下的核心素养[J]. 全球教育展望，2017，46(10)：49-63.

原则";表现则是在特定情境下外部行为表现的具体呈现,它遵循的是"行为(behavior)原则"。① 更形象地说,其实就像冰山模型一样,冰山水面之上是肉眼所见的表现,冰山水面之下才是素养。所以,本书用"心智灵活性"来表述体育教育专业学生核心素养是知识、技能、能力、情感态度价值观在师德践行、体育教学、综合育人和自主发展这类现实情境中是恰当的、灵活的、非自动化的综合表现。从这点来讲,它是无法直接用标准化测试测量的,预示着对于体育教育专业学生核心素养的评价不能单纯采用量化的方法。

三、表现标准

(一)概念演变

表现标准伴随教育标准的产生而逐步发展起来。在此之前,表现标准一直隐藏在教育过程之中,并未独立存在。② 20世纪90年代,以美国、英国、澳大利亚、加拿大为先锋的国家在世界范围内掀起了教育标准改革的新浪潮,其目的是提高学生学业成就水平,使学生成为胜任将来就业、具备终身学习意识、有责任心的公民,从而不断提升国家竞争力。其中,1989年美国政府提出研制国家教育标准的一系列改革运动对世界教育标准化思想产生了巨大的影响,从美国教育标准的发展中可以清晰看到表现标准概念的发展轨迹。

表现标准最初出现在教育标准之中。Sadler(1987)确定并描述了教育标准制定和发布的方法,充分利用了数学界限、隐性知识、范例和口头描述;另外,还指出评估所参考的标准可以适用于学校各种科目,教师可以直接广泛地使用标准作出定性判断,这样就为学生提供外部、可见的标准。随后有人认为,将教育标准中范例和口头描述这两个因素结合起来可以形成一个可发展的框架,在这个框架里教师可以对学生的成绩作出合理的定性判断,以促进学生学习与完善总结性报告。③ 其实,这个框架就是表现标准框架的雏形。

1993年,美国首次明确提出现代教育标准改革中表现标准的概念。美国国家教育目标专家组(National Education Goals Panel) 在 *Promises to Keep: Creating High Standards for American Students* 报告中指出,内容标准规定了"学生应该知道和能够做什么"(what students should know and be able to do);表现标准则进一步规定学生表现"多好才算好"(how good is good enough),旨在通过回答"多好才算好"这个问题使内

---

①　张华. 论核心素养的内涵[J]. 全球教育展望,2016(4):10-24.

②　杨向东. 基础教育学业质量标准的研制[J]. 全球教育展望,2012(5):32-41.

③　SADLER D R. Specifying and promulgating achievement standards [J]. Oxford Review of Education,1987, 13(2):191-209.

容标准具有可操作性。① 该报告中内容标准和表现标准是配套出现的，其中表现标准着重说明学生对内容标准的掌握程度，用于评价管理也是表明学生掌握内容标准的证据。

1995 年，表现标准的概念与功能以立法形式被加以保障。美国加利福尼亚州颁布了有关教育法的第五章 *California Assessment of Academic Achievement*，也称为 *Leroy Greene California Assessment of Academic Achievement Act*。② 加州立法机构颁布本章的主要目的是提供一个学生评估系统，以协助教师、管理人员、学生及其家长改进教学、提高教育质量，使学校和地方教育机构对其所有学生在学习 *California academic content standards* 方面的成绩负责。其中，第 60603 款的第(i)条规定了内容标准③，概括了本州公立学校在课程学习内容方面特定的学术知识、技能和能力；第(r)条规定了表现标准④，为公立学校每门课程领域的内容标准界定出各年级学生不同层次的能力水平，从而衡量学生达到内容标准的程度以及学校或学区达到内容标准的程度。随后，政府就以立法的形式来督促州级教育标准的研制与实施，表现标准就频繁出现在课堂教学中。Douglas 等(1996)在讨论如何在课堂中使用标准的时候指出，内容标准通常是由国家、州和地方团体制定，明确规定需要教授和学习的基本知识、技能和思维习惯，定义了学生应该知道和能够做什么；而表现标准则表达了期待学生完成内容标准所表现出的熟练程度或者质量，其回答的是质量和程度的问题。⑤

美国政府大力鼓励发展自发性的教育标准并给予法规保障，许多科研机构、协会联盟和公司都展开了各级各类表现标准的研制。1999 年，美国"新标准"科学表现标准是基于

① Board of Education of the City of New York. New Standards™ Performance Standards (New York City Science—First Edition)[M/OL]. New York：Board of Education of the City of New York，1999：2-19[2020-08-19]. http：//science with grambo. com/Teacher Center/PDFs/Performance Standards_NYC_Science. pdf.

② Office of Legislative Counsel State of California. Leroy Greene California Assessment of Academic Achievement Act. (Added by Stats. 1995, Ch. 975, Sec. 1. Effective January 1, 1996.)[EB/OL]. [2020-08-20]. http：//leginfo. legislature. ca. gov/faces/codes _displayText. xhtml？ lawCode = EDC&division = 4. &title = 2. &part = 33. &chapter = 5. &article = 1.

③ Leroy Greene California Assessment of Academic Achievement Act 第 60603 款：(i) "Content standards" means the specific academic knowledge, skills, and abilities that all public schools in this state are expected to teach, and all pupils are expected to learn, in reading, writing, mathematics, history-social science, world languages, visual and performing arts, and science, at each grade level tested.

④ Leroy Greene California Assessment of Academic Achievement Act 第 60603 款：(r) "Performance standards" are standards that define various levels of competence at each grade level in each of the curriculum areas for which content standards are established. Performance standards gauge the degree to which a pupil has met the content standards and the degree to which a school or school district has met the content standards.

⑤ Douglas E. Harris, Judy F. Carr. How to Use Standards in the Classroom[M]. Alexandria, Virginia：Association for Supervision & Curriculum Development, 1996：4-6.

1996 年由美国全国科学研究委员会(National Research Council, NRC)和 1993 年美国科学促进协会(American Association for the Advancement of Science, AAAS)的内容标准而制定的，属于典型的课程与教学取向的表现标准，与以往心理测量取向所代表的学业成就水平分界分数有所不同。表现标准界定了学生的学习责任，与此同时，也暗示了学校的教学责任。如何确定学生是否履行了他们的学习责任？即通过与表现标准的对比来评估学生的作业是否"足够好"。表现标准的构成为表现描述+作业样例+样例注释(Performance Standards = performance descriptions+work samples+commentaries on the work samples)，表现描述是告诉学生应该知道什么，以及应该如何展示他们所掌握的知识和技能；作业样例是展示与部分标准相关的、表明标准所设定的表现真实存在的学生作业；样例注释是说明学生作业为什么根据相关的表现描述来设定标准。①

Lance(1999)作为太平洋公共政策研究所学校改革中心的联合主任出版了该中心系列丛书 *Templates for Legislative and Policy Reform* 的第一本出版物 *Developing and Implementing Academic Standards*②，主要内容包括学术内容标准、评价体系、表现标准、实施与问责策略四个部分，为政府决策者、立法者在教育改革中制定政策和立法提供了一个模板。它指出，表现标准通常被定义为描述"多好才算好"("how good is good enough")，即学生必须展示知识以证明自己对内容标准有一定程度的理解，换句话说就是表现标准使内容标准具有可操作性。例如，1996 年美国教育部(U. S. Department of Education)对表现标准给出了一个类似的定义，但在定义中补充了学生必须知道和做什么才能完成各种成就的表现水平。首先，他们提供了学生应该知道的知识的描述(和一些例子)，并且能够证明他们以内容标准为框架已经达到的关于知识和技能的具体熟练程度；其次，表现标准显示了依据内容标准所列出每个主题的成就水平，并且规定了学生熟练程度的类别。1997 年美国加州标准委员会(California Standards Commission)就是用成就水平(achievement levels)来表达学生达到内容标准的程度。加州学术标准委员会(California Academic Standards Commission)建议把成就水平分为优秀(Merit)、精通(Proficient)、接近精通(Nearly Proficient)、精通以下(Below Proficient)、远低于精通程度(Well Below Proficient)五个等级。

但是，必须指出的是，美国教育界对表现标准的定义仍然没有达成共识。1998 年在为美国教育部和州立学校校长理事会准备的一份报告 *Handbook for the Development of*

①　Board of Education of the City of New York. New Standards™ Performance Standards (New York City Science—First Edition)[M/OL]. New York: Board of Education of the City of New York, 1999: 2-19[2020-08-19]. http://science with grambo. com/Teacher Center/PDFs/Performance Standards_NYC_Science. pdf.

②　LANCE T. IZUMI. Developing and Implementing Academic Standards: A Template for Legislative and Policy Reform[M]. San Francisco, California: Pacific Research Institute for Public Policy, 1999: 49-50.

Performance Standards 中指出，不同人群对表现标准的定义是不同的。对于考试测试开发人员和心理测量师来说，表现标准通常是指测试分数表上区分成就水平的分数点或者通过一个专业流程进行识别的证据。对于参与课程和教学开发的教育工作者来说，表现标准意味着对学生所知道的和能够做的事情的描述，以证明学生对内容标准掌握的熟练程度。对于其他人来讲，表现标准这个术语是展示世界一流表现水平的学生作业示例，因为一旦学生分数出来了，大多数人有兴趣知道学生是怎样表现的。虽然定义不同，但重要的是要注意内容标准、表现标准和评估工具之间的相互依赖性。根据联邦北中央区域教育实验室（North Central Regional Educational Laboratory，NCREL）评估主任 Linda Bond 在 *From Content Standards to Performance Standards and Assessments* 报告中提出的，美国大多数州是首先设置内容标准，接着制定评估，然后建立评分等级（分数线）作为表现标准。Clark（2001）指出，标准是关于学生在特定时间应该知道和能够做什么的公开声明，通常分为学术标准（或内容标准）和表现标准（或基准）。学术标准描述学生应该知道或做什么，而对应的表现标准则衡量学生达到内容标准的程度。[①]

21 世纪初，美国对于表现标准概念的争论逐渐平息，关注的焦点转到对各级各类表现标准的研制与应用。与此同时，我国从 2001 年开始的第 8 次课程改革作为一次思想和方法上的重大变革，标志着我国课程进入"标准时代"。2001 年版新课标（实验稿）的实施引发了众多学者对国外教育标准改革成果的借鉴，表现标准这个概念开始逐渐进入我国课程标准领域。汪贤泽（2008）指出，表现标准实质上是人们基于内容标准、为了特定目的而对课程提出的具有明确指向性的规定或要求，它对表现和结果的规定和要求必然影响内容标准的执行和落实。[②] 雷新勇（2009）指出，表现标准又称学业标准，描述学生学习到什么程度才算好，即定性地描述期望学生达到的表现水平，一般由表现水平、表现描述语和样例组成。表现标准按照内容主题或内容领域逐一描述学生不同学业水平的内涵，使教师与学生知道知识和技能掌握到什么程度是合格，什么程度是优秀。它有助于教师从总体上理解和把握内容主题或内容领域的教学，获得更好的教学效果；有助于学生从总体上理解标准规定的学习内容和要求，更加有目的地调控自己的学习以实现规定的学业目标；有助于教育行政机构比较不同地区、不同学校教师教学水平与学生学业水平。[③]

李珍等（2010）在论述标准设定（Standard Setting）中内容标准与表现标准两个重要的基本概念时，对比国外相关研究指出：Cizek 等（2004）认为内容标准描述特定年龄和领域的

---

①　CLARK, L. The standards just a click away[J]. Instructor, 2001, 111(1)：78.5p.

②　汪贤泽. 基于课程标准的学业成就评价程序研究[D]. 上海：华东师范大学, 2008：78.

③　雷新勇. 学业标准——基于标准的教育改革必须补上的一环[J]. 上海教育科研, 2009(6)：15-18.

考生应该掌握的知识和技能，回答"是什么"的问题，而表现标准则描述特定类别的考生应该表现出的水平或程度，回答"程度如何"的问题；Hambleton 等（2006）也认为"标准"一词包括两层含义，即内容标准和表现标准，而"通过分数""分界分数""临界分数""表现水平""成就水平""掌握水平""能力水平"等都是表现标准的不同文字表达形式。① 赵广涛（2010）在论述小学"体育与健康"课程体育学业评价问题时，指出表现标准是体育学业评价中对内容标准掌握程度和质量的描述，主要通过学生对体育知识和运动技能的掌握水平、学生在平时体育达标或者测试时是否通过或通过的层次这两个方面来判断。②

沈南山（2011）指出，学业评价标准的范畴体系是一个与课程标准、内容标准、表现标准相匹配的综合评估系统，其中课程标准是内容标准与表现标准的基础，内容标准与表现标准相互规约，评价标准是内容标准和表现标准的有机整合；另外，还对内容标准与表现标准的关系作进一步说明，指出表现标准以内容标准为载体，是对内容标准的进一步分解、描述和刻画，描述的是学生对内容标准掌握的程度和质量水平，是学生要掌握知识的程度或学业成就水平的判别标准。③ 周文叶等（2012）在论述表现性评价时指出，表现性评价不仅仅从内容标准出发，清晰地界定表现标准，而且将表现标准进一步细化、具体化，制定了具体的评分规则。其中，内容标准起着统领作用，它规定了学生学习的范围；表现标准解读了内容标准，化抽象为具体，它详细地描述了课程内容标准的深度。④ 伍远岳（2014）指出，能力表现标准是对学生能力发展层级和质量的说明，它是教学设计与教学评价的指南，可以根据能力表现标准开展基于标准的教学与评价，从而使目标、教学、评价、学习保持一致性。⑤

国内学者对表现标准概念的初期理解主要是依据美国表现标准的相关成果，并没有进行本土化的创新发展；同期，美国也进行新一轮表现标准的修订工作，对于表现标准的理解更加深刻、更加细化。2012 年，美国阿拉斯加州颁布了 *Alaska English/Language Arts and Mathematics Standards*⑥。州标准主要以内容标准为重点，表现标准并没有作为一个独立

① 李珍，辛涛，陈平．标准设定：步骤、方法与评价指标[J]．考试研究，2010，6(2)：86.

② 赵广涛．小学体育学业评价的价值取向——评价与课程标准一致性研究[J]．河南教育学院学报（自然科学版），2010，19(2)：78.

③ 沈南山．学业评价标准研究：内涵、范式与策略[J]．课程·教材·教法，2011，31(11)：18-22.

④ 周文叶，崔允漷．论促进教学的表现性评价：标准—教学—评价一致性的视角[M]//杨向东，崔允漷．课堂评价：促进学生的学习和发展．上海：华东师范大学出版社，2012：27.

⑤ 伍远岳．中小学生实践能力：结构、表现标准与评价[J]．综合实践活动研究，2014(7)：26.

⑥ Alaska Board of Education & Early Development. Alaska English/Language Arts and Mathematics Standards[M/OL]. Juneau, Alaska：Alaska Board of Education & Early Development, 2012：9, 102[2020-08-21]. https://education. alaska. gov/akstandards/standards/ELA_and_Math. pdf.

的组成部分出现。英语语言艺术标准包括内容标准和锚定标准(Anchor Standards),其中锚定标准和阅读等级 K-12 年级共同定义了所有学生必须展示的技能和理解:锚定标准提供了广泛的、概括性的标准,阅读等级 K-12 年级的具体标准则定义了学生在每个年级结束时应该理解和能够做什么。数学标准包括内容标准和数学实践标准(Standards for Mathematical Practice),其中数学实践标准描述了所有级别的数学教育工作者应该设法培养学生各种各样的专业技能。这些实践建立在重要的"过程和熟练程度"之上,使学生建立思维习惯,形成数学素养,在数学教育中具有长期的重要性。2016 年,美国阿拉斯加州颁布了 Content and Performance Standards for Alaska Students[①]。州标准主要包括各个学科课程的内容标准、文化标准、表现标准三个部分,其中表现标准主要描述了对学生学习结果的年级期望(Grade Level Expectations),是依据内容标准制定且相对更为具体的描述。

原克学等(2017)指出,内容标准与表现标准是学业质量评价标准框架的主要内容,其中表现标准能准确描述学生行为达到什么程度才算合格,达到什么程度才算优秀;作为评价学生学业成就程度的参照标准要合理划分表现等级,并明确不同等级表现标准的内涵。[②] 邵朝友(2017)通过对表现标准的历史演变过程"经验化、具体化、概括化"三阶段的探讨指出,随着当今课程改革的步伐,教育标准着重体现出素养本位,强调学生的学习结果与表现,而表现标准恰恰是在一定程度上被视为素养的外现。因此,将表现标准界定为:以课程与教学为取向,指向学科素养要求,描述学生掌握内容标准程度与证据的规范化学习结果。[③] 我国学者对表现标准的理解日益成熟:从知识—能力—素养维度的扩展,到教学—学习—评价领域的延伸,显示出对表现标准概念界定、内涵把握从对国外经验的借鉴、模仿到根据我国国情的本土化创新发展的转变,并立足于本国课程标准实施的现实去构建表现标准框架,未来研究将更多地聚焦于表现标准的研制与应用方面。

(二)概念辨析

无论在社会领域还是学校领域,只有清晰把握表现标准概念的边界与内涵,才可以在

---

① Alaska Department of Education & Early Development. Content and Performance Standards for Alaska Students(Fifth Edition)[M/OL]. Juneau, Alaska:Alaska Department of Education & Early Development, 2016:20[2020-08-21]. https://education. alaska. gov/akstandards /standards/Content Standards. pdf? v=1.

② 原克学,郝华杰. 对研制义务教育阶段学业质量评价标准的思考[J]. 教育理论与实践,2017, 37(29):24.

③ 邵朝友. 基于学科素养的表现标准研究[D]. 上海:华东师范大学,2017:58.

不同领域丰富表现标准的框架、内容等，以促进其更好地发挥应用功能。排除表现标准应用领域广泛、分类多样的因素，通过对学校领域课程与教学取向的表现标准与学业质量标准、学业成就评价的概念辨析发现，表现标准与学业质量标准、学业成就评价具有密切的相关关系(见图1-3)。表现标准可以贯穿学校课程与教学实施过程，从宏观国家政策层面学业质量标准(锚定表现标准)、学科表现标准到微观课程与教学层面课的表现标准，再到可以作为学业成就评价的质性评价工具，在教—学—评一致性过程中起到全面引导的作用。

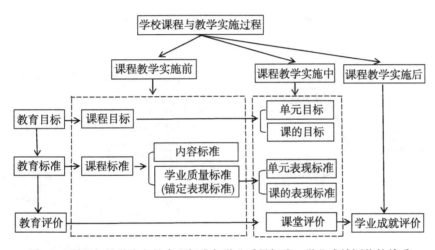

图1-3　课程与教学取向的表现标准与学业质量标准、学业成就评价的关系

1. 表现标准与学业质量标准

对于表现标准与学业质量标准的辨析，主要以国内教育环境下的话语表达为主。杨向东(2012)指出，学业质量标准是指学生在完成各学段基础教育时应该具备的基本素养及其应该达到的具体水平的明确界定和描述；根据当前国际上的最新实践，学业质量标准是现代意义上课程标准的有机构成部分，是以学科能力模型为核心的规范性表现标准和实际表现标准相结合的产物(见图1-4)。① 辛涛等(2012)指出，学业质量标准是教育质量标准的核心，不是指在大规模学业水平测验中所体现出来的学生成绩水平，而是评估在经历一定教育阶段后，学生的能力和水平能否体现国家与社会对教育的期望，即学业质量标准描述和规定了学生在完成各学段教育时所应该具备的与进一步升学或进入社会，乃至今后发展有关的关键素养以及在这些素养上的具体水平。② 乐毅(2014)指出，学业质量标准是依据

---

① 杨向东. 基础教育学业质量标准的研制[J]. 全球教育展望, 2012, 41(5)：32-41.
② 辛涛, 姜宇. 在国际视域下定义教育质量标准[J]. 人民教育, 2012(12)：2-6.

国家课程标准的目标、内容以及学生身心发展和认知水平特点所设定的总体标准和各学科的具体质量指标，由总体标准和学科分类表现标准组成(见图1-5)。[①]

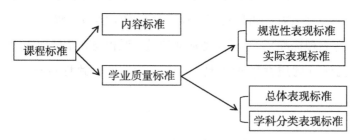

图 1-4   课程与教学取向的表现标准与学业质量标准的关系

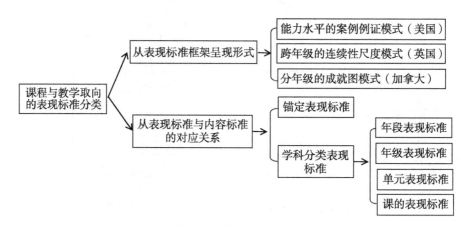

图 1-5   课程与教学取向的表现标准分类

2017年版新课标指出，学业质量标准是以本学科核心素养及其表现水平为主要维度，结合课程内容，对学生学业成就表现的总体刻画；依据不同水平学业成就表现的关键特征，学业质量标准明确将学业质量划分为不同水平，并描述了不同水平学习结果的具体表现。[②] 季浏(2018)指出，学业质量是学生完成本学科课程学习后的学业成就表现，它不是单纯基于学业水平测试而制定的学生对学科内容学习程度的表现标准，而是以基础教育阶段总体教育目标为导向，以跨越不同学科领域的公民素养模型和具体学科的学科核心素养模型为基础的表现性成就标准。[③] 汪晓赞等(2021)基于2017年版新课标指出，体

①   乐毅. 试论制定国家学业质量标准的若干基本问题[J]. 教育研究，2014，35(8)：40-51.

②   中华人民共和国教育部. 普通高中体育与健康课程标准(2017年版2020年修订)[M]. 北京：人民教育出版社，2020：57.

③   季浏. 我国《普通高中体育与健康课程标准(2017年版)》解读[J]. 体育科学，2018，38(2)：3-20.

育与健康学业质量是学生完成体育与健康课程学习后的学业成就表现，以运动能力、健康行为和体育品德三个方面学科核心素养及其表现水平为主要维度，为教师教的程度确定了明确、清晰、可测量的考核标准，有利于保证教学效果、达成课程目标。[①] 张华（2022）指出，2022年版义务教育课程标准根据核心素养的外部表现，分学段研制了学业质量标准；学业质量标准即"表现标准"，表征学生完成一个年级或一个学段的课程之后核心素养的表现水平。[②]

虽然上述学业质量标准的概念都是在描述学生学习结果，但概念内涵存在的不同之处导致表现标准与学业质量标准的关系比较复杂——不再是单纯的"包含""交叉重叠"或者"等于"的关系。第一，从概念内涵分析，有的认为学业质量标准包含不同类别的表现标准，在某种意义上是"包含"的关系；有的认为表现标准是与内容标准配对出现的，而学业质量标准是以教育目标为导向基于素养的表现，不再是表达单纯的内容掌握程度，因此它们在这里就是"交叉重叠"的关系；有的认为学业质量标准就是表现标准的一种应用类型，即国家政策层面的锚定表现标准，可以是"等于"的关系。但无论是哪种关系，它们本质都是描述学生各学段课程学习后应达到的知识掌握、能力发展、素养积淀等方面的学习结果。第二，从分类结构来讲，表现标准框架呈现形式多种多样，如美国能力水平的案例例证模式、英国跨年级的连续性尺度模式、加拿大分年级的成就图模式等，[③] 分类结构从宏观到微观一应俱全。从课标中表现标准与内容标准的对应关系来分，从国家政策层面的锚定表现标准到学科分类表现标准，甚至还有年段、年级、单元和课的表现标准（见图1-3），[④] 既可以体现整体的概括性，又可以体现局域的差异性；而学业质量标准一般是出现在官方文件中，框架呈现形式统一规范，是体现总体概括性的一种锚定表现标准。第三，从应用领域分析，表现标准除了学校领域，还可以作为质性评价工具应用到职业资格评价、运动表现评价、身体机能评价、产品性能评价等多领域（见图1-6）；而学业质量标准仅仅出现在课程标准中，主要应用于学校领域。因此，在应用领域方面，表现标准要比学业质量标准更广泛。

---

① 汪晓赞，何耀慧，尹志华.基于核心素养的高中体育与健康学业质量阐释、构成与超越[J].成都体育学院学报，2021，47（1）：32-40.

② 张华.创造21世纪理想课程——义务教育课程修订的国际视野[J].基础教育课程，2022（10）：5-11.

③ 付华安.基于核心素养的基础教育学业质量标准的比较研究[D].南宁：广西师范学院，2017.

④ 崔允漷，夏雪梅.试论基于课程标准的学生学业成就评价[J].课程·教材·教法，2007，27（1）：15.

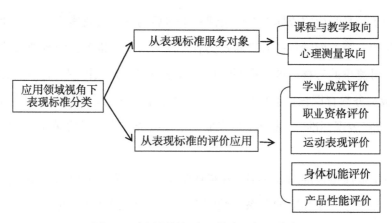

图 1-6　应用领域视角下的表现标准分类

2. 表现标准与学业成就评价

对于表现标准与学业成就评价的辨析主要放在学校领域进行讨论，以此来排除因表现标准的不同分类而带来的复杂关系。薛晓嫘(2006)指出，学业成就评价是对学生在学习过程中所获得的持久稳定的外部行为改变和内部条件变化(兴趣、态度和价值观)改变所作的价值判断。[1] 汪贤泽(2008)在论述基于课程标准的学业成就评价程序研究中指出，对于学业成就概念的理解有广义与狭义之分，国外学者更加倾向于将学业成就定义为超越现有测验或者其他标准化考试测量的学术成就，包括知识、技能、兴趣、态度和价值观等多方面的综合；而目前我国是从知识与技能、过程与方法、情感态度价值观三大目标领域来描述对学生学业成就的期望，多以考试方式来评价学生的学业成就。[2] 崔允漷等(2008)指出，学业成就是指学生学习的结果，通过测验和评价衡量出来的学生个体所取得的学习结果就是他们所取得的成就；学生的学业成就是指学生在学校教育情境中获得的学习结果，是学生学习学校教育所提供的课程所取得的成就；基于标准的学生学业成就评价可以看作一个有目的地收集关于学生在达成课程标准的过程中所知和能做的证据的过程。[3]

陈羿君(2016)根据心理测量学中学业成就测验方面的理论指出，学业成就是指个体经过对某种知识或技术的学习或训练所取得的成就，一般表现为个体心理品质在知识、技能等方面的提高。[4] 教育者或者管理者可以通过学业成就测验评价学生的学业成就，并利用学业成就测验信息衡量在教育教学中的各种决策，为学生的升学、毕业或考级提供数据上

---

① 薛晓嫘. 基于课程标准的阅读学业成就评价概念界定[J]. 宜宾学院学报，2006(5)：58.

② 汪贤泽. 基于课程标准的学业成就评价程序研究[D]. 上海：华东师范大学，2008：9.

③ 崔允漷，王少非，夏雪梅. 基于标准的学生学业成就评价[M]. 上海：华东师范大学出版社，2008：10-13.

④ 陈羿君. 高级心理测量学的理论与应用[M]. 苏州：苏州大学出版社，2016：173-186.

的支持。王俊民(2018)指出,学业评估指对学生的学业成就的评价,指通过收集学生在完成一定的学习之后的学业成就信息来判断学生的学业成就水平的过程,只针对学生的学业成就,包括知识、能力、情感态度以及三者综合,不包括对教学环境、教师等因素的评估。[①] 由此可见,学业成就评价各种概念所指并无较大分歧,强调的是在学校教育情境中,运用一定的评价方法与工具来测量、报告、解释学生经历一段学习之后在知识、能力或情感等方面的学习结果或成就。例如,我国的高考就是非常典型的全国性学业成就评价测试。高考的学业成就评价报告可以为国家、省市、学校等各级层面提供不同学生群体的学业成就信息和历年变化趋势,有助于国家从宏观上了解整个教育系统的运转绩效,明确取得的成绩与存在的问题,进而提供教育决策促进改进,最终达到提高整体教育质量的目标。

在学校领域讨论表现标准与学业成就评价的关系:第一,从概念内涵分析,以课程与教学取向的表现标准在课程标准中与内容标准相匹配出现,此时的表现标准与学业成就评价都是以学习结果作为描述对象。表现标准可以定性描述学习过程中每个阶段的学习结果,注重过程中的外在表现;而学业成就评价多数属于终结性评价,是对学校课程一个阶段学习之后的学习结果进行价值判断。第二,从应用功能分析,以课程与教学取向的表现标准通常可以作为学业成就评价中的质性评价工具,对学生的学习结果进行定性说明;以心理测量取向的表现标准通常可以作为学业成就评价中区分不同成就水平的分界分数,对学生的学习结果进行定量说明。因此,学业成就评价同时包含定性与定量多种评价方式。

四、体育教育专业学生核心素养的表现标准

(一)概念内容

本书对"体育教育专业学生核心素养的表现标准"概念界定主要依据邵朝友(2017)对表现标准所下的定义:表现标准是以课程与教学为取向,指向核心素养要求,描述学生掌握内容标准程度与证据的规范化学习结果。[②]

体育教育专业学生核心素养的表现标准是以课程与教学为取向,描述体育教育专业学生核心素养发展水平与证据的规范化学习结果。在课程与教学取向下,限定在体育教育专

---

① 王俊民. 核心素养视域下国际大规模科学学业评估框架与试题研究[D]. 重庆:西南大学,2018:20.

② 邵朝友. 基于学科素养的表现标准研究[D]. 上海:华东师范大学,2017:58.

业课程课堂教学范围内，体育教育专业学生核心素养的表现标准重点服务于课堂评价；指向核心素养要求，限定在核心素养导向的课程目标发展阶段，该表现标准反映的是目前我国对体育教育专业人才培养规格和质量的时代特色。

（二）内涵解析

1. 表现标准是一种从宏观规划到微观实施中都体现国家教育总目标的"规范"

表现标准主要体现了国家对当下教育输出结果的期待，在国家政策规划的宏观层面，国家将所需要的人才规格投射到对学业质量的要求中。"教育应该培养什么样的人"是教育的首要问题，决定着教育工作的根本方向和任务，也是衡量教育质量的根本标准。2018年，全国教育大会上提出教育的首要任务是培养德智体美劳全面发展的社会主义建设者和接班人。因此，表现标准作为体现国家教育总目标"教育应培养什么样的人"这一问题的规范性标准，从宏观规划到微观实施中既可以体现国家教育总目标所需要人才形象的整体概括性，又可以体现个体间的现实差异性。另外，表现标准会在一段教育周期内保持相对的稳定性，但并不是一成不变的，会随着国家教育改革同步进行修订。在21世纪中国学生发展核心素养的教育标准指导下，体育教育专业学生核心素养的表现标准是以体育学科、体育教育专业和课程为载体直接指向学业质量标准，在课程与教学实施的微观层面强调素养本位的学习结果与行为表现。

2. 表现标准是一种基于核心素养要求的描述学生掌握内容标准质量的"证据"

表现标准作为评估学生核心素养的一种"证据"，不仅仅包括简单的知识、能力，更是指向复杂、抽象的素养。表现标准在课程标准中与内容标准匹配出现，通过具体的表现描述和表现样例明晰学生的学习结果处于何种水平，对教学目标的达成和学业成就评价产生驱动力，从而使内容标准更具有可操作性。目前，在课程与教学方面，从以学科知识的体系和线索为中心来表述学科能力，到更加强调由学科知识的学习向学科核心素养表现的转化；在学业成就评价方面，从以往用分阶分数来区分不同学生群体的学业成就到现在强调学习结果与表现，弱化单一的分数。无论是国家层面课程标准中专家团队研制的学业质量标准，还是省市、学校等区域层面自主研制的各级各类表现标准，都需要将学生学习结果的证据进行收集制作、分级分类，进而归纳出表现标准。其实，体育教育专业学生核心素养的表现标准带有一定的理想化色彩，界定和描述期待体育教育专业学生掌握内容标准所能达到的表现水平；又必须来源于现实证据，是对学生学习结果的规范化概括。

3. 表现标准是一种贯穿学校与社会对人才培养质量统一认识与标准的"链接"

表现标准分类多样、应用领域广泛，"链接"了学校领域与社会领域对人才培养质量所达成的共识。一方面，表现标准对学习结果的表述具备整体概括性与局域差异性，为学校领域与社会领域使用者同时提供了统一清晰的参照目标；另一方面，表现标准对学习结果的价值判断可以发挥质性评价工具的作用，聚焦核心素养，可以弥补评价目标单一的缺陷，降低唯分数论的影响，从而提高测试评价的信效度。表现标准在不同的应用领域具有不同的功能：(1)在课程与教学层面(例如课堂评价)，利用表现标准为教师的教学设计、学生的学习目标、评价的内容提供依据，使所教即所学，所学即所评，所评即所教。(2)在国家级大规模选拔性考试层面(例如高考)，利用表现标准对考生学习结果进行评价，是对学生学业质量进行监控的证据，也是对教师、学校以及教育主管部门绩效责任进行评估的依据。(3)在职业资格考试层面(例如教师资格证)，利用表现标准对考生职业素养进行测评，是对考生职业资格认证的证据，也是对照学校教育质量与社会人才需求的依据。因此，针对体育教育专业学生，可以通过表现标准形成统一评价标准描述体育教师专业发展的进阶水平。

第三节 研究综述

一、国内有关核心素养评价的研究现状

目前，核心素养评价的理念与方法、评价体系构建成为该领域关注的热点。从这些研究中发现，对于我国核心素养评价需要建立"基于证据"的测评框架，应重点关注核心素养评价指标的建立、与核心素养评价指标对应的学习结果的证据收集，以及表现标准的制定、评价情境与表现性任务的创设等关键环节。

(一)有关核心素养评价的理念与方法

1. 有关核心素养评价的理念

在国内有关核心素养评价的理念这类研究成果中：首先，从我国教育评价的发展历程中，解析"素养为重"教学评价的内涵；其次，分析我国核心素养评价面临的挑战与困境，并提出相应的对策；最后，阐释核心素养评价的理论依据与实践路径、评价范式与质量标准，为核心素养评价的落地提供理论指南。

朱丽(2018)纵观中国教学评价改革 40 年，历经的"选拔为先"的传统教学评价、"发展导向"的现代教学评价和"素养为重"的当代教学评价 3 个阶段，指出"素养为重"的评价聚焦学生核心素养，倡导绿色教育评价理念，采用多元评价方式，通过评价推进

教育公平。①

杨向东(2017)指出核心素养评价面临的挑战：第一个挑战是要深刻认识和分析每个核心素养的内涵、构成特征，第二个挑战是明确建立素养水平和任务表现之间的关联。② 孔凡哲(2017)指出破解中国学生发展核心素养评价难题的对策：首先，研制基于核心素养的中国学生学业质量标准，并将其作为与中小学各学科课程标准配套使用的学段学业质量标准；其次，研制各学科核心素养评价指标体系；再次，构建基于核心素养的课程教材体系；最后，研制基于核心素养的课堂教学评价标准，攻克核心素养评价技术难关。③ 罗祖兵等(2019)指出，学科核心素养评价难以落实的困境是受知识本位评价思维的限制、学科核心素养自身难以量化与教育者评价素养缺失等因素的影响，建议转变评价思维方式、开拓新的评价范式与提升教育者的教学评价能力等。④

袁建林等(2017)指出，在理论层面核心素养测量需要"以证据为中心的设计"(Evidence-Centered Assessment Design，ECD)，围绕"基于证据进行推理"的核心思想进行测验设计与开发；在实践层面要充分利用信息技术工具提供动态性、交互性的测验环境，建构复杂的任务情境获取复杂、详尽、类型多样的测验数据，以便从复杂数据中获取推论学生核心素养发展水平的证据。⑤ 周丏晓等(2019)指出，我国核心素养评价系统应以"基于证据的评估设计"为理论指导，以"表现性任务"和"情境化问题"作为测量工具开发的重点。⑥ 邵朝友(2017)在经验—分析、诠释、批判—理性3类评价范式的基础上，从评价目的、评价焦点、学生评价地位、学习动机与态度的处理、核心素养与课程的关系、核心素养与其他课程内容评价的关系、核心素养之间的评价关系、评价任务类型8个维度来探讨核心素养评价的应然形态，旨在对我国未来开展核心素养评价提供参考。⑦ 雷浩等(2020)依据核心素养背景下教育评价的新趋势构建了核心素养评价的质量标准，并从学校课程方案设计的学校课程规划、学期课程纲要和单元课时方案3个层面具体阐述了核心素养评价

① 朱丽. 从"选拔为先"到"素养为重"：中国教学评价改革40年[J]. 全球教育展望，2018，47(8)：37-47.

② 杨向东. 核心素养测评的十大要点[J]. 人民教育，2017(Z1)：41-46.

③ 孔凡哲. 中国学生发展核心素养评价难题的破解对策[J]. 中小学教师培训，2017(1)：1-6.

④ 罗祖兵，郭超华. 学科核心素养评价的困境与出路[J]. 基础教育，2019，16(5)：49-56.

⑤ 袁建林，刘红云. 核心素养测量：理论依据与实践指向[J]. 教育研究，2017，38(7)：21-28，36.

⑥ 周丏晓，刘恩山. 如何设计核心素养评估系统：美国NGSS评估系统的国际经验与启示[J]. 教育科学研究，2019(1)：69-75.

⑦ 邵朝友. 评价范式视角下的核心素养评价[J]. 教育发展研究，2017，37(4)：42-47.

质量标准的应用路径。[①]

2. 有关核心素养评价的方法

在国内有关核心素养评价的方法这类研究成果中：首先，指出目前表现性评价为最常用的核心素养评价方法；其次，层次分析法（AHP）为最常用的核心素养评价指标体系构建方法；最后，指出对于学生学习结果的提炼、分类分级可以运用ECD模型、经典教育目标或者成果分类学理论。

周文叶等（2017）根据表现性评价的应用特点构建一个指向核心素养的表现性评价体系；然后，使核心素养具体化，设计聚焦核心概念的表现性任务，并创建表现性任务库；最后，通过专业的程序和机制确保指向核心素养的表现性评价的实施质量。[②] 牛学文（2018）指出，聚焦核心素养的思想政治评价应坚持以发展学生核心素养为根本目的，以学业质量标准为主要依据，以表现性评价为主要方法。[③] 赵凤伟等（2020）构建了基于高中思想政治学科核心素养的表现性评价体系，[④] 钱荃等（2021）构建了指向高中语文学科核心素养的文学类文本阅读表现性评价指标体系。[⑤]

刘桂侠等（2019）采用层次分析法对地理学科核心素养评价指标体系进行构建与量化，借助评价指标权重指导教师在不同教学环节中对核心素养培育有不同的侧重点。[⑥] 傅海伦等（2020）利用AHP软件及模糊综合评价方法构建质疑式数学核心素养评价指标体系。[⑦]

闫白洋（2020）利用"基于证据的推理"ECD模型（Evidence-Centered Assessment Design，ECD）测量学生社会责任核心素养水平。[⑧] 李美娟等（2022）指出，计算心理测量理论将自上而下的理论指导与自下而上的数据驱动结合，为核心素养测评提供理论和方法支撑；并以合作问题解决为例阐释以证据为中心的测验设计，重点分析了如何从多模态过程数据中

---

① 雷浩，崔允漷. 核心素养评价的质量标准：背景、内容与应用[J]. 中国教育学刊，2020（3）：87-92.

② 周文叶，陈铭洲. 指向核心素养的表现性评价[J]. 课程·教材·教法，2017，37（9）：36-43.

③ 牛学文. 聚焦核心素养的评价原则与方法[J]. 思想政治课教学，2018（4）：4-7.

④ 赵凤伟，江芸. 基于学科核心素养的表现性评价设计——以"我国的社会主义市场经济体制"为例[J]. 中学政治教学参考，2020（41）：50-53.

⑤ 钱荃，陈沛. 指向核心素养的文学类文本阅读表现性评价[J]. 语文建设，2021（11）：44-49.

⑥ 刘桂侠，王牧华，陈萍，王勇. 地理学科核心素养评价指标体系的构建与量化研究[J]. 地理教学，2019（19）：15-20.

⑦ 傅海伦，张丽，王彩芬. 基于Fuzzy-AHP质疑式数学核心素养评价指标体系的研究[J]. 数学教育学报，2020，29（1）：52-57.

⑧ 闫白洋. 利用ECD模型测量学生社会责任核心素养水平[J]. 生物学教学，2020，45（3）：7-9.

提取关键特征，以及与理论模型建立联系而形成评价指标的过程。[①] 张红峰(2018)指出，核心素养与具体行为表现之间存在对应关系，学习成果是评价核心素养发展水平的直接证据；然后，对布鲁姆、安德森、马扎诺等教育心理学家提出的教育目标或成果分类学进行比较分析，以创新核心素养为例构建了高校学习成果的三维分类框架。[②] 尤林颖等(2019)利用 SOLO 分类评价理论展开基于核心素养导向的化学教学设计。[③]

(二)有关核心素养评价体系的构建

1. 有关体育学科核心素养评价的研究热点

(1)从体育学科核心素养评价指标体系构建的角度：姜勇(2019)对中小学生运动能力[④]、李启迪等(2019)对体育品德[⑤]、吴爱军(2020)对中小学生体育健康行为素养[⑥]、张春晓(2020)对中学生健康行为[⑦]构建了评价框架，列出了核心素养评价指标及其权重。但是，在这些评价体系中普遍存在一个问题：缺少每项评价指标的表现标准。那么，在课堂教学环境中对学生核心素养所对应的学习结果进行测量，就容易导致评价体系的操作性降低。

(2)从基于体育学科核心素养的学业质量标准角度：汪晓赞等(2021)从高中体育与健康学业质量出发，阐述了学业质量的结构、学业质量的内容(学业质量描述和学业质量水平等级)[⑧]——这是我国在 2017 年版新课标中首次出现独立于内容标准的学业质量。在新课标推行的过程中，对于表现标准的实践应用会产生许多新的研究问题，必将引发各个学科专业对表现标准的关注。薛昭铭等(2020)指出，以核心素养化的体育与健康学科学业质

---

① 李美娟，刘红云，张咏梅．计算心理测量理论在核心素养测评中的应用——以合作问题解决测评为例[J]．教育研究，2022，43(3)：127-137.

② 张红峰．基于创新核心素养的高校学习成果分类框架研究[J]．教育学术月刊，2018(10)：24-34.

③ 尤林颖，谢永荣．基于 SOLO 分类评价与核心素养的化学教学设计——以人教版必修 1"金属的化学性质"为例[J]．化学教学，2019(3)：50-55.

④ 姜勇，王海贤，潘正旺．基于核心素养的中小学生运动能力评价模型研究[J]．沈阳体育学院学报，2019，38(6)：105-114.

⑤ 李启迪，齐静，王章明．体育教学"体育品德"目标的评价内容体系构建[J]．北京体育大学学报，2019，42(8)：131-137.

⑥ 吴爱军．中小学生体育健康行为素养评价体系的构建与实施[J]．教学与管理，2020(34)：74-76.

⑦ 张春晓，汤利军．中学生健康行为维度测评体系构建[J]．中国学校卫生，2020，41(3)：361-364.

⑧ 汪晓赞，何耀慧，尹志华．基于核心素养的高中体育与健康学业质量阐释、构成与超越[J]．成都体育学院学报，2021，47(1)：32-40.

量标准引导教育实践的价值复归,以教育工程观驱动学业质量标准实现"教与学"的良性互动,基于测评技术的双重性的学业质量标准促使教育实践理念的落地,基于生命内在性的学业质量标准避免教育实践手段的空心化。[①] 新课标的实施对学业质量标准在课堂教学的落地化操作提出了要求,基于核心素养的表现标准也应时而生。这些研究成果揭示了核心素养与表现标准的关系,同时也指出测评技术的自然属性和社会属性为学业质量标准实践中的工具理性与价值理性的和谐共融提供了保障。

(3)从基于体育学科核心素养的课堂教学角度:尚力沛等(2019)围绕基于学科核心素养的体育学习情境展开相关分析,[②] 以"如何创设""如何生成""如何评价"构成层次递进的研究逻辑主线,试图展现体育课堂教学发展学生学科核心素养的整体框架。尚力沛(2022)指出,在培养体育学科核心素养的教学改革中必须重视和加强情境化测评方法的运用,并以高中排球项目教学为例详细探索了情境化测评的实施程序。[③] 由此看来,体育学科核心素养需要在课堂教学所创设的特定情境中去测评,目前虽然提出了核心素养评价所需要收集的信息(观察指标及其评价方法),但是缺失了每项观察指标的表现标准。

2. 有关其他学科核心素养评价的研究热点

(1)从其他学科核心素养评价指标体系构建的角度:李倩等(2021)[④]、徐鹏(2021)[⑤]、黄河等(2021)[⑥]构建了以情境为依托,以语言实践活动为载体,以实践活动中的关键认知能力为核心的高中语文学科核心素养测评框架;朱立明(2020)[⑦]、喻平等(2020)[⑧]、崔志翔等(2021)[⑨]、苏圣奎等(2022)[⑩]从数学抽象、逻辑推理、数学建模、直观想象、数学运

① 薛昭铭,马德浩. 失衡与平衡:体育与健康学科学业质量标准实践取向的理性审视[J]. 天津体育学院学报,2020,35(6):645-650,665.

② 尚力沛,程传银. 基于学科核心素养的体育学习情境:创设、生成与评价[J]. 沈阳体育学院学报,2019,38(2):78-85.

③ 尚力沛. 论学生体育学习情境化测评的实施程序与实现策略[J]. 首都体育学院学报,2022,34(2):198-205.

④ 李倩,谭霞,吴欣歆,郑国民. 教育评价变革背景下语文学科核心素养测评框架研究[J]. 课程·教材·教法,2021,41(2):95-102.

⑤ 徐鹏. 语文核心素养评价:实施路径与未来展望[J]. 课程·教材·教法,2021,41(2):103-110.

⑥ 黄河,张雨. 基于"四个评价"的小学语文核心素养评价体系研究[J]. 语文建设,2021(18):59-63.

⑦ 朱立明. 高中生数学学科核心素养测评指标体系的构建[J]. 教育科学,2020,36(4):29-37.

⑧ 喻平,赵静亚. 数学核心素养中品格与价值观的评价指标体系建构[J]. 课程·教材·教法,2020,40(6):89-95.

⑨ 崔志翔,杨作东. 义务教育阶段一个数学核心素养的评价框架[J]. 数学教育学报,2021,30(5):47-52.

⑩ 苏圣奎,陈清华. 发挥评价导向功能,促进创新人才培养——以高中生数学建模素养评价指标体系构建为例[J]. 中国教育学刊,2022(3):59-63.

算、数据分析等维度构建了高中生数学学科核心素养测评指标体系；李坤凤(2017)①构建了大学生"国家认同"核心素养评价指标体系；李毅等(2020)②构建了教育信息化 2.0 时代下师范生信息素养评价指标体系；叶平枝等(2022)③构建了托育机构教师核心素养评价指标体系。

(2)从基于其他学科核心素养的学业评价角度：李霞(2017)指出，基于学科核心素养的学生学业评价应关注评价内容从基于教材到基于素养的转变，涉及学科理解、学科实践、学科情感 3 个领域；评价方法应交互使用多种评价方法，使评价过程更科学合理；评价标准应不断制定和调整，使评价结果更有效；评价目的始终追求核心素养的价值取向，即培养全面发展的人。④ 喻平(2018)根据高中数学核心素养的课程目标，以"知识作为核心素养的生成本源"为逻辑线索，以"数学核心素养贯穿课程体系的整体支配模式"为框架，用体现目标水平的层次结构方式划分核心素养水平，并与学业评价体系相匹配，使学业评价在实践层面具备可操作性。⑤ 罗丹(2019)通过试卷分析和问卷调查探讨小学生语文阅读学业成就评价问题，指出要构建小学生阅读学业成就评价的内容框架，评价取向需要由关注文章的思想内容转变为关注基于学生兴趣的创新性阅读，评价内容需要由考查知识转变为发展核心素养。⑥

(3)从基于其他学科核心素养的课程评价角度：和学新等(2017)对学校课程评价影响学生核心素养发展的因素进行剖析，指出要提高学生在课程评价中的参与度、探索开放式的课程评价、构建促进学生核心素养发展的课程评价体系、将多元课程评价方式落到实处。⑦ 杨洋(2017)指出，责任担当是核心素养的重要组成部分，论述了培养责任担当的德育课程实施路径并构建培养责任担当的德育课程评价体系。⑧ 雷浩(2020)对基于核心素养

---

① 李坤凤.大学生"国家认同"核心素养评价指标体系的构建[J].学校党建与思想教育，2017(9)：60-64.

② 李毅，何莎薇，邱兰欢.教育信息化 2.0 时代下师范生信息素养评价指标体系研究[J].中国电化教育，2020(6)：104-111.

③ 叶平枝，丘苑，周苑妤.托育机构教师核心素养评价指标体系的构建[J].教育发展研究，2022，42(2)：36-46.

④ 李霞.基于学科核心素养的学生学业评价探析[J].教育理论与实践，2017，37(19)：61-64.

⑤ 喻平.基于核心素养的高中数学课程目标与学业评价[J].课程·教材·教法，2018，38(1)：80-85.

⑥ 罗丹.基于核心素养的小学生阅读学业成就评价研究[J].语文建设，2019(2)：69-72.

⑦ 和学新，杨丹滋.基于学生核心素养发展的学校课程评价策略探讨[J].当代教育科学，2017(10)：18-22.

⑧ 杨洋.责任担当：基于核心素养培育的德育课程实施与评价[J].教育理论与实践，2017，37(20)：46-48.

的课程评价理论基础、内涵与研究方法进行分析，指出基于核心素养的课程评价是在真实情境下通过多主体共同参与的社会协作、体验以及协商来实现的，属于一个动态的、创造性建构意义的过程，其评价内容聚焦于课程目标、学习过程以及课程资源等，其评价方法根据评价目标来选择量化方法、质性方法以及混合方法。①

二、国外有关核心素养评价的研究热点

(一)有关核心素养的国际大规模评价项目

1. 经合组织的国际评价项目

Rychen(2004)以国际学生评价(the Programme for International Student Assessment, PISA)、成人识字和生活技能调查(the Adult Literacy and Life Skills, ALL)等项目为例，从跨学科和政策导向的角度分析了经合组织 DeSeCo(definition and selection of competences)项目的实施方案，指出：第一，DeSeCo 项目中的分析和反思并不局限于学校可以学习和教授的内容，也不局限于目前或在大规模评价中容易衡量的内容；第二，DeSeCo 项目并没有从实际情况出发，通过归纳方法来解决其任务，而是从一般层面出发阐述概念和理论；第三，DeSeCo 项目的方案是国际化、跨学科和政策导向的，包括以学科为导向的学术贡献、各领域顶尖专家的评论以及国别报告。国际研讨会和各种专家会议为获得跨学科见解和更好地了解教育、商业、劳工、卫生和其他相关部门决策者和专家的需要提供了机会，而这些不同观点的输入导致评价和发展核心素养的总体框架也在不断地进行完善。②

Barth(2009)指出，虽然核心素养的概念和发展的必要性已经被广泛接受，但仍然缺乏实施和评价核心素养的理论基础与方法。通常评价核心素养所面临的挑战是某些素养被高度抽象和概括，无法用常规量化方法直接测量。例如，PISA 和 ALL 项目的评价程序是基于测试的，一般针对认知倾向，从中可以推断被试的素养水平；但是在与工作相关的真实情境中，测量核心素养各个维度的深度与广度就会存在不同之处。该研究讨论了评价核心素养需要注意的问题：第一，考虑核心素养的结构及其特征；第二，评价可持续发展的核心素养需要一个理论和概念框架；第三，在理论与经验的基础上确定核心素养相关子素养的分类，并对其行为表现进行水平描述；第四，注意评价目标的设置，这会影响对核心

---

① 雷浩. 基于核心素养的课程评价：理论基础、内涵与研究方法[J]. 上海师范大学学报(哲学社会科学版)，2020，49(5)：78-85.

② Rychen D S. An overarching conceptual framework for assessing key competences: lessons from an interdisciplinary and policy-oriented approach[J]. Office for Official Publications of the European Communities, 2004：313-330.

素养评价分析的范围与深度。①

有的研究(2014)对经合组织国际学生评价项目(PISA)的基本心理测量理念与方法进行综述。首先,关注用于衡量项目和人员的心理测量程序;其次,讨论了PISA能力量表的构建和基于连续数据离散化的能力水平;最后,对国际评价项目的报告提出了问题和建议,旨在使PISA可以更好地发挥评价作用并得到不断改进。② Hopfenbeck等(2017)指出国际大规模评价正在兴起,国际学生评价计划(PISA)在教育政策辩论中具有战略重要性;回顾了从2000年PISA项目的第一个周期到2015年最新的一个周期中与PISA相关的同行评议文章,研究结果表明,基于PISA数据集的研究在教育研究方面取得了进展;同时也指出在使用这项研究为教育政策提供信息时需要谨慎。③

郭宝仙(2017)指出,美国、英国、匈牙利、芬兰、欧盟等开展核心素养评价时,注重将核心素养转化为具体的学习结果,制定阶段性评价指标与表现标准;采用多元评价方法和评价工具改进标准化测试,加强真实情境中问题解决能力的考察,丰富表现性评价的使用范围,开发指向跨学科素养的评价工具并提高其可操作性。④ 檀慧玲等(2018)对PISA2015和ATC21S(Assessment & Teaching of 21ˢᵗ Century Skills)"合作问题解决能力"测评的指标框架、评价标准及技术进行比较分析,指出我国除了需要拓展关键能力和必备品格等评价内容的研究,还需要提升测评框架构建和指标体系研制的科学水平,加强计算机测评新技术的创新以促进核心素养评价的实施。⑤ 董连春等(2019)对PISA2021数学素养测评框架进行分析,指出我国在课程评价方面要建立以数学核心素养为导向的考试评价体系并以评促改;⑥ 王宇珍等(2021)对PISA2018阅读素养测评框架进行分析,指出我国阅读教学目标需要从"阅读技能"到"阅读素养"演进,在评价时要突破标准化纸笔测验的

① Barth M. Assessment of key competencies — a conceptual framework [J]. World in transition — sustainability perspectives for higher education. Frankfurt: VAS Verlag, 2009: 93-100.

② Ali Ünlü, Kasper D, Trendtel M, et al. The OECD's Programme for International Student Assessment (PISA) study: a review of its basic psychometric concepts[J]. Springer International Publishing, 2014: 417-425.

③ Hopfenbeck TN, Lenkeit J, El Masri Y, et al. Lessons learned from PISA: a systematic review of peer-reviewed articles on the programme for international student assessment[J]. Scandinavian Journal of Educational Research, 2017: 1-21.

④ 郭宝仙. 核心素养评价:国际经验与启示[J]. 教育发展研究, 2017, 37(4): 48-55.

⑤ 檀慧玲, 李文燕, 万兴睿. 国际教育评价项目合作问题解决能力测评:指标框架、评价标准及技术分析[J]. 电化教育研究, 2018, 39(9): 123-128.

⑥ 董连春, 吴立宝, 王立东. PISA2021数学素养测评框架评介[J]. 数学教育学报, 2019, 28(4): 6-11, 60.

局限。①

苏娜等(2019)对 PISA 的评价制度、评价内容、评价过程、评价环境、评价结果进行分析,指出我国需要明晰核心素养概念体系,并将其分解为学生成长过程与结果中可观测的指标;运用现代信息技术与大数据手段,完善评价模式与流程;注重评价结果的政策转化,以评价模式变革驱动培养模式改革。② 童文昭等(2020)基于 PISA 测评框架从测评目标、测评内容、测评路径 3 个角度阐述学科核心素养测评框架的构建思路,结合"高考评价体系"的解读,根据课程标准构建了"宏观辨识与微观探析"素养的测评框架。③

2. 欧盟的国际评价项目

Pepper(2011)指出,大多数欧盟成员国已经将欧洲核心素养参考框架纳入其学校课程体系,促使核心素养的评价方式也必须发生相应的改变,并对中小学跨课程核心素养评价进行专题研究,利用 27 个欧盟成员国的专家收集和验证学习成果信息,将核心素养指标进行层级分解并与学习成果对应;同时,还要针对不同情境下核心素养的运用,扩大收集评价信息的范围与区间。④ Espinosa(2013)分析了培训和能力评价在欧洲高等教育区(the European Higher Education Area, EHEA)框架内课程中的重要性,通过量规(Rubrics)⑤或者评价矩阵对学生能力进行评价。⑥

刘新阳等(2014)介绍了欧盟整体层面针对核心素养教育的政策和计划项目,指出我国课程实施和评价需要构建基于"大数据"支持的检测与评价体系,开放灵活的政策工具使评价政策在国家、地方、学校三级管理体制内保持一致性与个性化之间的张力。⑦ 邵朝友等

---

① 王宇珍,程良宏. PISA2018 阅读素养测评:内在架构、导向特征及对我国的启示[J]. 基础教育, 2021, 18(1): 81-91.

② 苏娜,陈武林,闻佳鑫. 中小学生核心素养评价制度的实践转化和路径选择——基于 PISA 项目的经验[J]. 教育理论与实践, 2019, 39(11): 19-21.

③ 童文昭,杨季冬,王后雄. "宏观辨识与微观探析"素养测评框架的构建——基于 PISA 及高考评价体系的思考[J]. 化学教学, 2020(8): 74-79.

④ Pepper D. Assessing key competences across the curriculum-and Europe[J]. European Journal of Education, 2011, 46(3): 335-353.

⑤ 李刚,吕立杰. 可见的评价:基于量规的核心素养评价单编制及应用[J]. 教育理论与实践, 2018, 38(29): 12-15. 量规作为一种结构化的评价工具,描述的是对学生学习表现的具体期望,一般认为量规是对学生学业绩效,包括学习过程中的行为、认知、态度和各种学习结果(作品、口头陈述、调研报告、论文等)进行评价的一套标准。一份较完整的量规通常包含 5 个构成要素,即表现任务、表现向度、表现等级、表现行为以及表现记录。

⑥ Espinosa Martin MT. Competency assessment through rubrics. The importance of Mathematics in the generic competencies assessment[J]. Historia y Comunicacion Social, 2013, 18: 243-255.

⑦ 刘新阳,裴新. 教育变革期的政策机遇与挑战——欧盟"核心素养"的实施与评价[J]. 全球教育展望, 2014, 43(4): 75-85.

(2018)对欧盟成员国跨学科素养评价进行分析,指出跨学科素养具体化为子素养是开展跨学科素养评价的必要条件,且存在不同情境中的相关实务运作具有不同的表现标准;评价核心素养需要情境化的评价任务,这并不是大规模考试所能完全胜任的,所以它更加适合在课堂评价中通过形成性评价来落实。① 黄志军等(2018)对跨学科核心素养测评时也持相同观点,另外还提出了具有自动反馈、拟真环境、虚拟世界等特征的基于信息通讯技术(Information Communications Technology, ICT)辅助的"嵌入式评价"范式能够更加客观、精准地对学生跨学科核心素养进行测评。②

(二)有关核心素养评价的方法与工具

1. 课堂观察

这是课堂评价中最常用的传统方法,主要通过录像、视频结合课堂观察量表、记录表等评价工具评价教师课程教学行为。有的研究(2018)展开基于录像的教师教育微格教学应用的多维分析,通过微格教学,一方面为教师提供了自我评价和反馈改进的机会;另一方面利用录像可以反复观察教师课堂教学行为,突破评价时空的局限,为测评教师教学实践能力提供直接资料。③

2. 问卷、量表或者访谈

常见方法用问卷调查或德尔菲法、自我报告问卷,各类型量表、访谈法等收集信息,然后通过基于项目反映理论、层次分析法、结构方程等数学建模进行评价。在这类研究中,各种评价量表的研发始终成为评价程序中不可或缺的关键环节。Verderame 等(2018)对基于素养评价的博士生和早期科学家培养进行专题研究,设计了一个学徒制的素养评价与培养框架,通过评价量表、采用学生自我评价与导师或主管领导评价相结合的方式对被试进行相当一段时间内(月或者季度)的评价。④ 有的研究(2019)运用模糊层次分析法(Fuzzy AHP)对全球航运物流服务提供商中层管理者关键能力进行评价。⑤

---

① 邵朝友,徐立蒙. 跨学科素养评价:欧盟成员国的经验与启示[J]. 教育发展研究, 2018, 38(6):48-53.

② 黄志军,郑国民. 国际视野下跨学科核心素养测评的经验及启示[J]. 教育科学研究, 2018(7):42-47.

③ Özgür Özcan, Cem Gerçek. Multidimensional analyzing of the microteaching applications in teacher education via videograph[J]. European Journal of Teacher Education, 2018, 42(3):1-16.

④ Verderame MF, Freedman VH, Kozlowski LM, et al. Competency-based assessment for the training of PhD students and early-career scientists[J]. eLife, 2018, 7:e34801.

⑤ Ding JF, Kuo JF, Tai WH. Using Fuzzy AHP method to evaluate key competency and capabilities of selecting middle managers for global shipping logistics service providers [J]. Pomorstvo-Scientific Journal of Maritime Research, 2019, 33(1):3-10.

Singh 等(2020)从性别角度对社会科学研究人员信息素养进行实证评价，发现在信息需要、信息获取、信息评价、信息使用和信息使用伦理 5 个方面，男性和女性在信息素养上存在显著差异。① Singh(2021)从不同角度对社会科学研究人员信息素养进行实证评价，使用各种描述性和推断性统计技术对 520 名研究人员的性别、年龄、工龄、学科和学历等方面数据进行统计分析，以确定研究人员在信息素养不同维度上的表现水平。② Ndandu 等(2022)通过问卷调查和访谈探讨能力本位课程对提高卢旺达中学学生学习效率的影响。③ 有的研究(2022)为了实现对高等教育毕业生终身学习核心素养的评价，提出了一种基于可持续教育的模糊模型法。由于学生终身学习核心素养等级排序是一个模糊多准则优化问题，所以采用模糊德尔菲技术将学生的意见聚合成唯一的分数，再使用加权法给出学生终身学习核心素养的等级。④

3. 基于计算机的嵌入式评价

基于计算机的嵌入式评价是大数据时代教育评价发展的新趋势，主要包括计算机在线测试、情境游戏、自动化学习分析与监控等，突出了大数据时代信息通讯技术在核心素养评价中的重要作用。Redecker(2013)指出使用信息通信技术(information and communications technology, ICT)评价核心素养需要采取不同的途径进行评价，当前常用的评价工具包括基于计算机的在线测试、情境游戏以及电子档案袋等，未来应加强学习分析与嵌入式评价相关技术的开发，并加大 ICT 在学校课程评价中的应用。⑤ Zahid(2019)对基于规则的布鲁姆分类法在计算机程序设计认知能力评价中的应用展开研究，根据布鲁姆教育目标分类学对学生计算机程序设计认知能力进行量化，创新使用自动决策过程，将学生的认识能力水平从编程代码直接映射到相应的认知水平，而不需要事先将现实问题映射到认知水平；还通过与人工评价结果的比较分析，验证了基于规则的认知评价是可靠的。⑥

---

① Singh R, Kumar S. An empirical assessment of information literacy competency of social science researchers: a gender perspective[J]. Annals of Library and Information Studies, 2020, 67(1): 7-16.

② Singh R D, Kumar S P. Information literacy competency of researchers in social sciences: An assessment from diverse perspectives[J]. Library Philosophy and Practice, 2021: 5685.

③ Ndandu Marcel, Sikubwabo Cyprien. Contribution of competence based curriculum to the improvement of learning effectiveness in rwandan secondary schools: a case of burera district[J]. Working Papers 2022-41-12, Voice of Research.

④ Aleksić Aleksandar, Nestić Snežana, Huber Michael, et al. The assessment of the key competences for lifelong learning—The fuzzy model approach for sustainable education[J]. Sustainability, 2022, 14(5): 2686.

⑤ Redecker C. The use of ICT for the assessment of key competences[J]. JRC-IPTS Working Papers, 2013(1): 3-5.

⑥ Zahid Ullah, Adidah Lajis, Mona Jamjoom, et al. A rule-based method for cognitive competency assessment in computer programming using Bloom's taxonomy[J]. IEEE Access, 2019, 7(1): 64663-64675.

Hector 等(2019)对能力本位课程的自动化评价与监控进行研究，提出了一个能力评价和监控模型，根据这些模型计算学生的能力表现成绩；同时，监控课程随时间的演变过程，提供独特的学习分析以识别课程缺陷和验证教师在课程中引入的纠正措施，从而促进课程的持续改进。[①] 有的研究(2022)对结合自动化和专家判断优点的教育能力评价概率模型 PG1-bias 和 PAAS 进行比较研究，并提出了应用于同行评价的分层贝叶斯模型(a hierarchical Bayesian model)。该模型免除了对抽象变量的选择，有利于其他易于解释的变量，希望可以探索新的启发式方法以确定应该选取哪位教师的评分，以便最大限度地减少总体误差。[②]

4. 混合式评价

采用课堂观察、问卷、纸笔测试、访谈等多种测评方法组合或者多种评价框架围绕着核心素养维度进行学习过程与学习结果的全面评价。例如，斯坦福评价、学习和公平中心(the Stanford Center for Assessment, Learning and Equity, SCALE)的 edTPA(educative Teacher Performance Assessment)评价项目[③]是一项针对新手型教师教学准备情况的表现性评价，这种评价方法弥补了单一评价方法对核心素养维度测评深度与广度的不足，集中优势对行为表现提供更加可靠的、更广泛的有效证据支持。Judge(2014)采用 edTPA 评价收集新手教师使用教学策略能力的数据，为教师候选人或者新手教师职业生涯早期提供教师专业发展指导。[④] Williams 等(2019)也采用 edTPA 评价，对参与教师准备项目(teacher preparation programs, TPPs)的候选者在教学计划、教学实践和评价学习方面技能和知识的差异程度进行比较研究。[⑤] 有的研究(2021)通过参与式知识管理方法对中国高校外国专家引进项目利益相关者进行质量评价与能力培养，开发一个基于参与式知识管理的质量评价模型：首先，通过问卷、访谈、焦点小组讨论等方法，根据高校引进外国专家和大学讲师学习需求的数据分析确定了需求的优先等级；然后，构建包括语言能力、协调沟通技能、规划和管理能力、团队合作、学术能力 5 个维度的质量评价模型；最后，通过实证检验确

---

① Hector Vargas, Ruben Heradio, Jesus Chacon, et al. Automated assessment and monitoring support for competency-based courses[J]. IEEE Access, 2019, 7(1)：41043-41051.

② López de Aberasturi Gómez A., Sabater-Mir J., Sierra C. Probabilistic Models for Competence Assessment in Education[J]. Appl. Sci. 2022, 12, 2368.

③ 周文叶，董泽华. 教师表现性评价系统的研发与实施逻辑：以 edTPA 为例[J]. 教育发展研究，2021，41(12)：20-27.

④ Judge, S.. An innovative teacher immersion residency program that prepares highly effective teachers[J]. INTED2014 Proceedings, 2014：6454-6457.

⑤ Williams J A, Hart L C, Algozzine B. Perception vs. reality：edTPA perceptions and performance for teacher candidates of color and White candidates[J]. Teaching and Teacher Education, 2019, 83(1)：120-133.

认该模型的适用性。①

三、国内有关表现标准的研究现状

(一)有关表现标准的关键词共现网络分析(2010—2020 年)

在中国知网学术文献总库中重点对社会科学、哲学与人文科学文献库以主题词"表现标准"(2010-01-01—2020-06-16)进行文献检索，得到中文文献 179 条(检索时间 2020 年 6 月 17 日)。以此次检索为例，利用知网计量可视化分析关键词共现网络对"表现标准"研究概况进行简要分析(见图 1-7)。在本书初稿完成后，又以主题词"表现标准"(2010-01-01—2023-05-27)进行文献检索，得到中英文文献 232 条(检索时间 2023 年 5 月 28 日)，对研究现状进行了文献添补。

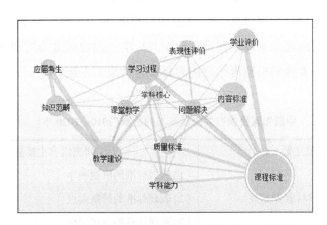

图 1-7　中国知网表现标准相关文献关键词共现网络

关键词共现网络主要是利用文献资料中对名词短语共现频次的数理统计来解释关键词所代表的研究主题之间的关系。关键词是论文主题的高度概括，而且关键词之间必然存在着某种特定的关联，这种关联可以用共现频次来表示。一般来讲，共现频次出现次数越多，研究主题之间的关系就越密切。在此次关键词共现网络分析中，设置图形缩放的球距为 2.00，节点过滤选择出现频次为 8 次，聚类分析选择数值 3(显示中心点)。通过聚类分析，可以看到表现标准与课程标准的关系最为密切，与内容标准、学业评价、质量标准、

①　Miao T, Janchai W, Panyanuwat A.. A quality assessment and competency development through participatory knowledge management approach for stakeholders' in foreign experts introduction project in a Chinese university[J]. International Journal for Quality Research, 2021, 15(2): 507-518.

表现性评价、学科能力、学科核心素养等研究主题也具有较高的相关度；同时，还可以发现"表现标准"作为独立研究主题的科研成果较少，通常都是作为课程标准、学业评价等相关研究中的一个组成部分进行论述。另外，表现标准与以上关键词的共现关系不仅描述该研究专题内部组成关系及其结构，还可以揭示该研究专题发展的动态和趋势，从而预测出该研究专题上创新点的出现。以表现标准与学科能力、学科核心素养的关系为例，学科核心素养继学科能力之后出现在与表现标准的共现网络中，那么表现标准与学科核心素养又存在什么样的相关关系？表现标准与学科核心素养的关系则成为新的研究关注点。

（二）有关表现标准的研制

对于表现标准的研制主要借鉴国外经验、依据国情做出本土化探索与实践，主要体现在与学生学科能力、学科素养相关，与学生学业成就评价相关以及与职业能力行为表现相关3个方面（见表1-3）。从研制者来看，主要是由教师团队或者教师个人在本学科专业课程中展开的；从研制针对的对象来看，以基础教育的中小学学生为主，有少量高等教育、职业教育等。从研制的起点来看，在前期以课程标准、内容标准为主研制表现标准占绝大多数，未来基于核心素养的模型再结合内容标准将会成为主流。

表 1-3　　　　　　　中国知网检索有关表现标准的研制（2010—2020 年）

相关研究主题	研究内容主要分类
1. 与学生学科能力、学科素养相关	（1）表现标准的研制程序 （2）表现标准的研制起点 （3）表现标准的表述结构与方法
2. 与学生学业成就评价相关	（1）评价中表现标准的研制原则与程序 （2）评价中表现标准的研制起点 （3）评价中表现标准的表述结构
3. 与职业能力表现标准相关	（1）体育教师专业标准 （2）民警职业行为表现标准

1. 与学科能力、学科素养相关

（1）表现标准的研制程序

杨兴兴等（2012）指出，学科能力表现标准包括能力表现说明和作业实例及评注；学科能力表现标准的开发分为5个阶段：①对知识维度的具体化，选取教材内容来确定表现标准的知识要求；②确定认知维度的分类层次，可参照认知目标分类理论以及权威国际学生评价项目的评价框架；③表现标准的陈述方式应以行为动词表达认知维度的分类层次；④表现标准的水平划分；⑤开发作业实例及评注。[①] 韩云凤等（2015）指出，学科能力表现标准的内容包括能力表现说明和作业实例及评注，开发步骤包括知识维度的具体化、确定认知维度的分类分层、表现标准的陈述方式与水平划分、开发作业实例及评注；并借鉴美国中学学科能力表现标准，根据内容标准以中学学生化学实验能力为例进行表现标准的开发。[②]

（2）表现标准的研制起点

①直接依据内容标准研制表现标准，以学科知识的体系和线索为中心进行表述。邵朝友（2006—2017）[③]对基于学科能力、学科素养的表现标准进行专题研究，这一系列研究成果成为目前我国关于表现标准研究的代表性成果。其学术观点包括：首先，通过考察表现标准的历史演变与国外比较研究，界定我国第一个以课程与教学为取向的现代意义上的"表现标准"概念；第二，尝试构建学科素养模型，讨论学科素养的基本内涵与分析框架，重点剖析如何通过学科素养模型实现学科素养向表现标准的转化；第三，借鉴国外经验从组织架构、研制路径、研究流程三个方面确定基于学科素养表现标准的研制程序；第四，厘清基于学科素养的表现标准编制技术，即学科素养转化为表现标准的方式、表现标准的呈现方式、拟订表现水平、确定表现样例；最后，基于内容标准对小学课标数学建模素养表现标准的本土案例进行开发。

②以布卢姆教育目标分类学、新课标的三维目标等为理论依据，先归纳出以内容标准所指向的学科能力再研制表现标准，强调学科知识的学习向学科能力表现的转化。郭元祥等（2012）指出，学科能力表现标准使用指标维度、层级水平、条件三个基本度量来描述学生学科学习质量的行为表现与行为结果；学科能力表现类型分为基础性、知识性、学科素养性能力表现，学科能力表现水平层次体现了学生学科素养培育和发展的阶段性和顺序性的要求。[④] 王焕霞（2015—2019）依据新课标对中学生物理学科能力表现标准进行专题研

———————

① 杨兴兴，张雨强．化学实验能力的表现标准开发的初步设想[A]．第九届全国化学课程与教学论学术年会[C]．桂林：中国教育学会化学教学专业委员会，2012：331-335.

② 韩云凤，张雨强．化学实验能力表现标准开发的初步设想[J]．中学化学教学参考，2015（23）：4-6.

③ 邵朝友，周明．试论内容标准、表现标准的特点及关系——基于评价与标准一致性的角度[J]．当代教育科学，2006（10）：37-40.

邵朝友．评分规则开发与应用研究[D]．上海：华东师范大学，2007.

邵朝友．三要素表现标准框架的建构与验证研究[J]．当代教育科学，2012（14）：14-17.

邵朝友．基于学科能力的表现标准研究[D]．上海：华东师范大学，2014.

邵朝友．基于学科素养的表现标准研究[D]．上海：华东师范大学，2017.

④ 郭元祥，马友平．学科能力表现：意义、要素与类型[J]．教育发展研究，2012，32（Z2）：29-34.

究：首先，运用内容分析法构建物理学科能力评价指标体系；① 其次，运用案例研究法开发了物理学科能力（物理观察能力②、物理思维能力③、物理实验能力④）表现标准，提出每一要素的表现描述、表现水平（表现优异、合格、有待提高）、作业实例及评注。以布鲁姆教育目标分类学等经典理论为依据，伍远岳（2012—2015）对高中生理解能力表现标准进行专题研究⑤，曾素林等（2014）对学生信息阅读能力的表现标准进行理论概括，⑥ 吕晴晴（2017）借鉴各国学科能力模型构建我国义务教育阶段英语口语交际能力模型及其表现标准。⑦

（3）表现标准的呈现方式

秦凤（2012）借鉴美国学科能力表现标准的研究成果，以能力模型为基础构建了包括表现描述、表现水平划分、作业实例及评注、分数线四个部分的学科能力表现标准体系。⑧周倩（2013）则依据此内容标准分解策略和方法确定了能力表现标准表述的基本结构"行为主体+行为表现+行为条件+表现程度"，构建了小学生语文书面表达能力表现标准。⑨ 朱伟强等（2011）为增强课程标准教学实施的可操作性，解释了表现标准表述的基本结构"行为主体+行为表现+行为条件+表现程度"；归纳了将内容标准分解并转化为学习目标、评价方式、学习活动的策略与方法。⑩

2. 与学生学业成就评价相关

（1）评价中表现标准的研制原则与程序

出现在学生学业评价中的表现标准，一般是为评价提供学生学习结果的证据，其主要

① 王焕霞．物理学科能力评价指标体系构建研究[J]．湖南中学物理，2015，30（5）：1-3.
② 王焕霞．物理学科能力表现标准开发研究[J]．湖南中学物理，2015，30（6）：1-2，21.
③ 王焕霞．物理思维能力表现标准的开发研究[J]．物理教师，2017，38（3）：2-4.
④ 王焕霞．物理实验能力表现标准的开发研究[J]．物理教师，2019，40（10）：35-37，42.
⑤ 伍远岳，伍彪支．基于理解能力表现标准的深度理解教学[J]．教育发展研究，2013，33（8）：76-80.

伍远岳，刘彩姣．理解能力：结构、表现标准及评价——以现代文阅读为例[J]．语文建设，2015（1）：51-55.
⑥ 曾素林，刘晶晶．信息阅读能力：含义、表现标准及培养策略[J]．教育研究与实验，2014（1）：43-46.
⑦ 吕晴晴．义务教育阶段英语口语交际能力表现标准研究[D]．徐州：江苏师范大学，2017.
⑧ 秦凤．高中化学学科能力表现标准开发[D]．曲阜：曲阜师范大学，2012.
⑨ 周倩．小学生语文书面表达能力表现标准研究[D]．武汉：华中师范大学，2013.
⑩ 朱伟强，崔允漷．关于内容标准的分解策略和方法[J]．课程·教材·教法，2011，31（10）：24-29. 学习目标的行为主体是学习者，描述的是学生学的行为，而不是教师教的行为；行为表现包括希望学生完成的任务和达成的结果，而预期的行为结果又可分为成果性结果、体验性结果和创新性结果三类；行为条件是指影响学生产生学习结果或完成学习任务的特定限制或范围等，主要有辅助手段或工具、提供的信息或提示（时间、次数、空间等）的限制、完成行为的情景等；表现程度是指某一群体或个体学生达成目标的最低表现水准，用以评量学习表现或学习结果所达到的程度。

特征是使用质性语言表述学生学习结果，而非单纯的区分学业成就水平的分界分数。沈南山(2011)提出了表现标准研制的基本原则：第一，表现标准要与国家教育质量监测目标所确立的学生发展水平相吻合；第二，表现标准的表现描述是准确的，能够清晰地刻画每一级表现水平上所期望的学生表现任务；第三，表现标准的表现水平是明确的，能够清晰地区分每一级表现水平的等级；第四，表现标准符合地方和学校的实际教育水平，兼顾国家指导方针的统一性与地方教育特征的差异性。① 雷新勇(2009)提出了表现标准开发的一般过程：制定开发表现标准的过程规划，组建表现标准开发专家小组，准备材料；拟定表现水平、表现水平描述语和样题，根据内容标准和表现标准设计考试评价；根据考试评价结果修改表现水平描述语和样题，获得批准并颁发表现标准。②

(2)评价中表现标准的研制起点

①以教学目标为研制起点，利用从评价的角度判断教学目标的达成度，并引发表现标准的证据类型与评价多元化的关联。戴金平等(2013)在制定"学科质量表现标准"中，依据教学目标分析表现标准，采用"行为主体、行为动词、行为条件和行为程度"的结构来清晰表达学生"学到什么"的具体学习结果；还提出了随着现代课堂信息技术的发展，如何将表现标准形象、生动地呈现，如何在表现标准中体现评价的多元化等后续研究需要关注的问题。③

②以内容标准为研制起点，注重内容标准与表现标准的匹配。赵广涛(2010)在论述小学体育学业评价问题时，指出在开发运动技能学习领域表现标准的实践中，表现标准与内容标准保持匹配是工作重点。④ 刘加霞(2022)根据小学数学"逆运算"的教学内容研制了其表现标准，指出不明确表现标准，评价就不具备操作性。⑤

③以学业评价为研制起点，从所期待的学生学习结果逆向设计，强调学生学习从知识—能力—素养的转化，评价的侧重点是学生学习结果的表现水平。张旭等(2017)指出要研究制定学生发展核心素养体系和学业质量标准，主要是根据核心素养体系明确学生完成不同学段、不同年级、不同学科学习内容所应该达到的程度要求；还需要在考虑学生学业

① 沈南山. 学业评价标准研究：内涵、范式与策略[J]. 课程·教材·教法, 2011, 31(11)：18-22.

② 雷新勇. 学业标准——基于标准的教育改革必须补上的一环[J]. 上海教育科研, 2009(6)：15-18.

③ 戴金平, 项华阳. 初中物理学科质量标准制订的行动研究[J]. 物理通报, 2013(10)：108-111, 123.

④ 赵广涛. 小学体育学业评价的价值取向——评价与课程标准一致性研究[J]. 河南教育学院学报(自然科学版), 2010, 19(2)：77-80.

⑤ 刘加霞. "逆运算"的内涵解析及其表现标准[J]. 教学与管理, 2022(32)：31-33.

发展水平时，是注重知识点的评价还是注重学生学习结果的表现水平，这将会影响学业评价标准制定的结构和角度。①

（3）评价中表现标准的呈现方式

褚慧玲等（2012）借鉴布鲁姆教育分类中的认知维度对学生应达到的思维层次进行分析，将生物学科目表现标准分为生命科学基础、生命科学思维、生命科学探究和生命科学观念四个方面，参考高中生的实际情况分为 A、B、C、D（合格）、F（不合格）5 个等级水平进行描述。② 徐小丽（2018）构建了小学英语学科关键能力表现的指标体系，划分关键能力表现水平标准（年级段+能力维度+表现标准水平 1 和水平 2）。③ 杨钦芬等（2019）借鉴国外评价模型构建适合我国本土化的学科能力评价模型，即"学科能力+学科主题+内容标准+表现标准+问题情境"五要素模型；其中，表现标准是根据分析内容标准，主要采用"学生+动词+名词（或名词短语）"的方式表述。④

3. 与职业能力表现标准相关

（1）对体育教师专业标准的研究。尹志华（2011—2018）围绕着体育教师专业标准体系框架构建与推进路径⑤，对体育教师专业发展中的职业能力行为表现标准进行专题探索，采用定性方法、定量方法、混合设计 3 种研究方法制定了我国职前体育教师专业标准框架。第一，基于定性方法的职前体育教师专业标准包含"不可替代的体育专业人员"1 个核心范畴，知识技能与技术、关注与发展学生、管理与训练、交流与合作、体育课程与教学、专业反思与专业发展、科研共 7 个主范畴，14 个分范畴，60 条概念和 320 条语句。⑥ 指标的筛选首先是通过文本资料收集、问卷调查、访谈、课堂观察多种方法进行数据收集；然后，采用扎根理论的译码分析完成概念化和抽象化过程；最终，获得概念与范畴并构建框架。第二，基于定量方法的职前体育教师专业标准包含体育课程、教学与评价，体

① 张旭，徐书业，潘景丽. 国内外"学习质量标准"研究综述［J］. 广西教育学院学报，2017（2）：168-171.

② 褚慧玲，贾林芝. 学业评价中生物学科目表现标准的例析与实践［J］. 生物学教学，2012，37（6）：70-73.

③ 徐小丽. 区域英语学科关键能力模型的建构与实施［J］. 教育研究与评论，2018，（11）：20-32.

④ 杨钦芬，乔翠兰. 学科能力评价模型的构建与运用［J］. 现代基础教育研究，2019，33（1）：139-147.

⑤ 尹志华，汪晓赞，季浏. 对中、小学体育教师专业标准制订基本问题认识的实证研究［J］. 中国体育科技，2011，47（6）：121-126.

尹志华，汪晓赞，季浏. 体育教师教育标准体系框架的构建及其内涵［J］. 上海体育学院学报，2016，40（1）：79-84.

尹志华，汪晓赞. 我国体育教师专业标准制订的基础与推进路径探索［J］. 武汉体育学院学报，2018，52（7）：88-94.

⑥ 尹志华. 中国体育教师专业标准体系的探索性研究［D］. 上海：华东师范大学，2014：211-246.

育知识与技能，学生发展，体育教师能力与专业发展，体育课堂管理的基本技能，体育课程管理的实践应用，科研能力，对现代信息技术的基本了解，对现代信息技术的实践应用，关注残疾学生的体育学习，关注特殊需要学生的体育学习，对体育与健康课程的基本理解，对体育与健康课程的实践运用，体育与健康课程的新要求，学校体育课程的发展历程，体育与健康课程的实施要求，学校、家庭与社区联动，体育教学情境共 18 一级指标、27 个二级指标和 242 个题项的具体描述。① 指标的筛选首先是通过问卷调查法进行数据收集；然后，采用探索性因素分析确定各级指标；最终，聚合各级指标形成框架。第三，基于混合设计的职前体育教师专业标准呈现出"维度—领域—标准—具体要求"的 4 级标准框架体系，包括专业精神、专业知识与职业实践共 3 个维度，促进个人发展的专业精神、促进学生发展的专业精神、体育知识与技能、学校体育运动训练知识与技能、学校体育竞赛知识与技能、运动动作知识与技能、对体育与健康课程的基本理解、对体育与健康课程的实践运用共 8 个领域、24 条标准和 242 条具体要求。② 指标的筛选过程融合了定性与定量方法的优点，在前两版标准的基础上实现了优化整合。但该标准主要停留在理论层面的构建，还没有经过实践验证，所以尚存修订的空间。

董国永（2014、2015）对我国不同发展阶段体育教师专业发展现状进行了调查③与特征的归纳，采用问卷调查法、专家访谈法等对我国中小学体育教师专业标准指标进行筛选，并初步制定了我国中小学体育教师专业标准框架。④ 我国中小学体育教师专业标准指标包含专业品质、专业知识、专业技能共 3 个一级指标；专业理想、专业情操、专业性向、专业自我，科学文化基础知识、体育专业理论知识、相关学科知识、教育科学知识、运动技术知识，教学能力 1——计划与准备、教学能力 2——方法与策略、教学能力 3——评估与评价、教学管理能力、科研能力、日常工作能力共 15 个二级指标。根据上述指标设置中小学体育教师专业标准的内容维度，结合我国不同阶段体育教师专业现状与专家建议，构建了我国中小学体育教师专业标准框架。其中，中小学体育教师专业发展阶段维度包括新手型教师阶段、熟练型教师阶段和专家型教师共 3 个阶段，并对其阶段特征进行表现描述。依据该专业发展阶段，将体育教育专业学生的培养规格与毕业标准放在这个框架中，可以较直观地了解到体育教育专业学生毕业合格水平的定位，这也为体育教育专业核心素养表现标准的研制提供表现水平的参考。

---

① 尹志华. 中国体育教师专业标准体系的探索性研究[D]. 上海：华东师范大学，2014：247-286.
② 尹志华. 中国体育教师专业标准体系的探索性研究[D]. 上海：华东师范大学，2014：287-304.
③ 董国永，王健，翟寅飞，等. 我国中小学初任体育教师的专业发展现状[J]. 体育学刊，2015，22(4)：76-82.
④ 董国永. 我国体育教师专业标准构建研究[D]. 武汉：华中师范大学，2014.

（2）对民警职业行为表现标准的研究。王光森（2016）对民警职业成就评价问题进行专题探索，指出成就评价相当于一个有目的地收集民警达成职业标准证据的过程，重点解决如何将民警职业标准转换成为民警职业成就评价标准的问题，并建立了民警职业成就评价的表现标准体系；另外，提出了一种简易的表现标准研制办法，即将民警职业标准中的内容标准，采用"我能+内容标准具体条例"的陈述方式进行描述。①

（三）有关表现标准的应用

自从 2017 年版新课标的颁布实施以来，围绕着学科核心素养与学业质量标准展开了一系列的教学改革实践，在促进学科核心素养课程层面落地化的过程中逐渐引发了对表现标准应用功能的关注。表现标准描述了学生在课程目标下的学习结果及程度，与课程教学设计的主要环节具有内在一致性，促进了课程目标、课程内容、课堂教学与评价反馈的有机衔接。尤其是表现标准作为学业质量标准和学业成就评价中一个重要组成内容，其研究成果在基础教育领域突增；但涉及高等教育体育教育领域的应用研究成果还较为少见。对于表现标准的应用主要体现在以下 3 个方面（见表 1-4）：与学业质量标准相关、与学生学业成就评价相关、与学生真实性评价和表现性评价相关。

1. 与学业质量标准相关

（1）对学业质量标准的整体研究，主要提供学业质量标准中表现标准研制的教育改革背景和研制导向。杨向东（2012）提出现代意义上学业质量标准的概念，并根据英国、加拿大和美国学业质量标准研制的经验对我国基础教育学业质量标准的研制路径、组织架构、推进策略进行探索。② 蓝洁（2017）指出职业教育学业质量标准可以借助学习结果的比较为职业教育与其他类型教育、与产业部门的职业能力需求进行互认、衔接提供参照，并对坚持技术本位价值取向的职业教育学业质量标准从内容标准和表现标准两个维度进行框架设计。③

---

① 王光森. 基于标准的民警职业成就评价问题初探[J]. 湖南警察学院学报，2016，28（1）：122-128.

② 杨向东. 基础教育学业质量标准的研制[J]. 全球教育展望，2012，41（5）：32-41. 学业质量标准是指学生在完成各学段基础教育时应该具备的基本素养及其应该达到的具体水平的明确界定和描述。根据当前国际上最新实践，学业质量标准是现代意义上的课程标准的有机构成部分，大体可以分为跨越年级的连续性尺度模式、分年级的成就图模式和能力水平的案例例证模式三种。它是以学科能力模型为核心的规范性表现标准和实际表现标准相结合的产物。

③ 蓝洁. 国家资格框架开发背景下职业教育学业质量标准制订的若干问题[J]. 中国职业技术教育，2017（29）：10-14.

表 1-4　　　　　中国知网检索有关表现标准的应用（2010—2020 年）

相关研究主题	研究内容主要分类
1. 与学业质量标准相关	（1）对学业质量标准的整体研究，主要提供学业质量标准中表现标准研制的教育改革背景以及研制导向
	（2）对基础教育中各个学科学业质量标准的实证研究，涉及表现标准在课堂教学单元中的实践应用，并对体育学科核心素养的表现标准相关问题进行初步探索
2. 与学生学业成就评价相关	（1）对学生学业成就评价的整体研究，为评价中表现标准的研制提供教育改革背景与方向
	（2）对基础教育中各个学科学业成就评价的实证研究，主要提供各个学科学业评价中表现标准研制的框架与内容；另外，明确指出评价中缺少表现标准的弊端，对基于考生水平表现标准的高考评估、考试命题与题库构建进行相关探索
	（3）对高等教育中学生学业成就评价的研究，主要提供评价体系中表现标准研制的框架与内容，同时考虑到代表学生学业成就的证据收集、筛选等问题
3. 与真实性评价、表现性评价相关	（1）表现标准在真实性评价中的应用，体现真实任务情境中学生的行为表现，可以作为一种质性评价工具
	（2）表现标准在表现性评价中的应用，以 2017 年版新课标实施为界限由学科能力转化为学科素养
	（3）可以采用行动研究这一研究类型挖掘各个学科课程教学情境中学生的行为表现

（2）对基础教育中各个学科学业质量标准的实证研究，涉及表现标准在课堂教学单元中的实践应用，并对体育学科核心素养的表现标准相关问题进行初步探索。课标中的学业质量因整体性、全局性而缺乏具体细节标准，所以用于课程教学时需要根据课程教学单元做进一步分解，那么对于研制各级各类表现标准的需求会日益增加。在体育教育领域，一线体育教师依据《体育与健康课程标准》内容标准与表现标准在"技术、体能、运用"三个维度展开对运动项目教学单元的设计、练习方法和组织形式等一系列教学实践的科研探索，使表现标准真正落实到体育教学的每个单元设计中。钱红斌（2016）、徐敏等（2016）、叶敏（2019）、钱红斌等（2019）以排球①、足球②、篮球③、体

①　钱红斌. 排球：多种形式的拍（击）球方法及游戏单元构建的基本思路与策略[J]. 中国学校体育，2016（8）：31-32.

②　徐敏，郭震.《纲要》精神要求下的单元教学实践与反思[J]. 中国学校体育，2016（3）：21-23.

③　叶敏. 吃透体育教学内容的范围与标准 夯实教学基础——《浙江省义务教育体育与健康课程指导纲要》的解读与实施[J]. 当代体育科技，2019，9（26）：103-104.

操类项目①教学单元为例，从表现标准、学生学练、单元设计、场地器材视角对教学单元的实践过程进行设计；另外，注意到核心素养与表现标准的关系，对学业质量标准在课堂教学的落地化操作提出了具体要求。汪晓赞等（2021）从高中体育与健康学业质量的角度阐述了学业质量的结构、学业质量的内容（学业质量描述和学业质量水平等级），② 指出未来围绕着体育学科核心素养和学业质量的改革实践必将会引发对课堂教学层面表现标准的关注。

2. 与学生学业成就评价相关

（1）对学生学业成就评价③的整体研究，为评价中表现标准的研制提供教育改革背景与方向。随着课程标准的改革，对学生学业成就评价的重视程度也日益加深。表现标准作为学业成就评价框架的重要组成部分，从借鉴国外经验到本土化自创，从理论构建到实验检验、修订，逐步在评价中体现出自身的应用价值。崔允漷等（2007）指出，课程标准规范学业成就评价的设计理念、维度框架、内容范围和认知要求；而且当课程标准转化为评价标准的时候，需要对内容标准和表现标准进行技术考量。④ 尹志华等（2019、2020）开发了基于标准的职前体育教师质量评估认证体系——⑤这个认证体系有助于对职前体育教师人才培养质量实施监控。它包括身心素质与动作技术、学科类知识掌握、教学设计与实施、专业发展、对学生学习的影响、课外事务共 6 个强制性指标集群和 2 个自选性指标集群，并对 6 个强制性指标集群中各个子指标在理想水平、合格水平、不合格水平共 3 个等级进行了具体的表现描述。⑥

（2）对基础教育中各个学科学业成就评价的实证研究，主要提供各个学科学业评价中表现标准研制的框架与内容；另外，明确指出评价中缺少表现标准的弊端，对基于考生水

---

① 钱红斌，沈伟忠. 从多元视角例谈器械体操类教材"方法"设计的合理性及改进意见[J]. 中国学校体育，2019（7）：14-16.

② 汪晓赞，何耀慧，尹志华. 基于核心素养的高中体育与健康学业质量阐释、构成与超越[J]. 成都体育学院学报，2021，47（1）：32-40.

③ 杨兴兴，张雨强. 化学实验能力的表现标准开发的初步设想[C]. 中国教育学会. 第九届全国化学课程与教学论学术年会论文集 .2012：331. 学业成就评价是对学生所取得的学业结果的测量和判断，它通过评价量表、问卷、考试等收集学业成就的全面信息，为学习和教学提供反馈，引导学生全面发展。而学业成就评价的依据就是表现标准，它明确阐述了经过一定时间的学习后，学生应该掌握什么、应该表现出什么样的学习行为。

④ 崔允漷，夏雪梅. 试论基于课程标准的学生学业成就评价[J]. 课程·教材·教法，2007（1）：13-18.

⑤ 尹志华，汪晓赞，覃立. 基于标准的职前体育教师质量认证程序开发调查与分析[J]. 体育学刊，2019，26（3）：109-114.

⑥ 尹志华，汪晓赞，孙铭珠. 基于标准的职前体育教师质量评估认证体系开发研究[J]. 成都体育学院学报，2020，46（2）：85-92.

平表现标准的高考评估、考试命题与题库构建进行相关探索。①在学业成就评价中表现标准的内容构建及教学设计应用方面，陶政等（2018）通过分析体育学科核心素养内涵和新课标对学生学业评价的要求，提出了多种评价相结合、依托表现标准设计组合练习、评价形式等策略。① 李启迪等（2019）、吴爱军（2020）针对体育道德②、体育健康行为素养③构建了评价体系。②在基于考生水平表现标准的高考评估方面，主要是通过对高考考生水平表现标准的评价与分析，有效发现考生在学科知识、能力、核心素养等方面存在的不足之处，为教师进一步优化教学提升学生学业质量、考试命题与题库构建提供科学依据。从2010年以来，天津市教育质量评估检测中心对天津市高考考生水平表现标准进行了系列评价，发表了一系列研究成果，形成了一套利用《表现标准》进行考试评价的工作流程，既体现出表现标准在高考中应用的变化特点（见表1-5），也同步映射了我国课程标准改革的轨迹与方向。

表1-5 以历年高考（天津卷）为例展现基于考生水平表现标准评价中表现标准的变化特点

时间段		表现标准的变化特点
2017年以前	2014年	依据《考生水平表现标准》从知识范畴和能力属别两个方面进行重点评价，表现标准多为内容标准知识点的对应
	2015年	出现了对三年高考学生表现水平的纵向评价，在基于分数的评价转变为基于学生表现的评价中，从而体现了表现标准应用的优势
	2016年	表现标准逐步开始成为核心素养的外现
2017年以后	2017年	表现标准开始体现出对考生学习方式、必备品格等方面的外现
	2018年	表现标准开始体现出情境化教学场景中对学生核心素养的培育
	2019年	表现标准体现出各个学科核心素养的外现，成为核心素养育人效果评估工具

在2017年以前，明确指出《课程标准》和《普通高等学校招生全国统一考试大纲》中缺乏"表现标准"的弊端，充分认识到基于标准的评价所具有的现实意义——使基于分数的评

---

① 陶政，董志伟 . 基于体育学科核心素养的学生学业评价设计[J]. 运动，2018(10)：101-102.

② 李启迪，齐静，王章明 . 体育教学"体育品德"目标的评价内容体系构建[J]. 北京体育大学学报，2019，42(8)：131-137.

③ 吴爱军 . 中小学生体育健康行为素养评价体系的构建与实施[J]. 教学与管理，2020(34)：74-76.

价转变为基于学生表现的评价。从表现标准的研制来讲，研制主体选择高考评价项目组各个学科评价组教师团队进行研制；研制方法多为借鉴国外经验移植过来；研制内容仅对知识范畴和能力属别两个方面进行重点表述，较少涉及学生的思想品德和价值观、心理认知、情感态度等方面。从表现标准的应用来讲，在应用范围上仅供评价高考考生水平所用，并未引入学科课堂教学；在应用阶段上体现对学生学业质量的终结性评价，并未与过程性评价建立联系；在应用作用上发挥了考试的甄别和选拔功能。①。

在 2017 年以后，国家层面的纲领性文件《课程标准（2017 年版）》包括内容标准和学业质量，教师在学生培养过程中必须遵循内容标准和表现标准展开教学活动，围绕着学科核心素养展开对高考评估中表现标准体系的专题研究。从表现标准的研制来讲，研制主体选择全国一线教师组成的专家团队，通过广泛调研和深入研究的基础上汇聚集体智慧；研制方法在借鉴国外经验基础上考虑国内情况进行本土化改良；研制内容围绕学科核心素养来设计，并尊重各个学科之间的差异，根据学生学业质量状态不断完善对表现标准的描述。从表现标准的应用来讲，在应用范围上供全国学生使用并引入学科课堂教学；在应用阶段上覆盖教—学—评全阶段，使学生过程性评价与终结性评价相结合；在应用作用上逐步发挥引导、评价和反馈功能②。

---

① 沈启正，周彩莺，季芳. 普通高中学业水平考试命题研究（一）——基于课程标准的内容标准、表现标准与能力立意[J]. 教育测量与评价（理论版），2013（9）：40-44，23.

张要武，郑宝晋，于芳. 基于考生水平表现标准评价对思想政治学科教学的反馈与改进效用[J]. 考试研究，2015（2）：57-68.

于川，姜志惠. 基于考生水平表现标准评价的高考数学（文史类）教学质量分析[J]. 考试研究，2016（1）：15-29.

张要武，郑宝晋，于芳. 基于学科核心素养的考试评价及教学建议——以 2016 年高考（天津卷）思想政治试卷为例[J]. 考试研究，2017（2）：23-35.

田晓梅，康宁，赵俊东，等. 加强高中化学学科核心素养培养，提高学生科学思维能力——2016 年高考化学探究性试题的分析与启示[J]. 考试研究，2017（2）：36-44.

② 姜志惠，于川. 基于核心素养刍议高中数学学习方式的现实表现与改进策略——以 2017 年高考（天津卷）数学文史类试卷为例[J]. 考试研究，2018（2）：13-21.

邓昊源，祁岩，何洁，等. 基于地理实践力素养的考生水平表现评价及其对地理教学的指导作用——以 2018 年普通高等学校招生全国统一考试（天津卷）文科综合地理部分为例[J]. 考试研究，2019（1）：16-32.

康宁，田晓梅，何文，等. 基于化学核心素养之"证据推理与模型认知"的评价与思考——2018 年高考（天津卷）化学试题的分析与启示[J]. 考试研究，2019（2）：40-49.

姜志惠，于川，王洪亮. 基于大数据刍议普通高考引领"学科核心素养"落地的作用——以 2019 年高考（天津卷）数学（文史类）试题为例[J]. 考试研究，2020（1）：3-15.

田晓梅，何文，英华，等. 基于化学核心素养之"科学态度与社会责任"的评价与思考——2019 年高考（天津卷）理科综合化学部分的分析与启示[J]. 考试研究，2020（2）：59-70.

（3）对高等教育中学生学业成就评价的研究，主要提供评价体系中表现标准研制的框架与内容，同时考虑到代表学生学业成就的证据收集、筛选等问题。郑新文（2019）以香港教育大学艺术管理作业评分量规的实践为案例，通过认定的一套完整的"标准"和其包涵不同质素的"表现标准的描述"来进行评量；在评分量规的设计过程中，提出表现标准的界定是希望学生在他们的作业成品、程序或表现呈现可观察的属性，通过集思广益描述每一个属性的特征，并收集反映每一个级别学生习作的样本。[①]

3. 与真实性评价、表现性评价相关

（1）表现标准在真实性评价中应用，体现真实任务情境中学生的行为表现，可以作为一种质性评价工具。真实性评价应用于课堂教学层面，显著的特点就是要根据课程目标设计真实性任务，描述任务完成的表现标准并制定评分规则。赵忠见（2017）从选择真实性任务、制定表现标准与评分规则等方面构建评价体系，将真实性评价应用于高职院校职业生涯规划课程中。[②]

（2）表现标准在表现性学生评价中应用，以 2017 年版新课标实施为界线，表现标准的关注点由学科能力转化为学科素养。马珏（2014）提出利用表现性评价提升学生问题解决能力的途径，利用基于表现标准的 6 种表现评价量表促使教师关注解决过程。[③] 佟柠（2019）探索促进学生地理核心素养的展现与发展的路径，让表现目标、表现人物和表现标准融入地理教学，在转变教与学的方式中实现地理核心素养的进阶。[④]

（3）可以采用行动研究这一研究类型挖掘各个学科课程教学情境中学生的行为表现。行动研究使教师行为与学生行为共同作为教学案例中的组成部分，在教学活动的行动—评价—反思循环过程中可以获得直接证据，更加符合表现性任务情境中教学案例的研究需求。张一旦（2018）通过开发数学问题解决表现性评价方案，以行动研究的方法实施教学实验，探讨表现性评价应用于数学问题解决的效果；[⑤] 马志强（2019）研制了小学语文口语交际表现性评价的开发程序，在课堂层面采用教育行动研究探索如何在口语交际学习中应用表现性评价。[⑥]

---

① 郑新文. 在艺术管理学习中使用评分量规的实践和意义[J]. 艺术管理（中英文），2019（2）：30-38.

② 赵忠见. 真实性评价与高职院校职业生涯规划课程评价的耦合性探究[J]. 知识经济，2017（9）：149-150.

③ 马珏. 表现性评价：提升学生问题解决能力的有效途径[J]. 浙江教育科学，2014（5）：45-47.

④ 佟柠. 面向真实的学习表现：地理学科育人新路向[J]. 基础教育课程，2019（11）：55-60.

⑤ 张一旦. 表现性评价应用于数学问题解决的行动研究[D]. 上海：华东师范大学，2018.

⑥ 马志强. 小学语文口语交际表现性评价的行动研究[D]. 上海：华东师范大学，2019.

四、国外有关表现标准的研究现状

(一)表现标准本体理论研究的经典专著

1.《制定表现标准：概念、方法和应用展望(2001 年版)》

Yeow(2003)为美国北卡罗来纳大学教育测量与评估教授 Gregory J. Cizek 主编的 *Setting Performance Standards：Concepts，Methods，and Perspectives*(2001 年版)做了书评①。这是一部关于表现标准的经典专著，汇聚了过去 20 年左右的时间里众多专家对表现标准研究的精华，详细阐述了表现标准的概念、方法和应用展望(见表 1-6)。在当前基于标准的公共教育改革中，当内容标准制定后，下一步就要制定合理的表现标准，考虑到表现标准制定的技术要求和政策压力的综合性，使原本估算及格分数的常规过程变得更加有趣。

表 1-6　　　　《制定表现标准：概念、方法和应用展望(2001 年版)》主要内容

章节(作者)	主要研究内容(2001 年版)
第 1 章 (Cizek)	非常简洁地说明了一个事实，因为表现标准制定对许多基本社会过程至关重要，因此有必要追求其科学性
第 2 章 (Zieky)	详细说明了在过去 20 年中，表现标准制定克服了目标、方法和程序方面的挑战，发生了巨大的变化。但是表现标准制定的核心问题没有改变，即如何以一种合理的方式将一种特定的对象从另一种对象中分离出来，因为这些对象在不同程度上表现出相关的属性
第 3 章 (Kane)	主张进行大量外部实证检验，以检测所设置表现标准中的重大缺陷和意外后果
第 4 章 (Hambleton)	对在教育评估中通常如何设定良好的表现标准进行示例
第 5 章 (Raymond 等)	揭示了在选择和培训表现标准制定相关工作人员以确保对标准制订过程中质量控制所需要的巨大工作任务
第 6 章 (Reckase)	论述了反馈在标准制定过程中发挥的重要作用
第 7 章 (Loomis，Bourque)	非常生动地阐述了美国国家教育进展评估(NAEP)表现标准制定方法和实践，以及这些方法在过去十年中如何发展

① Yeow Meng Thum. Setting performance standards：concepts，methods，and perspectives[J]. Applied Psychological Measurement，2003，27(4)：305-307.

续表

章节（作者）	主要研究内容（2001 年版）
第 8 章 （Kingston 等）	详细描述了一套最初在美国肯塔基州教学成果信息系统（Kentucky Instructional Results Information System，KIRIS）的实施程序。对于表现标准制定小组成员来说，学生实际学习过程中的作业样本比信息系统的结果以及所处的教育环境更有意义
第 9 章 （Mitzel 等）	在讨论"书签"方法（"bookmark"method）时提供了一些新数据，该方法以测试为中心，尝试将更直接的测试得分与表现标准的量表联系起
第 10 章 （Plake，Hambleton）	给出了书签法分析判断程序的三幅插图
第 11 章 （Jaeger，Mills）	提供了书签法综合判断程序的应用结果，并指出该方法的特征与在大规模评估中的优点。尤其是，这些方法的使用可以使评估小组成员专注于表现标准相关的学生工作，直接根据表现标准的等级（而不是测试难度等级）进行评分，从而简化了任务并提高了可靠性
第 12 章 （Sireci）	指出如果通过适当的外部验证数据来增强，那么统计聚类可以作为一种以考生为中心的标准制定方法
第 13 章 （Sireci，Clauser）	简要介绍了在可调节测试框架内进行表现标准设置的可行性，并强调了任何标准的质量控制因素——随着时间推移评估标准的有效性
第 14 章 （Brown）	明确提出了一个事实，即表现标准设置为控制访问。表现标准的社会功能通常被认为是良性的，甚至得到老师和父母的支持，但是他们也逐渐意识到表现标准可能会对学生和孩子产生不利影响
第 15 章 （Thurlow，Yseeldyke）	指出如果将普通人群的表现标准应用到某类特殊人群时，会导致社会公平性问题
第 16 章 （Phillips）	概述了美国课程标准改革 K-12 背景下出现的许多法律问题，以及法院如何权衡之类的案例
第 17 章 （Carson）	对许可和认证中的法律问题进行了总结
第 18 章 （Camilli 等）	提醒读者，表现标准制定还有许多方法、技术漏洞需要解决，尤其是表现标准制订的方法论应引起测量研究者的重视
第 19 章 （Mehren，Cizek）	发表了简短的声明，重申了表现标准制定的价值及其科学意义。归根结底，表现标准的制定不能简化为统计数字问题，它由心理测量研究的边界逐渐向教育研究的中心发展，应该更多的关注行为分析以及合适的统计方法

这部专著主要分为三个部分：第一部分(第1~4章)阐述了在教育评估中需要设定表现标准的基本论点，概述了其过去50年的进展。第二部分(第5~13章)指出表现标准设置不仅仅是一门科学，而且是一门艺术。这是该部分贡献者所拥有的特征，非常明确地规定了表现标准制定当前的形势以及未来的方向。第三部分(第14~19章)对表现标准在应用中的若干社会问题进行了常规调查，详细介绍了当今表现标准制定所面临的一些主要人力和法律挑战。教育研究领域中的应用心理学测量(Applied Psychological Measurement, APM)及其出版物指出人们对设置及格分数或是说对成绩的判断更为感兴趣，即标准制定的实践。目前，这种需求是如此广泛，以至于标准制定在无数基本的社会职能中得到了体现，表现标准广泛应用于确保专业服务质量、产品安全合格认证、公平分配有价值的社会资源等方面。

2.《制定表现标准：基础理论、方法和创新(2012年版)》

美国北卡罗来纳大学教育测量与评估教授 Gregory J. Cizek 主编的 *Setting Performance Standards：Foundations，Methods，and Innovations*(2012年版)[①]是继2001年版表现标准专著的又一里程碑式的著作，汇聚了众多专家对表现标准制定实践的创新进展，重点阐述了表现标准制定的程序、步骤与方法。

(1)表现标准研制活动的程序

表现标准研制的程序主要包括7个主题：第一，确定研制实践活动的利益相关者，一般包括启动研制活动的决策者、负责标准研制的项目专家以及评估对象；第二，招募和选择研制小组成员，根据表现标准的应用领域选择与该领域密切相关的教育管理者和一线教师；第三，制订研制活动计划，根据时间节点分解任务以及负责人，以便小组协调配合展开工作；第四，准备研制所需要的各项材料，包括活动相关人员的培训材料、学生人口统计学资料、测试的表格、计算机程序等；第五，实施表现标准设定，无论采用哪种具体的方法，都要使小组保持工作状态按照工作流程处理相关问题；第六，报告研制结果，项目负责人核对决策者的需求并准备一份简明而有意义的报告；第七，决策者展开局部试点评估，收集有效证据验证表现标准有效性，并选择有意义的方式向公众传达评估结果。

(2)表现标准研制的步骤

表现标准研制的步骤一般包括：第一，选择一种表现标准研制的方法，并为专家小组第一次会议作准备；第二，选择一个代表利益相关者的研究设计框架；第三，选择、确定表现标准类别(基本、熟练和高级或者类似类别)的描述方式；第四，专家小组成员使用表

---

① Gregory J. Cizek. Setting performance standards：Foundations，Methods，and Innovations[M]. 2nd ed. New York and London：Routledge，2012.

现标准研制方法展开工作；第五，收集每位专家的评分；第六，向专家小组成员提供有关其评分的反馈，并进行讨论；第七，专家小组成员再次修改评分；第八，对表现标准制定过程进行工作反思，进一步修改完善表现标准；第九，汇编表现标准文档，并收集有效证据。

（3）表现标准研制的方法

①安格夫法（Angoff）。这种方法通常在大规模学生测试中使用，要求专家小组成员对考生在每个测试项目的及格线上进行判断。通过得分量表、切分计算、转化得分等系列程序和数学方程模型来确定大规模学生测试中"及格"的最低原始分数，以便后期对基本、熟练和高级等类别的学生成绩进行分类和报告。例如：Katharine（2006）调查了英国五所不同医学院的及格分数，发现这些及格分数存在显著的差异性；使用了 Angoff 方法设置通过标准，将其建立在概念化和描述一个最低能力或处于边缘的学生模型上，并估计这样的学生在某一特定考试的答卷上得到正确答案的概率，以确定毕业时普遍期望的临床技能的及格分数。①

②工作主体法（the Body of Work method，BoW）。这种方法一般使用在教学结果信息系统中。专家小组成员可以审查并判断学生作业的表现水平，包括但不限于学生对构造反应项目的应答。BoW 方法的特点是申专家小组成员检查完整的学生答案集样本（学生对多项选择题的答案以及关于构造答案题的实际学生作业），并根据先前商定的描述将每个学生答案集与表现水平类别进行匹配；然后，通过测距评分表对学生答案集进行评分，再通过回归建模或者中位数评分等数理统计方法进行切分计算，确定精准的切割分数；最后，对整体学生答案集实施评估。

③书签法（the Bookmark Standard Setting Procedure，BSSP）。这种方法基于项目响应理论，适用多个表现标准水平来定义学生成绩的有序类别，以支持对大型标准化测试评估结果的解释。根据基于项目映射的标准设置程序，采用了表现水平描述（Performance Level Descriptors，PLD）策略。该策略指导了更为详细的基于课程内容标准的表现标准的开发，从而为国家标准化考试提供了一个评估模型，并逐渐替代 Angoff 方法在大规模测试中的应用地位。例如，Karla 等（2009）指出，研制学业成就标准的替代评估（Alternate assessments of modified academic achievement standards，AA-MAS）要兼顾遵循传统与创新的要求，一方面，AA-MAS 的开发、实施和验证应遵循相同的技术程序并达到与其他等级评定相同的技

---

① Katharine Boursicot. Setting standards in a professional higher education course：defining the concept of the minimally competent student in performance-based assessment at the level of graduation from medical school [J]. Higher Education Quarterly，2006，60(1)：74-90.

术标准，要符合美国教育部 *Standards and Assessment Peer Review Guidance*；另一方面，设计者和心理测量师对目标考生群体（轻度和中度残疾学生）接触经验有限，所以在撰写相关的表现水平描述（Performance Level Descriptors，PLD）和制定表现标准的时候需要创新思维设计出适合残疾学生的特殊方法。①

④简报法（the Briefing Book Method，BBM）。大多数表现标准的研制方法是从编写表现标准开始的，然后设法找到相应的切割分数，但这样有可能涉及测试无法衡量出某些表现的风险。而简报法（BBM）从收集可能的切割分数开始，然后为每个切割分数匹配到对应的表现标准。专家小组会对简报中的学生学习结果进行详细的审查和解释，纳入与表现标准相关的有效证据。这样就可以直接解决在得分与表现标准之间对齐的心理考量因素。

⑤基于证据的方法（From Z to A：Using Validity Evidence）。先前的表现标准研制方法是针对每个年级和内容，局限于显示某一时间段某个学生表现状态的静态数据快照；为了建立更为广泛的评估系统进行国际比较、升学预判、职业准备等，此方法将数据进行纵向链接并使用状态和增长模型来推断学生的学习进度或者未来发展潜力。例如，将一个年级的课程成绩与进入下一个年级的成绩之间的关系形成一个阶梯，并将这种进阶关系在表现标准中体现出来。该方法最显著的特征就是建立在收集学生学习结果进而提炼有效证据的基础之上，在整个研制过程中特别关注表现水平的描述与外部证据的高度关联。

以上方法都是目前最为常用的方法，经过了大量的教育评估实践的验证而越发成熟。随着时代的发展，教育评估的要求呈现出多样化的需求，表现标准的研制方法也在不断改进、发展、创新，但每一种方法都需要考虑作为学生学习结果的有效证据与表现水平描述的高度对应关系。至于采用什么数学模型去求得每个表现等级水平的切割分数，则需要根据具体评估目标与对象进行选择。

（二）表现标准在教育领域的研究热点（2000—2020 年）

通过 Web of Science 核心合集检索主题词表现标准（2000—2020 年），选择与本研究相关性较高、发文量较多的教育领域被引频次前 10 名的经典论文，简要说明表现标准在这些学科研究领域所体现的研究热点与应用价值。

---

① Karla L. Egan, Steve Ferrara, M. Christina Schneider, et al. Writing performance level descriptors and setting performance standards for assessments of modified achievement standards：the role of innovation and importance of following conventional practice[J]. Peabody Journal of Education, 2009, 84(4)：552-577.

1. 表现标准在教育科学学科(Education Scientific Disciplines)的研究热点

表现标准所涉及的研究问题(见表 1-7)主要是:(1)评估工具的本体研究①。表现标准作为评估指标的定性描述,主要应用于评估框架或者量表中,进一步扩展表现标准的应用领域,并在新领域应用中不断完善自身功能。一方面,考察评估框架中表现标准的信效度,分析评估指标定性描述的可靠性与准确性;另外一方面,对比评估量表与其他评估方法的评估效果,探索评估量表的适用性。(2)学生学业成就评估②。表现标准作为评估指标的定性描述,主要应用于对教学中学生专业能力评估或者实习期学生专业活动框架中关键能力评估,由此进一步探析表现标准与教学设计、教学模式、课程与评估工具开发等问题的关联,并促进表现标准在教学领域与职业资格认证领域的对接。(3)教师或医生等专业发展评估③。表现标准作为评估指标的定性描述,主要应用于具有职业资格的教师、医生等专业发展评估中,并探讨评估方法的改进以及注意到评估对象所处组织、环境等因素的影响。

———————————

① Sharp LK, Bashook PG, Lipsky MS, et al. Specialty board certification and clinical outcomes: the missing link[J]. Academic Medicine: journal of the Association of American Medical Colleges, 2002, 77(6): 534-542.

Holmboe ES, Huot S, Chung J, et al. Construct validity of the miniclinical evaluation exercise (miniCEX) [J]. Academic Medicine: Journal of the Association of American Medical Colleges, 2003, 78(8): 826-830.

Shahian David M., Nordberg Paul, Meyer Gregg S., et al. Contemporary performance of U. S. teaching and nonteaching hospitals[J]. Academic Medicine: Journal of the Association of American Medical Colleges, 2012, 87(6): 701-708.

Hemmer PA, Hawkins R, Jackson JL, et al. Assessing how well three evaluation methods detect deficiencies in medical students' professionalism in two settings of an internal medicine clerkship[J]. Academic Medicine: Journal of the Association of American Medical Colleges, 2000, 75(2): 167-173.

② van der Vleuten CPM, Schuwirth LWT. Assessing professional competence: from methods to programmes [J]. Medical Education, 2005, 39(3): 309-317.

Hauer Karen E., Ciccone Andrea, Henzel Thomas R., et al. Remediation of the Deficiencies of Physicians Across the Continuum From Medical School to Practice: A Thematic Review of the Literature[J]. Academic Medicine: journal of the Association of American Medical Colleges, 2009, 84(12): 1822-1832.

Englander Robert, Flynn Timothy, Call Stephanie, et al. Toward defining the foundation of the MD degree: core entrustable professional activities for entering residency[J]. Academic Medicine: Journal of the Association of American Medical Colleges, 2016, 91(10): 1353-1359.

Distlehorst LH, Dawson E, Robbs RS, et al. Problem-based learning outcomes: the glass half-full[J]. Academic Medicine: Journal of the Association of American Medical Colleges, 2005, 80(3): 294-299.

③ Leslie Karen, Baker Lindsay, Egan-Lee Eileen, et al. Advancing faculty development in medical education: a systematic review[J]. Academic Medicine: Journal of the Association of American Medical Colleges, 2013, 88(7): 1038-1045.

van de Wiel Margje W. J., Van den Bossche Piet, Janssen Sandra, et al. Exploring deliberate practice in medicine: how do physicians learn in the workplace? [J]. Advances in Health Science Education, 2011, 16(1): 81-95.

表 1-7 表现标准在 Education Scientific Disciplines 的高被引论文（2000—2020 年）

排名	被引频次	论文题目	年份	研究主要内容	表现标准应用
1	563	Assessing professional competence: from methods to programmes	2005	论述专业能力评估从方法选择到方案设计。作为教学设计的评估应该刺激学习，并且需要在真实的环境中对复杂能力的表现进行充分的抽样，而这些能力不能分解为简单的部分，需要从个别方法转向与教育计划相结合的综合方案。因此，评估不仅仅是一个测量问题，而是需要一个教学设计的视角，包括教育、实施和资源方面，根据评估的目的和背景实施对专业能力的评估	教学中对学生专业能力评估
2	129	Specialty board certification and clinical outcomes: the missing link	2002	专业委员会认证状态通常被用作优秀的标准，但没有系统的审查来检查认证与临床结果之间的联系。作者评估了跟踪临床结果和认证状态的已发表研究，超过一半的研究支持委员会认证状态与积极临床结果之间的关联	资格认证状态(优秀标准)与临床结果(护理标准)
3	123	Remediation of the deficiencies of physicians across the continuum from Medical School to practice: a thematic review of the literature	2009	对医学实习生和执业医师进行基于能力的评估得到广泛认可，但识别不称职人员的方法和补救其缺陷的策略却没有标准化。这篇综述描述了在本科、研究生和继续医学教育水平上的补救策略	临床能力评估
4	98	Construct validity of the MiniClinical Evaluation Exercise (MiniCEX)	2003	调查小型临床评估练习(miniCEX)的结构效度。对于三种临床技能，教员参与者能够使用 miniCEX 量表成功区分三种水平的表现	三种临床技能表现水平
5	88	Advancing faculty development in medical education: a systematic review	2013	详细说明医学教育中教师发展计划的性质和范围、评估教师发展研究的质量。在这些教师发展评估的研究中，侧重于采用定量方法通过自我报告的行为变化获得数据。未来研究应采用更严格的评估方法，解决不同组织和环境因素如何影响教师发展项目的成功	医学教育中教师发展计划评估

续表

排名	被引频次	论文题目	年份	研究主要内容	表现标准应用
6	84	Toward defining the foundation of the MD degree: core entrustable professional activities for entering residency	2016	美国医学院校协会起草了实习期住院医生培训的专业活动(EPA)的概念框架,每个 EPA 都包括一个描述,一个关键功能列表,以及预期行为和临床案例的叙述性描述,供初学者和学习者做准备	实习期住院医生培训的专业活动框架中关键能力评估
7	79	Contemporary performance of US teaching and nonteaching hospitals	2012	使用当今公开报告的评估指标组合比较美国教学医院和非教学医院的绩效表现	医院绩效表现评估
8	78	Exploring deliberate practice in medicine: how do physicians learn in the workplace?	2011	考察了医生工作场所的学习活动及其目标,大多数相关的学习活动与患者护理直接相关,而不是由能力提升目标驱动	医生专业发展评估
9	75	Assessing how well three evaluation methods detect deficiencies in medical students' professionalism in two settings of an internal medicine clerkship	2000	比较表现标准检查表、书面评论和正式评估会议评论三种评估方法对三年级医学生门诊护理与住院轮换期间专业性缺失的评估效果。其中,面对面的正式评估会议显著提高了不专业行为的检测	医学院学生实习评估方法的评估效果
10	68	Problem-based learning outcomes: the glass half-full	2005	对基于问题的学习(PBL)和标准课程(STND)中医学院学生学习的学业表现进行比较分析。研究结果表明,PBL 学生的表现明显优于 STND,获得学业奖励比例更大	医学院学生学业表现

2. 表现标准在教育研究(Education Educational Research)的研究热点

表现标准并不是作为主要研究对象出现在研究成果中,而是作为评估工具对研究对象进行评估,进而发现研究对象存在的现实问题。表现标准所涉及的研究问题(见表 1-8)主要是:(1)课程与教学评价。表现标准的应用突破了单纯对应内容标准这一范围,向课程与教学领域里的每个角落渗透。较为常见的一类是以学生为主体围绕影响学生学业成就的各类因素展开论述,例如:涉及学生心理方面则采用注意力持续性量表①,从心理学的角

---

① Mcclelland Megan M., Acock Alan C., Piccinin Andrea, et al. Relations between Preschool Attention Span-Persistence and Age 25 Educational Outcomes[J]. Early Childhood Research Quarterly, 2013, 28(2): 314-324.

度探索心理指标对学生学业成就的长期影响；涉及学生自我评估的应用①，则从评估主体与评估对象的角色转变中探讨学生参与式评估对学习的促进作用；涉及评估等级与学生学业成绩的对应性，则强调学生学习结果证据收集、使用的有效性。② 另一类是以课程与课堂学习环境③、教师类型④、教学模式⑤、教科书⑥等为论述主题，所使用的表现标准主要由国家或者州教育机构、协会组织的官方标准，少量由权威学者研制。

近年，在教育领域围绕表现标准的评估应用对学生学业成就及相关因素的影响展开更为深入、细致的研究。Tamás（2016）以匈牙利中小学生为案例，探讨了教师评分标准对学生学业表现的影响，这促使教师思考如何更为合理地使用评分标准。⑦ Rob 等（2018、2019）指出，评估政策的特点与学业成绩之间存在一定的联系，例如，更高的标准可能会提高学生的学习动机，从而促进学业成绩的变化。⑧ Karen 等（2020）在不影响学生健康的情况下，尝试提高学习进度以应对医学院富有创造性的学术环境，结果表明男生比女生的学习成绩提高明显；还指出提高学业标准与学生幸福感之间存在着一定的关系，而且对男女学生的影响是不同的。⑨

① Andrade H, Valtcheva A. Promoting Learning and Achievement Through Self-Assessment[J]. Theory Into Practice, 2009, 48(1): 12-19.

② Sadler, D. Royce. Grade integrity and the representation of academic achievement[J]. Studies in Higher Education, 2009, 34(7): 807-826.

③ Tarr James E., Reys Robert E., Reys Barbara J., et al. The impact of middle-grades mathematics curricula and the classroom learning environment on student achievement[J]. Journal for Research in Mathematics Education, 2008, 39(3): 247-280.

④ Egalite Anna J., Kisida Brian, Winters Marcus A. Representation in the classroom: The effect of own-race teachers on student achievement[J]. Economics of Education Review, 2015, 45(4): 44-52.

⑤ Nguyen Phuong-Mai, Elliott Julian G., Terlouw, Cees, et al. Neocolonialism in education: Cooperative Learning in an Asian context[J]. Comparative Education, 2009, 45(1): 109-130.

⑥ Beth A. Herbel-Eisenmann. From Intended Curriculum to Written Curriculum: Examining the "Voice" of a Mathematics Textbook[J]. Journal for Research in Mathematics Education, 2007, 38(4): 344-369.

⑦ Tamás Keller. Sticky assessments-the impact of teachers' grading standard on pupils' school performance [J]. Routledge, 2016, 42(5): 493-518.

⑧ Rob Kickert, Karen M Stegers-Jager, Marieke Meeuwisse, et al. The role of the assessment policy in the relation between learning and performance[J]. Medical Education, 2018, 52(3): 324-335.

Rob Kickert, Marieke Meeuwisse, Karen M. Stegers-Jager, et al. Assessment policies and academic performance within a single course: the role of motivation and self-regulation[J]. Assessment & Evaluation in Higher Education, 2019, 44(8): 1177-1190.

⑨ Karen M. Stegers-Jager, Mesut Savas, Jeroen Van Der Waal, et al. Gender-specific effects of raising Year-1 standards on medical students' academic performance and stress levels[J]. Medical Education, 2020, 54 (6): 538-546.

表 1-8　表现标准在 Education Educational Research 的高被引论文（2000—2020 年）

排名	被引频次	论文题目	年份	研究主要内容	表现标准应用
1	147	Relations between preschool attention span-persistence and age 25 educational outcomes	2013	考察了学龄前儿童(4岁)的注意力持续性与其在校期间 7 岁和 21 岁学业成绩之间的关系。结果表明，4 岁时注意力持续性可以显著预测 7 岁和 21 岁时数学和阅读技能，并且发现 4 岁时注意力持续性高出一个标准差的儿童在 25 岁时完成大学学业的概率要高出 48.7%。这项研究证明了自我管理对长期学业成就和教育程度的重要性	注意力持续性量表(Colorado Child Temperament Inventory, CCTI) 中评估指标的定性描述
2	116	The impact of middle-grades mathematics curricula and the classroom learning environment on student achievement	2008	探索初中数学课程与学习环境对学生成绩的影响。研究表明，在中等或高水平的基于标准的学习环境(SBLE)中，由国家科学基金(NSF)资助的课程对学生的数学平衡评估(BAM)产生了积极影响；但在低水平的 SBLE 中，课程对学生的 BAM 并没有统计上的显著影响	数学平衡评估 (the Balanced Assessment in Mathematics, BAM) 中 4 级表现水平的定性描述
3	115	Promoting Learning and Achievement Through Self-Assessment	2009	介绍了标准参考自我评估的应用，学生收集自己的表现或进步信息与明确规定的标准、目标进行比较，并进行相应的修改，以便改进和促进学习	自我评估
4	93	Representation in the classroom：The effect of own-race teachers on student achievement	2015	探讨母语教师对学生成绩的影响，同一种族、族裔的教师可以缩小不同种族、民族的学生之间的表现差距。解决少数族裔学生和白人学生之间的成绩差距是一个重大的政策问题，积极招聘少数民族教师是教育领域领导人提出的一个政策杠杆	佛罗里达综合评估测试 (the Florida Comprehensive Assessment Test, FCAT)
5	83	Neocolonialism in education：Cooperative Learning in an Asian context	2009	分析了教育中的新殖民主义即西方教育方法对非西方国家和社会的影响，并以合作学习在亚洲背景下的应用为案例，建议非西方国家应根据自己的世界观和自身的规范和价值观，寻求重建引进的教育实践	七维度文化框架 (the seven-dimensional cultural framework of Trompenaars and Hampden-Turner)
6	82	Teachers Generation Z and their Digital Skills	2016	分析中小学教师的 ICT (information and communications technology)技能水平，建立适应西班牙教育环境的能力框架	西班牙中小学教师 ICT 能力框架

续表

排名	被引频次	论文题目	年份	研究主要内容	表现标准应用
7	78	Exploring deliberate practice in medicine: how do physicians learn in the workplace?	2011	考察医生在工作期间可能促进其专业发展的医疗实践活动。结果表明医疗实践中的学习在临床工作中非常重要，最相关的学习活动是与患者护理直接相关，而不是由能力提升目标驱动	医生的绩效标准
8	72	Modeling and Simulation of an Adaptive Neuro-Fuzzy Inference System (ANFIS) for Mobile Learning	2012	提出了一种自适应神经模糊推理系统（ANFIS），用于向移动学习者提供自适应的学习内容	ANFIS 模型性能评价
9	70	Grade integrity and the representation of academic achievement	2009	探讨学业成绩等级的完整性与学业成绩表征的关系。在课程或学习模块结束时，对每一项成绩都要与学生表现的质量、广度和深度严格相称，这就需要合乎逻辑、足够可靠的证据与评分原则	学生学业成就评估
10	69	From intended curriculum to written curriculum: Examining the voice of a mathematics textbook	2007	使用文本分析框架考察中学数学教科书的作者是否实现了 NCTM 标准提出的意识形态目标，即将权威中心从教师和教科书转移到学生数学推理和论证。结果表明，实现这一目标比标准文件的作者可能意识到的要困难，并且这一目标与传统教科书形式之间可能存在不匹配	国家数学教师委员会发布的《数学教学专业标准》(the NCTM's Standards, 1991)

（2）教师能力评估①或者医生绩效标准②。应用于该类评估框架中的表现标准是从教师或者医生等实践工作场景中进行证据收集、提炼后所研制的标准。这类表现标准带有非常显著的职业领域工作实践特征，通常对在校学生培养或者职场专业发展具有一定的引导作用。同时，这类表现标准与教师、医生等的工作绩效挂钩，成为衡量其工作价值的最直接的评估工具之一。

---

① FJ Fernándezcruz, MJ Fernándezdíaz. Generation Z's Teachers and their Digital Skills［J］. Comunicar, 2016, 24(46): 97-105.

② van de Wiel Margje W. J., Van den Bossche Piet, Janssen Sandra, et al. Exploring deliberate practice in medicine: how do physicians learn in the workplace? ［J］. Advances in Health Sciences Education, 2011, 16 (1): 81-95.

(三)表现标准在体育领域的研究热点(2000—2020 年)

在体育科学(Sport Sciences)领域，表现标准所涉及的研究问题(见表 1-9)主要是：(1)运动员运动损伤评估①。表现标准作为评估指标的定性描述，主要应用于运动员损伤程度或者康复标准，由此进一步挖掘运动员损伤程度与运动负荷等因素的关联或者康复后损伤后遗症的解决方法。

(2)运动表现评估②。表现标准作为评估指标的定性描述，主要应用于运动员竞技能力评估或者技战术制胜因素分析。大数据时代，通常是借助计算机视觉技术的运动分析软件对运动员竞赛现场中的运动表现数据进行分析，通过竞赛现场数据对标后对自身竞技能力状态进行评估与反馈，或者分析对方运动员的技战术状态而提供竞赛制胜策略；另外，还可以分析运动员在特定训练条件下运动表现与其体能各因素的关系，探析影响运动员运动表现的呈现原因。

(3)身体机能风险评估③。表现标准作为评估指标的定性描述，主要应用于对人或者科研实验中动物(例如小鼠)的身体机能状态进行风险程度判断，还可以进一步验证评估测

---

① Lian OB, Engebretsen L, Bahr R. Prevalence of jumper's knee among elite athletes from different sports：a cross-sectional study[J]. Am J Sports Med, 2005, 33(4)：561-567.

Clarsen Benjamin, Myklebust Grethe, Bahr Roald. Development and validation of a new method for the registration of overuse injuries in sports injury epidemiology：the Oslo Sports Trauma Research Centre (OSTRC) Overuse Injury Questionnaire[J]. Br J Sports Med, 2013, 47(8)：495-502.

Hewett Timothy E., Di Stasi Stephanie L., Myer Gregory D. Current concepts for injury prevention in athletes after anterior cruciate ligament reconstruction[J]. American Journal of Sports Medicine, 2013, 41(1)：216-224.

② Ruhe Alexander, Fejer René, Walker Bruce. The test-retest reliability of centre of pressure measures in bipedal static task conditions—a systematic review of the literature[J]. Gait & Posture, 2010, 32(4)：436-445.

Milanović Zoran, Pantelić Saša, Čović Nedim, et al. Is recreational soccer effective for improving VO2 max? A systematic review and Meta-analysis[J]. Sports medicine, 2015, 45(9)：1339-1353.

Barros Ricardo M. L., Misuta Milton S., Menezes Rafael P., et al. Analysis of the distances covered by first division brazilian soccer players obtained with an automatic tracking method[J]. Journal of Sports Science and Medicine, 2007, 6 (2)：233-242.

③ Flansbjer UB, Holmbck AM, Downham D, et al. Reliability of gait performance in men and women with hemiparesis after stroke[J]. Journal of Rehabilitation Medicine, 2005, 37(2)：75-82.

Faber Marjan J., Bosscher Ruud J., Paw Marijke J. Chin A., et al. Effects of exercise programs on falls and mobility in frail and pre-frail older adults：a multicenter randomized controlled trial[J]. Arch Phys Med Rehabil, 2006, 87(7)：885-896.

Nearing BD, Verrier RL. Modified moving average analysis of T-wave alternans to predict ventricular fibrillation with high accuracy[J]. Journal of Applied Physiology, 2002, 92(2)：541-549.

Takagawa Junya, Zhang Yan, Wong Maelene L., et al. Myocardial infarct size measurement in the mouse chronic infarction model：comparison of area- and length-based approaches[J]. Journal of Applied Physiology, 2007, 102(6)：2104-2111.

试方法的可靠性。

表 1-9　　　　　　　　表现标准在 Sport Sciences 的高被引论文（2000—2020 年）

排名	被引频次	论文题目	年份	研究主要内容	表现标准应用
1	538	Reliability of gait performance tests in men and women with hemiparesis after stroke	2005	评价 6 种步态测试对慢性轻中度脑卒中偏瘫患者的可靠性	步态评估
2	365	Prevalence of jumper's knee among elite athletes from different sports: a cross-sectional study	2005	评估跳高运动员膝关节在不同运动项目中的患病率，并将其与这些运动中伸肌的负荷特性相关联	运动损伤评估
3	264	The test-retest reliability of centre of pressure measures in bipedal static task conditions — A systematic review of the literature	2010	双足静态任务条件下压力中心（COP）测量可作为研究特定条件下一般姿势稳定性和平衡性能的可靠工具	姿势平衡性评估
4	257	Effects of exercise programs on falls and mobility in frail and pre-frail older adults: A multicenter randomized controlled trial	2006	确定中等强度团体运动计划对老年人跌倒、功能表现和残疾的影响，并调查身体虚弱对这些的影响	以表现为导向的行动能力评估（POMA）
5	240	Is ecreational Soccer Effective for Improving（V）over dotO（2）（max）? A Systematic Review and Meta-Analysis	2015	对文献进行系统回顾和荟萃分析，以确定休闲足球对最大摄氧量（VO2max）的影响	运动表现评估
6	234	Modified moving average analysis of T-wave alternans to predict ventricular fibrillation with high accuracy	2002	改进的移动平均分析是一种稳健的方法，它可以精确地测量带有伪影、噪声和临床心电图典型非平稳数据的 T 波交替，并准确估计心室颤动的风险	心室颤动风险评估
7	226	Development and validation of a new method for the registration of overuse injuries in sports injury epidemiology: the Oslo Sports Trauma Research Centre（OSTRC）Overuse Injury Questionnaire	2013	运动损伤流行病学中过度使用损伤登记新方法的开发和验证。以越野滑雪、地板球、手球、公路自行车和排球等 5 项运动的 313 名运动员为研究对象，建立了新的过度使用伤害问卷，并对其进行了验证	运动损伤评估
8	190	Myocardial infarct size measurement in the mouse chronic infarction model: comparison of area- and length-based approaches	2007	小鼠慢性梗死模型心肌梗死面积测量：面积法和长度法的比较。基于面积和长度的测量都可以用于确定严重程度范围内的相对梗死面积，尽管基于面积的测量由于壁变薄而大大压缩，并且梗死中线的估计是评估梗死面积的一种简单、可靠的方法	心肌梗死风险评估

排名	被引频次	论文题目	年份	研究主要内容	表现标准应用
9	180	Analysis of the distances covered by first division Brazilian soccer players obtained with an automatic tracking method	2007	利用计算机视觉技术的系统分析巴西甲级足球运动员所覆盖的距离，将结果与欧洲运动员数据进行比较	足球运动员运动表现评估
10	171	Current Concepts for Injury Prevention in Athletes After Anterior Cruciate Ligament Reconstruction	2013	论述运动员前交叉韧带重建后损伤预防的现状，指出了重点是解决运动员手术重建和标准康复后普遍存在的神经肌肉缺损	运动损伤评估

(四)表现标准国外经验的引介

自从 1990 年教育标准普及，美国、英国、澳大利亚等国家的课程标准改革对当时表现标准的研制与应用产生非常重要的推动作用。尤其是美国，作为表现标准开发的先行者经历了多轮课程标准改革，已经具备较为完备的国家层面、州级层面、社会层面的表现标准框架体系。表现标准作为课程标准的重要组成部分，其自身的理论积累与实践经验也日益丰富。同期，我国学者紧随国外研究热点，对表现标准的国外经验进行了大量的引介。这主要体现在与课程标准相关、与学生学业质量评价相关、与教师教育和教师评价相关的3 个研究主题(见表 1-10)。

表 1-10　　**中国知网检索有关表现标准的国外经验引介(2010—2020 年)**

相关研究主题	研究内容主要分类
1. 与课程标准相关	(1)表现标准跟随课程标准改革步伐的整体发展状况，以及表现标准在课程标准中所体现出来的重要作用 (2)在中外课程标准的对比研究中，国外各级各类表现标准范例为我国表现标准的制定提供了大量理论指导与实践经验，使我国从意识到表现标准的缺失到着手本土化改良的过程加速，但是独立研制符合我国课程标准的表现标准才刚刚起步 (3)对课程标准中的学科能力表现标准框架进行构建研究，表现标准的内容主要集中在学生学科能力上，并进一步探讨学科能力表现标准研制的科学性、可操作性

续表

相关研究主题	研究内容主要分类
2. 与学生学业质量评价相关	(1)对于基础教育学生学业质量评价的研究，指出各类学业质量评价中表现标准存在的作用、形式以及国内表现标准的缺失，探讨在课程与教学领域如何建立与课程内容标准、评价标准相对应的表现标准体系 (2)对于高等教育和职业教育学生学业质量评价的研究，为表现标准的研制提供导向
3. 与教师教育、教师评价相关	(1)跟随"能力本位"到"表现标准本位"的教师教育改革历程，教师表现标准内容与基础教育改革中学生表现标准内容具有同步性——从以能力为主转变为以素养为重 (2)职前教师教育课程思想以专业价值取向为主流，从技术理性主义向整合主义发展，倡导从技能训练走向全人发展，为教师教育课程标准的优化和教师表现标准的构建提供了方向指引 (3)研制教师专业标准，构建教师评价体系，特别是制定科学的评价标准和行为表现水平。注重把总结性评价和形成性评价相结合，注重收集多种评价证据，注重对教师评价标准的理论研究

1. 与课程标准相关

(1)表现标准跟随课程标准改革步伐的整体发展状况，以及表现标准在课程标准中所体现出来的重要作用。邵朝友(2013)总体概括了 20 世纪 80 年代以来美国表现标准的发展历程：首先，分析了现代表现标准开发的背景，指出内容标准不能说明学生所掌握知识与技能的表现程度，很有必要研制一种新的标准，既可以作为学生掌握内容标准的证据，也可以表明学生应达到的表现程度；其次，介绍了美国表现标准体系的构成，指出其可分为政策性表现标准、学科年级(年段)表现标准、正确回答的任务数量与类型(学科内容知识点)和分界分数；最后，论述了国家层面开发的国家教育进展评估项目(NAEP)[①]、州级层

[①] 周红. 美国国家教育进展评估(NAEP)体系的产生与发展[J]. 外国教育研究, 2005(2)：77-80. 国家教育进展评估项目(National Assessment of Educational Progress，简称 NAEP)产生于 20 世纪 60 年代，直到 90 年代其政策制定机构——美国国家评估管理委员会(National Assessment Governing Board，NAGB)的产生才完全确立了成熟的 NAEP 模式。NAEP 是全美唯一从全国范围内收集三个不同年龄段(4、8、12年级)学生样本且持续时间长达数十年的学业成绩测量体系；是全美唯一从各州、各州的不同社区(城市中心、城郊、农村)以及大部分州的种族群体获取可靠统计学样本的信息体系。NAPE 包括全国评估(NAEP-National)、州评估(NAEP-State)、试验性城市地区评估(NAEP trial Urban District Assessment)类型的评估；其中对于学生特定学科的测试水平等级包括高级(advanced)、熟练(proficient)、基础(basic)三种水平，不同的等级附有相关的表现标准说明。

面开发的共同核心州立标准(CCSS)①和社会层面开发的新标准计划(NSP)②,指出这三个层面的表现标准对世界各国基于标准的教育改革产生了具有辐射性的影响力,而且对我国基础教育课程标准改革与表现标准的研制也产生了重要的指导价值。③

(2)在中外课程标准的比较研究中,国外各级各类表现标准范例为我国表现标准的制定提供了大量理论指导与实践经验,使我国从意识到表现标准的缺失到着手本土化改良的过程加速,但是独立研制符合我国课程标准的表现标准才刚刚起步。①从国家层面开发的国家教育进展评估项目(NAEP)来看:樊丰艺(2017)对2014年版美国《国家核心艺术标准》的颁布背景及发展历程进行解析,④ 并针对PK-2年级阶段音乐领域、视觉艺术领域、戏剧领域、舞蹈领域、媒体艺术领域的表现标准从整体呈现、具体内容、特性方面进行具体分析⑤。②从州级层面开发的共同核心州立标准(CCSS)来看:刘晶晶(2015)从国际视域介绍了美国共同核心州立标准和澳大利亚、英国、加拿大英语语言课程标准等学业评价框架的构建,指出我国中小学语文阅读能力标准缺乏科学具体的表现标准、缺乏对阅读能力结构的解析。⑥ ③从社会层面开发的新标准计划(NSP)来看:上海市教育科学研究院

① 周文叶. 共同的核心 明确的高期望——美国CCSS对我国基础教育质量标准研制的启示[J]. 教育发展研究, 2012, 32(24): 19-24. 美国国家管理者协会(National Governors Association, NGA)、重点州学校管理者委员会(Council of Chief State School Officers, CCSSO)和成就公司(Achieve)为了提升标准,确保学生获得国际上最好的教育,于2008年发布了《成功的基准:确保美国的学生获得世界级的教育》(Benchmarking for Success: Ensuring U. S. Students Receive a World-Class Education)的报告。随后, 2010年6月颁布了"共同核心州立标准"(Common Core State Standards, CCSS),包括共同核心州立英语标准和数学标准。

② 美国国家教育和经济中心,匹兹堡大学. 美国初中学科能力表现标准 英语、数学、科学、应用学习标准介绍、能力表现说明、作业实例及评注[M]. 上海市教育科学研究院, 译. 北京:人民教育出版社, 2004: 3-5. 新标准计划(New Standards Project)是20世纪90年代由匹兹堡大学学习研究发展中心与国家教育和经济中心合作制定。新标准评价系统创立者为劳伦·雷斯尼克(Lauren Resnick)、马克·塔克(Marc Tucker),参与人员包括了国内外研究人员、国内一线教师。新标准评价系统由能力表现标准、随机考试和学生档案系统组成。它严格按照权威机构有关课程标准来制定,目的是使表现标准达到世界级水平、为教师提供明确的学习目标程度、为学生达成要求提供公平的机会。

③ 邵朝友. 美国开发表现标准行动的回顾与借鉴[J]. 外国教育研究, 2013, 40(3): 122-128.

④ 樊丰艺. 2014版美国国家核心艺术标准PK-2年级阶段的分析与启示[D]. 金华:浙江师范大学, 2016. 在艺术教育国家联盟(National Coalition for Education in the Arts)的推动下, 1994年克林顿政府用立法程序通过《2000年目标:美国教育法》,艺术被法定列为核心学科且要求制定国家艺术教育标准,纳入国家教育进步评估项目(NAEP)。2011年,国家核心艺术标准联盟(NCCAS)正式成立,成为承担修订国家艺术教育标准任务的主要机构。随后,组织舞蹈、媒体艺术、音乐、戏剧和视觉艺术五个艺术领域的专家团队撰写、修改,于2014年正式颁布美国《国家核心艺术标准》,并建立国际核心艺术标准的门户网站,提供相关支撑材料的免费下载。

⑤ 樊丰艺,王秀萍. 美国国家核心音乐标准PK-2年级的标准内容与特性分析(上)[J]. 中国音乐教育, 2017(6): 35-39.
樊丰艺,王秀萍. 美国国家核心音乐标准PK-2年级的标准内容与特性分析(下)[J]. 中国音乐教育, 2017(7): 32-36.

⑥ 刘晶晶. 美国阅读能力表现标准对我国的启示[J]. 语文教学与研究(教师版), 2015(2): 29-31.

(2004)组译的"美国学科能力表现标准丛书"三册详细介绍了"新标准计划"所实施的美国小学①、初中②、高中③学科能力表现标准(英语、数学、科学、应用学习),从标准介绍、能力表现说明、作业实例及评注三个方面来描述学生表现。随后,卢晓明等(2004)又根据该丛书对上海市中小学生学科能力表现(语文、数学、科学)进行了国际比较与本土化重构的实践研究,探索与国内课程标准中内容标准相配套的表现标准研制。④ 孙青等(2015)通过我国与美国初中英语学科能力表现标准的对比分析,指出我国初中英语学科能力表现标准的缺失与改进问题;⑤ 尹达(2015)对美国高中英语写作能力表现标准进行分析,为我国高中语文作文教学提供参考。⑥

(3)对课程标准中的学科能力表现标准框架进行构建研究,将表现标准的内容主要集中在学生学科能力上,并进一步探讨学科能力表现标准研制的科学性、可操作性。高峡(2012)通过比较课程改革标准中美、日、中应用学习能力表现标准框架,从能力分类上来讲,一种以美国为代表依据职业能力划分,另一种以亚洲国家为代表依据课程划分。⑦ 王祖浩等(2013)首先对美国科学学科能力表现标准的结构研究、我国学科能力的界定及结构模型等进行介绍;其次,对美、英、澳、新和我国的科学课程文件中的能力要素进行解读与比较;最后,提出了构建我国基础教育科学学科能力要考虑学科特殊性、独立性、完备性和可操作性。⑧ 蒋盼盼等(2018)通过比较中、美、英三国数学课程标准,指出我国小学

---

① 美国国家教育和经济中心,匹兹堡大学. 美国小学学科能力表现标准 英语、数学、科学、应用学习标准介绍、能力表现说明、作业实例及评注[M]. 上海市教育科学研究院,译. 北京:人民教育出版社,2004.

② 美国国家教育和经济中心,匹兹堡大学. 美国初中学科能力表现标准 英语、数学、科学、应用学习标准介绍、能力表现说明、作业实例及评注[M]. 上海市教育科学研究院,译. 北京:人民教育出版社,2004.

③ 美国国家教育和经济中心,匹兹堡大学. 美国高中学科能力表现标准 英语、数学、科学、应用学习标准介绍、能力表现说明、作业实例及评注[M]. 上海市教育科学研究院,译. 北京:人民教育出版社,2004.

④ 卢晓明,郎建中. 学习能力表现的理论与实践[M]. 上海:上海百家出版社,2008.

⑤ 孙青,杨钦芬. 我国初中英语学科能力表现标准的缺失——中、美英语课标对比分析[J]. 教育科学论坛,2015(9):19-21.

⑥ 尹达. 美国高中母语写作能力表现标准及启示[J]. 天津师范大学学报(基础教育版),2015,16(2):69-72.

⑦ 高峡. 国内外应用能力框架之比较及其启示[J]. 全球教育展望,2012,41(11):24-30.

⑧ 王祖浩,龚伟. 国内外科学学科能力体系的建构研究及其启示[J]. 全球教育展望,2013,42(10):98. 科学能力计划(Scientific Abilities Project, SAP)是在美国国家科学基金会(National Science Foundation, NSF)学生学业评价项目(Assessing Student Achievement, ASA)的支持下,由美国罗格斯大学物理学与天文学专业教育研究小组率先展开。该研究小组在深入分析物理学发展史、认知技能分类以及汲取科学教育工作者反馈意见的基础上,提出了学生经过物理学科教育后应具备的科学能力有:(1)以多种方式来表述科学信息;(2)使用科学仪器观察实验,并收集用以解释现象、检验假说与解决实际问题的相关证据;(3)加工处理证据,以便建立模型回答问题;(4)对模型进行全方位解释;(5)基于新证据的出现,对模型作出相应修改;(6)评价某实验设计、结果或某问题解决的方案。

数学课标中重内容标准轻表现标准，需要借鉴国外经验开发能力表现标准，完善课标结构。①

2. 与学生学业质量评价相关

（1）对于基础教育学生学业质量评价的研究，指出各类学业质量评价中表现标准存在的作用、形式以及国内表现标准的缺失，探讨如何在课程与教学领域建立与课程内容标准、评价标准相对应的表现标准体系。①从学业质量评价中看表现标准存在的作用、形式。王鼎（2014）对 PISE 数学素养测评（2000 年、2003 年和 2012 年）中核心能力运用进行比较分析，提出制定能力表现标准是具有重要意义和价值的工作。② 徐炜蓉等（2015）着重介绍了基于课堂实录视频片段对数学教师的课堂教学质量进行评价的工具（Mathematical Quality of Instruction，MQI），指出为数学课堂评价量表指标所制定的表现标准使评价操作性强，信度高，概括化程度高。③ ②从学业质量评价中看表现标准研制的呈现框架。王俊民（2018）选取在核心素养实践与大规模学业评估领域具有经验的经济合作与发展组织和美国、加拿大、英国、澳大利亚、新西兰五个国家的科学学业评估项目作为研究对象，从内容框架、表现水平描述框架、试题情境和试题设计思路四个维度对其评估框架和试题展开研究；其中，采用比较研究法对各评估项目的表现水平描述框架进行研究，从呈现形式、描述线索和"水平区分因素"方面展开分析，并对同一学科能力的描述线索和水平区分因素进行比较总结。④ 金春花等（2021）介绍了韩国中小学学业质量标准的框架体系，指出其以学业质量标准为依据对学生的学习结果进行水平划分，形成标准本位的绝对评价。该体系包括成就标准、成就水平和示例评价工具，其中个别成就水平分为上、中、下三个级别，一个单元或者领域分为 A、B、C、D、E 五个水平；示例评价工具包括具体的评价案例、评分标准、参考答案、教学活动及评价计划、评价结果的反馈范本等，优化示例评价工具以确保评价有效实施。⑤

（2）对于高等教育和职业教育学生学业质量评价的研究，为表现标准的研制提供导向。李建忠等（2014）在论述欧美职业教育投入模式的过程中，提出了欧美国家教育财政拨款公

---

① 蒋盼盼，杨钦芬. 我国小学数学课标表现标准的缺失及改进［J］. 教学与管理，2018（18）：82-84.

② 王鼎. PISA 数学测评核心能力运用启示［J］. 外国中小学教育，2014（2）：11-16.

③ 徐炜蓉，陈吉. 数学教学质量评价工具 MQI 述评［J］. 现代基础教育研究，2015，19（9）：162-167.

④ 王俊民. 核心素养视域下国际大规模科学学业评估框架与试题研究［D］. 重庆：西南大学，2018.

⑤ 金春花，卜庆刚. 韩国中小学学业质量标准的特点及其启示［J］. 教育科学研究，2021（4）：79-85.

式的使用主要依据输入标准和表现标准。由此，可以发现表现标准的应用领域不仅仅可以作为学业质量评价的依据，还可以作为财政拨款的依据，属于一种输出标准。[①] 韩玉(2017)介绍了英国开发的"细化分解、等级评价型"职业资格鉴定标准，德国开发的"工作过程导向、分级描述型"职业教育学业评价标准，日本开发的"学习教育目标的综合达成度评价型"职业教育学业评价标准，并提出研发我国的职业教育表现标准。[②]

3. 与教师教育、教师评价相关

(1)跟随"能力本位"到"表现标准本位"的教师教育改革历程，教师表现标准内容与基础教育改革中学生表现标准内容同步——从以能力为主转变为以素养为重。孙曼丽(2012)探究从"能力本位"到"表现标准本位"美国外语教师教育发展与变革所呈现的特征，提出我国需要制定外语教师专业标准、重视外语教师的综合素养、建立科学合理的教师培训与评价体系等建议。[③]

(2)职前教师教育课程思想以专业价值取向为主流，从技术理性主义向整合主义发展，倡导从技能训练走向全人发展，为教师教育课程标准的优化和教师表现标准的构建提供了方向指引。戴伟芬(2012)指出，美国专业取向教师教育课程思想由技术理性主义向整合主义发展，技术理性主义教师教育课程主张对职前教师进行训练，让其掌握批量的教学技术理论知识；整合主义教师教育课程则提倡以学生为中心和以情景为基础进行教学，强调基于真实的教学情景提高职前教师教学实践能力，在合作探究的基础上寻求理论本位与经验本位知识的融合。[④] 在美国推进了绩效标准本位教师教育课程[⑤]改革中，改变过去过于注重技能训练的标准，从教师观、教学观、教学知识基础观和评价观上提出了新的标准，呈

① 李建忠，孙诚. 欧美职业教育投入模式及对我国的启示[J]. 中国高教研究，2014(8)：99. 表现标准(Performance criteria)是基于院校前一时期的产出进行财政拨款的依据，它建立了在一定时期分配的财政拨款数额与优化使用资源的能力之间的一种联系，以每年成功完成学业的学生人数或获得学位的人数来测量。表现标准通常包含在拨款公式之中，旨在鼓励高校合理利用资源。大约一半的欧洲国家高校财政拨款使用表现标准，以学生成功率(毕业率)作为确定高校教育事业费数额的依据。

② 韩玉. 英、德、日三国职业教育学业评价标准建设的经验与启示[J]. 教育与职业，2017(24)：22-27.

③ 孙曼丽. 从"能力本位"到"表现标准本位"[D]. 福州：福建师范大学，2012.

④ 戴伟芬. 由技术理性主义到整合主义：美国专业取向教师教育课程的演进[J]. 教育发展研究，2012，32(2)：75-79.

⑤ 戴伟芬. 美国绩效标准本位教师教育课程理念与实践探析[J]. 教育发展研究，2012，32(10)：69. 绩效标准本位教师教育(Performance Standards-Based Teacher Education, PSBTE)又被称为"基于标准的教师教育"，是指以标准为依据设置教师教育课程，以绩效评价的方法评估职前教师的学习结果，主要通过职前教师在评价活动过程中的表现来判断他们的学习成就。美国绩效标准本位教师教育课程理念与实践的变革体现为四个维度：教师观，强调教师是从事复杂工作的专业者；知识观，认为教学知识是复杂的情景化知识；教学观，倡导教学要基于情境，以学生为中心展开；评价观，主张教学评价要注重个体发展和整体质量。

现出从技能训练走向全人发展趋势，为优化我国教师教育课程改革提供了启示。①

（3）研制教师专业标准，构建教师评价体系，特别是制定科学的评价标准和行为表现水平。①教师专业标准是国家对合格教师的基本专业要求，是引领教师专业发展的基本准则，也是教师培养、准入、培训和考核等工作的重要依据。周珂等（2016）详细介绍了标准驱动的美国体育教师教育质量动态保障体系，指出其对我国体育教师教育标准的研制有较高的借鉴价值。② 王健等（2013）、董国永等（2016）介绍了美国职前体育教师专业标准的内容及实施办法，指出在我国体育教师专业标准构建时应注意注重标准的有效性和实效性、区域与民族间的差异以及评价过程的反馈。③ 尹志华等（2017—2021）对国外体育教师专业标准展开了一系列研究：对美国、加拿大和爱尔兰3个国家体育教师专业标准从历史背景、研制组织、框架体系、标准认证等方面进行分析，为构建具有本土特色的体育教师专业标准框架体系提供经验借鉴；④ 对加拿大职前体育教师专业标准的研制、构成与应用进行分析，指出其专业标准主要包括专业结构、学科知识与技能、运动知识与技能、健康知识与技能、关于特殊人群的知识与技能、体育教育方向知识与技能、教学法知识与技能共7个维度；⑤ 对美国职前体育教师专业标准认证的效果从对认证本身认知、准备认证感受、

---

① 戴伟芬．从技能训练走向全人发展——美国绩效标准本位教师教育课程改革分析[J]．教师教育研究，2013，25（1）：76-80，69．

② 周珂，周艳丽，KEATING Xiaofen，等．标准驱动的美国体育教师教育质量动态保障体系研究[J]．体育科学，2016，36（1）：20-26，37．体育教师专业的评价体系由3大全国性的教师专业标准构成：全国教师教育认证委员会（National Council For The Accreditation of Teacher Education，NCATE）、州际新教师评估与支持联合会（Interstate New Teacher Assessment and Support Consortium，INTASC）和全国教师专业教学标准委员会（National Board for Professional Teaching Standards，NBPTS）。

③ 王健，董国永，王涛，等．人文主义视野中的美国体育教师专业标准研究[J]．北京体育大学学报，2013，36（7）：93-98．

董国永，毕永兴．美国职前体育教师专业标准的问题研究及启示[J]．成都体育学院学报，2016，42（4）：109-114．

④ 尹志华，汪晓赞，季浏．爱尔兰职前体育教师专业标准的分析与启示[J]．北京体育大学学报，2017，40（11）：73-79．

尹志华，汪晓赞．美、加、爱体育教师专业标准建设的经验与启示[J]．体育学刊，2019，26（2）：105-112．

尹志华，毛丽红，汪晓赞，等．美国NCATE不同级别新体育教师专业标准的比较研究[J]．北京体育大学学报，2010（7）：95-98．

尹志华，毛丽红，汪晓赞，等．NBPTS体育教师专业标准研究及其启示[J]．北京体育大学学报，2012（3）：80-84．

尹志华，汪晓赞，孙铭珠，等．职前体育教师专业标准的历史与现实图景——美国密歇根大学Weiyun Chen教授学术访谈录[J]．体育与科学，2016，37（6）：7-13．

⑤ 尹志华，汪晓赞，覃立．加拿大职前体育教师专业标准及其应用研究[J]．西安体育学院学报，2021，38（3）：277-285．

认证对学生影响、认证面临困难和应对策略角度进行了探索，为推动我国体育教育专业认证提供参考。[1]

②构建教师评价体系对教师行为表现标准进行专题研究，注重把总结性评价和形成性评价相结合，注重收集多种评价证据，注重对教师评价标准的理论研究。张利荣（2018）指出，职前教师表现性评价的核心价值在于打破传统的以纸质资料为主的评估方式，通过网络提交展示教师真实课堂场景的电子档案袋；以促进教师持续发展为中心，注重不同学科教师候选人教学行为表现的证据；重视评价过程与反馈。[2] 贾明学（2021）对美国新一轮体育教师教育专业认证体系的变革内容进行分析，包括更新认证标准，秉持结果评价和证据本位理念；优化认证程序，构建认证信息管理系统等措施。[3]

五、文献述评

（一）国内外相关研究发展状况

1. 从表现标准作为独立研究主题的发展阶段来看

国外在 20 世纪 90 年代开始基于标准的教育改革，并同步展开了对表现标准的专题研究，而且在近 20 年的周期性大规模国际、国内评估项目中积累了丰富的实践经验。特别是国外将表现标准列入《教育法》，从法律方面产生强制性约束力，并将其实施情况纳入教育主管部门的绩效评定和问责机制之中，不仅利用国家教育政策积极推进，而且还启用第三方（公司、协会、研究机构）协助教育部门和学校研制各级各类表现标准，进行各类型各级别的专项评估、职业资格认证等，形成了与时俱进的表现标准本体理论与方法体系。

我国则从 2001 年基础教育课程标准改革起始，在引进国外课程标准改革经验的同时，针对国内课程标准中表现标准缺失所引起的现实问题，意识到表现标准在课程标准落实中的重要作用与意义。直至《普通高中体育与健康课程标准（2017 年版）》新课标的实施，才出现真正意义上与内容标准相配套的学业质量标准。我国对表现标准的专题研究起步较晚，2017 年版新课标实施所带来的学科核心素养和学业质量标准的实践需求，以及新时代教育评价的改革趋势所产生一系列的连锁反应必将引发对基于标准的教育评价的研究热

① 尹志华，汪晓赞，孙铭珠，等."利器"还是"鸡肋"——美国职前体育教师专业标准认证效果及对我国专业认证的警示[J].武汉体育学院学报，2021，55（8）：79-86.

② 张利荣.美国教师表现性评价标准的回顾及反思[J].山西师大学报（社会科学版），2018，45（3）：94-99.

③ 贾明学.美国体育教师教育专业认证体系的变革与启示[J].中国体育科技，2021，57（7）：99-106.

潮。恰逢其时，表现标准作为独立研究主题将会进入一个崭新的研究阶段——从国外移植借鉴到本土化创新发展。

2. 从表现标准的研究范围来看

国外对于表现标准的研究已经形成"表现标准理论与方法"一个独立、完整的研究体系，其研究热点聚焦于学校领域与社会领域的应用研究。目前，研究范围从大领域的宏观层面逐渐纵深至学科专业方向的微观层面，研究成果逐渐丰富、细致、深入。尤其是所建立的各级各类表现标准已经形成从学校领域到社会领域的链接，使表现标准的研究范围从基础教育、高等教育、职业教育到职业标准、职业资格认证评价等均有涉及。另外，对表现标准研制方法的探索也随着大数据时代信息通讯技术的发展而不断改进、完善与创新，体现出较成熟的表现标准研制开发、应用推广的工作流程，使表现标准的研究范围在纵向时间轴上呈现出大数据时代的特色。

国内表现标准的研究还没有形成独立的理论与方法体系，绝大多数研究还依附于学校领域课程标准、各类教育评价研究之中，与社会领域的职业资格认证并没有形成一体化衔接。2017年新课标实施后，表现标准的研究侧重于基础教育领域，其研究范围以中小学课程标准为中心，多数研究成果体现在学生学业质量与学业成就评价、表现性评价、高考评价等方面的应用；而对于高等教育领域涉及较少，在体育教育专业核心素养评价领域也比较少见。

3. 从表现标准的研究内容来看

国外表现标准的研究内容主要体现在两个方面：一方面，在表现标准理论与方法研究中，不仅注重以心理测量学、第四代评估理论、教育目标分类学理论等为理论依据，借助其他学科理论不断丰富表现标准本体的理论体系；还注重各种测量方法的尝试使用或研发，借助测量方法不断提高表现标准质性的精准度。另外一方面，非常注重表现标准的应用实践研究，具有大量的调查研究(例如国际大规模学业质量测评)与实验研究成果，不断积累表现标准在实践中的应用经验。研究内容侧重于：表现标准的研制紧跟课程标准改革的步伐，从研制基于学科知识的表现标准到基于学科能力的表现标准，再到基于学科素养的表现标准；探索表现标准对学生学业成就、自主学习能力、心理压力和生理应激等方面的相关关系。

国内表现标准的研究内容主要包括表现标准的研制与应用，较多局限于学校领域基础教育阶段；以理论探索为主，多为碎片化内容依附在课程标准与教育评价之中；尤其是缺乏表现标准作为独立主题的理论与实践研究，对于表现标准基础理论研究较为薄弱。如果没有根植于经典理论与研究方法的沃土，研究设计就如浮萍而无法深入探究其科学性。对于表现标准的应用实践研究较少且研究方法单一，主要集中在基础教育学科能力的表现标准研制、高考评价等方面。目前，有关高等教育领域体育教育专业学生核心素养的表现标准相关研究尚未涉及，具有较大的科研探索空间。

4. 从表现标准在核心素养评价中存在的价值来看

国外有关核心素养专题研究主要围绕着核心素养体系构建研究、核心素养评价研究、核心素养的可持续发展教育研究、基于核心素养的课程实践研究 4 个方面展开。[①] 其中，有关核心素养评价研究的热点主要集中在国际大规模评价项目、评价方法与工具的研发等方面。对于国际大规模评价项目，依托于核心素养评价框架所建立的评价流程、核心素养评价指标体系以及与之匹配的表现标准体系经过不同周期的实践验证而不断改进、完善。对于评价方法与工具的研发，随着大数据时代信息通讯技术的发展，由常用的课程观察、问卷、量表或者访谈逐步转向基于计算机的嵌入式评价、混合式评价发展。但无论采用何种先进的评价方法，只有不断提升表现标准研制的精准度，才可以真正实现拓展核心素养评价的深度与广度。

国内有关核心素养评价的专题研究主要围绕着核心素养评价的理念与方法、核心素养评价体系的构建而展开，主要涉及大规模测试(高考)、课堂评价、学业质量标准、学业成就评价等。其中，有关体育学科核心素养评价的研究随着新课标学生发展核心素养和学业质量标准的实践需求而呈现井喷之势，大量核心素养评价指标体系构建而成，但与之配套的评价标准——"表现标准"却未能引起应有的重视。一把尺子必须有刻度才可以丈量天下。核心素养评价体系就是这把尺子，而表现标准就是尺子上的刻度。表现标准作为核心素养评价体系的重要组成部分，可以作为质性评价工具对评价指标进行定性描述，这就是表现标准在核心素养评价中存在的价值。但根据核心素养的特征，核心素养评价不仅仅涉及测量方法与工具的单一问题，还是需要根据评价目标和评价情境设计测评框架的综合方案。同理，表现标准的研制也不是单一的测量方法问题，而是需要在真实的环境中对评价对象的行为表现或者心理倾向进行证据收集，进而对评价对象的行为表现或者心理倾向进行高度概括化的、具有辨识度的定性描述。体育教育专业学生核心素养培育的高质量发展必定依托于标准的制定、实施、反馈、监测。基于表现标准的学生核心素养评价能够有效解决这类问题，使不可直接量化的核心素养借助表现标准对学生学习结果的表述呈现出来。

(二)本研究发展方向

目前，"表现标准"研究并不是国内教育领域关注的研究热点，也很少作为独立的研究

---

① 刘永凤. 国际"核心素养"研究的最新进展及启示[J]. 全球教育展望, 2017(2)：31-41, 98.

主题出现。但随着我国新课标改革中学科核心素养和学业质量的出现，"基于标准"的教育改革势必会引发对我国课程改革中缺席已久的"表现标准"这一研究主题的迫切关注。尤其是针对不可直接量化的核心素养评价问题，表现标准可以发挥核心素养质性评价工具的功能优势，从学生学习结果的外在表现为学校教育促进学生发展核心素养以及监测教育质量提供有效证据。另外，通过对国外表现标准研究成果的分析，笔者发现较多高质量的表现标准研究成果都出现在医学院学生学业表现、实习生临床能力及医生专业发展评价框架中。追根溯源，在医生的培养及医生专业发展历程中，受到循证医学思维逻辑的影响，其评价体现出"遵循最佳证据"的理念。因此，本书选择在"循证视角下"展开对体育教育专业学生核心素养的表现标准研究，借鉴循证实践理论的优势揭示表现标准作为学生规范化学习结果的"证据"本质。

综上所述，通过对国内外表现标准研究发展状况的梳理来看，促进表现标准作为独立研究主题的动因主要是：一方面，国家政策推动，顺应社会健康运转的需求，体现国家对未来人才质量标准的顶层设计。更有甚者，国外已经通过立法实施强有力的法律效应，使表现标准存在的空间网络遍布社会所有利益相关者。另一方面，表现标准理论与方法可以不断地借鉴多领域经典理论与创新方法，在服务社会所需、解决现实问题的实践中不断汲取新能量，使表现标准存在的时间触角紧握大数据时代的脉搏。因此，本书的基点是希望以"表现标准"作为独立研究主题，采用理论与实践相结合的方式，以循证视角构建体育教育专业学生核心素养的表现标准体系，探索表现标准在课程与教学层面的理论构建与实践应用。

第四节 研究框架

一、研究对象

循证视角下体育教育专业学生核心素养的表现标准。

二、研究问题与研究内容

（一）研究问题

目前，基于核心素养的课程改革中普遍存在一个亟待解决的现实问题：学生核心素养如何有效评价？目前看来，不仅仅是体育学科，其他学科在核心素养评价体系构建中也都存在一个亟待解决的现实问题：核心素养评价指标缺乏对应的表现标准，即有评价内容、无评价标准。那么核心素养评价体系如何可以有效反映学生发展核心素养过程中具体的行为表现或心理品质、价值观等？本书围绕着这个现实问题，就体育教育专业学生核心素养测评框架中评价标准——"表现标准"进行专题研究，为提升课程与教学层面学生核心素养评价的可操作性提供一种质性评价工具。

本书所要解决的研究问题（见图1-8）：第一，为什么对表现标准进行专题研究？为的是解决核心素养评价中的评价标准问题。第二，体育教育专业学生核心素养的表现标准是什么？从概念界定、体育教育专业学生核心素养指标及其表现标准的映射关系、表现标准体系的呈现框架、循证程序、证据支持等方面进行理论构建。第三，体育教育专业学生核心素养的表现标准在课程与教学实践中是如何研制的？从体育教育专业学生核心素养的锚定表现标准与单元表现标准的研制为案例进行例证。

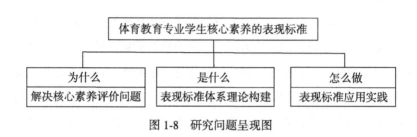

图 1-8　研究问题呈现图

（二）研究内容

以研究问题为导向构建研究内容，对循证视角下体育教育专业学生核心素养的表现标准进行初步探索。研究内容主要包括以下 3 个部分，共计 7 个章节（见表 1-11）。

表 1-11　　　　　　　　　　　　　　　研究内容概况

研究步骤	研究主要内容
第一部分　问题提出 （为什么）	第一章　绪论 第二章　研究的理论与实践基础 第三章　中美体育教育领域表现标准发展的概况与启示
第二部分　问题解决 （是什么+怎么做）	第四章　体育教育专业学生核心素养指标体系的构建 第五章　循证视角下体育教育专业学生核心素养的表现标准体系构建 第六章　循证视角下体育教育专业学生核心素养的表现标准研制案例
第三部分　问题结论	第七章　结论建议与研究展望

第一部分　问题提出（第一至三章）。从研究缘起、研究的理论与实践基础、中美体育教育领域表现标准发展的概况与启示 3 个方面，分析在学校课程实施中体育教育专业学生

核心素养评价急需表现标准的缘由，明晰表现标准的功能作用与价值定位，并为后续表现标准的理论构建与应用实践铺垫基础。

第二部分 问题解决（第四至六章）。第四章论述学生核心素养指标体系的构建：首先，明确学生核心素养指标体系构建的原则与思路；其次，对学生核心素养指标体系进行构建，包括构建方法与步骤、体系的结构层次、权重确定等，并分析学生素养指标与其表现标准的映射关系。第五章论述学生核心素养的表现标准体系构建：首先，借鉴表现标准国际框架构建体育教育专业学生核心素养表现标准的呈现框架；其次，依据循证实践理论构建体育教育专业学生核心素养表现标准研制的循证程序；最后，借鉴循证实践理论中证据处理方式，立足于本土教育环境，构建了体育教育专业学生核心素养表现标准研制的证据支持系统。第六章分析研制案例：以课程与教学层面的体育教育专业学生核心素养锚定表现标准与教学单元表现标准研制为例，提供在学校课程实施中锚定表现标准和单元表现标准的研制实操。

第三部分 问题结论（第七章）。总结研究结果，并提出相关建议。

三、研究思路与研究方法

（一）研究思路

鉴于体育教育专业学生核心素养评价的现实困境以及对中小学体育师资人才培养的质量需求，围绕着"学生核心素养如何有效评价"这一现实问题，遵循目标导向与问题导向相统一的原则，从理论研究上破题、从应用实践中求解。按照"研究基础（理论和实践基础）—理论构建（学生核心素养指标体系及其表现标准体系）—应用实践（研制案例）—结论建议"的研究思路将研究步骤、研究内容、研究方法、研究成果之间的逻辑关系用路线图的形式清晰呈现出来（见图1-9）。

（二）研究方法

1. 文献研究法

文献研究法主要是通过查阅文献资料了解、分析所要研究问题的一种最基础的科研方法，是推开研究问题之门的首把钥匙。在该研究方法使用过程中，存在两个困难：一方面，国内表现标准作为独立研究主题的研究成果较少，多数是依附于课程标准、学业质量标准、学业成就评价、表现性评价等研究成果之中，呈现出碎片化的状态。另外一方面，本书写作周期较长，需采取多次检索或者调整检索策略不断补充经典或者新近的文献资料。

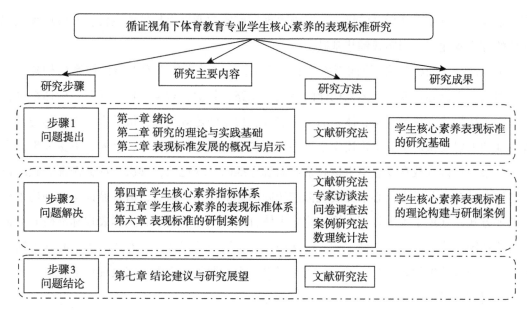

图 1-9 研究思路路线图

（1）检索策略

对于中文文献资料的检索是以中国知网学术文献总库检索为主，加以补充维普中文期刊数据库、万方数字资料、超星电子图书、中国数字图书馆电子图书、读秀中文学术搜索、百链数据库、武汉体育学院体育图书数字资源平台等文献资料。例如：检索主题词分别为表现标准（见表 1-12）、核心素养，检索发表时间段为 2000-01-01 到 2020-5-31，以 2010—2020 年为重点并根据研究需要进行文献补充。

表 1-12 以在中国知网检索"表现标准"相关文献资料为例的检索策略

检索	具体内容
检索主题	表现标准
检索范围	中国学术期刊网络出版总库、中国博士学位论文全文数据库、中国优秀硕士学位论文全文数据库、中国重要会议论文全文数据库、国际会议论文全文数据库、中国重要报纸全文数据库、中国学术辑刊全文数据库、外文期刊、国际会议
文献分类目录	社会科学 II 辑、社会科学 I 辑、哲学与人文科学
发表时间	2000-01-01 到 2020-05-31
检索时间	2020 年 6 月 3 日
检索式	{主题＝表现标准 或者 题名＝表现标准 或者 v_subject＝中英文扩展（表现标准，中英文对照）或者 title＝中英文扩展（表现标准，中英文对照）}（模糊匹配）
检索篇数	618 篇（中文、英文、日文、韩文）

对于外文文献资料的检索是以 Web of Science 核心合集检索为主，加以补充 EBSCO 体育学数据库、金图国际外文数字图书馆、博图外文电子图书、武汉体育学院馆藏外文体育专业期刊网络版等文献资料。通过初步的文献阅读，发现在美国、英国、澳大利亚、加拿大等国家采用了不同的英文单词来表示"表现标准"和"核心素养"。例如，关于"表现标准"（见表 1-13）的英文单词确定为 performance standards（表现标准），achievement standards（成就标准），academic achievement standards（学业成就标准）；关于"核心素养"的英文单词确定为：key competencies, key competency, key competences, key competence, core competencies, 21st century skills, key skills, core skills, basic skills。检索时间跨度为 2000—2020 年，以 2010—2020 年为重点并根据研究需要进行文献补充。

表 1-13　以在 Web of Science 核心合集检索"表现标准"相关文献资料为例的检索策略

检索	具 体 内 容
检索主题	表现标准
索引	Web of Science 核心合集（SCI-EXPANDED，SSCI，A&HCI，ESCI）
文献类别	EDUCATION EDUCATIONAL RESEARCH OR EDUCATION SCIENTIFIC DISCIPLINES OR SPORT SCIENCES OR PSYCHOLOGY
精练依据	Web of Science 类别 =（EDUCATION EDUCATIONAL RESEARCH OR EDUCATION SCIENTIFIC DISCIPLINES OR SPORT SCIENCES OR PSYCHOLOGY）AND Web of Science 类别 =（SPORT SCIENCES）AND 开放获取 =（OPEN ACCESS）
时间跨度	2000-2020
检索时间	2020 年 5 月 15 日
检索式	主题：（performance standards）OR 主题：（achievement standards）OR 主题：（academic achievement standards）
检索篇数	737 篇（英文）

（2）文献筛选与著录

①纳入标准：根据检索策略，中文文献以中国知网学术文献总库检索的文献分类目录中"社会科学Ⅱ"检索文献资料教育学、体育学类全部纳入进行精读；其他数据库以核心期刊为主，并进行引文补充。外文文献以 Web of Science 核心合集文献分类目录中"Sport Sciences""Education Educational Research""Education Scientific Disciplines""Psychology"检索资料出版商开放全文按照相关性和被引频次前 50 篇全部纳入进行精读，并进行引文补充。

②排除标准：首先进行文献初筛，根据标题和摘要内容移除重复文献、会议论文、相关性较低的文献资料；然后再进行手动筛选，根据论文全文内容移除相关性较低的文献资料。

③著录方式：采用国家标准《信息与文献 参考文献著录规则》(GB/T 7714—2015)，参考文献按照顺序编码制，与采用脚注方式的注释分别标注。

2. 问卷调查法

问卷调查法是研究者运用一定的程序和方法以书面提出问题的方式搜集资料，并通过整理和分析，对研究问题的现实情况作出科学认识的一种研究方法。本研究主要采取封闭型问卷题型，对专家群体与非专家群体分别进行不同研究问题的问卷调查，采用专家问卷调查法对体育教育专业学生核心素养指标体系构建进行研究。(1)问卷调查的主要内容：体育教育专业学生核心素养指标的定性分析。(2)问卷调查的专家：中小学学校体育领域中小学体育名师、主管体育教育工作的责任领导，高等教育体育教育领域一线任课名师、专家以及教务管理领导，计划 30 人。(3)问卷调查的实施计划：在 2022 年 1—5 月实施 3 轮调查，调查问卷采用当面呈送和回收的方式、电邮方式等进行(见第四章)。

3. 专家访谈法

专家访谈法是研究者有目的、有计划、有准备的依据访谈提纲通过与被访问专家进行口头交谈的方式收集调查资料的一种研究方法，具有较大的灵活性，可以针对受访者及访谈进程的具体情况，有针对性地收集资料。(1)采用专家访谈法(结构性访谈)对体育教育专业学生核心素养的概念界定、体育教育专业学生核心素养指标的筛选、体育教育专业学生核心素养培养存在的现实问题等问题征求专家意见。访谈实施可以与专家问卷调查法同步进行，访谈提纲与问卷同步发放专家(见第四章)。(2)采用专家访谈法(非结构性访谈)对体育教育专业学生核心素养表现标准研制遇到的问题，积极向一线任课专家求教(见第六章)。

4. 案例研究法

案例研究法是对现实中某一复杂的和具体的现象进行深入和全面的实地考察，是一种经验性的研究方法。体育案例研究具有其独特性，它不同于自然和社会学科领域的案例研究，研究者身居其中从体育实践中了解那些不可被量化甚至难以察觉但影响重大的训练、教学、政策等社会性、生物性因素，形成对中国本土体育实践发展具有指导性、推广性、复制性价值的成果。① 本研究采用案例研究法对体育教育专业学生核心素养的表现标准进行研制，选择行动研究这种研究类型展开探索(见第六章)。

"行动研究"是与基础研究、应用研究相对应的研究类型，主要分为批判性行动研究(Critical action research)和实践性行动研究(Practical action research)。《国际教育百科全书》指出：行动研究是由社会情境或教育情境的参与者为提高对所从事的社会或教育实践

---

① 柳鸣毅. 体育案例研究本土化学理建构的新倡导[J]. 上海体育学院学报，2023，47(1)：93.

的理性认识，为加深对实践活动及其背景的理解所进行的反思研究。[①] 在此过程中，实践者在实践中从事研究或把实践设计为研究，研究设计嵌入实践计划，研究内容并入实践内容，研究方法隐于实践步骤，并保持研究的相对独立性。

在循证教育学中，教育行动研究是指教育实践者在实践情境中不断进行探索和反思，从而解决教育问题，改进教育工作，提高行动质量的过程。[②] 在通常的教学案例研究中，研究者只是作为研究成果的写作者或案例的实践者，而非案例中的研究对象之一；行动研究恰恰提供了一座桥梁，使教育理论与实践能够以"研究的实践者"[③]的形式联系在一起，这样打破了研究者与实践者的界限，也使研究与实践紧紧地结合在一起，形成一个相互促进的反馈机制。本研究采用行动研究开发表现标准案例，希望为表现标准本土化研制提供新的经验，不断促进表现标准的研制在课程与教学层面发挥其应用功能。

5. 数理统计法

数理统计法是以概率论为基础，研究社会和自然界中大量随机现象数量变化基本规律的一种方法。在本研究中使用 SPSS22.0 进行描述性统计分析，使用 SPSSAU（Version 19.0）在线软件进行数据的层次分析（AHP），构建判断矩阵，计算核心素养模型的指标权重值。

四、研究重点与难点

（一）研究重点

以学生核心素养指标体系和表现标准体系构建为研究重点，将循证实践理论引介融合于表现标准本体理论中，建立体育教育专业学生核心素养表现标准体系的呈现框架、循证程序、证据支持。

（二）研究难点

体育教育专业学生锚定表现标准与单元表现标准的研制。

五、研究主要目标

（一）构建体育教育专业学生核心素养指标体系

鉴于核心素养是架接教育目标与课程标准的重要枢纽，该体系的构建成为表现标准研

---

① 陈向明．质的研究方法与社会科学研究[M]．北京：教育科学出版社，2000：447-458.

② 胡晓玲，柳春艳．循证教育学概论[M]．北京：中国社会科学出版社，2021：146-149.

③ 熊欢．体育人文社会学质性研究方法及应用[M]．北京：科学出版社，2017：282-318.

制中最为重要的先导环节，为表现标准的研制提供一种分析框架。

（二）构建体育教育专业学生核心素养的表现标准体系

将循证实践理论中的循证程序、证据处理模式以及证据集成的"系统整合"循证思维引介融合于表现标准本体理论与方法中，对表现标准体系中的呈现框架、循证程序与证据支持进行详细解析，揭示表现标准作为学生规范化学习结果的"证据"本质。

（三）以体育教育专业学生核心素养锚定表现标准和单元表现标准的研制为案例进行实践论证

通过表现标准在课程与教学层面的研制实践过程，使表现标准成为学生核心素养进阶性发展中的重要证据链，有效形成同一标准下教学—评价—反馈的闭合回路，为学生核心素养评价和教学质量持续改进提供有效证据。

六、研究创新之处

（一）研究视角的创新

为有效解决体育教育专业学生核心素养评价的现实问题，率先尝试从循证视角切入，充分利用"以证据为中心"的共同特征，将循证实践理论与表现标准关联起来，将循证实践理论中的循证程序、证据处理模式、证据集成的"系统整合"循证思维引介融合于表现标准的理论构建与应用实践之中，使表现标准作为规范化学习结果的证据本质真正有理可依、有据可证。

（二）研究内容的创新

从教育评价角度来讲，核心素养测评框架一般都包括评价指标体系与表现标准体系，目前有关核心素养评价指标体系构建研究众多，但核心素养的表现标准体系构建研究少见。从表现标准相关理论研究成果来讲，由于表现标准在我国教育评价领域缺席已久，相关理论研究成果多关联于与课程标准、学业质量评价、表现性评价等相关研究之中。而本书将表现标准作为独立研究主题，借鉴循证实践理论和第四代评估理论充盈表现标准自身理论与方法，促进表现标准理论与实践的本土化推进，不断加强体育教育专业教学质量监控与人才培养质量标准体系的建设。其中有以下创新观点：

观点一：学生核心素养是架接教育目标与课程标准的重要枢纽，它的构建成为表现标准研制中最为重要的先导环节，为研制表现标准提供分析框架；而表现标准则凸显了学生核心素养发展水平由低级到高级的序列化学习轨迹。

观点二：表现标准作为学生规范化学习结果"证据"的本质，将对学生学习结果的价值判断贯穿整个教学过程，形成连续不断、立体鲜活地记录学生核心素养发展水平的证据链，充分体现了证据集成的"系统整合"循证思维内核。

(三)研究类型应用领域的创新

在案例研究法中采用实践性行动研究(Practical action research)这一研究类型(行动研究是与基础研究、应用研究相对应的研究类型)，探索体育教育专业学生核心素养表现标准本土化研究的实践经验。利用行动研究的特征与研究流程，使教师兼顾研究者、实践者与研究对象三重身份，对学生学习结果这类"证据"的处理有切身体会，有利于获得真实的第一手资料。而且，在教师教与学生学的过程中研制单元表现标准，使理论研究与教学实践紧密结合在一起，形成一个相互促进的反馈机制。目前，行动研究在国外有着深厚的理论研究基础，引入国内以后也多使用于教学实验研究中，具有一定的本土实践经验，但尚未在学生核心素养评价和表现标准研制中应用。

本 章 小 结

  本章阐述了《循证视角下体育教育专业学生核心素养的表现标准研究》的缘起与框架，以便明确研究问题与规划研究内容。首先，以核心素养的国际共识、教育评价改革的政策导向、体育师资质量的社会需求、教育体系的标准建设为依据，围绕"学生核心素养如何有效评价"这一亟待解决的现实问题，将表现标准作为独立研究主题，引出研究目的与意义。进而，通过对核心素养、体育教育专业学生核心素养与表现标准、体育教育专业学生核心素养的表现标准4个关键概念的界定，以及梳理表现标准与核心素养评价相关研究的发展状况及本研究的发展方向，明晰表现标准在学生核心素养评价中的功能作用与价值定位。最后，构建了以问题为导向、以循证为逻辑的体育教育专业学生核心素养表现标准的研究框架，探索表现标准在课程与教学层面的理论构建与研制案例，为丰富表现标准理论提供一个崭新的循证视角，也为体育教育专业学生核心素养表现标准的本土化研制提供一个典型的案例，还为学生核心素养评价问题提供解决方案。

第二章　循证视角下体育教育专业学生核心素养表现标准研究的理论与实践基础

目前，我国基于核心素养的新课标首次出现了"学业质量"，教育标准体系建设日趋完善。当基于核心素养的课程中内容标准与表现标准配对出现时，学生核心素养的达成度就有了可参考的质量标准；而表现标准作为一种质性评价工具或者证据样例的价值在学生核心素养测评框架中也随之体现。借此之机，如何立足我国教育环境沃土，孕育表现标准本土之果，就需要借他山之石搭建表现标准研究的理论基础。至今，国外表现标准的研究多以映射理论、建构理论为主要理论依据，本研究则尝试以循证新视角引导表现标准研究的逻辑思维。通过循证视角可以将目标问题升华为对证据本质的认知与解释,[①] 在复杂的实践环境中探寻各因素的逻辑关系从而形成对证据的有效评价，最大限度地填补科学研究和社会真实之间的差距。也就是说，如果从循证视角看待学生核心素养评价这一现实问题，破解之道就是探寻学生核心素养内化外现的学习结果，通过有效证据来判断学生核心素养的达成度。与此同时，也必须客观地审视体育教育专业学生核心素养表现标准研究的实践基础，探究体育教育专业课程中表现标准发展的特点。

第一节　研究的理论基础

一、循证实践理论

(一)循证实践理论的起源与发展

1. 循证实践理论的思想萌芽：求证

1789 年后，法国巴黎学派医学院医生崇尚学术精神"科学结论必须依靠确凿的事实"，

---

① 童峰，郑昊，刘卓. 从循证医学到循证实践的思辨与发展[J]. 医学与哲学(A)，2017，38(2)：38-42.

并在医疗上主张采用临床分组对照试验来获得证据;① 与此同时，中国清朝时期盛行的考据学派②也提倡"持慎求证"的治学态度，这种重证据、实事求是的学术精神和方法是考据学派能够从儒家学说通向现代科学的桥梁。

2. 循证实践理论的思想先导：循证医学

在 20 世纪中期，循证医学兴起。循证医学源于医学界对以个人经验为主的传统医学的反思，认为临床医学随机对照试验、数据库技术逐渐成熟，可以为临床医学实践提供可靠的科研成果，因此循证医学在由传统医学转变为科学医学的过程中应运而生。1990 年，Eddy 在 *The Journal of the American Medical Association* 上第一次提出了"循证"（Evidence-based）这个词,③ 并指出医疗决策要以证据为基础，还要对相关证据进行甄别、描述与分析；1992 年，Guyatt 等循证医学工作组所发表的论文中首次提出了"循证医学"（Evidence-Based Medicine，EBM）这个词,④ 并将其引入临床教学，这标志着循证医学的正式诞生。循证医学不再强调医生直觉或者非系统的临床经验，而是强调临床研究的证据。随后，Sackett 等在 1996 年⑤和 2007 年对概念进行了完善，指出循证医学是"慎重、准确和明智地应用当前所能获得的最佳研究证据，结合临床医师的个人专业技能和多年临床经验，考虑病人的价值和愿望，将此三者完美结合，制定出病人的治疗措施"。⑥ 这是循证医学使用最为普遍的概念界定，成为其他领域循证实践概念界定的经典模板。

3. 循证实践理论的思想开花：循证社会科学

随着循证医学的发展与成熟，循证医学的理念与方法逐渐渗透到其他人文社会科学领域，形成了循证社会科学。循证社会科学是应用循证医学的理念、思想和方法在管理、教育、法律、经济等社会科学领域开展研究、科学决策和实践应用的新兴交叉学科。⑦ 例如

---

① 侯学良.基于循证科学的建设工程项目实施状态诊断理论与应用[M].北京：电子工业出版社，2011：1-21.

② 陈耀龙，沈建通，李琳，等.循证医学术语介绍 IV[J].中国循证医学杂志，2009，9(4)：376-383.

③ Eddy D M. Practice policies：where do they come from? [J]. The Journal of the American Medical Association，1990，263(9)：1265-1272.

④ Guyatt G，Cairns J，Churchill D，et al. Evidence-based medicine：a new approach to teaching the practice of medicine[J]. The Journal of the American Medical Association，1992，268(17)：2420-2425.

⑤ Sackett D L，Rosenberg W，Gray J，et al. Evidence based medicine：what it is and what it isn't[J]. British Medical Journal，1996，312(7023)：71-92.

⑥ 童峰.基于循证实践方法的老年人口健康干预研究[M].成都：西南财经大学出版社，2016：7-10.

⑦ 拜争刚，齐铱，杨克虎，等.循证社会科学的起源、现状及展望[J].中国循证医学杂志，2018，18(10)：1118-1121.

循证管理学、循证教育学、循证法学、循证犯罪学、循证经济学、循证心理治疗等。循证社会科学借鉴循证医学"基于问题的研究、遵循证据的决策、关注实践的后果以及后效评价、止于至善"的理念和"有证查证用证、无证创证用证"的方法，通过社会科学领域最佳证据的生产、传播、转化和应用，促进科学决策和循证实践，被誉为社会科学的第三次"科学化"浪潮。①

2008 年，美国出版的《社会工作百科全书》中正式收录了"循证实践"（Evidence-Based Practice，EBP）词条。② 循证实践研究的本质是慎重、准确和明智地运用当前所能获得的最佳研究证据，结合实践者的个人专业技能和经验，将正确、客观、有效的实践服务提供给服务对象。③ 如果将循证实践作为一个方案设计或者政策决策过程，其实就是针对不同研究对象在不同环境中提供个性化干预方案或政策。简而言之，循证实践是一种"以证据为中心"的实证研究，④ 但证据不能直接制定方案或者政策，而是要"遵循最佳证据"以避免主观臆断。近年来，我国社会科学领域的循证实践从"0"到"1"取得了一定的进步，但研究地域和主题领域分布不均衡，发展存在地区差异，整体研究质量还有很大的提升空间。⑤

在循证教育学领域：1996 年，Hargreaves 在教师培训机构进行演讲时首次提出了循证教育学的概念，认为教师与医生的决策有很多相同之处，也应该遵循研究证据；Whitehurst 是推动循证教育学的重要学者，认为循证教学是在教学过程中将专业智慧与最佳、有效的经验证据整合起来进行决策的教育学。⑥ 2009 年，Petty 在其著作 *Evidence-Based Teaching：A Practical Approach* 中指出，循证教学要慎重、准确和明智地应用当前所能获得的最佳研究证据，结合教师个人的专业知识和教学经验，考虑学生的特点、需要以及情境因素，将此三者完美结合，做出准确的判断，选择最佳的教学方法和策略，制定出

---

① 杨文登，叶浩生. 社会科学的三次"科学化"浪潮：从实证研究、社会技术到循证实践[J]. 社会科学，2012(8)：107-116.

② 拜争刚，吴淑婷，齐铱. 循证理念和方法在中国社会工作领域的应用现状分析[J]. 社会建设，2017，4(4)：57-66.

③ 童峰. 基于循证实践方法的老年人口健康干预研究[M]. 成都：西南财经大学出版社，2016：124.

④ 童峰，庄世龙，张洪嘉. 社会科学实践研究的新方向：循证实践[J]. 重庆工商大学学报(社会科学版)，2017，34(5)：83-87.

⑤ 李思源，季婷，拜争刚，等. 循证实践在我国社会科学领域的研究现状分析[J]. 中国社会医学杂志，2017，34(6)：529-532.

⑥ 杨文登. 循证教育学理论及其实践——以美国有效教学策略网为例[J]. 宁波大学学报(教育科学版)，2012，34(4)：5-10.

具体的教学方案，以获得最佳的教学效果。① 2013 年，任伟平等借鉴了循证教学的思想内核，对大学英语循证教学法进行了系统研究，其中还构建了大学英语循证教学证据体系。②

在循证设计领域：2009 年，Hamilton 在其著作 *Evidence-Based Design for Multiple Building Types* 中指出循证设计是一个过程：慎重、准确和明智地应用当前所能获得的来自研究和实践的最佳证据，与知情客户一起针对每个具体和独特的建筑设计项目，制定出关键的决策。③ 2009 年，王一平也对循证设计进行界定，指出循证设计是慎重、准确和明智地应用当前所能获得的最佳研究依据，结合建筑师的个人专业技能和多年的工程设计经验，考虑到业主的价值和愿望，将三者完美地结合，制定出建筑的设计方案④。

4. 循证实践理论的思想之果：循证数据库

循证社会科学的核心基础是"证据"，生产和转化高质量的证据是循证社会科学的重要任务之一。20 世纪末，世界各国循证协作组成员建立了一套行之有效的证据生成与传播机制，通过互联网与数据库平台实现证据资源共享。循证数据库的建设推动了经典研究方法"系统评价"与 Meta 统计学分析方法⑤在社会科学各个领域中的广泛应用，也使循证思维逻辑和研究范式逐渐渗透到社会科学各个领域。1992 年，英国牛津大学建立了世界上第一个循证数据库 Cochrane 协作网（Cochrane Collaboration，CC），致力于为医疗卫生领域的相关服务者和政策制定者以及病人和公众提供和保存研究证据和决策证据。2000 年，美国建立了 Campbell 协作网，该数据库致力于为社会政策、教育、司法、社会福利、知识转化与应用、方法学等领域的科学决策和实践提供高质量的系统评价证据支持，已经发展成为一个享誉世界的社会科学类多学科交叉的智库平台。⑥ 2014 年，兰州大学循证医学中心与美国南加州大学社会工作学院合作，共同开发"中国儿童及老年健康证据转化数据库"，⑦ 为

① Geoff Petty. 循证教学：一种有效的教学法［M］. 宋懿琛，付艳萍，孙一菲，译. 广州：广东教育出版社，2013：1-10，528.
② 任伟平，程京艳，马莉，等. 大学英语循证教学法［M］. 北京：清华大学出版社，2013：1-4，33-66.
③ D. Kirk Hamilton，David H. Watkins. 循证设计——各类建筑之"基于证据的设计"［M］. 刘晓燕，王一平，译. 北京：中国建筑工业出版社，2016：9.
④ 王一平. 为绿色建筑的循证设计研究［D］. 武汉：华中科技大学，2012.
⑤ 杨克虎，李秀霞，拜争刚. 循证社会科学研究方法：系统评价与 Meta 分析［M］. 兰州：兰州大学出版社，2018：67-70.
⑥ 张鸣明，帅晓. Campbell 协作网：Cochrane 协作网的姊妹网［J］. 中国循证医学，2002，2（2）：132-133.
⑦ 拜争刚，刘少堃，常健博，等. 中国儿童与老年健康证据转化平台的构建与应用［J］. 转化医学杂志，2015（3）：154-160.

促进我国儿童与老年健康提供证据支持，并积极推动中国循证社会科学研究的迅速发展，促进循证实践理论在中国生根、发芽。

(二)循证实践理论在我国体育领域中的应用

对循证实践理论在我国体育领域的应用分析，表明该理论解决体育领域现实问题的优势主要体现在"遵循最佳证据"的决策方式与"以证据为中心"的评价方面，进而挖掘循证实践理论有效解决本研究问题的关联点。例如：

(1)在循证决策中，通过对国外国家体育与健康政策的解读，解析以证据为基础的循证决策模式，为我国体育健康政策的顶层设计提供经验借鉴；同时，追求科学循证导向，提出树立循证决策观念，强化现代信息技术融合，促进优质科研成果的政策转化，构建明确的循证决策方法体系。[①]

(2)在循证运动医学学科建设中，采用循证医学的思想和方法指导运动医学实践，所产生的循证体育决策不但能够系统指导运动员科学训练，而且也能够系统指导大众科学健身。[②]

(3)在特殊体育的循证实践中，分析了特殊体育循证实践的基本理念，归纳了其5个实施步骤，即提出问题、查询证据、评价证据、整合干预和评估效果；最后，从体育教师

---

① 李红娟，王正珍，隋雪梅，等. 运动是良医：最好的循证实践[J]. 北京体育大学学报，2013，36(6)：43-48.

湛冰. 从《白宫老龄会议报告》管窥美国老年体育政策的演进特点[J]. 体育与科学，2017，38(3)：38-44，57.

曹振波，陈佩杰，庄洁，等. 发达国家体育健康政策发展及对健康中国的启示[J]. 体育科学，2017，37(5)：11-23，31.

吴铭，杨剑，郭正茂. 发达国家身体活动政策比较：基于美国、加拿大、英国、日本的视角[J]. 北京体育大学学报，2019，42(5)：77-89.

吴铭，杨剑，袁媛，等.《加拿大增加身体活动、减少久坐生活的共同愿景：让我们运动起来》的解读与启示[J]. 天津体育学院学报，2020，35(4)：428-433.

湛冰，王凯珍，范成文. 从《美国老年法案》修订探索老年体育政策特征及启示[J]. 体育学刊，2020，27(4)：35-40.

孔琳，汪晓赞，杨燕国，等. 儿童青少年身体活动研究的热点透视及特征解析——基于美国《2018年身体活动指南咨询委员会研究报告》的证据审读[J]. 西安体育学院学报，2021，38(6)：749-757.

② 黄雅君，王香生. 循证医学在运动医学与科学研究中的应用与启示[J]. 中国运动医学杂志，2006(5)：616-619，626.

蔡国梁，屈金涛，孙君志，等. 循证运动医学的定义、基础、实践与发展[J]. 中国组织工程研究，2015，19(51)：8338-8343.

应选择高效的运动干预方法以及特殊体育循证实践推进等方面提出了相关策略。①

（4）在农村公共体育扶贫方面，首先，生成不同的农村公共体育扶贫证据，并对证据进行等级评定；其次，针对具体问题在扶贫中推动证据的使用；最后，引进评估组织对扶贫过程和成效进行评价。②

（5）在我国体医融合的高层次跨领域合作中，指出加强体医学科循证标准研究、建立资质认证体系、探索利益协调机制、统合体制机制是跨领域合作视角下体医融合的必要路径。③

（6）在系统评价与 Meta 分析方面，对运动与健康促进领域循证研究方法的应用进行分析，评估运动干预效果元分析文献的方法学质量及其效果指标的证据质量；同时，提出高校及循证医学中心应在政策支持下联合建设循证数据库，共同为运动与健康促进领域提供更加科学、准确、高质量的证据。④

（7）在循证数据库的建设与应用方面，通过检索国内外常用数据库，参考英国牛津循证医学中心（Oxford Centre for Evidence-Based Medicine，OCEBM）的证据水平评价标准，结合我国体医融合国情制定了符合中国特色的运动疗法。⑤

（三）循证实践理论对本研究的关联贡献点

在"以知识点为中心"的标准化测试盛行的时期，表现标准研制一般都是依据项目响应理论，基于项目映射的标准设置程序将学生完成测试项目的表现水平通过数学建模进行划

①　曾玉山，王健. 循证实践：特殊体育实践发展的新范式[J]. 武汉体育学院学报，2017，51（9）：12-17.

②　黄晓灵，龙凤英，黄菁. 循证实践：农村公共体育精准扶贫研究——以叙永县为例[J]. 武汉体育学院学报，2019，53（9）：41-46.

③　韩磊磊，周李，王艳艳，郭恒涛. 跨领域合作视角下中国体医融合的路径选择[J]. 武汉体育学院学报，2020，54（9）：5-9，15.

④　李春晓，吴燕丹，孙延林. 呼唤特殊体育的循证实践研究：系统综述方法及其运用[J]. 天津体育学院学报，2014，29（1）：75-80.

钱红胜，张庆文，王京，等. 运动与健康促进研究领域系统评价//Meta 分析的方法学与报告质量评价——基于中文核心期刊[J]. 中国体育科技，2021，57（2）：89-97.

许正东，弓烨弘，万嘉倩，等. 运动干预阿尔茨海默病患者认知功能元分析文献的方法学与证据质量评价[J]. 上海体育学院学报，2022，46（5）：19-28.

⑤　王雪强，陈佩杰，矫玮，等. 运动疗法治疗腰痛的专家共识[J]. 体育科学，2019，39（3）：19-29.

王雪强，王于领，张志杰，等. 运动疗法治疗颈痛的中国专家共识[J]. 上海体育学院学报，2020，44（1）：59-69.

蔡治东，娄淑杰，陈爱国，等. 体育锻炼延缓老年人认知衰退量效关系的专家共识[J]. 上海体育学院学报，2021，45（1）：51-65，77.

分。目前看来，这种操作存在两个问题：一方面，测试项目与学习结果之间的映射程度——测试项目是否可以充分、有效反映学生表现水平？另外一方面，在新时代贯彻深化教育评价改革总体方案的趋势下，仅凭"以知识点为中心"的标准化测试是否可以完全满足学生核心素养评价的需求？

本书以"表现标准"为突破口，寻求解决学生核心素养评价问题的方案——从"标准答案"转向"证据推理"，抛开研究"测试项目与学习结果"的映射关系，转向研究"核心素养与学习结果"的相关关系。从一个崭新的理论视角——循证视角切入，根据研究对象"表现标准"的自身特点与研究边界，以循证实践理论的思维内核构建学生核心素养表现标准的应用理论与实践框架；探讨在基于表现标准的学生核心素养评价中学生核心素养及其表现标准的映射关系，揭示表现标准作为学生规范化学习结果的"证据"本质，从而为后续研究建立"以证据为中心"的学生核心素养测评框架铺垫基石。

1. 借鉴循证实践的程序构建本研究的逻辑框架

循证实践的本质就是尊重客观事实，依据"遵循最佳证据"的原则，通过对研究对象大量实证性信息和数据的收集整理、分级归类后进行举证分析，得到更加接近客观事实的证据，从而提出针对性的解决方案。本书借鉴循证医学"基于问题的研究、遵循证据的决策、关注实践的后果以及后效评价、止于至善"的循证实践程序构建研究的逻辑框架，按照"提出问题—创证用证—遵循证据—应用实践—后效评价"的逻辑思路展开论述。

2. 借鉴证据集成的"系统整合"循证思维构建表现标准体系

20 世纪末，钱学森等创立了在世界复杂性科学研究中具有重要影响的"开放的复杂巨系统"理论，使人们对世界的整体性、系统性、层次性、复杂性和开放性有了全新的认知。其中，该理论指出社会系统是一种开放的特殊复杂巨系统，其复杂性可概括为：（1）系统的子系统间可以有各种方式的通讯，（2）子系统的种类多且各有其定性模型，（3）各子系统中的知识表达不同且以各种方式获取知识，（4）系统中子系统的结构随着系统的演化会有变化，所以系统的结构是不断改变的。[①]

循证实践就是在这样的社会系统中展开的，其证据集成的"系统整合"循证思维主要体现出：一方面强调"系统"，注重从宏观上考虑系统与其他系统之间、系统与子系统之间的相互关系与影响，使之形成一个共享、协同与关联的体系，从宏观上找到整体的性质与规律；另外一方面强调"整合"，注重从微观上考察系统内部各个子系统以及要素，采用定性定量相结合的综合集成方法对成百上千个研究变量星星点点的信息进行证据收集、定性描

---

① 钱学森，于景元，戴汝为 . 一个科学新领域——开放的复杂巨系统及其方法论[J]. 自然杂志，1990（1）：3-10，64.

述、系统建模，以获得最佳证据指导决策。例如，在循证设计中，"系统整合"涉及设计思维方式、工作模式、资源配置、技术策略、过程组织等各个方面，形成基于"评价—策划—循证—假设—体验—应用"的项目全周期循环过程，建立起"实践—研究—教育—社会"共同参与设计的协同机制。这是一种面向社会整体、沟通过去与未来的开放性的整合设计体系。①

综上所述，本书借鉴循证实践证据集成的"系统整合"循证思维主要体现在：(1)构建学生核心素养指标体系及其表现标准体系，将"表现标准"作为一个独立的系统进行构建研究；(2)探索"表现标准系统"在"核心素养评价框架"中的功能与价值，使"表现标准"成为连接学校课程实施中教—学—评一致性的重要证据链，为实现"以证据为中心"的核心素养评价提供有效证据；(3)探索表现标准在教育领域与社会领域中的应用，使表现标准系统成为面向社会整体、沟通过去与未来的开放性的整合体系。

3. 借鉴循证实践的证据处理模式构建表现标准体系中的证据支持系统

循证实践必须有证可循、依证实践，"以证据为中心"搭建起研究与实践的互动平台。循证就是将理论研究与应用实践相结合，使知识经历"实践—认识—再实践—再认识"的循环过程。那么，证据从哪里来？最佳证据又是如何判定的？本书借鉴循证实践的证据处理模式，对证据的信息来源、收集方法、合成方法、分级分类和样例结构进行规范化处理。

(1)借鉴循证医学"创证用证"解决证据的来源问题

与传统医学重视个人经验相比较，循证医学采用的是"创证用证"的科学决策。"创证"是指生产和获得证据的过程，"用证"是指使用最佳证据指导决策的过程。② 在循证的过程中，非常重视证据的收集制作、共享使用，所以就会有多种证据的处理方式。"有证查证用证"是一种非常典型的证据处理方式，充分利用现有的全部来源的各种类型各种级别的证据，通过筛选原则与方法，提炼出最佳证据进行评估，制定决策。而"无证创证用证"是循证实践解决现实问题中遇到的一种特殊情况，对于尚没有可靠证据的现实问题，可以提出假设并通过进一步的调查或者实验研究收集证据，积累原始证据。本书对于体育教育专业学生核心素养锚定表现标准的研制采用"有证查证用证"方式，通过对文献资料以及专家、实践者等访谈、问卷意见的收集整理提炼证据；对于课堂与教学层面学生核心素养指标的表现标准研制则采用"无证创证用证"方式，通过案例研究获得相关证据。

---

① 刘晓燕，王一平. 循证设计——从思维逻辑到实施方法［M］. 北京：中国建筑工业出版社，2016：55.

② 刘晓燕，王一平. 循证设计——从思维逻辑到实施方法［M］. 北京：中国建筑工业出版社，2016：79.

（2）借鉴循证实践证据分级解决证据的质量问题

科学的证据分级是循证实践理论的重要组成部分。在循证实践"遵循最佳证据"的过程中，对于证据分级标准的争鸣始终存在。较为经典的是金字塔式证据分级标准：针对定量研究，Fraser 等[①]提出八级金字塔式证据分级模型，[②] 以专家、实践者及研究对象意见为初级，以系统评价为高级（见图2-1）；针对定性研究，Daly 等[③]提出四级金字塔式证据分级模型，以单案例研究为初级，以归纳研究为高级（见图2-2）。

图 2-1　循证实践定量研究证据分级图

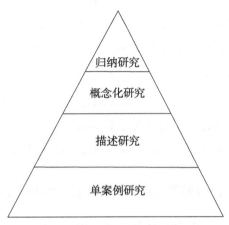

图 2-2　循证实践定性研究证据分级图

另外，还有许多适用于不同研究领域的证据分级标准。但系统评价被大多数学者认为是等级最高的证据，被誉为证据中的"黄金标准"。[④] 当然，也有一部分学者坚定地反对单一黄金标准证据概念。[⑤] 因为无论是系统评价、随机对照试验或者案例研究等都会产生研究偏倚，而且社会科学研究又必须考虑到政治、伦理、环境的复杂性，如果只依靠系统评价或者案例研究等就做出决策，有可能会遗漏真实社会环境中有价值的证据来源。

① Fraser M. W., Richman J. M., Galinsky M. J., et al. Intervention Research：Developing Social Programs[M]. USA：Oxford University Press，2009.

② 童峰. 基于循证实践方法的老年人口健康干预研究[M]. 成都：西南财经大学出版社，2016：26.

③ Daly J., Willis K., Small R., et al. A hierarchy of evidence for assessing qualitative health research[J]. Journal of Clinical Epidemiology，2007，60：43-49.

④ Gueron J. M.. Building evidence：What it takes and what it yields[J]. Research on Social Work Practice，2007，17(1)：134-142.

Soydan H.. Applying randomized controlled trials and systematic reviews in social work research[J]. Research on Social Work Practice，2008，18(4)：311-318.

⑤ Denzin N. K.. The elephant in the living room：or extending the conversation about the politics of evidence[J]. Qualitative Research，2009，9(2)：139-160.

关于证据分级标准的争论也许会持续存在于循证实践中，对证据本质的认知与解释随着循证实践的发展会一直保持着活性，就如同人类认识真理的过程就是一个无限接近的过程。本书借鉴循证实践证据分级标准对学生核心素养表现标准的证据类型进行分级分类创建。

二、第四代评估理论

评估的发展历程从测量、描述、判断走向了建构。这种以"谈判协调"为核心动力的建构式评估超越了纯粹的科学范畴，涵盖了人性的、政治的、社会的、文化的以及其他各种相关的因素，被称为第四代评估。第四代评估是以利益相关者的主张、焦虑和争议作为组织评估焦点决定所需信息的基础的一种评估形式，它主要用于建构主义调查范式的方法论。[①] 它的基本立场是评估行为最后所产生的结果是个体或者全体行为者为"理解"自身所存在环境而形成的关于案例真实性的一个或多个建构，在很大程度上会受到建构者本身价值观的影响，也必然无法逃脱与具体的物质、心理、社会和文化的关联。

（一）响应式聚焦和建构主义方法论提供表现标准体系构建的方法

第四代评估依赖于两个因素：第一个因素是响应式聚焦（responsive focusing），即在利益相关者参与的基础上决定要解决什么问题和收集什么信息。在评估过程中，要求利益相关者在评估中处于平等的地位，提倡一种全面参与并努力形成一种公认的、符合常理的、信息量更大的、成熟的共同构建——拥有全面的观念性平等。但事实上，每一个现代社会都会具有多元的价值观，哪些价值观应得以考量或协调不同价值观将成为达成共识的难点。因此，从表现标准的研制开始就要考虑哪些人员是利益相关者以及利益相关者的诉求。表现标准并非自然规律所支配的客观事实，而是依据人为的构建而存在的，并常常受到社会背景和文化因素的影响。所以，表现标准的研制过程就是由利益相关者参与的关于学生学习结果"证据"的构建过程。

第二个因素是建构主义方法论（constructivist methodology），即在建构主义范式的本体论和认识论的假设基础上实施整个研究程序，旨在使持有不同甚至相冲突的本位建构的利益相关者达成一致的判断意见。评估必须具有行为导向性（action orientation），即要定义一系列的工作流程，并激励利益相关者遵循这一程序。因此，无论是构建学生核心素养指标体系及其表现标准体系，还是后续研究构建基于表现标准的学生核心素养测评框架，都需

---

① Egon G. Guba, Yvonna S. Lincoln. 第四代评估[M]. 秦霖，蒋燕玲，等，译. 北京：中国人民大学出版社，2008：24.

要建立一系列的工作流程实施行动计划。

(二)以证据为中心的测评框架明晰表现标准的价值定位

以证据为中心的测评框架旨在通过观察学生在任务模型中的行为表现来推测学生的学习结果，体现了在测评中学生模型（Student Model）、证据模型（Evidence Model）、任务模型（Task Model）、组合模型（Assembly Model）、呈现模型（Presentation Model）等的相关关系（见图2-3）。[①] 证据是连接学生模型、证据模型和任务模型的主线。通过"测量什么—如何测量—用什么测量"的逻辑思路，建立测评变量模型，构建情境任务，引发行为表现提取证据，基于证据进行推理得到评价结果（见表2-1）。

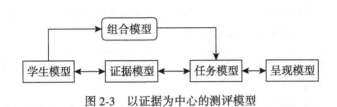

图 2-3 以证据为中心的测评模型

由此，从这个评价过程来看，评价过程本身即教学过程。教师和学生通过评价对教学过程进行同步反思和完善以确定获得新知识的合理性，并广泛采用多种评价方法尽可能收集更多的有效反馈信息，使评价结果更加接近学生真实的行为表现水平。对于学生核心素养评价问题来讲，必须突破传统的"试题—标答"的测量设计范式，围绕"基于证据进行推理"的设计范式建立证据与学生核心素养的推理链条，从试题转向情境任务设计，从"标准答案"转向"以证据为中心"的表现标准体系构建。

综上所述，本书借鉴以证据为中心的测评框架明晰表现标准在学生核心素养评价中的价值定位，指出学生核心素养指标体系及其表现标准体系作为测评框架不可缺少的组成要素，解析体育教育专业学生核心素养及其表现标准之间的映射关系。同时，循证实践理论中"遵循最佳证据"做出决策与测评框架中"基于证据的推理"进行评价具有异曲同工之妙，为从不同视角揭示表现标准作为描述规范化学习结果的"证据"本质提供理论支撑。

---

① Arieli-Attali M., Ward S., Thomas J., et al. The expanded Evidence-Centered Design（e-ECD）for learning and assessment systems: a framework for incorporating learning goals and processes within assessment design[J]. Frontiers in Psychology, 2019(10): 1-17.

表 2-1　　　　　　　　　　　　　　**以证据为中心的测评框架**

模型分类	模 型 内 涵	解决问题
学生模型	明确测量目标与内容，期望测量学生的知识、技能、素养一个或者多个变量	测量什么
证据模型	确定测量方法，详细描述学生在具体任务情境中具有什么样的表现才能够反映所要测量的变量	如何测量
任务模型	构建什么样的情境任务才可以引发、形成作为有效证据的学生学习结果	用什么测量
组合模型	协调学生模型、证据模型和任务模型所形成的组合规则与测量支架，其目标是如何精准地描述学生模型需要测量的变量，如何协调情境任务确保适合反映测量领域的广度和深度	测量程度
呈现模型	描述在测验项目中情境任务呈现类型以及任务与学生交互后学习结果的呈现类型	测量结果

第二节　研究的实践基础

一、与表现标准相关的体育教育专业方面国家政策导向

（一）普通高等学校体育教育本科专业课程方案

2003 年，为贯彻《中共中央国务院关于深化教育改革全面推进素质教育的决定》精神，进一步深化高校体育教育专业的改革，培养适应素质教育需要的体育教育人才，决议从 2004 年新学年开始在全国普通高等学校(含综合大学、师范院校、体育院校)体育教育本科专业中施行《全国普通高等学校体育教育本科专业课程方案》。① 通过对我国 27 所高等院校体育教育国家级特色专业本科培养方案的研究②，指出 2003 年版国家课程方案为各个

---

① 中华人民共和国教育部．教育部关于印发《全国普通高等学校体育教育本科专业课程方案》的通知［EB/OL］．（2003-06-19）［2022-08-06］．http：//www.moe.gov.cn/srcsite/A17/moe_938/s3273/200306/t20030619_80793.html.

② 武文强，孙涛波．对我国体育教育国家级特色专业本科培养方案的研究［C］//. 2015 年第十届全国体育科学大会论文摘要汇编(一)．中国体育科学学会，2015：934.

高校体育教育本科专业课程方案的修订提供了统一标准(见表 2-2);同时,各个高校也根据自身办学定位与特色制定出校本课程方案。尤其是从当初的"素质教育"时代演变为目前的"核心素养"教育时代,校本课程方案的不断修订也呈现出时代特色。

表 2-2　　　　　　　　　普通高等学校体育教育本科专业课程方案(2003 年)简况

类别	具 体 内 容
培养目标	本专业培养能胜任学校体育教育、教学、训练和竞赛工作,并能从事学校体育科学研究、学校体育管理及社会体育指导等工作的复合型体育教育人才
培养规格	1. 领会和掌握马克思列宁主义、毛泽东思想、邓小平理论基本原理和"三个代表"的重要思想;熟悉国家有关教育、体育工作的方针、政策和法规;热爱教育事业,具有良好的思想品德 2. 掌握学校体育教学、健康教育教学、体育锻炼、运动训练和竞赛的基本理论与方法,具有创新精神、实践能力和较强的自学能力、社会适应能力 3. 了解学校体育改革与发展的动态以及体育科研的发展趋势;掌握基本的科研方法,并具有从事体育科学研究的能力 4. 掌握一门外国语和一门计算机语言,能阅读本专业的外文书刊,具有运用计算机的基本技能,达到大学英语四级等级和计算机二级等级的要求 5. 具有健康的体魄,养成良好的卫生习惯和健康的生活方式 6. 具有感受美、鉴赏美、表现美和创造美的情感与能力

在体育教育专业学生表现标准的研制中,本书着重以课程与教学取向、指向核心素养要求的表现标准为重点。表现标准突出反映的是学生核心素养发展水平,要体现目前我国教育对人才培养规格和质量的时代特色。

(二)普通高等学校体育教育专业目录和专业介绍

高等教育的基础和根本是本科教育,而本科人才培养的基本单元和平台是学科与专业。通过对中国、德国、美国、法国、英国和日本 6 个国家的学科目录和 50 所代表性高校的考察,结合我国当前实际提出中国体育学今后发展的 3 种可能:第一种,体育学人才培养将继续以体育教师为中心,体育教育专业内涵将向锻炼与健康转变;第二种,运动医学在体育学学科体系中的地位将持续提升;第三种,体育学将会突破教育学的领地并凸显其跨学科特征。[①] 新时代,体育人才培养要围绕"服务需求、提高质量"这一主线。从运动

---

① 王雷. 论体育学在高等教育领域的学科认同与我国体育学发展的 3 种可能——基于对 6 个国家 50 所高校的考察[J]. 体育科学, 2018, 38(6): 27-37.

员、教练员、教师到多类别多层次的体育人才培养①必须对现有专业进行精细调整、优势整合，构建新时代体育教育专业育人体系。

根据普通高等学校体育教育专业目录和专业介绍②，以学校体育教育教学为重点对体育教育专业学生提出了明确的毕业要求（见表 2-3）。在体育教育专业学生表现标准的研制中，首先应该考虑要突出体育教育专业的专业特色。无论是 2018 年教学质量国家标准所提出的"应用型人才"新定位还是以往文件中"复合型人才"的定位，都需要紧随学科建设与专业发展的步伐。其次，应该考虑表现标准中表现水平与毕业要求的关系。在 4 年的专业学习过程中，学生学习结果的表现水平应呈现出进阶式增长的特点，直至发展到对齐毕业要求。

表 2-3　　　　　　　　　普通高等学校体育教育专业介绍（2012 年）简况

类别		具 体 内 容
培养目标		本专业培养具备现代教育与体育教育学科基础理论知识，能在各级各类学校从事体育教学、课外运动训练与竞赛工作、体育科学研究、学校体育管理等方面工作的复合型人才
培养要求	1. 总体要求	本专业学生主要学习学校体育教育教学方面的基本理论和基本知识，接受作为体育教师所必备的运动技能的基本训练，掌握体育教学、训练、竞赛、科研的基本能力
	2. 毕业要求	（1）掌握开展学校体育工作所需的教育科学、运动科学、心理科学、社会科学和运动项目的基本理论和基本知识 （2）掌握相关运动项目的基本技能，具备教学训练中所必需的讲解、示范、保护帮助、分析纠正错误、组织、制定相关文件的技术与方法 （3）具有体育教师所必备的教学、训练、科研、竞赛组织、裁判、学校体育管理工作的基本能力 （4）熟悉国家有关学校体育的方针、政策和法规 （5）了解学校体育工作的理论前沿和发展动态 （6）具有初步的科学研究和实际工作能力，具有一定的创新工作能力

---

① 杨桦. 从运动员、教练员、教师到多类别多层次——对我国体育人才培养的思考[J]. 体育科学，2018，38（7）：6-8.

② 中华人民共和国教育部高等教育司. 普通高等学校本科专业目录和专业介绍：2012 年[M]. 北京：高等教育出版社，2012：82-83.

（三）普通高等学校师范类专业认证实施办法

2017 年，为了规范引导师范类专业建设，建立健全教师教育质量保障体系，提高师范类专业人才培养质量，教育部发布了《普通高等学校师范类专业认证实施办法（暂行）》，决定分级分类开展普通高等学校师范类专业认证工作。① 认证所提出的以"学生中心、产出导向、持续改进"为基本理念为新课标背景下体育教育专业学生核心素养的培育指明了方向。尤其是强调产出导向，遵循师范生成长成才规律，对照师范毕业生核心能力素质要求对师范类专业人才培养质量作出评价。

以《中学教育专业认证标准（第二级）》毕业要求为例，提出践行师德、学会教学、学会育人、学会发展 4 项一级指标（见表 2-4）。针对体育教育专业人才培养方案来说，要根据认证实施办法进行修订，拓展培养目标的内涵，突出践行师德、学会教学、学会育人、学会发展在培养目标中的重要性；其毕业要求应主动对接认证标准，详细诠释学生核心素养并细分指标以支撑认证标准的达成。师范类专业认证实施办法的推行使体育教育专业人才培养更加贴近新时代社会对学校体育工作者的现实需求，明确了培养的方向与目标：践行师德与学会教学，从"教会学生做"到"教会学生教"；学会育人，从"知识表征"到"综合育人"；学会发展，从"技能表征"到"多维发展"。② 因此，在体育教育专业学生核心素养指标体系构建时，对于指标的收集与筛选会以毕业要求中的指标为重点参照指标。

表 2-4　　　《中学教育专业认证标准（第二级）》毕业要求（2017 年）简况

一级指标	二级指标
践行师德	师德规范 教育情怀
学会教学	学科素养 教学能力
学会育人	班级指导 综合育人
学会发展	学会反思 沟通合作

---

① 中华人民共和国教育部.教育部关于印发《普通高等学校师范类专业认证实施办法（暂行）》的通知［EB/OL］.（2017-10-26）［2023-05-11］. http：//www.moe.gov.cn/srcsite/A10/s7011/201711/t20171106_318535.html.

② 戴俊，刘跃，汪庆波.师范类专业认证背景下体育教育专业术科教学改革与实践——以盐城师范学院为例［J］.体育学刊，2023，30（1）：112-117.

(四)普通高等学校体育学类本科专业教学质量国家标准

2018 年，教育部发布《普通高等学校本科专业类教学质量国家标准》。这是向全国发布的第一个高等教育教学质量国家标准，符合世界重视人才培养质量的发展潮流，对建设中国特色、世界水平的高等教育质量标准体系具有重要的标志性意义。[①] 教学质量国家标准的推行可以实现政府以标准来管理，高校以标准来办学，社会以标准来监督，用标准加强引导、建设、监管。

体育学类本科专业人才培养目标的确立主要从基本培养目标、专业培养目标和开放性培养目标 3 个层面来考虑。基本培养目标以"体育学类本科专业人才共同的核心素养是什么"为逻辑起点，着力解决"体育学类本科专业培养什么样的人"这一问题，[②] 定位为"应用型人才"；培养规格主要围绕素质、知识、能力 3 个方面展开(见表 2-5)。其中，体育教育专业培养目标定位为"能胜任学校体育工作"的应用型人才。那么，体育教育专业学生表现标准的研制就要围绕这个培养目标并体现教学质量国家标准的要求。尤其是锚定表现标准的研制，既有"规矩"又有"空间"，即符合体育学类提出统一要求、保证基本质量，又要为专业人才培养特色的发展拓展空间；既有"底线"又有"目标"，即符合专业基本要求，又要对培养质量提出前瞻性要求。

表 2-5　　　普通高等学校体育学类本科专业教学质量国家标准(2018 年)简况

分类	子类别	具 体 内 容
培养目标	1. 基本培养目标	体育学类本科专业培养德、智、体、美全面发展，具有高度的社会责任感、较好的科学和文化素养，具备现代教育、健康理念，系统掌握体育学基本理论、基本技能和基本方法，富有创新精神，具备一定的体育科学研究能力，具有创业意识，具备一定的创业素质和创业能力，能够从事群众体育事业、竞技体育事业、体育产业相关工作的应用型人才
	2. 体育教育专业培养目标	体育教育专业的学生必须掌握现代教育教学理论与方法，以及学校体育课程与教学、课外体育锻炼、训练水平和竞赛管理、组织的基本理论与方法，具备一定的运动技能和较强的体育教育教学能力，能胜任学校体育工作

[①]　教育部高等学校教学指导委员会. 普通高等学校本科专业类教学质量国家标准(上)[M]. 北京：高等教育出版社，2018：76-84.

[②]　黄汉升，陈作松，王家宏，等. 我国体育学类本科专业人才培养研究——《高等学校体育学类本科专业教学质量国家标准》研制与解读[J]. 体育科学，2016，36(8)：3-33.

续表

分类	子类别	具体内容
培养规格	1. 素质要求	(1)基本素质：热爱祖国，拥护中国共产党的领导，牢固树立并践行社会主义核心价值观，具有高度的社会责任感、良好的敬业精神、较强的创新精神和实践能力；遵纪守法，诚实守信，恪守学术道德规范；具有人文情怀、科学素养和审美情趣；具有弘扬中华民族体育文化精神的自觉意识；具有强健的体魄、积极的人生态度和良好的心理素质 (2)专业素质：掌握体育学的基本理论、基本技能和基本方法，具备较强的专业技能；初步掌握体育学研究的基本手段和方法，能够运用体育学的理论和技能分析解决本专业领域各种实际问题，了解国家有关体育工作的方针、政策和法规；具有相关领域工作所需的创新精神、创业意识、创新创业能力和从业资格
	2. 知识要求	(1)素养类知识：具有良好的思想道德修养；掌握一定的自然科学、人文社会科学和创新创业知识，熟悉1门外语，能基本阅读与本专业有关的外文文献；熟练掌握计算机的应用知识；具有健康生活方式的有关知识 (2)专业类知识：系统掌握体育学基础知识和各个分支学科的专门知识；理解运动技能的有关原理；了解体育改革与发展动态以及体育科研发展趋势；初步掌握体育科学研究方法，能够撰写体育学术论文和研究报告
	3. 能力要求	(1)获取与应用知识的能力：具有自主学习、自我发展的能力，能够利用现代化手段获取信息，语言文字表达能力良好。具备较强的专项运动技能，能将专业知识与专业技能融会贯通；具有求真务实的科学态度，初步具有研究和解决体育专业领域实际问题的能力；具有适应未来工作所需的操作能力和管理能力 (2)创新创业能力：富有创新精神，具有敏锐的观察力和分析问题、解决问题的能力，基本具备从事体育科学研究的能力；具有创业意识，具备创业认知能力、专业职业能力、资源获取与整合能力；具有独立工作能力、沟通联系能力、合作协调能力 (3)社会服务能力：具有公共服务意识和公益精神，具备社会服务的基本技能与方法，具有较强的团队精神、协作能力，能够从事与体育有关的社会服务工作

（五）中小学教育专业师范生教师职业能力标准

2021 年，为贯彻落实党的十九届五中全会精神和《中共中央 国务院关于全面深化新时代教师队伍建设改革的意见》，推进师范生免试认定中小学教师资格改革，建立师范生教育教学能力考核制度，教育部研究制定了《中学教育专业师范生教师职业能力标准（试行）》等五个文件。① 以中学教育专业师范生教师职业能力标准为例，以师德践行能力、教学实践能力、综合育人能力和自主发展能力为重点，展开对中学教师职业能力的描述（见表 2-6）。通过对体育教师专业素质要求的演进脉络进行梳理与解读，指出体育教师专业素质必须紧跟时代需求，要从注重专项运动技术习得到注重综合素质养成，向着"体育教师专业标准"的方向发展。② 于是，基于体育教师专业标准的体育教育专业课程改革实践已经拉开序幕。③

目前，体育教育专业毕业生就业形势严峻。为解决人才供需失衡的现实困境，就必须处理好规模和质量的矛盾关系，优化专业结构对接社会需求，以提高人才培养质量为主攻方向。④ 因此，在体育教育专业学生表现标准的研制中，既要考虑到教师职业能力标准的统一规格，又要突出体育教师的职业能力特点。

表 2-6　　《中学教育专业师范生教师职业能力标准（试行）》（2021 年）简况

一级指标	二级指标	三级指标
1. 师德践行能力	（1）遵守师德规范	理想信念、立德树人、师德准则
	（2）涵养教育情怀	职业认同、关爱学生、用心从教、自身修养
2. 教学实践能力	（1）掌握专业知识	教育基础、学科素养、信息素养、知识整合
	（2）学会教学设计	熟悉课标、掌握技能、分析学情、设计教案
	（3）实施课程教学	情境创设、教学组织、学习指导、教学评价

---

①　中华人民共和国教育部. 教育部办公厅关于印发《中学教育专业师范生教师职业能力标准（试行）》等五个文件的通知［EB/OL］.（2021-04-02）［2022-01-05］. http：//www. moe. gov. cn/srcsite/A10/s6991/202104/t20210412_525943. html.

②　尹志华，汪晓赞，季浏. 中国体育教师专业素质要求的历史演进分析［J］. 体育文化导刊，2015（9）：158-162.

③　黄爱峰，王健，郭敏，等. 基于体育教师专业标准的体育教育专业课程改革研究——以华中师范大学专业教改实验为例［J］. 武汉体育学院学报，2016，50（12）：63-68.

④　刘世磊. 困境与出路：我国高校体育教育本科专业教育发展探析［J］. 成都体育学院学报，2018，44（2）：121-126.

续表

一级指标	二级指标	三级指标
3. 综合育人能力	(1) 开展班级指导	育德意识、班级管理、心理辅导、家校沟通
	(2) 实施课程育人	育人理念、育人实践
	(3) 组织活动育人	课外活动、主题教育
4. 自主发展能力	(1) 注重专业成长	发展规划、反思改进、学会研究
	(2) 主动交流合作	沟通技能、共同学习

二、与表现标准相关的体育教育专业课程目标发展特点

改革开放 40 年，从目标方向和价值追求的变迁来看，我国课程教学改革经历了"双基—三维目标—核心素养"发展的 3 个阶段，① 集中体现了学科知识—学科本质—学科育人价值的转变，② 产生了我国特有的课程思想和理论并辐射整个教育领域。新中国成立 70 年，通过对体育与健康课程标准演变的反思，体育课程目标经历了"双基—三维目标—体育学科核心素养"发展的 3 个阶段，③ 体育课程评价同步体现出"知识本位—能力本位—素养本位"发展的 3 个阶段。与此同时，通过对体育教育专业人才培养的演变与特征进行分析，在体育教育专业经历的从 20 世纪 50 年代学习与移植、60 年代探索与挫折、70 年代混乱与恢复、80 年代开放与改革、90 年代学习与借鉴 21 世纪 10 年代提速与跨越到 21 世纪 20 年代实践与创新的演变路径中，④ 课程目标也体现出"三基—三维目标—核心素养"发展的 3 个阶段。那么，在此 3 个阶段中，表现标准的发展具有什么状态与特点？

(一)体育教育专业课程目标注重"三基"阶段

从宏观层面针对学校课程教学来讲，"双基"是指基础知识、基本技能，⑤ 主张重视基础知识的传授、基本技能的练习，通常强调教学内容的传承性和接受性。学生以理解、记

① 郑昀，徐林祥. 从"双基"到"三维目标"再到"核心素养"——新中国成立以来语文学科教学目标述评[J]. 课程·教材·教法，2017，37(10)：43-49.

② 余文森. 从"双基"到三维目标再到核心素养——改革开放 40 年我国课程教学改革的三个阶段[J]. 课程·教材·教法，2019，39(9)：40-47.

③ 陈长洲，王红英，项贤林，等. 新中国成立 70 年中小学体育与健康课程标准的演变及反思[J]. 上海体育学院学报，2020，44(6)：85-94.

④ 周红萍，吕万刚. 新中国成立 70 年来体育教育专业人才培养的演变与特征分析[J]. 武汉体育学院学报，2020，54(8)：65-71.

⑤ 张杨. 改革开放四十年课程目标研究的成就与反思——以"双基"研究为切入点的观察与思考[J]. 湖南师范大学教育科学学报，2018，17(6)：30-36.

忆、训练为主的学习方式是知识本位的突出反映，容易导致"灌输式"教学的极端情况出现。从微观层面针对学校体育课程来讲，"三基"是指基本知识、基本技术和基本技能，是体育课程特点与"双基"目标相融合的结果。① 在体育教育专业课程目标注重"三基"阶段，表现标准并没有以独立的形式直接出现在国家政策文件中，但我们可以从培养规格或者毕业要求中看到类似的概括化描述。而在课程评价中，表现标准则等同于考试前事先拟定的学生学习结果与评价等级，其表现水平等级描述内容以基础知识、基本技能为主，体现出"知识本位"的特点。

（二）体育教育专业课程目标注重"三维目标"阶段

2001 年，为贯彻《中共中央国务院关于深化教育改革全面推进素质教育的决定》，教育部印发《基础教育课程改革纲要（试行）》，明确提出了"三维目标"的课程理念。它是指知识与技能、过程与方法以及情感态度与价值观三位一体的课程功能，② 着眼于学生知识、能力、态度的全面发展。其中，把"过程与方法""情感态度与价值观"作为课程目标，较之"双基"，更能完整反映学科知识、方法、价值 3 个层面的要素，更突出了对学生学习能力的培养和对学习态度养成和对健康人格发展的关注。在体育教育专业课程目标注重"三维目标"阶段，表现标准仍然没有以独立的形式直接出现在国家政策文件中；而在课程评价中，表现标准则等同于某项教学内容应该达到应知应能的概括化描述，其表现水平等级描述内容以学科能力为主，体现出"能力本位"的特点。

（三）体育教育专业课程目标注重"核心素养"阶段

2014 年，"核心素养"首次出现在《教育部关于全面深化课程改革落实立德树人根本任务的意见》③中，成为修订课程标准、研制学业质量标准的重要依据，由此我国新一轮的课程改革进入了核心素养时代。2017 年，基于学科核心素养的高中各个学科课程标准颁

---

① 邵天逸.学校体育课程"三基"教学的思想流变历程、学理阐释与研究聚焦[J/OL].首都体育学院学报：1-8[2022-08-09].DOI：10.14036/j.cnki.cn11-4513.2022.04.008.
② 中华人民共和国教育部.教育部关于印发《基础教育课程改革纲要（试行）》的通知[EB/OL].(2001-06-08)[2022-08-10].http://www.moe.gov.cn/srcsite/A26/jcj_kcjcgh/200106/t20010608_167343.html.
③ 中华人民共和国教育部.教育部关于全面深化课程改革落实立德树人根本任务的意见[EB/OL].(2014-04-08)[2020-11-20].http://www.moe.gov.cn/srcsite/A26/jcj_kcjcgh/201404/t20140408_167226.html.

布，高中"学业质量标准"在国家课程标准中首次以独立形式直接出现，[①] 其相当于课程标准中的"锚定表现标准"。显而易见，核心素养是三维目标的进一步提炼与整合，强调和凸显学科育人价值，使教育真正从关注学科知识传输转向关注学生能力与品格塑造。在体育教育专业课程目标注重"核心素养"阶段，本书聚焦于体育教育专业学生核心素养的表现标准，其表现水平等级描述内容以学生核心素养为主，体现出"素养本位"的特点。

三、体育教育专业课程中表现标准的发展特点

为提升体育教育专业人才培养质量，就必须突出学生中心、突出产出导向、突出持续改进的教育标准建设，以标准促评、促改、促建。体育教育专业学生表现标准始终围绕着"培养什么样的人"这一问题的时代答案发展，充分体现国家政策中人才培养目标或者培养规格对"体育教师"人才形象的总体描述，并以此为纲展开对表现水平的分解。同时，体育教育专业学生表现标准与课程目标同步，也体现出"三基—三维目标—核心素养"3个阶段的发展特点。

---

① 教育部基础教育课程教材专家工作委员会，编写；季浏，钟秉枢主编. 普通高中体育与健康课程标准(2017年版)解读[M]. 北京：高等教育出版社，2018：181-214.

本 章 小 结

本章阐述了体育教育专业学生核心素养表现标准研究的理论与实践基础。一方面，借鉴循证实践理论，以循证新视角铺陈构建表现标准体系的逻辑思路，通过分析循证实践理论的起源与发展以及在我国体育领域的应用，以循证实践程序构建本研究的逻辑框架、以循证证据处理模式构建本研究的证据支持系统、以"系统整合"循证思维构建本研究的表现标准体系；而且，还借鉴第四代评估理论为体系构建提供方法，并明晰表现标准在核心素养评价中的价值定位。另外一方面，通过分析与表现标准相关的体育教育专业方面的国家政策、课程目标，归纳出表现标准围绕"培养什么样的人"以"三基—三维目标—核心素养"为主线并与课程目标同步的发展特点，明晰了体育教育专业学生核心素养表现标准的木本水源。

第三章　中美体育教育领域表现标准发展的概况与启示

历史照进现实，教育标准的每一次变革都要紧随时代发展的步伐、满足社会发展的需求；与此同时，表现标准的发展也同步经历了一个漫长又曲折的历史过程。只有回头看看自己走过的路，再比较分析下别人走过的路，远眺前行之时才可以清晰判断这个时代、这个社会到底需要什么样的表现标准。本章围绕体育教育专业学生未来将做什么、成为什么样的应用型人才，从体育教育专业学生未来将承担"体育教师"工作的职业环境与职业标准考虑，选择了中美体育与健康课程标准、体育教师专业标准中不同类型的表现标准，对其研制程序与方法、指标内容、呈现框架等方面展开具体分析。试图通过中美体育教育领域表现标准发展的概况了解不同类型表现标准的现实呈现，探析本土教育环境中表现标准发展的趋势，借鉴国外表现标准发展的经验为研制体育教育专业学生核心素养的表现标准提供例证参考。

第一节　我国体育教育领域表现标准发展的现状与趋势

一、我国体育与健康课程标准实施中的表现标准

21世纪初，我国启动了第八次基础教育课程改革。从此，我国体育课程进入了"标准时代"。《普通高中体育与健康课程标准(2017年版2020年修订)》①和《义务教育体育与健康课程标准(2022年版)》②的颁布实施，促进新课标中首次出现的"核心素养"与"学业质

---

① 中华人民共和国教育部.普通高中体育与健康课程标准(2017年版2020年修订)[S].北京：人民教育出版社，2020.

② 中华人民共和国教育部.义务教育体育与健康课程标准(2022年版)[S].北京：北京师范大学出版社，2022.

量标准"成为关注的热点。① "学业质量标准"即"表现标准"，表征学生完成一个年级或一个学段的课程之后核心素养的表现水平。② 下面笔者以我国体育与健康课程标准实施中的首个官方学业质量标准为例，侧重分析它们的研制程序与方法，了解我国体育教育领域表现标准发展现状的一个侧面。

(一)表现标准的研制程序

1. 表现标准的研制组织

课程标准作为国家纲领性和指导性文件，直接体现国家在教育领域的事权要求和国家意志，③ 解决培养什么人、怎么培养人、为谁培养人的根本问题。2014 年底，教育部启动了对普通高中 20 个学科 2003 年版课程标准(实验)的修订工作;④ 2019 年初，也启动了对义务教育 2011 年版课程标准的修订工作。⑤ 在教育部的直接领导下，由教育部基础教育课程教材专家工作委员会负责从全国体育教育领域、社会知名人士中组建体育与健康学科工作组。工作组专家历时 3 年多，总结体育与健康课程改革的经验，针对存在的问题，并结合国际体育课程发展趋势，通过广泛的调研和充分的讨论，对旧版本进行了全面的修订与完善。其中，表现标准的研制组织以工作组专家、一线体育教师为主力军(见表 3-1)，专家侧重提供整体框架，一线体育教师侧重充实教学案例，体现了在广泛调查和深入研究基础上的集体智慧。

2. 表现标准的研制路径

从国际经验来看，表现标准的研制路径主要有先验路径(priori approach)、后验路径(posteriori approach)、整合路径三种类型。⑥ (1)先验路径主要是从课程角度出发描述学生学习结果。依据专家经验提供内容标准或者早期表现标准、学生测试信息等资料，撰写各种学习结果的表现特征。这种路径的优势是从学科、课程概念出发，紧扣学科结构体系描述理想化的学习结果；不足之处是所描述的理想化的学习结果与学生实际表现有可

---

① 《基础教育课程》编辑部. 培养运动能力，塑造体育品德，形成健康行为——访普通高中体育与健康课程标准修订组负责人季浏[J]. 基础教育课程，2018(1)：74-78.

② 张华. 创造 21 世纪理想课程——义务教育课程修订的国际视野[J]. 基础教育课程，2022(10)：5-11.

③ 尹志华，汪晓赞. 国家意志与体育新课标表达：论《课程标准(2017 年版)》对十九大精神的落实[J]. 武汉体育学院学报，2019，53(3)：81-88.

④ 季浏. 《普通高中体育与健康课程标准》"2017 年版"对"实验版"的继承与发展[J]. 首都体育学院学报，2018，30(3)：196-203.

⑤ 钟秉枢. 发挥《义务教育体育与健康课程标准(2022 年版)》的独特作用[J]. 首都体育学院学报，2022，34(3)：233.

⑥ 邵朝友. 基于学科素养的表现标准研究[M]. 上海：华东师范大学，2017：94-99.

能存在一定的差异，缺乏实证支持。我国早期课程标准中的表现标准隐身于课程内容中，通过对课程内容掌握程度的要求来描述学生的学习结果。目前，在课程与教学环境中，教师通常采用先验路径使一个教学单元中将内容标准与表现标准对应，这样操作过程简易、方便。

表 3-1　　　　《普通高中体育与健康课程标准(2017 年版)》表现标准的研制组织

组织架构	人 员 组 织	任务与分工
1. 政府部门管理者	(1)教育部基础教育课程教材专家工作委员会	组织和主持
	(2)教育部教材局、教育部基础教育课程教材发展中心、教育部体育卫生与艺术教育司等	指导和帮助
	(3)各级教育行政领导、教育研究机构和相关部门等	指导和帮助
2. 工作组	(1)普通高中体育与健康课程标准修订组专家、一线体育教师	撰写
	(2)普通高中体育与健康课程标准测评组专家、一线体育教师	测评
	(3)普通高中体育与健康课程标准解读组专家、一线体育教师	解读

(2)后验路径主要是从心理测量角度出发归纳出学生学习结果。依据学生测试表现进行分级归纳，根据评价结果描述出对应等级的表现特征；然后，实施表现标准，并根据实践进行反馈、修订。这种路径的优势是从学生多年学业质量评价积累的数据库出发，切合学生实际表现，并能诊断学生学习的序列性是否合理；不足之处是测试抽样的试题具有局限性，不能涵盖所有学科内容，容易忽视教育目标的达成和课程育人价值的体现。我国早期课程标准中的表现标准也隐身于学业评价中，通过学业等级来描述对应的学习结果。

(3)整合路径就是先验路径与后验路径的结合。一般是先通过先验路径得到表现标准初稿，再通过测试验证进行修订，判断所表现水平描述语与等级是否与学生学习结果相吻合。这种路径综合以上两种路径的优点，但不足之处就是研制周期较长，比较耗费人力、物力与时间。目前，我国新课标中的表现标准研制则是采用整合路径，从 2014 年底启动、2018 年颁布，历经 3 年多的时间历经撰写、测试、解读等多个工作环节反复打磨，直至 2020 年颁布修订版。

3. 表现标准的研制起点

从国际经验来看，表现标准的研制起点主要有始于内容标准、始于课程目标、始于核心素养等经典类型。① 那么，表现标准与核心素养、课程目标、课程内容之间存在怎样的关系？根据2017年版(见图3-1)和2022年版(见图3-2)中的课程结构，它们呈现出从核心素养—课程目标—课程内容—表现标准的纵向链接。核心素养是落实立德树人根本任务与课程标准衔接的核心，课程标准中的各个部分内容(课程目标、课程结构、课程内容、学业质量、教学实施、学习评价等)都要紧紧围绕核心素养展开。② 即课程目标基于核心素养，课程内容针对核心素养，教学方式利于核心素养，学业质量体现核心素养，学习评价围绕核心素养，从而保证体育与健康课程是一个核心素养培养的闭环系统。③ 下面以2017年版和2022年版新课标为例，探析我国体育教育领域表现标准的研制起点。

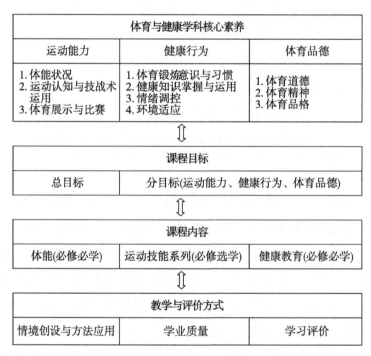

图 3-1 《普通高中体育与健康课程标准(2017年版2020年修订)》的课程结构

（1）在2017年版普通高中新课标中，首先，体育与健康学科核心素养被分解为运动能力、健康行为和体育品德3个方面和10个维度，从运动能力、健康行为和体育品德3个

---

① 邵朝友. 基于学科素养的表现标准研究[M]. 上海：华东师范大学，2017：99-114.
② 季浏. 我国《普通高中体育与健康课程标准(2017年版)》解读[J]. 体育科学，2018，38(2)：3-20.
③ 季浏. 坚持"三个导向"的义务教育体育与健康课程标准(2022年版)解析[J]. 体育学刊，2022，29(3)：1-7.

方面划分了 5 级表现水平并进行具体描述。① 其次，课程目标也是根据运动能力、健康行为和体育品德 3 个方面展开表述。再次，在课程内容中，每一项内容模块都包含内容要求与学业要求。例如，在体操类运动项目健身健美操课程内容模块中，② 内容模块一对应学业要求一（运动能力、健康行为和体育品德 3 个方面的表现水平）。最后，在学业质量中，也是根据核心素养表现水平，将阶段性学业质量划分为 5 个表现水平。例如，在体操类运动项目健身健美操模块中的 5 级质量描述。③

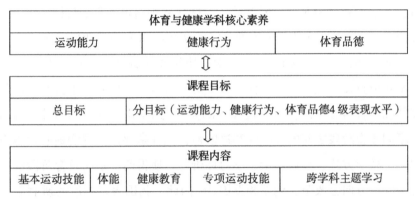

图 3-2　《义务教育体育与健康课程标准（2022 年版）》的课程结构

（2）在 2022 年版义务教育新课标中，首先，体育与健康学科核心素养被分解为运动能力、健康行为和体育品德 3 个方面。其次，在课程目标中，根据运动能力、健康行为和体育品德 3 个方面将课程子目标划分为 4 级表现水平。④ 再次，在课程内容中，每一项内容模块从基础知识与基本技能、技战术运用、体能、展示或比赛、规则与裁判方法、观赏与评价 6 个方面去说明内容总体要求、具体要求与学业要求，⑤ 进一步明晰核心素养整体统

①　中华人民共和国教育部．普通高中体育与健康课程标准（2017 年版 2020 年修订）［S］．北京：人民教育出版社，2020：93-96.

②　中华人民共和国教育部．普通高中体育与健康课程标准（2017 年版 2020 年修订）［S］．北京：人民教育出版社，2020：32-39.

③　中华人民共和国教育部．普通高中体育与健康课程标准（2017 年版 2020 年修订）［S］．北京：人民教育出版社，2020：64-66.

④　中华人民共和国教育部．义务教育体育与健康课程标准（2022 年版）［S］．北京：北京师范大学出版社，2022：7-9.

⑤　中华人民共和国教育部．义务教育体育与健康课程标准（2022 年版）［S］．北京：北京师范大学出版社，2022：51-55.

摄课程内容，且课程内容又能有效达成核心素养培养目标的双向关系。① 例如，在体操类运动项目课程内容水平二中，从6个方面去说明体操类运动项目总体要求、韵律操项目具体要求与体操类运动项目学业要求水平二(课程子目标在运动能力、健康行为和体育品德3个方面的表现)。最后，在学业质量中，根据课程子目标的表现水平进行对应的质量等级描述。②

由此，通过对2017年版和2022年版新课标各个部分内容作简要分析，笔者发现我国体育与健康课程表现标准的研制起点并非属于单一类型，但都与核心素养密切相关。2017年版直接将核心素养划分为5级表现水平，2022年版则通过课程子目标4级表现水平来体现核心素养内涵;③ 同时，在课程内容部分又强调各项内容与学业要求配对，在学业要求中映射核心素养内涵;最后，2017年版的学业质量5级直接对应核心素养5级，2022年版的学业质量4级直接对应课程子目标4级。两个版本都是按照学生身心发展规律、运动技能形成规律和体育与健康课程育人规律，既关注两个不同教育阶段的针对性和适宜性，又注重两个不同教育阶段之间的关联性和进阶性，尤其是都强调围绕核心素养设置课程目标、课程内容、教学方式、学业质量、学习评价等，使得两个不同教育阶段的体育与健康课程教学都在同一方向上改革、创新和发展。④ 因此，我国表现标准的研制起点是围绕核心素养，在课程目标、课程内容、学业要求中均有体现，各个部分的表现水平互相映射且体现出进阶性特点。

(二)表现标准的研制方法

1. 转化为表现标准的方法

从国际经验来看，转化为表现标准的方法主要有演绎法与归纳法。⑤ 现以表现标准的研制起点是核心素养为例说明以上两种方法。(1)采用演绎法的主要思路就是首先要分解核心素养为相关维度，直接描述各个维度的表现水平；或者再结合课程内容，针对各个维度描述表现水平。(2)采用归纳法的主要思路也是首先要分解核心素养为相关维度，然后

---

① 汪晓赞.《义务教育体育与健康课程标准(2022年版)》的课程内容结构与特色[J]. 首都体育学院学报，2022，34(3)：241-252，274.

② 中华人民共和国教育部. 义务教育体育与健康课程标准(2022年版)[S]. 北京：北京师范大学出版社，2022：113-114.

③ 尹志华，刘皓晖，孙铭珠. 核心素养下《义务教育体育与健康课程标准》2022与2011年版比较分析[J]. 天津体育学院学报，2022，37(4)：395-402.

④ 季浏. 新时代我国中小学体育与健康课程的整体构建与发展趋势[J]. 武汉体育学院学报，2022，56(10)：5-12，20.

⑤ 邵朝友. 基于学科素养的表现标准研究[M]. 上海：华东师范大学，2017：118-121.

通过收集学生学习结果或者借鉴已有分类表现去划分表现等级，提炼表现特征，总结出表现水平所对应的等级特征表述。例如，2017 年版对于体育与健康学科核心素养的 5 级划分，2022 年版对于课程子目标 4 级划分，都是采用演绎法这种方式。当前，新课标在核心素养维度中进行了等级水平的划分。但由于新课标尚处于初行阶段，对各水平段学生核心素养发展的纵向追踪研究有待深入，不同层级水平之间的区分度还需要接受充分的实证检验。① 这就需要从课堂教学一线获得大量的学生学习结果来进行证据提炼，对核心素养各个维度的表现水平、表现描述、表现样例等进行不断修订。

2. 表现标准的呈现方式

表现标准的构成要素一般包括表现水平、表现描述、表现样例等。在课程标准中，最简单的呈现方式是"表现水平+表现描述"，表现水平一般为 3~5 级，呈现特点突出统一性、概括化；在课程与教学中，教师最常使用的呈现方式是"表现水平+表现样例"，呈现特点突出特色性、具体化。在 2017 年版和 2022 年版中，表现标准的呈现方式均使用"表现水平+表现描述"，主要是考虑到我国教育环境的地域差别，使用统一、概括化的表现描述体现标准实施的公平性；同时，也给不同地域教育环境中的特色表现样例预留空间，体现标准实施的兼容性。另外，核心素养导向的课程理念彻底改变了原先体育与健康课程只注重运动技术的刻板印象，建立起了注重定量评价与定性评价、相对性评价与绝对性评价、形成性评价与终结性评价相结合的多元化学业质量评价体系。② 那么，在这种多元化的学业质量评价体系中，表现标准的呈现方式也可以呈现出多样化的状态，因地制宜，适时而变，不拘一格。

二、我国体育教育领域表现标准发展的趋势

（一）表现标准的研制组织由专家主导到命运共同体协商

从我国新课标首个学业质量的研制组织来看，政府组织、专家占主导地位。这种研制组织的构架充分表明了课程标准必须体现国家意志，学业质量也体现了国家对未来所需人才质量的理想标准。而我国学校教育领域存在一个司空见惯的问题：教育评价一般由政府组织、专家主导，课程与教学层面的课堂评价由一线教师主导，大多数情况下处于被评价者地位的学生是否具有参与的话语权与能力？家长、用人单位等相关群体在教育评价中是

① 翟芳，季浏. 国际中小学体育与健康课程目标构建的共性特征与经验启示［J］. 体育与科学，2022，43（4）：81-87.

② 朱伟强，张旭琳，杜鹃. 让"教会、勤练、常赛"成为体育课程常态——《义务教育体育与健康课程标准（2022 年版）》解读［J］. 全球教育展望，2022，51（6）：118-128.

否也具有一定的话语权与作用？表现标准的研制在我国刚刚起步，确定研制组织的构成是我国表现标准研制应考虑的首要问题。为了解决这个问题，应了解表现标准研制的世界潮流并找准自身定位。

作为学生学业质量评价体系重要的组成部分，国外表现标准的研制充分体现了第四代评估的基本立场。第四代评估超越了测量、描述与判断的前三代评估（见表3-2），将评估上升到以利益相关者"谈判协调"为核心动力的新高度。[1] 这就意味着与评价活动的相关利益者都应该被当作建构型的合作者，要在尊重彼此价值观的基础上达成共识。如果仅仅将表现标准的研制当作专家主导的一种纯粹的科学过程，就会完全忽略了评价的社会、政治、价值取向等基本特征。其实，在第四代评估中所提倡的一种全面的"观念性平等"观念，更多的是体现在公共政策领域中面对多元价值观或者不同利益群体时所秉持的处事态度。据此，国外表现标准的研制组织一般由"利益相关者"构成，提倡全面积极参与，涉及

表3-2　　　　　　　　　　　　　　评估时代的划分与特征

评估时代	评估特征	评估方式	评估者角色	典型事件
第一代	测量	使用测试量表等工具对调查变量进行测量	技术型的测量者	《智力测试量表（1933年版）》包含了3500个测试项目
第二代	描述	以评估目标为导向，描述关于某些规定目标完成的优劣程度，除了得到测试结果外，使用这些优劣情况的分析用来指导改进	技术型的描述者	1942年泰勒《中学八年研究》项目评估报告
第三代	判断	以决策为导向，希望能够根据绩效来划分人或事的等级，为管理者做决策提供信息服务	技术型+描述型的判断者	1971年的决策导向CIPP评价模型
第四代	协商	体现建构主义调查范式，以利益相关者的主张、焦虑和争议作为组织评估焦点，围绕焦点决定协商议程中所需信息	建构型的合作者	公共政策研究

---

[1]　Egon G. Guba, Yvonna S. Lincoln. 第四代评估[M]. 秦霖，蒋燕玲，等，译. 北京：中国人民大学出版社，2008：1-11.

利益相关者都应该具有平等的权利分享彼此的观点与见解，并通过协商形成一种公认的、符合常理的、信息更为全面的共同构建成果。当政府、学校、社会、家庭形成一个循环圈共享评价信息的时候，对于学校人才培养质量的监控就更为直接、有效、透明。因此，表现标准研制组织的参与面越广，可供收集的评价证据越多。目前，在我国社会背景下，使用"命运共同体"来形容研制组织更为符合国内话语环境。根据我国教育目标，应围绕国家对未来所需人才质量的要求，发挥命运共同体各自的领域优势形成一个共享价值链，对学校人才培养的高质量发展提供群体合力。

(二)表现标准的研制路径由单一路径到整合路径

表现标准研制的先验路径、后验路径、整合路径三种类型不能单纯地比较优劣，而是要看某种类型的表现标准研制采用哪种研制路径会比较适合。目前，国家课程标准中的表现标准一般会采用整合路径，呈现规范、严谨；课程与教学层面教师一般会采用先验路径研制单元或者课的表现标准，呈现方便、实用；而对于学业评价的测试一般会采用后验路径，呈现真实、快捷。表现标准的研制其实是一个连续的、反复的、不断应对新情况而重新建构的复杂过程，无论研制哪种类型的表现标准，整合路径都可以成为通用路径。

(三)表现标准的研制起点由内容标准到核心素养

表现标准最常用、最简单的研制起点就是基于内容标准研制对应的表现标准，是以学科知识体系为中心表述学生学习结果；而目前最流行的就是基于核心素养模型研制对应的表现标准，先确定核心素养模型，再结合内容标准研制对应的表现标准，是以学科知识体系为中心转向以核心素养模型为中心表述学生学习结果。

(四)转化为表现标准的方法由单一方法到混合方法

演绎法与归纳法都是将核心素养转化为表现标准的方法。这两种方法的区分在实际操作过程中不是那么绝对的，它们都要明确核心素养模型，都要参考学生学习结果。通过演绎法得到的表现标准，一般为锚定表现标准，呈现出理想状态的学生学习结果；通过归纳法得到的表现标准，一般为单元或者课的表现标准，呈现出真实状态的学生学习结果。为了提升表现标准的信效度，通常会混合使用演绎法与归纳法，反复校正表现标准的表现水平及其对应的描述语。

(五)表现标准的呈现方式由统一化、概括化到具体化、特色化

表现标准的呈现方式其实是由表现标准的类型决定的。不同类型的表现标准适用的教育环境不同，所以呈现方式服务于教育环境。对于国家标准来说，锚定表现标准呈现方式以"表现水平+表现描述"为主，突出统一、概括化特征；但理论上较为理想化的表现标准呈现方式以"表现水平+表现描述+表现样例"为主，突出具体、特色化特征。因地域差异导致教育环境不同的区域，教师可以根据国家标准寻找适应本地教育环境的表现样例，使国家标准与地方特色在课程标准中融合共存。尤其值得注意的是，表现样例的选取是为了帮助教师与学生更好地理解表现水平与表现描述，所以常选用学生具有普遍性的学习结果来提供参考点。

(六)表现标准的指标内容呈现体育教师专业发展的进阶特点

体育教育专业学生的培养目标就是成为应用型人才——中小学体育教师，那么体育教育专业学生的毕业要求应该对照职前体育教师标准。参考职前教师—新手型教师—熟练型教师—专家型教师这一系列体育教师专业发展阶段的职业标准，有助于从终身职业发展的角度考虑体育教育专业学生核心素养指标筛选以及指标内容所呈现的进阶性特点，而不是仅仅局限在学校教育阶段。另外，从评价角度来看，表现标准连接了政府的教育目标、学校的培养目标、社会所需的职业资格，对于学校人才培养质量是否可以达到国家标准、满足社会所需有着更为直接的价值判断。

第二节 美国体育教育领域表现标准发展的经验与启示

当教育进入"标准时代"，世界各国的教育改革既面临着类似的现实问题与共性的挑战，又因具有不同的地域文化脉络与教育传统而各有差异。在体育教育领域表现标准发展中，世界各国都积蓄了丰富的理论基础与实践经验，呈现出不断改革、推陈出新的发展态势。美国作为教育标准体系建设最早、最全的国家，在 K-12 体育教育国家标准、体育教师专业标准、教师教育标准中体现出较成熟的表现标准研制理论与方法，成为世界各国体育教育领域表现标准研制的风向标。

表现标准作为教育标准的一部分，通常很难从各类教育标准中单独抽离出来分析。例如，其在课程标准中与内容标准相互对应结成一体，或者以年级水平学习成果的形式呈现出来。下面笔者以美国知名度较高、普及面较广的国家运动与体育教育协会(NASPE)、美国健康和体育教育协会(SHAPE America)和教师培养认证委员会(CAEP)制定的国家标准

（见表 3-3）为例，从表现标准的研制组织、呈现方式与国家标准的指标内容 3 个方面介绍其发展的经验，以期为我国表现标准的研制带来启示。

表 3-3　　　　　　　美国体育教育领域表现标准发展的重要文件

机构	层次	国 家 标 准	版本
国家运动与体育教育协会（NASPE）	美国 K-12 体育教育国家标准	Moving Into The Future：National Standards for Physical Education—A Guide to Content and Assessment	1995
		Moving Into The Future：National Standards for Physical Education（SECOND EDITION）	2004
	初级体育教师标准（本科）	National Standards For Beginning Physical Education Teachers（1st ed.）	1995
	初级体育教师标准（本科、研究生）	National Standards For Beginning Physical Education Teachers（2nd ed.）	2003
		National Standards & Guidelines For Physical Education Teacher Education（3rd ed.）	2009
美国健康和体育教育协会（SHAPE America）	美国 K-12 体育教育国家标准和年级水平学习成果	Grade-level Outcomes For K-12 Physical Education	2013
		National Standards & Grade-level Outcomes For K-12 Physical Education	2014
	初级体育教师标准	National Standards For Initial Physical Education Teacher Education	2017
教师培养认证委员会（CAEP）	教师教育标准	2013 CAEP Standards	2013
		CAEP Revised 2022 Standards Workbook — Based on CAEP Revised Standards for Initial-Licensure Preparation Adopted by the CAEP Board of Directors December 2020 And CAEP Standards for Advanced-Level Preparation	2022
	初级教师教育标准	2022 Initial Level Standards	2022
	高级教师教育标准	CAEP Revised Advanced Standards	2022

一、美国体育教育领域表现标准的研制组织

(一)国家运动与体育教育协会(NASPE)

国家运动与体育教育协会(National Association for Sports and Physical Education, NASPE)是一个非官方的学术性组织,它从属于美国健康、体育、娱乐和舞蹈协会(AAHPERD)——两者类似于中国体育科学学会与其学校体育分会的关系;① 而 AAHPERD 则属于国家教师教育认证委员会(National Council for Accreditation of Teacher Education, NCATE)中专业协会之一(见图 3-3)。NCATE 成立于 1951 年,是一个由 30 多个全国性专业协会组成的负责培养教师和专业人士的独立联盟,并于 1954 年成为美国教育部和美国高等教育评估委员会认可的第一个全国性教师教育认证机构。② NCATE 通过制定统一的具有相对稳定性和发展性的评估标准,一方面,对教师教育机构实施的基础培养计划(学士层次)和高级培养计划(硕士、博士层次)展开质量评估;另外一方面,对教师教育机构实施这两类教师培养计划的办学能力进行的综合评估。③ NCATE 在促进美国教师教育机构不断提高教学水平、保证教师教育质量、加快教师专业化进程等方面起到了重要的作用。例如,在 2005 年,有 1200 多所高等教育机构设有教师教育项目,其中,有 614 所高等教育机构获得了 NCATE 的认证;而且,NCATE 与美国 50 个州和地区都建立了合作伙伴关系,经过它批准认证的机构培育的初任教师超过了总数的三分之二。④

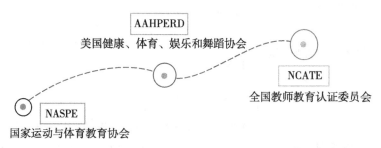

图 3-3 美国国家运动与体育教育协会(NASPE)从属组织图

① 尹志华,汪晓赞,孙铭珠,等. 职前体育教师专业标准的历史与现实图景——美国密歇根大学 Weiyun Chen 教授学术访谈录[J]. 体育与科学,2016,37(6):7-13.

② 石芳华. 美国全国教师教育评估委员会(NCATE)简介[J]. 比较教育研究,2002(3):60-62.

③ 喻浩. 美国国家教师教育认证协会(NCATE)简介及其启示[J]. 教书育人,2008(12):87-89.

④ Joy Butler. An introduction to NCATE and NASPE/NCATE beginning teacher standards[J]. Journal of Physical Education, Recreation & Dance, 2006(77):2, 15-32.

NASPE 凭借着 NCATE 的广泛影响力，在美国学校体育发展历史过程中发挥着举足轻重的作用。1995 年到 2009 年，NASPE 组织的专家工作组研制了美国 K-12 体育教育国家标准和初级体育教师标准——涵盖了从小学到本科、硕士甚至博士层次，形成了具有连贯体系的体育教育国家标准，为美国从小学到博士层次的体育教育质量提供了保障。例如，NASPE 所制定的体育教师标准不仅仅用于评估，而且也成为新手教师在实习期间的培养指南。①

NASPE 专家工作组的专家阵容非常强大，几乎囊括了美国体育教育领域顶级专家，这使体育教育国家标准具有最强的权威性。专家工作组所制定的国家标准具有相对的稳定性，也具有一定的灵活性与开放性，往往会随着美国社会需求与教育发展而做出适当的调整，从而不断适应新的社会形势。例如，将 NASPE/NCATE 认证过程置于历史背景中，会发现所有学科的教员对初任体育教师性格、知识和技能表现等方面存在不同的期望。而 NASPE 的回应则是重新定义标准，使基于表现的标准和学习成果成为国家标准制定的范式。② 工作组的这些专家不仅负责国家标准的制定，还参与后期认证材料的审核评估工作，并且将评估工作所发现的问题以学术论文的形式发表在 AAHPERD 所属的学术期刊中，③ 引发全国同行的关注。专家工作组不局限于对国家标准的制定，实际上也参与了与国家标准相关的一系列教学实践与学术研究工作，以便从人才的培养规格与质量评估两个角度去不断审视国家标准。

(二)美国健康和体育教育协会(SHAPE America)

美国健康和体育教育协会(Society of Health and Physical Educators，SHAPE America)是全美最大的健康和体育专业人员组织，拥有 50 多个州级分会，是美国多项健康相关倡议的发起者。④ 该协会前身是美国健康、体育、娱乐和舞蹈协会(AAHPERD)⑤(见图 3-4)，

---

① Dominique Banville. Analysis of exchanges between novice and cooperating teachers during internships using the NCATE/NASPE Standards for teacher preparation in Physical Education as guidelines [J]. Research Quarterly for Exercise and Sport, 2013(77)：2, 208-221.

② Robert J. Martin, Michael Judd. The NASPE/NCATE program report from the reviewers'lens [J]. Journal of Physical Education, Recreation & Dance, 2006(77)：3, 25-31.

③ Butler J.. An introduction to NCATE and NASPE/NCATE beginning teacher standards：report guidelines, teacher standards, unit standards, and sundry revisions make a convoluted history—now clarified. (NASPE/NCATE Report Preparation for the Accreditation Process) [J]. Journal of Physical Education, Recreation & Dance, 2013, 77(2)：15-32.

④ SHAPE America [EB/OL]. [2022-09-17]. https：//www. pgpedia. com/s/shape-america.

⑤ SHAPE：Society of Health and Physical Education. AAHPERD becomes SHAPE America [EB/OL]. (2014-09-18) [2022-09-17]. http：//www. shapeamerica. org/pressroom/2013/aahperd-becomes-shape-america. cfm.

在体育教育领域表现卓越,除了制定美国体育教育国家标准等,其项目、产品和服务所提供的领导力、专业发展和主张为学前教育到大学研究生各层次的健康和体育教育者提供支持。SHAPE America 还有一个立法行动中心,每年颁发 20 多个奖项,以表彰体育活动、健康教育和学术研究等领域的杰出成就者,以倡导体育教育和学校健康教育政策。

图 3-4 美国健康和体育教育协会(SHAPE America)发展的演进图

目前,SHAPE America 属于教师培养认证委员会(CAEP)的组织成员之一,其工作主要包括:(1)专业发展。① SHAPE America 为 preK-12 教育工作者、学院或大学教师、教练和研究人员提供各种专业发展机会,包括基于标准的研讨会、网络研讨会、实时播客和活动。(2)标准和指南。② SHAPE America 为健康和体育教育设定了标准,尤其是 K-12 体育国家标准是全国精心设计的体育项目的基础。(3)赠款、奖励和认证。③ SHAPE America 为健康和体育专业人士、未来的专业人士和项目提供认可和资助机会,也包括融资机会和可用资源。(4)活动和会议。④ SHAPE America 在国家、地区和在线活动中,主要承办

---

① SHAPE America. Professional development[EB/OL].[2022-09-17]. https://www. shapeamerica. org/prodev/default. aspx? hkey = 5fc4ffa3-8358-4f30-8959-16e1347323ce.

② SHAPE America. SHAPE America sets the standards for Health and Physical Education in the U. S. [EB/OL].[2022-09-17]. https://www. shapeamerica. org/standards/default. aspx? hkey = 75b907c4-be9a-49c6-a211-a8909fe478ba.

③ SHAPE America. PE grants, awards and accreditation resources for Health and Physical Education teachers/SHAPE[EB/OL].[2022-09-17]. https://www. shapeamerica. org/grants/default. aspx? hkey = 116 f4cef-01b7-47ad-9eae-797d14c8c7a0.

④ SHAPE America. SHAPE America conferences and events[EB/OL].[2022-09-17]. https://www. shapeamerica. org/events/default. aspx? hkey = 8d8e1084-94ad-44ba-a301-a18ff46a9b29.

SHAPE America 国家会议和博览会，为体育领域各类人才提供交流与学习的平台与机会，促进新想法、新联系和大量灵感的涌现。（5）问题和宣传。[①] 宣布协会的立场声明，并为地方、州和国家提供协会所倡导有效的健康和体育教育指导文件和宣传资源。（6）通过 SHAPE America 期刊、网络资源和职业发展机会，了解体育、健康教育和体育活动的最新主题和趋势。[②] 从 SHAPE America 的工作范围可以看出：2013 年以后，研制美国 K-12 体育教育国家标准和年级水平学习成果、初级体育教师标准等只是该协会所承担的重任之一。而该协会其他工作任务同步展开形成一个互联互助的体育教育工作平台，为国家标准实施的各个环节提供不同的支持与服务。

从 SHAPE America 国家体育教育标准工作组（SHAPE America's National Physical Education Standards Task Force）国家标准的研制流程来看（见图 3-5），工作组特别重视国家标准利益相关者的意见。无论是在撰写草案的初期，还是修订期，甚至颁布的实施期，都会组织相关的调研活动，不断修订标准与学习结果表现水平的映射程度。这一切旨在为教师提供最佳实践指导、为学生提供学习结果评价的公平性。

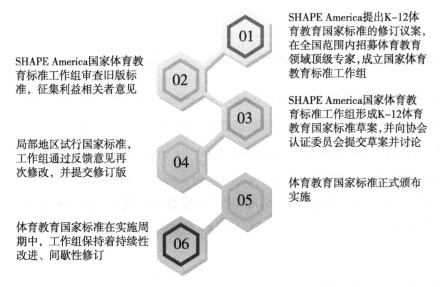

图 3-5　美国健康和体育教育协会（SHAPE America）K-12 体育教育国家标准研制流程图

①　SHAPE America. Advocacy-effective Physical Education，Health and Physical Activity-SHAPE America ［EB/OL］. ［2022-09-17］. https：//www. shapeamerica. org/advocacy/default. aspx？hkey = e5c43721-2e93-4a21-8452-2b13716e3280.

②　SHAPE America. SHAPE America resources for Health and PE［EB/OL］. ［2022-09-17］. https：//www. shapeamerica. org/publications/resources/default. aspx？hkey = 55103b9c-7979-4a38-a483-c1669fefbc6e.

2021 年初，SHAPE America 国家体育教育标准工作组启动了美国 K-12 体育教育国家标准和年级水平学习成果(2014 年版)最后一次修订工作。工作组首先检查了当前国家标准和年级水平学习结果的实施情况，考察了各个州体育教育标准与其他国家的体育教育标准，以及来自市政厅和协作、调查、委员会、焦点小组和研究人员的反馈信息；还展开了较大规模利益相关者的调查活动，专门收集了来自 K-12 体育教师的反馈，并发放了学生意见调查表，总计收到了 4600 多份问卷答复。① 通过前期的各项准备，SHAPE America 在官网上面向公众正式发布了国家体育标准修订的调查问卷——公众审查和意见征询第一轮(2022 年 4 月 4 日—2022 年 5 月 16 日)，② 还包括有关指导原则和学生属性两份文件。其一，指导原则是为了帮助教育工作者实施最佳教学实践，并用于指导学生属性的发展。10个原则是以一种行动的方式写出来，即教师在体育教育中会做什么。其二，学生属性是指学生在体育教学中应该知道和能够做什么，强调每个学生都应该能够在标准和学习结果中看到、参与和发现自己。这两份文件提供了一个宏观的视角，表明体育教育对学生的影响应该是根植于有意义的运动理论，解决情感、认知和运动技能学习领域的问题，同时引入第四个领域社交的概念。"以学生为中心"反映当今学生不断变化的内在需求与适应社会变化的外在要求。

(三)教师培养认证委员会(CAEP)

美国教师培养认证委员会(Council for the Accreditation of Educator Preparation，CAEP)在教师和教育者培训认证方面有着坚实的基础和丰富的历史(见表 3-4)。③ 2013 年，CAEP由国家教师教育认证委员会(National Council for Accreditation of Teacher Education，NCATE)和教师教育认证委员会(Teacher Education Accreditation Council，TEAC)合并成为新一代美国教师教育认证机构并开始全面运作。④ 根据 2021 年 CAEP 年报总结，CAEP 在这个充满挑战的时代成为行业领头羊，与全美 33 个州和 14 个专业协会建立了合作关系，

---

① SHAPE America. National Physical Education Standards Task Force[EB/OL]．[2022-09-26]．https：//www.shapeamerica.org/standards/pe/NPES_Task_Force.aspx.

② SHAPE America. National physical education standards revisions public review & comment—round 1 (Open April 4-May 16, 2022) survey[EB/OL]．[2022-09-26]．https：//www.surveymonkey.com/r/NationalPEStandards_1.

③ CAEP. History of CAEP-Council for the Accreditation of Educator Preparation[EB/OL]．[2022-09-26]．https：//caepnet.org/about/history.

④ 程文．美国教师培养认证委员会(CAEP)研究[D]．开封：河南大学，2016.

是全美唯一一个各个州都认可的全国性教师教育认证机构。①

表 3-4 **美国教师培养认证委员会（CAEP）的发展历史**

时 间	重 要 事 件
2022 年	最新版的 2022 *Initial Level Standards* 和 *CAEP Revised Advanced Standards* 出版
2020 年	CAEP 董事会成立了一个特别工作组，侧重审查 2013 年版标准的实施情况。其中，负责审查 CAEP 研究委员会等的数据和报告，还审查了美国教育部（USDOC）和高等教育认证委员会（CHEA）的指南、300 多项 CAEP 认证决定以及利益相关方的反馈。这些利益相关方是来自教育领域的 21 名代表，包括 P-12、高等教育、国家教育部门和非营利性教育组织
2018 年	CAEP 章程要求每 7 年对 CAEP 标准进行一次审查，而 CAEP 研究委员会在 2018 年负责更新与 CAEP 标准相关的研究
2016 年	CAEP 认证标准得到全面实施，NCATE 和 TEAC 传统标准不再用于认证
2014 年	CAEP 被美国高等教育认证委员会（Council for Higher Education Accreditation，CHEA）公认
2013 年	2013 年 7 月 1 日 CAEP 作为教育培训提供商的唯一认证机构开始全面运作，2013 年 8 月 29 日 CAEP 董事会批准了新的认证标准（2013 年版）
2012 年	召开会议，为教师教育认证制定新一代认证标准和绩效措施；俄亥俄州（Ohio）成为第一个与 CAEP 签署合作协议的州，成为新的教育培训认证机构
2010 年	专家设计团队发布报告以征询公众意见；NCATE 和 TEAC 董事会接受专家团队报告，建议成立新的认证机构 CAPE，CAEP 董事会召开第一次会议
2009 年	专家设计团队由 NCATE 和 TEAC 董事会共同任命
1997 年	教师教育认证委员会（TEAC）成立，致力于改善专业教育工作者的学位课程，这些教育工作者在学前教育到 12 年级的学校中担任教学和领导工作
1954 年	美国国家教师教育认证委员会（NCATE）是一个非营利性、非政府的认证机构

　　CAEP 的使命是整合 NCATE 和 TEAC 的资源优势，在以往两个委员会工作的基础之上继续提升教师培养认证的价值，与美国各个州教育部门和教师教育机构等合作建立数据库体系，通过以证据为基础的认证，确保质量并支持持续改进；并积极促进教育工作者培养的公平性和卓越性，以加强 P-12（Preschool-12th grade）学生的学业质量，从而推进卓越师

① CAEP. Annual Report 2021 [EB/OL]. [2022-10-06]. https：//caepnet.org/~/media/Files/caep/governance/caep-annualreport2021.pdf？la＝en.

资的培养。CAEP 的战略目标①包括：(1)持续改进。使用基于 CAEP 标准的证据来持续监控、评估和改进。(2)质量保证。CAEP 的注册流程具有有效的、一致的、透明的、数据驱动的特征。(3)可信度。CAEP 将被视为教师教育培养机构质量的仲裁者。(4)多样性、公平和包容。CAEP 将确保在对教师教育培养机构的评估中始终如一地使用多样性、公平和包容的原则。(5)坚实的基础。CAEP 将不断监督和改进内部政策、流程和程序，以确保透明度、问责制、财政效率以及高质量的服务和支持，成为公平和关注多样性、包容性的典范。(6)创新。CAEP 将寻找机会改进教育培养工作，并为寻求认证的机构提供激励措施。

CAEP 包括董事会、董事会委员会、常驻委员会三大组织机构，其中常设委员会包括公平和多样性委员会(Equity and Diversity Committee)、研究委员会(Research Committee)和 SPA 标准委员会(SPA Standards Committee)。② 公平和多样性委员会作为独立专家，主要负责就认证中的多样性和公平问题向 CAEP 提供咨询；研究委员会作为独立的专家，主要职能是就有关该组织的研究、数据和报告工作的具体事项向 CAEP 提供建议；SPA 标准委员会负责审查由专业协会(specialized professional associations, SPAs)制定的新的或修订的标准、政策和程序，还审查提供专业领域研究许可的项目。常驻委员会之间的工作通过国家标准的制定与实施、评估与改进等环节紧密联系，但 SPA 标准委员会的工作同时受到公平和多样性委员会、研究委员会的监督与支持。除了这些常驻委员会，CAEP 还会聘请著名的教师教育批评家组成外部专家小组，专门负责对 CAEP 的工作质量制定表现标准。他们一致认为，任何新的表现标准都具有一定的特殊性，需要抓取任何一种教师教育方法与有效教学联系起来而产生的可靠研究证据。③ 因此，基于数据研究的教育实践越来越重要，其主张"以结果为导向、基于数据的决策"一直影响着后期教师教育标准的制定、修订与更新。

CAEP 还有一个特殊的工作群体——CAEP 志愿者团队。该团队由来自全美不同地区、不同工作部门的 1200 多名专业人士组成，包括 P-12 教师、政策制定者、教师教育工作者、雇主、家长、学校董事会成员、广大公众和利益相关者等，以各种角色为 CAEP 提供

---

① CAEP. Vision, Mission, & Goals-Council for the Accreditation of Educator Preparation [EB/OL]. [2022-10-03]. https://caepnet.org/about/vision-mission-goals.

② CAEP. Governance-Council for the Accreditation of Educator Preparation [EB/OL]. [2022-10-03]. https://caepnet.org/about/governance.

③ Sawchuk S.. Teacher-prep accreditor appoints panel to set performance standards[J]. Education Week, 2012, 31(5)：e97202.

志愿服务工作。① CAEP 不仅寻求合作关系和实践经验的多样性，还寻求种族、性别、年龄和地区的多样性。志愿者团队人员的多元化对于理解当今 P-12 学习者的诉求至关重要。志愿者是实施认证的中坚力量，他们通过提供领导力、用于衡量绩效的评估，访问教育机构以寻求符合标准的证据，参与认证决策、评审年度报告和专业协会报告等活动，积极融入 CAEP 战略目标的制定与实施之中。

二、美国体育教育领域国家标准的指标内容

(一)NASPE 和 SHAPE America 国家标准的指标内容

NASPE 所制定的第一版 K-12 体育教育国家标准(1995 年版)的指标内容是围绕着"接受过体育教育的人会成为怎样的人"这样一个问题展开的。在从 7 个方面(见表 3-5)界定了完成体育教育的人的定义后，以"发展"的视角构建了 K-12 体育教育课程和教学的范围(教什么)和序列(教的顺序)，从而有效满足每一个发展阶段学生在运动动作中的认知与学习、运动技能掌握与应用以及社会特征等方面的发展需求。SHAPE America 所制定的 K-12 体育教育国家标准(2014 年版)在指标内容的数量上比 NASPE(1995 年版)的要少，但是内涵几乎涵盖了前者的指标内容，并进一步明确指出接受过体育教育的人应该具备"体育素养"。通过体育教育，要将学生作为"一个完整的人"去培育，增强体育与个人生活、社会行为之间的相关关系。

NASPE 所制定的初级体育教师标准(2003 年版)的指标内容集体体现了初级体育教师应有的行为表现。希望达到这 10 项指标的体育教师将有足够的能力去实施 K-12 体育教育国家标准相关的课程与教学。每一项指标都有对应的学习成果，这些学习成果是为了强调每一项指标所包含的关键要素，而且都建议了"可能的证据来源"来帮助教师教育培养机构寻找最恰当的初级体育教师行为表现的证据。SHAPE America 所制定的初级体育教师标准(2017 年版)在指标数量上比 NASPE(2003 年版)的要少，但内涵在前者的基础上进行了精准提炼，更加体现了体育教师的职业特征。除了初级体育教师应该具备学科知识、技能与教学能力之外，其还提出了"专业职责"以丰富初级体育教师专业化发展的内涵。一方面，初级体育教师要能够展示作为有效专业人员所必需的行为，寻求持续的专业发展机会；另外一方面，要扩大体育活动机会以支持个人体育素养的持续提升，并注重发挥体育教师教学职责之外的社会价值。

---

① CAEP. Volunteers-Council for the Accreditation of Educator Preparation [EB/OL]. [2022-10-07]. https：//caepnet. org/working-together/volunteers.

表 3-5　　　　　　　　　　　　美国体育教育领域国家标准的指标内容

K-12 体育教育国家标准		初级体育教师标准	
NASPE （1995 年版）	SHAPE America （2014 年版）	NASPE （2003 年版）	SHAPE America （2017 年版）
1. 能够展示多种运动方式并熟练掌握几项运动 2. 能够应用运动概念和原理指导动作技能的学习和发展 3. 形成一种积极运动的生活方式 4. 达到并保持健康的体能 5. 在体育活动环境中，能够表现出负责的个人和社会行为 6. 能够理解和尊重人们在体育活动环境中的不同之处 7. 懂得体育活动能够提供快乐、挑战、自我展现和社会交往的机会	1. 具备体育素养的人能够展示多种运动技能和运动模式 2. 具备体育素养的人能够将概念、原则以及方法策略等相关知识与体育运动及表现联系起来 3. 具备体育素养的人能够展示出必备的知识和技能，以达到并保持提高的身体活动和健康水平 4. 具备体育素养的人能够表现出尊重自我和他人的负责任的个人和社会行为 5. 具备体育素养的人能够认识到体育活动对健康、快乐、挑战、自我表现和社交的价值	1. 学科知识 2. 成长和发展 3. 学生的多样性 4. 管理和激励 5. 交流 6. 计划和教学 7. 学生评价 8. 反省 9. 信息技术 10. 合作	1. 学科内容和基础知识 2. 运动技能和健康体适能 3. 计划和实施 4. 教学实施和管理 5. 对学生学习的评估 6. 专业职责

（二）CAEP 教师教育标准的指标内容

从 CAEP 最新的初级教师教育标准 2022 *Initial Level Standards*（2022 年版）①和高级教师教育标准 *CAEP Revised Advanced Standards*（2022 年版）②来看（见表 3-6），CAEP 教师教育标准的指标内容主要涉及两个方面：一是针对教师候选人，即教师教育培养机构所培养的教师候选人所具备的学科内容和教学知识是否可以胜任 P-12 课程、是否有能力执行 K-12 教育国家标准；二是针对教师教育培训机构，即教师教育培养机构是否具有能力和资质培养和提升教师候选人的培养质量。与指标内容相对应的评估材料有配套的材料准备工作

---

① CAEP. 2022-initial-standards-1-pager-final. pdf［EB/OL］.［2022-09-12］. https：//caepnet. org/~/media/Files/caep/standards/2022-initial-standards-1-pager-final. pdf? la＝en.

② CAEP. 2022 CAEP Advanced-Level Standards-Council for the Accreditation of Educator Preparation［EB/OL］.［2022-09-12］. https：//caepnet. org/standards/2022-adv.

手册。① 教师教育机构根据该工作手册收集、整理每一项指标的证据并形成申报评估所用的报告。因此，CAEP 教师教育标准指标内容的周期性修订是基于上个周期大量的相关认证数据进行的。每一项指标内容都有对应的学习结果若干证据来证明，充分体现了基于标准的成果导向教育理念与坚持以证据为本的质性评价取向。②

表 3-6　　　　　　　　　　　美国 CAEP 教师教育标准 (2022 年版)

初级教师教育标准	高级教师教育标准
R1. 学科内容和教学知识	**RA1. 学科内容和教学知识**
释义：教师教育培养机构确保教师候选人对学科关键概念和原则有所了解，并帮助候选人反映其个人偏见，以提高他们对公平、多样性和包容性的理解和实践。教师教育培养机构有针对性地为教师候选人制定课程和实习，以证明他们有能力与不同的 P-12 学生及其家庭有效合作	释义：教师教育培养机构确保高级别专业教师候选人能够理解其学科的关键概念和原则，并促进教师候选人的反思，以提高他们对公平、多样性和包容性的理解与实践。教师教育培养机构有针对性地为教师候选人制定课程，以展示他们与不同的 P-12 学生及其家庭有效合作的能力
R2. 实习合作与实践	**RA2. 实习合作与实践**
释义：教师教育培养机构确保有效的合作伙伴关系和高质量的教育实习是教师教育的核心。这些经历旨在培养他们的知识、技能和专业素养，以展示对不同学生学习和发展而产生的积极影响。高质量的教育实习为教师候选人提供了不同环境和模式的教育经验，以及与不同 P-12 学生、学校、家庭和社区的交流经验。合作伙伴有责任确定和决定教师候选人在与 P-12 学生接触过程中遇到的实际问题	释义：教育培养机构确保有效的合作伙伴关系和高质量的教育实习是教师教育的核心，从而使教师应聘者发展适合其专业领域的知识、技能和专业能力
R3. 教师候选人的招聘、晋升和支持	**RA3. 教师候选人的素质和选拔**
释义：教师教育培养机构需要证明从招聘到任职，教师候选人的质量提升是一个持续而有目标的重点。招聘单位表明教师候选人的素质是教师教育的目标，教师教育培养机构在教师培养项目的各个阶段应提供支持服务(如建议、改进和指导)，从而使教师候选人获得成功	释义：教师教育培养机构需要证明高级教师教育项目候选人的质量提升是一个持续而有意聚焦的重点，以便教师候选人为有效教学的执行做好准备，并在适用的情况下被推荐进行认证

① CAEP. caep-2022-standards-workbook-final. pdf ［EB/OL］.［2022-09-12］. https：//caepnet. org/~/media/Files/caep/accreditation-resources/caep-2022-standards-workbook-final. pdf? la=en.

② 王红岩 . 美国 CAEP 高级认证标准的特点及论争[J]. 外国教育研究, 2019, 46(9)：72-89.

续表

初级教师教育标准	高级教师教育标准
R4. 教师教育培养项目的影响力	**RA4. 准备工作的满意度**
释义：教师教育培养机构需要证明教师候选人能够有效指导 P-12 学生学习和发展，以及教师候选人和用人单位对教师教育培养项目的相关性和有效性的满意度	释义：教师教育培养机构需要提供文件，证明教师候选人及其用人单位对其教育培养项目的相关性和有效性的满意度
R5. 教师教育培养机构的质量保证体系和持续改进	**RA5. 教师教育培养机构的质量保证体系和持续改进**
释义：教师教育培养机构维护一个质量保证体系，该体系由来自多种措施的有效数据组成，并支持持续的、基于证据的持续改进。该体系是在内部和外部利益相关者的投入下开发和维护的。教师教育培养机构使用查询和数据收集的结果来确定优先级、增强项目元素并突出创新	释义：教师教育培养机构维护一个质量保证体系，该体系由来自多种措施的有效数据组成，并支持持续的、基于证据的持续改进。该体系是在内部和外部利益相关者的投入下开发和维护的。教师教育培养机构使用查询和数据收集的结果来确定优先级、增强项目元素并突出创新
R6. 教师教育培养机构的财政和行政能力	**RA6. 教师教育培养机构的财政和行政能力**
教师教育培养机构（Educator Preparation Provider，EPP）拥有财政和行政能力、师资力量、基础设施以及与其运营规模相适应的其他资源，还有为满足专业、州和机构标准而准备的教师候选人所必需的资源	教师教育培养机构（Educator Preparation Provider，EPP）拥有财政和行政能力、师资力量、基础设施以及与其运营规模相适应的其他资源，还有为满足专业、州和机构标准而准备的教师候选人所必需的资源
R7. 符合《高等教育法》第四章的记录	**RA7. 符合《高等教育法》第四章的记录**
释义：该条标准仅仅适用于寻求获得资金资助的 EPP。EPP 必须证明其完全遵守《高等教育法》第四章规定的职责，并提供叙述和证据	释义：该条标准仅仅适用于寻求获得资金资助的 EPP。EPP 必须证明其完全遵守《高等教育法》第四章规定的职责，并提供叙述和证据

在 CAEP 教师教育标准 1. 学科内容和教学知识（2022 年版）中（见表 3-7），对于初级教师教育的要求体现在学习者和学习、学科内容、教学实践和专业责任 4 项指标上，对于高级教师教育的要求体现在知识、技能和职业倾向以及教师教育培养机构的责任 2 项指标上，共同点都必须能够展示教师候选人与不同的 P-12 学生及其家庭有效合作的能力。

表 3-7　　美国 CAEP 教师教育标准 1. 学科内容和教学知识的指标内容(2022 年版)

标准 1. 学科内容与教学知识	
初级教师教育标准	**高级教师教育标准**
释义：教师教育培养机构确保教师候选人对学科关键概念和原则有所了解，并帮助候选人反映其个人偏见，以提高他们对公平、多样性和包容性的理解和实践。教师教育培养机构有针对性地为教师候选人制定课程和实习，以证明他们有能力与不同的P-12学生及其家庭有效合作	释义：教师教育培养机构确保高级别专业教师候选人能够理解其学科的关键概念和原则，并促进教师候选人的反思，以提高他们对公平、多样性和包容性的理解与实践。教师教育培养机构有针对性地为教师候选人制定课程，以展示他们与不同的 P-12 学生及其家庭有效合作的能力
R1.1 学习者和学习 教师教育培养机构确保教师候选人能够以适当的发展水平应用他们针对学习者和学习的知识。提供的证据应证明，教师候选人能够应用学习者发展的关键概念和原则(InTASC 标准 1)、学习差异(InTASC 标准 2)以及创建安全和支持性学习环境(InTASC 标准 3)，以便与不同的P-12学生及其家庭有效合作 **R1.2 学科内容** 教师教育培养机构确保教师候选人能够以适当的发展水平应用他们的学科内容知识。所提供的证据应表明，教师候选人了解其学科内容领域的核心概念(InTASC 标准 4)，并能够将学科内容应用于为不同的 P-12 学生开发公平和包容的学习体验(InTASC 标准 5)。结果数据可以通过专业协会(SPA)流程、州审查流程或标准 1 的证据审查提供	**RA1.1 教师候选人的知识、技能和职业倾向** ·数据素养的应用 ·科学研究并理解定性、定量和混合研究方法 ·利用数据分析和证据来发展支持性、多样性、公平性和包容性的学校环境 ·领导或参与与同伴、同事、教师、行政人员、社区组织和家长等其他人的合作活动 ·支持在其领域适当地应用技术提升专业化 ·应用适合其专业领域的职业倾向、法律和政策、道德准则和专业标准
R1.3 教学实践 教师教育培养机构确保教师候选人能够以适当的发展水平应用他们对教学实践相关的 InTASC 标准。证据应表明，教师候选人如何评估(InTASC 标准 6)、计划教学(InTASC 标准 7)和利用各种教学策略(InTASC 标准 8)为不同的 P-12 学生提供公平和包容的学习体验。教师教育机构应确保教师候选人采用国家或州批准的技术标准改善所有学生的学习 **R1.4 专业责任** 教师教育培养机构确保教师候选人能够以适当的发展水平应用其专业责任知识。所提供的证据应证明教师候选人参与专业学习，具备行为道德(InTASC 标准 9)对学生学习负责，并与其他人合作(InTASC 标准 10)，尤其是与不同的 P-12 学生及其家庭有效合作	**RA1.2 教师教育培养机构的责任** 教师教育培养机构确保教师候选人有机会学习和应用批准的州或国家学科特定标准中包含的专业内容和学科知识。这些专业标准包括但不限于专业协会(SPA)标准、个别州的标准、国家专业教学标准委员会标准和其他认证机构标准等。应记录教师候选人掌握适合专业的内容知识的证据

关于教师候选人知识、技能和专业职责的要求，初级教师教育标准执行的是美国新教师评定和支持委员会(the Interstate New Teacher Assessment and Support Consortium，INTASC)制定的 10 项评价标准(10 in TASC Standards)。[①] 其所体现出来的表现标准具体明确，涉及一名合格教师所应具备职业素养的各个方面。而高级教师教育标准则以成果为导向，更加强调各类标准的达成度，虽然指标数量明显减少，但指标内涵所指的深度与广度均有所增加，且没有上限。

以 CAEP 初级教师教育标准 1.3 教学实践指标的证据来源(2022 年版)为例(见表 3-8)，其首先指出教学实践指标的完整释义，然后对释义中的关键概念进行具体解释，并设计了具有导向性的问题，帮助证据提供者思考证据收集、整理的思路；然后对证据的质

表 3-8　　美国 CAEP 初级教师教育标准 1.3 教学实践指标的证据来源(2022 年版)

标准 1.3 教学实践

释义：教师教育培养机构确保教师候选人能够以适当的发展水平应用他们对教学实践相关的 InTASC 标准。证据应表明，教师候选人如何评估(InTASC 标准 6)、计划教学(InTASC 标准 7)和利用各种教学策略(InTASC 标准 8)为不同的 P-12 学生提供公平和包容的学习体验。教师教育机构应确保教师候选人采用国家或州批准的技术标准改善所有学生的学习

关键概念	导向性问题
·教师教育培养机构提供教师候选人能够应用其知识的证据： (1)掌握混合评估方法以监控学习者的进步和制定指导策略 (2)利用学科内容知识、课程、跨学科技能和教育学去支持每个学生实现严格的学习目标 (3)实施多种教学策略，鼓励学习者发展学科内容知识以及知识之间的联系，以有意义的方式培养技能和知识 (4)增强 P-12 学习的技术(例如设计符合内容标准的真实学习活动，并使用数字工具和资源最大限度地提高主动、深度学习) (5)维护教学实践的多样性和公平性(例如调整教学资源和评估以创造符合文化的、公平的学习机会；调整评估条件；识别和利用学习者优势和需求；响应学习者的不同优势和需求；使用形成性评价；根据学习者的需要开明地进行调整和修改) 备注：所提供的括号中示例并非一定用作检查表，而是用于解释与之一致的关键概念	·教师教育培养机构(EPP)如何知道教师候选人可以用 InTASC 标准来衡量 P-12 学生的进步 ·EPP 如何知道教师候选人可以应用与教学计划相关的 InTASC 标准 ·EPP 如何知道教师候选人了解并能够应用与各种教学策略相关的 InTASC 标准 ·证据描述应采用州或者国家技术标准支持的有效整合技术提供证明 ·证据如何证明教师候选人依据 InTASC 教师学习进展标准而产生的越来越复杂的对教学实践的理解和应用 ·EPP 如何定义公平、多样性和包容性的教学实践 ·EPP 所培养的教师候选人如何识别潜在的偏见，并调整教学资源和评估以创造符合文化的、公平的学习机会 ·证据描述应选择能够证明 EPP 的最典型案例，他们从证据中了解到什么、得到什么结论以及做出相关的解释

---

① 黄俊丽. 美国教师培养认证委员会(CAEP)认证模型研究[D]. 曲阜：曲阜师范大学，2018.

质量证据：

- 证据表明教师候选人已经具备了在教学和与不同 P-12 学生的其他互动中有效应用其学科内容和教学知识的能力
- 证据表明教师候选人精通提高 P-12 学习能力的技术应用
- 按照准备计划和种族、族裔分列的数据表明，没有或很少发现差异、存在差异，并对其进行解释，包括纠正这些差异的步骤
- 证据应包括 3 个周期的数据和评估结果的持续分析
- EPP 创建的评估和调查必须符合 CAEP 原则的评估 EPP 的标准或调查 EPP 的标准

可能的证据来源：

- 课程中的作业或任务
- 教育实习中的分配或任务
- 专业评估(例如与教学实践相关的 edTPA 准则、与教学实践相关的 PPAT 准则、与教学实践相关的教师工作样本 TWS 准则)
- 教育学知识测试
- 观察措施
- 数字化文件夹展示国家或州技术标准的应用

量进行了说明，并指出了可能的证据来源。由此可见，基于表现标准的证据关注的是教师候选人现实的、可检测的核心素养，依据表现标准构建教师候选人证据链，采用定性与定量相结合的混合方式支持、解释、评估这些证据，从而确保教师候选人质量以推进持续改进。其实，在评估过程中存在一个永恒的问题，那就是什么是"好的证据"。那么，在表现标准的呈现框架中，对应每一项指标的表现样例就起到了这样的示范作用。

三、美国体育教育领域表现标准的呈现框架

(一)NASPE 国家标准中表现标准的呈现框架

1. NASPE 美国 K-12 体育教育国家标准中表现标准的呈现

1995 年，美国出台了第一个从学前至高中的体育教育国家标准 *Moving Into The Future：National Standards for Physical Education—A Guide to Content and Assessment*，[①] 其中更加详细

---

① 人民教育出版社课程教材研究所体育课程教材研究开发中心组．美国学校体育国家标准研究[M].北京：人民教育出版社，2007.

地说明了内容标准与表现标准的概念。由于以前对这两种教育标准没有清晰的共同认识，专家小组尝试给每一种标准以专门的描述。内容标准详细说明了"学生应该知道并能够做些什么"，其中包括学生应该学会一项专业的必要的知识和技能；表现标准详细说明了"多好是足够好"，表明学生在内容标准中应该达到的学业水平。专家小组指出，由于与内容标准相结合的表现标准还没有产生，所以 1995 年版的国家标准是以评价活动范例和内容标准所对应的实证材料来描述学生应该知道并能够做些什么的。当教育标准实施以后，只有能够收集到足够多的学生学习结果的证据，才可以从证据中提炼出与内容标准相对应的表现标准。

现选取 NASPE 美国 K-12 体育教育国家标准(1995 年版)，分析、归纳其表现标准的呈现框架(见表 3-9)。该标准指出受过体育教育的人要达到 7 条标准。根据这 7 条标准，在学前班至高中按照 7 个年级水平(学前班、2 年级、4 年级、6 年级、8 年级、10 年级、12 年级)分别制定了每一条标准在各个学段的学习重点、具体目标和详细的评价范例。表现标准与评价问题有着密不可分的关系，评价范例中所隐身的表现标准其实是美国典型的能力水平案例例证模式的雏形，即通过评价范例说明各个年级的能力表现水平。但是，这种评价范例的选取并不意味它是"最好"的标准，只是能使教师对表现标准产生一个形象、具体的实例，以检查学习目标的达成度。对于评价证据的选择，也应该提供尽可能丰富的各种类型的证据，从而可以更大限度地体现多样性与公平性。该版标准提倡以新的视角看待评价在教与学过程中的位置，指出评价的本质目标应该是为了增强学习效果，从"对学习的评价"转变为"为学习的评价"。评价必须通过对学生所取得的学习结果来验证学习目标是否达到，所以要收集各类学习结果的呈现证据，而不是仅仅简单地记录学习成绩。

表 3-9　　美国 NASPE 美国 K-12 体育教育国家标准中表现标准的呈现框架

标准的指标		表现描述与年级水平学习成果							表现样例		
指标	指标释义	学前班	2 年级	4 年级	6 年级	8 年级	10 年级	12 年级	范例	证据	评价
1. 能够展示多种运动方式并熟练掌握几项运动	动作的完成情况和熟练性										
2. 能够应用运动概念和原理指导动作技能的学习和发展	应用运动概念和原理										

续表

标准的指标		表现描述与年级水平学习成果							表现样例		
指标	指标释义	学前班	2年级	4年级	6年级	8年级	10年级	12年级	范例	证据	评价
3. 形成一种积极运动的生活方式	达到健康的体能并展现出积极的生活方式										
4. 达到并保持健康的体能											
5. 在体育活动环境中，能够表现出负责的个人和社会行为	负责的行为										
6. 能够理解和尊重人们在体育活动环境中的不同之处	尊重人们之间的不同之处										
7. 懂得体育活动能够提供快乐、挑战、自我展现和社会交往的机会	认知个体参与体育活动的意义										

2. NASPE 初级体育教师标准中表现标准的呈现

NASPE 在中小学体育教育课程标准的基础上，制定了针对体育教育专业的国家标准，即初级体育教师国家标准(本科、研究生)。现选取 *National Standards For Beginning Physical Education Teachers*(2nd ed.)中的初级体育教师国家标准(本科)①为例，分析、归纳 NASPE 国家标准中表现标准的呈现框架(见表 3-10)。

该版标准的开发基于这样的假设，即体育教育专业本科毕业生作为初任教师，能够有效地实施学前班至高中各年级的体育教育课程标准，并展示出具备初级体育教师的证据。因此，该版标准所体现的评价取向强调以初任教师的行为表现为依据，即根据初任教师的知识、技能和个性品质所综合呈现的行为表现为证据而非单纯的课程分数来表明初级体育教师能够做什么、做到什么程度。

---

① 人民教育出版社课程教材研究所体育课程教材研究开发中心组．美国学校体育国家标准研究[M]．北京：人民教育出版社，2007.

表 3-10   美国 NASPE 初级体育教师国家标准(本科)中表现标准的呈现框架

标准的指标		表现描述		表现水平		表现样例
指标	指标释义	学习目标	学习成果	合格	不合格	可能的证据来源
1. 学科知识						
2. 成长和发展						
3. 学生的多样性						
4. 管理和激励						
5. 交流						
6. 计划和教学						
7. 学生评价						
8. 反省						
9. 信息技术						
10. 合作						

初级体育教师国家标准(本科)表现标准的呈现框架由指标与指标释义、学习目标、学习成果、合格与不合格、可能的证据来源 7 个构成要素组成,充分体现了表现标准对学习成果描述的常规呈现方式。现以"指标 6. 计划和教学"[①]这个部分为例,展示该指标表现标准的呈现方式与具体内容(见表 3-11)。在学习成果分级中,该表现标准的表现水平只分为合格与不合格两级,其中合格水平为初级体育教师认证的最低水平;而学习目标指出后续发展的方向,从发展的视角看待体育教师专业发展之路。

表 3-11   美国 NASPE 初级体育教师标准(本科)指标 6. 计划和教学的表现标准

6. 计划和教学

释义:依据州教育政策和初级体育教师国家标准,初级体育教师应具备有计划并且实施多种适应于学生发展阶段教学策略的综合素质,以培养出接受良好体育教育的学生。这条标准侧重于初级体育教师教学知识和应用方面,其重点是通过一系列连续和渐进的实习教育体验使初任教师能够提炼、拓展和应用他们的教学技能,达到初级体育教师国家标准

---

① 人民教育出版社课程教材研究所体育课程教材研究开发中心组. 美国学校体育国家标准研究 [M]. 北京:人民教育出版社,2007:162-165.

续表

学习目标	学习成果	合格	不合格
6.1 初级体育教师可以确定、发展和实施适合学生发展的课程和教学目标，并针对各种体育活动采取有效的方法设定合适的教学目标	6.1 确定、发展和实施适宜的课程以及教学目标	初级体育教师可以确定、发展和实施适合学生发展的课程和教学目标，并且展现出设定目标的有效方法	无法确定、发展和实施适合学生发展的课程和教学目标
6.2 初级体育教师具有制定与学习目标、学生需要和学生表现密切相关的长期计划和短期计划的能力，并能够对计划进行调整，以保证学生取得进步、保持兴趣和安全练习	6.2 提出与课程、教学目标以及学生需要相关联的长期和短期计划	初级体育教师具有制定长期和短期计划的能力，这些计划与学习目标、学生的需求和表现密切相关	制定的基本计划与确定的学习目标、学生需求不相关
6.3 初级体育教师能够选择并实施以教学内容、学生需要和安全问题为依据的适当的教学策略，在广泛的体育运动情境中促进学生的学习	6.3 根据选定的内容、学生需要和安全问题，选择并应用教学策略，以促进学生在体育活动中的学习	初级体育教师能够选择和实施以教学内容、学生需要和安全问题为依据的教学策略，以促进学生的学习	选择和实施的教学策略不能反映与教学内容、学生需要或安全相关的问题
6.4 初级体育教师能够设计和实施各种安全的、适宜学生发展的、基于有效教学原理的学习体验	6.4 设计和实施各种安全、适宜并基于有效教学原理的学习体验	初级体育教师能够设计和实施各种安全的、适宜学生发展的、基于有效教学原理的学习体验	设计和实施的学习体验没有考虑到安全性、适宜性或不符合教学原理
6.5 在广泛的体育教育内容中，初级体育教师在设计和实施有效教学过程中总是应用学科知识和教学法	6.5 应用学科和教学法的知识，设计和实施有效的学习环境和体验	初级体育教师能够在设计和实施有效教学过程中应用学科知识和教学法	在设计和实施有效教学过程中没有应用学科知识或教学法
6.6 初级体育教师能够将本地、本州课程所要求的知识、技能以及适合学生发展的体育教育内容整合起来设计和实施教学过程	6.6 为学生提供整合多个学科领域知识和技能的学习体验	初级体育教师通过有效的课堂教学计划和实施，展现出体育教育能够为学生提供一个与其他课堂不同的整合的学习体验	就提供整合的学习体验而言，忽视了体育教育与其他学科领域之间的潜在关系
6.7 初级体育教师能够为各种体育活动情境选择和实施适宜学生发展的教学资源和课程材料	6.7 选择和实施适宜的教学资源和课程材料	初级体育教师能够选择和实施适宜学生发展的(可理解的、准确的、有用的和安全的)教学资源和课程材料	选择和实施不恰当的教学资源和课程材料

续表

学习目标	学习成果	合格	不合格
6.8　初级体育教师能够在广泛的体育教育内容中经常采用有效地讲解和示范，将体育活动概念与适当的体育活动体验关联起来	6.8　使用有效的示范和讲解，将体育活动的概念与适当的学习体验关联起来	初级体育教师能够采用有效的讲解和示范，将体育活动概念与适当的体育活动体验关联起来	采用无效的讲解和示范
6.9　初级体育教师能够使用促进学生熟练动作表现的教学短语和提示，设计这些短语是用于挑战更高水平的动作，以提高和完善学生的动作技能表现	6.9　发展和使用适当的教学短语和提示，促进学生形成熟练的动作技能表现	初级体育教师能够发展教学短语和提示，并体现在教学计划和教案中，这些短语和提示足以促进学生相应动作技能的熟练掌握	不能从已经确认的动作要领中发展教学短语和提示，口头或者书面教学文件中也没有出现教学短语
6.10　初级体育教师在广泛的体育活动情境中展示了多种直接或间接的教学形式（例如，提出问题、形成方案、促进问题解决和提升批判性思维等），促进学生学习	6.10　发展一套直接或间接的教学形式，促进学生学习	初级体育教师能够根据体育活动情境选择直接或间接的教学形式，促进学生学习	不能发展直接或间接的教学形式，无法有效促进学生学

可能的证据来源：课程计划、单元计划和教案等教学文件、源于课堂教学观察的数据（例如，对教师讲解、示范、提问等教学行为与效果的分析）

（二）SHAPE America 国家标准中表现标准的呈现框架

1. SHAPE America 美国 K-12 体育教育国家标准中表现标准的呈现

SHAPE America 重新定义了美国 K-12 体育教育国家标准对"体育素养（physical literacy）"①的追求，确定体育教育是所有学生全面教育的关键要素，强调将学生作为"一个完整的人（as a whole person）"去培育。体育教育国家标准将为终身健康生活所需的体育与健康的知识、技能提供支持，其有效实施主要依托政策和环境、课程、适当的操作指南

---

① SHAPE America. National standards & grade-level outcomes for K-12 physical education [M]. VA：Reston，2014. To pursue a lifetime of healthful physical activity, a physically literate individual：（1）Has learned the skills necessary to participate in a variety of physical activities. （2）Knows the implications and the benefits of involvement in various types of physical activities. （3）Participates regularly in physical activity. （4）Is physically active. （5）Values physical activity and its contributions to a healthful lifestyle.

和学生评估 4 项基本要素。① 因此，当新标准出台以后，配套的教育政策或者体育专项政策有助于迅速而持久地创造新的教育环境以确保新标准的顺利实施，为学生提供了教育机会的一致性、公平性；基于新标准的课程开发成为新标准在课堂教学环节落地的重要环节，要体现学习目标、内容标准与年级水平学习成果的对应关系，还要体现针对不同能力水平学生教学差异化和模块化的策略；适当的操作指南相当于对新标准的解读，促进体育教师从指导案例中具体、深刻地理解新标准的教育理念与操作框架；学生评估则强调体育教师收集"基于实践的证据"，并对学生在各个年级取得的学习成果进展情况进行跟踪评估，以证明学生达到了每个年级水平标准。

现选取 SHAPE America 美国 K-12 体育教育国家标准（2014 年版）中的年级水平学习成果，② 分析、归纳其表现标准的呈现框架。该标准指出受过体育教育的人要达到 5 条标准。根据这 5 条标准，在学前班至高中分为 3 个年级段（学前班~5 年级、6~8 年级、9~12 年级），分别制定了 3 个年级段的锚定表现标准，围绕 5 条标准总述当每个年级段结束以后学生应该能够做什么以及程度。其中，学前班~5 年级和 6~8 年级采用的是侧重每个年级学习成果的呈现框架（见表 3-12），根据 5 条标准分别列出每一条标准在各个年级的学习成果。这种描述一般采用质性与量化描述相结合的、具有高度概括性的描述而非具体范例。而 9~12 年级采用的是侧重表现水平的呈现框架（见表 3-13），根据 5 条标准分别列出每一条标准对应内容标准的表现水平，共分为水平 1 和水平 2 两个级别。

表 3-12　美国 SHAPE 美国 K-12 体育教育国家标准（K-Grade 5）中表现标准的呈现框架

锚定表现标准：在 5 年级结束之后，总述小学生应该能够做到什么以及程度					
标准的指标	年级水平学习成果（K-Grade 5）				
标准 S1-S5	学前班	1 年级	2 年级	3 年级	4 年级	5 年级
内容标准 S1. E1					
……					
内容标准 S5. E4					

① SHAPE America. The essential components of physical education［EB/OL］.［2022-10-23］. https：// www. shapeamerica. org/standards/default. aspx? hkey=75b907c4-be9a-49c6-a211-a8909fe478ba.

② SHAPE America. National standards & grade-level outcomes for K-12 physical education［M］. VA：Reston，2014.

Shirley Holt Hale，Tina Hall. 美国小学体育课程指导［M］. 李永超，译 . 北京：人民邮电出版社，2018.

表 3-13　　美国 SHAPE 美国 K-12 体育教育国家标准(Grades 9-12) 中表现标准的呈现框架

锚定表现标准：在 12 年级结束之后，总述高学生应该能够做到什么以及程度		
标准的指标	表现水平(Grades 9-12)	
标准 S1-S5	水平 1	水平 2
内容标准 S1. H1		
……		
内容标准 S5. H4		

在 2014 年版表现标准的呈现框架中，并没有提供具体范例对学生学习成果进行说明，但是在与国家标准相配套的课程指导中给出了根据标准和年级水平学习成果制定的教学计划、学习目标、每一项学习内容的学习经验与对应的评价方法、证据类型，还有一个类似于教学反思的小结部分。课程的所有教学设计都围绕着学生的学习成果，倡导"学习型教学"，即为学生学习设计教学，教学的重点就是学生的学习；倡导"嵌入式目标"，即既有培养体育素养的显性目标，也有强化个人心理与社会适应等方面的隐性目标。这一系列具体操作将抽象、概括的国家标准与具体、实操的课程实施紧密连接，有助于国家标准在课堂教学层面贯彻实施。

2. SHAPE America 初级体育教师标准中表现标准的呈现

SHAPE America 初级体育教师标准(2017 年版)[1]是美国现行的最新版本。这一版本顺承了 SHAPE America 美国 K-12 体育教育国家标准对"体育素养"的追求，强调体育教师首先应该成为具有体育素养的人。

现对 SHAPE America 初级体育教师标准中表现标准的呈现框架(见表 3-14)进行分析：(1)从标准构建的理论基础来看，其依据建构主义学习理论构建各个指标、目标、表现水平等之间的对应关系，强调学习的主动性、情境性和社会性，提倡由纯粹的运动技能学习转向通过体育教育培养学生成为"一个完整的人"。(2)从表现标准的指标来看，其包括一级指标 6 个、二级指标 25 个。虽然指标数量较其他版本减少，但指标内容概括性更强，尤其是与 K-12 体育教育国家标准联系更加紧密。(3)从表现标准的体例来看，其主要有指标、目标、表现水平(合格和不合格)，与其他版本呈现基本类似。体育教师作为课程标准教学一线的实施者，既是课程设计的创新主导者，又是教学过程的共同实践者，所以 2017 年版对体育教师执行 K-12 体育教育国家标准的专业职责提出了更加清晰的要求，不仅仅

---

① SHAPE America. National standards for initial physical education teacher education[M] . VA： Reston, 2017.

局限于课堂教学，还注重发挥体育教师教学职责之外的社会价值。(4)从与表现标准相关的评价来看，其坚持以学生学习成果为导向，在评价初级体育教师质量的时候特别注重学生各类学习成果证据的来源与收集。[①] 从整体层面来评价初级体育教师是否达到了标准的要求，主要是通过问卷调查的形式采用自我报告[②]来评价学生整体质量；另外一种是以标准中的某一指标为重点，通过开发多种评估工具来评价学生在某个指标上的表现，有利于诊断学生个体质量。

表 3-14　　　　　美国 SHAPE America 初级体育教师标准中表现标准的呈现框架

标准的指标			表现描述	表现水平	
一级指标	指标释义	二级指标	目标	合格	不合格
1. 内容和基础知识		1. a			
		1. b			
		1. c			
		1. d			
		1. e			
		1. f			
2. 技能和健康体适能		2. a			
		2. b			
3. 计划和实施		3. a			
		3. b			
		3. c			
		3. d			
		3. e			
		3. f			
4. 教学实施和管理		4. a			
		4. b			
		4. c			
		4. d			
		4. e			

---

① 张金敏，方奇，邹振凯．美国体育教师标准的发展、比较及启示[C]//．第十二届全国体育科学大会论文摘要汇编——专题报告(学校体育分会)．中国体育科学学会，2022：725-727.

② 尹志华，汪晓赞，孙铭珠，等．职前体育教师专业标准的历史与现实图景——美国密歇根大学 Weiyun Chen 教授学术访谈录[J]．体育与科学，2016，37(6)：7-13.

续表

标准的指标			表现描述	表现水平	
一级指标	指标释义	二级指标	目标	合格	不合格
5. 对学生学习的评估		5. a			
		5. b			
		5. c			
6. 专业职责		6. a			
		6. b			
		6. c			

四、美国体育教育领域表现标准发展的启示

(一)表现标准的实施体现了利益相关者达成共识的协商过程

由于美国是典型的分权制国家，教育部对国家层面的教育目标进行宏观规划，州政府自身决定所有教育事务的具体实施。那么，各个专业协会就成为教育标准研制、实施、评估反馈的主体，对于教育标准的研制拥有很大的自由空间，在一定程度上摆脱了行政过分干预的消极影响，从而使各类教育标准百花齐放。从表面上来看，表现标准研制的组织形式比较自由，利益相关者都可以参与其中，但实质上全美以及各个州所认可的标准都充分体现了美国国家对未来所需人才的要求，有的州甚至将表现标准写进教育法中，以法律条文的形式进行规定。所以，表现标准的研制一定以国家意志为导向，服务本国未来发展战略所需。

从美国表现标准研制组织的架构上来讲，利益相关者存在以下特点：(1)人员的丰富性。包括政府、专家(第三方教育服务公司或者专业协会)、学校、社会用人单位等，还包括全社会各行各业的志愿者。不排斥任何一个有意愿且能承担具体职责的人员参与，在倡导社会主流价值观的同时呈现出一种开放的姿态允许具有不同价值观的人发声。(2)人员的持续性。从表现标准的研制到学生学业质量评价、教师资格认证、专业评估等人才培育与专业发展的各个阶段中，作为表现标准研制组织的权威专家一般都会长期跟踪标准实施的全周期，这样可以有效保持标准在研制与实施中尺度如一。在这个周期中，权威专家在从标准的研制、开发、实施到修订的循环往复过程中，不断缩短理想标准与现实呈现之间的距离，提升标准测量的信效度。所以，表现标准的研制组织强调多主体参与达成共识，彰显利益相关者的诉求，尤其是能被评估者所理解与接受。

（二）表现标准的实施反映了以证据为中心的"证据文化"构建过程

通过对美国表现标准的解构分析，笔者发现这些国家标准在研制之初就考虑到标准达成的证据支撑，强调标准的具体性和可测性，就体现出标准制定的"证据化"特征。在所构建的基于证据的标准体系中，标准与证据如同双生子一样，如影随形。例如，美国 CAEP 教师教育高级认证标准曾明确提出两个基本准则：一是必须有确凿的证据证明教师教育培养机构所培养的教师候选人是具有能力和爱心的教育工作者；二是必须有确凿的证据证明教师教育培养机构有能力创造证据文化，并以此来巩固和提高教师候选人的培养质量。[①] 因此，在以证据为中心的认证评估理念的影响下，要求认证标准中每一条细则都需要提交可能产生的证据类型和证据内容，且证据类型的丰富性与证据内容的复杂性逐渐超越了前几个认证周期。也就是说，对于证据的质量要求达到了一个新的高度，并且在搜集、整理、提炼各类证据的过程中，逐渐形成了一种显著的"证据文化"。[②]

"证据文化"的关注点主要体现在：（1）有关证据的标准。什么是好的证据？与表现标准配套的证据指南通常会指出认证评估所需要提交证据的具体要求。这种证据提交要求与标准的对应性逐渐分类细化，且不仅仅局限于证据指南所提出的表现样例。（2）有关证据的来源。从多方面、多渠道收集信息并进行比较，确认证据的可靠性与有效性，弥补单一评价主体带来的视角偏颇。（3）有关证据的类型。量化证据包括统计、调查、测试等数据信息，质性证据包括案例、观察、访谈、档案袋等文本或影像资料。采用定量与定性混合方法进行评估，有利于建立具有关联性的证据链，增加证据的说服力。随着数据时代的到来，建立高质量的证据数据库去收集学生、教师、学校等教育信息，可以充分了解教育产出的实际情况，为评价提供各类特征数据。"证据文化"改变了以往依赖个人主观经验和直觉判断进行的思想和行为活动，主张通过强化证据意识，自觉收集教育过程中质性信息和量化数据，采用混合方法对数据信息进行提炼、转化和应用，进而对教育效能进行理性评估，最终形成证据驱动的决策指导持续改进。

（三）表现标准的实施呈现了聚焦学生学习结果的"标准解包"映射过程

从美国表现标准的呈现框架来看，其充分体现了基于标准的成果导向教育理念（Outcome Based Education，OBE）。学习目标与学习结果的配对出现强调了对学生学习成

①　王松丽，李琼. 国际教师教育专业认证评估的证据趋向[J]. 教师教育研究，2019, 31(6)：100-107.

②　许芳杰. 美国教师教育专业认证评估的证据文化及其对我国的启示[J]. 教师教育研究，2021, 33(4)：19-25.

果达成度的评价。在课堂教学层面，表现标准的实施通常需要一个被称为"标准解包"①的映射过程，即将标准分解为若干个分层分级的学习目标，并与给定的知识、技能和学习进程进行映射。标准解包越具体，分解出来的学习目标就越清晰，每个学习进程所期待的学习结果就越明确。这个解包映射过程其实就是将国家标准在课堂教学层面落地化操作的一种非常重要的方式，让教育实施者既看到森林，也看到树木。

从教学过程设计的角度来看，聚焦学生学习结果的"标准解包"映射过程对教学设计产生了两个方面的影响：（1）教学活动组织的序列化问题。以学习成果为导向就是按照"以终为始"的逻辑思维从预期学习结果开始逆向设计、正向实施，按照表现标准所要求的预期学习结果来设计学习体验活动，并对所产生的实际学习结果进行价值判断，最大程度保证学习目标与学习结果的一致性，突出社会需求和用人单位的满意度。（2）教学活动设计的差异化问题。在标准解包映射过程中，从教师问题情境的创设到学生表现性任务的完成，都不可避免地受到师生双方物理的、心理的、社会的和文化的背景影响，由此各种类型学习结果的呈现也体现出师生不同价值观之间的协商构建。倡导"以学生发展为中心"，教学活动的设计会根据问题情境创设和学生学情的需要进行"量身定做"。所以，表现标准的实施并非固定统一模板，标准解包映射过程可以充分体现教师的教学智慧和设计创意。

（四）表现标准的实施推动了质量保证和持续改进的决策循环过程

表现标准的实施为建立注重教育产出的质量保证体系提供了一个满足国家人才战略需求、符合行业协会和专家认同的职业标准以及其他相关利益者认可的质量等级。通过各类认证评估活动，其实现了对教师教育培训机构的绩效问责，对教师教育项目教育产出的效果评估，对学生成长过程的适时监测以及对特定学生需求的学习诊断。这些外部评价所获得的整套连贯的证据或数据分析、监测和报告等，可以帮助被评估者认清现实。在"当局者迷，旁观者清"的情况下，通过现象看本质，发现存在的现实问题。其实，评估并不是单纯要一个教育质量结果或者等级，其重点是后续的持续改进，即基于证据的决策。正如美国学者所提出的 PDCA 循环（Deming Cycle，戴明环）②在全面质量管理活动中要求把各

---

① Stuart R. Kahl, Peter Hofman, Sara Bryant. Assessment literacy standards and performance measures for teacher candidates and practicing teachers[J]. Measured Progress, 2013：1-31.

② PDCA 循环_百度百科［EB/OL］.［2022-12-27］. https：//baike. baidu. com/link？url = CvvLs3 xoHOw9qfxIAreLxrfTTxOGPbRdAnn2rIFmM1OBIblDdJ1EmnIWcio6kgTadmvXW30upMd0W8xclwZG0fqJnQd-KT3r HjBZIekZMYcDsB4ro94FclGi_44iZof. 美国质量管理专家沃特·阿曼德·休哈特（Walter A. Shewhart）首先提出的 PDCA 循环，由戴明采纳、宣传，获得普及，所以又称戴明环。全面质量管理的思想基础和方法依据就是 PDCA 循环。PDCA 循环的含义是将质量管理分为四个阶段，即 Plan（计划）、Do（执行）、Check（检查）和 Act（处理）。在质量管理活动中，要求把各项工作按照作出计划、计划实施、检查实施效果，然后将成功的纳入标准，不成功的留待下一循环去解决。

项工作按照计划(Plan)、执行(Do)、检查(Check)、改进(Act)进行往复循环。同样,教师教育培训机构也是在认证周期中进行连续不断和循环往复的持续改进,以促进教师候选人培养质量的不断提升。同时,认证机构也会根据不断更新的新鲜证据反证表现标准的效度,对于下一轮表现标准的修订也是同步进行。

在决策循环过程中,存在着标准执行的技术理性倾向与坚持以人为本的教育本质之间的平衡问题。一方面,技术理性强调基于标准的证据,会在某种程度上为了质量保证而执着追求符合标准要求,表现出实用性、标准化、程序化的技术理性倾向。大量测试项目的重点都在衡量教师候选人的知识和能力是否符合标准,而容易忽视在教育教学中探索教师候选人情感、想象力、直觉、意志等心理、精神层面的价值体现。另一方面,在某种程度上,追求教育的质量保证就是为了更好地促进人的全面发展,而非制造流水线上的"机器人"。教育活动不是"机器人"之间的互动,而是具有不同情感、思维、价值观的个体之间的互动交流。教育决策只有尊重人性化的存在,才能达成教育本质的回归。因此,表现标准的实施其实就是把理想标准照进现实证据的验证,没有它,教育工作者就无法将教育目标具体化。

本 章 小 结

本章阐述了中美体育教育领域表现标准发展的概况与启示，为体育教育专业学生核心素养的表现标准研究提供国内外例证参考。首先，对我国体育教育领域表现标准发展的现状与趋势展开分析：(1)以我国 2017 年版和 2022 年版体育与健康课程标准中首次出现的学业质量标准为例，分析了我国表现标准的研制程序和方法，从表现标准自身理论与本土实践入手进行解析，并指出我国表现标准发展主流是以核心素养为导向的表现标准体系。(2)我国体育教育领域表现标准发展的趋势：①表现标准的研制组织由专家主导到命运共同体协商，②表现标准的研制路径由单一路径到整合路径，③表现标准的研制起点由内容标准到核心素养，④转化为表现标准的方法由单一方法到混合方法，⑤表现标准的呈现方式由统一化、概括化到具体化、特色化，⑥表现标准的指标内容呈现体育教师专业发展的进阶特点。

其次，对美国体育教育领域表现标准发展的经验与启示展开分析：(1)对美国国家运动与体育教育协会(NASPE)、美国健康和体育教育协会(SHAPE America)和教师培养认证委员会(CAEP)三大协会表现标准的指标内容与呈现框架进行重点解构，了解美国表现标准发展的实践经验。(2)指出美国表现标准的实施是体现了利益相关者达成共识的协商过程、反映了以证据为中心的"证据文化"构建过程、呈现了聚焦学生学习结果的"标准解包"映射过程、推动了质量保证和持续改进的决策循环过程，这些过程性特征极大地充盈了表现标准的新时代内涵。

第四章 体育教育专业学生核心素养
指标体系的构建

21世纪伊始，核心素养就已经成为国内外教育发展和课程改革的关键概念，折射出综合国力、社会进步、教育发展的镜像。众多国家、地区或国际组织纷纷启动了以核心素养为导向的课程改革，并为实现人才培养目标的具体化提出了适应社会所需的核心素养模型。它代表着现实社会对学校育人质量的本质认识、价值定位与理想表达。为顺应国际课程改革的发展趋势，解决新时代人才培养高质量发展的现实困境，我国首次在新课标中建立了以核心素养为导向的课程标准，凝练中国学生发展核心素养，力图促进学校育人体系的全面革新。从核心素养评价问题来看，表现标准作为一种规范化的学习结果，是核心素养的表征。在"以证据为中心"的测评框架中，学生核心素养模型和证据模型是通过学习结果建立起来的推理链条。研制表现标准的最终目的是为核心素养评价提供质性测量工具。因此，要想研制表现标准，就必先构建核心素养指标体系。本章首先明确体育教育专业学生核心素养指标体系构建的原则与依据，然后通过对素养指标的筛选、排序、计算权重等步骤完成体系构建；最后，简析学生核心素养与表现标准的映射关系，为研制体育教育专业学生核心素养的表现标准提供一种分析框架。

第一节 体育教育专业学生核心素养指标体系构建的理论依据

一、体育教育专业学生核心素养指标体系构建的原则

体育教育专业学生核心素养指标体系是对当下社会需求的积极回应和主动建构，描述了学生"知识、技能、情感、态度与价值观"在面对复杂情境中知、行、意的综合表征；而不是若干指标罗列混搭、过度泛化的万能框架，也不是一劳永逸、过度抽象的终极体系。该体系的构建应力求立足本土实践、借鉴国际经验，打破原有认知束缚、疏通现实与理想的隔阂，蕴含时代鲜活气息、指向具体的情境关联。

(一)构建者应秉持的操作原则

对于体育教育专业学生核心素养指标体系的构建,构建者应秉持的操作原则:是非疑,则度之以远事,验之以近物,参之以平心。① 在构建过程中,不可避免会存在各种意见分歧,甚至出现调查的现实结果与研究者、专家等固有的经验判断存在一定差距的情况。那么,构建者处理这类分歧时,应该利用过去的经验进行衡量,用现实的事情进行验证,用公正的态度进行判断,以确保学术表达尽可能去伪存真。

(二)学生核心素养指标的筛选原则

1. 时代性

体育教育专业学生核心素养指标体系中指标的筛选首先必须要立足于我国教育政策与社会环境,遵循我国教育目标、社会主义核心价值观、立德树人根本任务,体现出中国式现代化新征程中对中小学体育教师师资人才的质量要求;其次,要洞察国际教育发展趋势,在核心素养导向的教育时代积极促进人的全面发展、适应社会需求,反映出 21 世纪信息时代现实世界与虚拟环境交互融合背景下对学生核心素养培育的侧重点。

2. 专业性

体育教育专业学生核心素养指标体系中指标的筛选要体现体育教育专业的专业特色,根据专业人才培养目标的定位和目前实施的《中学教育专业师范生教师职业能力标准(试行)》,侧重选择在师德践行、体育教学、综合育人和自主发展这类现实情境之中发挥重要作用的学生核心素养指标。这些指标应该可以从本质上客观反映体育教育专业学生核心素养的构成状态。

3. 系统性

体育教育专业学生核心素养指标体系是一个完整的系统,具有一定层次结构的协同体系,其指标应该边界分明但相互影响,可以随着系统的演变而变化。从体育教师专业发展历程上来讲,体育教育专业学生核心素养、初级体育教师核心素养和高级体育教师核心素养三个子体系构成了一个完整的体育教师核心素养体系,且三者之间呈现出进阶特征。从学生核心素养评价方面来讲,该模型包含多维度指标,适合采用基于指标权重的多因素模糊综合评判。

---

① 北京大学《荀子》注释组. 荀子新注[M]. 北京:中华书局,1979. 荀子,战国末期思想家、文学家,儒家学派的代表人物,代表作《荀子》。此句出自《荀子·大略》,大意为:当是非对错难以确定时,就用过去的经验进行衡量,用现实的事情进行验证,用公正的态度进行判断。

4. 发展性

体育教育专业学生核心素养指标体系所选取的指标要具有可持续发展性，可以衡量同一指标在不同阶段的发展变化情况，并在较长时间内具有现实意义，既可以静态反映学生某一阶段的发展现状，还可以动态考察其未来的发展潜力。从学生核心素养评价方面来讲，只有收集学生核心素养形成过程中各类指标在情境中所呈现学习结果，才可以进行有效的价值判断，所以该指标发展特征应该可以在学习过程中找到对应的证据。

二、体育教育专业学生核心素养指标体系构建的思路

杨向东（2022）提出的核心素养模型构建的思路可以概括为"需求—功能"模式、"文化—心理结构"模式和"全息—层次"模式。① 这三种模式不是非此即彼，而是相互补充，只是视角和侧重点各有不同。"需求—功能"模式关注社会现实，"文化—心理结构"模式关注文化共性，"全息—层次"模式关注特定实践活动。在体育教育专业学生核心素养指标体系的构建过程中，采用以"需求—功能"模式为整体构建思路，以"文化—心理结构"模式和"全息—层次"模式为局部指标构建思路，力求发挥每种思路的优势，有助于构建出较为科学合理的体育教育专业学生核心素养指标体系。

（一）"需求—功能"模式

"需求—功能"模式是核心素养模型构建最常见的思路，主要从核心素养的功能角度来筛选其指标，将核心素养与个体和社会的现实需求联系起来，确保核心素养模型的效度和现实需求相对应。例如，经合组织所构建的核心素养模型（OECD，2005）围绕"成功的人生和健全的社会需要人们具有什么样的素养"这一命题，主要包括能互动地使用工具、能与异质社会群体互动、能自主行动指标等，跨越不同社会领域（社会、集体和个人）的三类需求构成了一个概念性框架。这就意味着按照这种思路来构建核心素养模型时，要着重考虑当下和未来的需求，预期或实现的结果，个体所应具备的素养这三个关键要素（见图4-1）。

对于体育教育专业学生核心素养指标体系构建来说，成为能胜任学校体育工作的应用型人才——中小学体育教师是其社会需求。那么哪些核心素养指标所发挥的整体功能可以满足中小学体育教师职业要求？这就意味着可以从体育教师职业标准倒推体育教育专业学生核心素养指标体系的指标构成。在此要特别注意，"需求—功能"模式不能只局限于个人

---

① 杨向东. 作为理论概念的素养及其模型构建［J］. 华东师范大学学报（教育科学版），2022，40（11）：41-57.

满足现实需求完成某一职业或情境中的工作，这样会导致学生成为流水上统一标准的"产品"；而是要重视个体面对现实社会或者复杂情境任务挑战的反思，尤其是个体自我发展中心智灵活性的提升。明确这点，对学生核心素养的培育具有重要的意义。同时，也符合《国家中长期教育改革和发展规划纲要（2010—2020 年）》①提出的"促进学生的全面发展，着力提高学生服务国家服务人民的社会责任感，适应社会需要"的教育质量要求。

图 4-1 "需求—功能"模式下体育教育专业学生核心素养指标体系的构建思路

（二）"文化—心理结构"模式

"文化—心理结构"模式是核心素养模型构建中另辟蹊径的思路，主要从各种品格具有跨文化一致性的观点出发，可以通过发展和塑造品格来促进个体幸福生活和社会良好运作。例如，美国心理学教授马丁·塞利格曼等将全球范围内各种不同文化所认同的智慧、勇气、仁爱、正义、自制与精神卓越 6 种美德和 24 种品格组成分类框架，认为这些美德可以通过教育和学习后天培养，而且可以在社会情境中长期存在且发挥文化导向作用。所以，当按照这种思路构建核心素养模型时，要把握构建对象所处的地域、民族、社会在特定历史发展阶段中社会实践的具体内容与文化传统。

对于体育教育专业学生核心素养指标体系构建来说，可以采用"文化—心理结构"模式的思路，从国家层面的理想信念、职业层面的师德师风、自身层面的体育品德 3 个方面对我国体育教育专业学生应该具备的"思想品质领域"指标进行构建。在构建过程中，要特别注意中国传统文化与传统教育思想观点中独具民族特色且富有时代价值的内容。

（三）"全息—层次"模式

"全息—层次"模式这种核心素养模型的构建思路是从生态化的视角理解核心素养，即

---

① 中华人民共和国教育部. 国家中长期教育改革和发展规划纲要（2010—2020 年）[EB/OL].（2010-07-29）[2021-01-20]. http：//www. moe. gov. cn/jyb _ xwfb/s6052/moe _ 838/201008t20100802 _ 93704. html.

认为个体在现实生活中的任何活动本质上都受到了物理、生理、心理、社会、文化等诸多层面要素及其相关关系的影响。只不过在特定情境中，有一些要素会显性表现，另外一些要素作为潜在支撑，正如冰山模型一样。采用这种思路构建核心素养模型，是以某种情境为载体，逐层分析个体在情境中完成情境任务所需要的具体素养及其重要程度，进而将这些素养按照一定层次结构列出。

对于体育教育专业学生核心素养指标体系构建来说，可以采用"全息—层次"模式的思路对"专业能力领域"指标进行构建。要特别注意抓住中小学体育教师真实性工作情境中的关键能力。另外，在体育教育专业学生核心素养的培养方面，"全息—层次"模式的思路还提供了创设特定的体育情境来培养学生核心素养的路径。

第二节　体育教育专业学生核心素养指标体系构建的实践操作

一、体育教育专业学生核心素养指标体系构建的方法与步骤

(一)采用访谈法了解中小学体育教师工作实景

1. 通过体育教育专业实习教师视角看中小学体育教师工作实景

针对学生核心素养指标的筛选问题，笔者通过所带体育教育专业 2018 级健美操专项学生的实习经历，采用访谈法了解目前教学一线中小学体育教师工作实景(见表 4-1)，将构建者对该问题的学术思考与实习教师及其指导教师的实践经验进行碰撞，为体育教育专业学生核心素养指标体系构建进行前期的摸底。

针对问题 1 的回答汇总：(1)主要是体育课的教学工作，部分实习教师还担任校队课余训练与竞赛工作。(2)早操、课间操教学与指导工作。(3)代理班主任工作，负责班级管理。(4)课后托管班的托管工作或者健美操兴趣班的教学工作。

针对问题 2 的回答汇总：思想品质领域以师德为主，专业能力领域以教学能力为主，基础学习领域以体育学科知识为主，自我发展领域以终身学习为主。

针对问题 3 的回答汇总：直至实习结束，我们才可以深刻理解体育教育专业本科人才的培养目标是成为可以完成学校体育工作的"应用型复合人才"。不仅仅是要当好体育课的副科老师——从早操、课间操到课后带校队训练、比赛或兴趣班教学，这些都是最基本的工作任务；还要当班主任、课后托管老师，甚至学校哪个岗位暂时缺老师，就调体育老师做替补。实习学校认为体育老师是万能的，实习指导教师也反映体育实习教师学东西上手最快且行动力强。

表 4-1　　对体育教育专业 2018 级实习教师关于中小学体育教师工作实景的访谈内容

访谈信息	具 体 内 容
访谈对象	W 学院体育教育专业 2018 级健美操专项学生(实习教师)25 人
访谈时间	2021 年 3—6 月体教 18 级学生实习期(大三下学期)
访谈方式	体育教育专业 2018 级健美操专项 QQ 群线上追踪访谈
访谈提纲	问题 1：你在教育实习学校主要承担哪些工作任务 (附加随机问题，例如：在做这些工作时候，你遇到哪些困难？是怎样解决的？)
	问题 2：与你的实习指导教师讨论，你们认为中小学体育教师应具备的核心素养是什么？ (附加随机问题，例如：你对这个问题的认知是什么？实习指导教师的认知是什么？如果两者有差距，你除了反思自身问题，还有哪些影响因素？)
	问题 3：通过教育实习，你对中小学体育教师职业有什么新认知？ (附加随机问题，例如：针对实习进行总结，找到自己的优缺点以及致因，开学后我们来开个讨论会。)

笔者利用体教 18 级健美操专项 QQ 群，与实习生保持追踪访谈，鼓励实习生与其实习指导教师就某些问题展开讨论。一方面，促进学生体验校内课堂教学实训与校外真实性工作任务之间的差别，为学生自身的持续改进树立新目标；另一方面，通过实习教师及其指导教师的信息反馈，也使笔者反思以往课堂教学对学生核心素养培养的策略，力求今后课堂教学所创设的表现性情境、所选择的核心素养指标能更加贴近当今中小学体育教师工作实景。

2. 通过在职中小学体育教师视角看中小学体育教师工作实景

针对学生核心素养指标的筛选问题，笔者采用访谈法对 12 名在职中小学体育教师进行访谈，了解了他们的工作实景和对初拟学生核心素养指标的筛选意见与建议(见表 4-2)。

表 4-2　　对在职中小学体育教师关于中小学体育教师工作实景的访谈内容

访谈信息	具 体 内 容
访谈对象	在职中小学体育教师 12 人，包括 1 位湖北省特级教师(武汉市东湖高新区小学体育名师工作室主持人)，4 位一级教师，7 位二级教师
访谈时间	2021 年 12 月—2022 年 1 月
访谈方式	通过微信语音或者 QQ
访谈提纲	问题 1：您在学校主要承担哪些工作任务？
	问题 2：您认为体育教育专业学生应具备的核心素养是什么？(可以自拟，也可以根据我初拟的学生核心素养指标讨论。)

针对问题 1 的回答汇总：教龄 10 年以下的体育教师(7 位)指出，(1)日常是体育课的教学工作，部分教师还担任校队课余训练与竞赛工作。教学上，要经常参加各类青年教师教学技能比赛，学校以及教师本人都会比较重视，所以公开课准备工作的投入远远高于日常教学。校队训练主要有两个方面的任务，一个方面是高考体育生的训练，很辛苦，起早贪黑的，但学生考上大学，自己觉得很有成就感。另外一个方面是校队(田径、足球、健美操、啦啦操等运动项目)日常训练与竞赛，学校会比较重视学生的运动竞赛成绩。(2)班主任工作或者兼任学校其他部门的办事员。

教龄 10 年以上的体育教师(5 位)指出，(1)担任体育教研组组长，负责管理与教学工作。(2)担任校代表队主教练，负责校队管理与训练。(3)双肩挑，担任学校教务、人事、后勤等部门领导。

针对问题 2 的回答汇总：工龄 10 年以下的体育教师(7 位)指出，您初拟的指标很全面，但有个别指标并不符合我们的工作实际。(1)在思想品格指标上，要突出师德指标，不仅仅是遵守师德规范的问题，更重要的是关爱学生；要突出体育品德，这点可以通过体育课影响到学生的品格塑造，深有感触。(2)在专业能力指标上，目前我们实际工作中最重要的就是教学能力、训练与竞赛能力，这个方面的指标层级可以做得更细一点。建议删除"体育科研与创新能力""体育表演展示""裁判能力""社区体育活动交流""全民健身活动推广"这类指标，实际工作中很少涉及。(3)在基础学习指标上，最重要的是运动技能的掌握。如果不做专职校队教练员的话，就希望可以掌握多项运动技能。(4)在自我发展指标上，终身学习和自我反思最重要。教研组经常要求青年教师进行教学反思，新任教师每周 1 篇教学反思周记。

工龄 10 年以上的体育教师(5 位)指出，您初拟的指标很全面，是按照高校人才培养目标来的；但是，需要进一步明确根据目前"初级"中小学体育教师的实际表现来判断哪些指标可以准确体现"核心"的素养。(1)目前，我们认为体育教育专业学生在实际工作中务实三点，即能上课、能带队、能管理，涉及这类指标应该再详细一点。(2)要求体育教师担任班主任的现象越来越多，随着"减负"政策的实施，学校课后托管班也交给体育老师管理，所以要增加体育教育专业学生的综合育人能力，特别是以"体"育人。在成为"体育教师"之前，首先要成为"教师"。(3)谈到"体育科研与创新能力"这个指标的存留问题，其实我们等到担任名师工作室主持人、教研组组长、教务或人事部门领导的时候，才意识到这个指标很重要，但是工作初期忽略了。例如，很多教学成果都停留在实践层面，文字材料都停留在教学总结阶段，没有很好的科研能力将其转化为可以推广的教学成果，很遗憾。(4)"体育表演展示""裁判能力""社区体育活动交流""全民健身活动推广"这类指标可能以后会与学生"常赛"相结合。但是由于现在中小学体育竞赛体系不完备，家庭—学校—社区的育人闭环也没有形成，所以以后也许会需要你现在列出的这类指标。(5)建议根据目前初级中小学体育教师的实际情况进行指标筛选，区分初级与高级中小学体育教师在指标呈现上的异同点。

通过这组访谈，笔者对中小学体育教师的真实性工作任务有了更为直观的认识，初步理清了各类指标之间的重要程度；并区分了初级和高级中小学体育教师核心素养在体育教育专业学生核心素养指标中的具体反映，明确指标定位与初级中小学体育教师相对应。但对于初拟指标的取舍问题，是贴近目前的现实呈现，还是结合现实预判未来进行理想化状态的构建？笔者想把这个问题的最终决定权交给专家问卷结果来决定。

(二)采用3轮专家问卷调查法结合访谈法筛选学生核心素养指标

2022年1—5月，笔者以专家问卷调查法结合访谈法的形式对体育教育专业学生核心素养指标体系的层次结构指标进行筛选与构建。其间，共发放3轮专家问卷：2022年1月第1轮专家问卷用于初步筛选指标，形成第2轮问卷指标；2022年3月第2轮专家问卷用于再次筛选指标，形成第3轮问卷指标；2022年5月第3轮专家问卷用于确定指标排序，计算权重。所调查专家来源：(1)中小学体育教师，包括湖北省特级教师和小学体育名师工作室主持人、教研组组长、校队主教练、教务和人事部门领导。(2)高校体育教育专业的任课教师与管理层领导，教育部《高中体育与健康课程标准》《义务教育体育与健康课程标准》测评组、解读组专家。(3)市教育局主管学校体育的行政工作人员。

1. 第1轮专家问卷：初步筛选指标

(1)第1轮被调查专家的基本信息

参与体育教育专业学生核心素养指标体系构建第1轮问卷调查专家共计24人，其中中小学教师5人。专家遴选资质主要以职称(见图4-2)、教育程度(见图4-3)和工作年限(见图4-4)作为判断的主要依据。

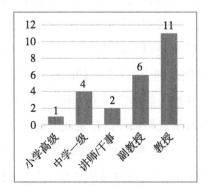
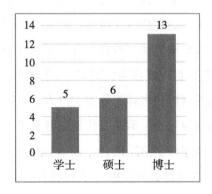

图4-2　第1轮问卷调查专家的职称分布(N=24)　图4-3　第1轮问卷调查专家的教育程度分布(N=24)

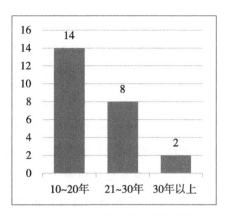

图 4-4　第 1 轮问卷调查专家的工作年限分布(N=24)

（2）第 1 轮专家问卷信效度等基本信息

第 1 轮专家问卷，发放问卷 30 份，回收问卷 24 份，回收率 80%，有效率 100%。问卷的内容效度依据专家的权威性（见表 4-3、表 4-4）。[①] 第 1 轮专家问卷的专家权威系数 Cr=(Ca+Cs)/2=(0.72+0.82)/2=0.77>0.5，说明专家的权威程度较高，具有较高的专业领域理论与实践水平。问卷的信度采用 Cronbach 信度分析，第 1 轮专家问卷 Cronbach α=0.952>0.8，说明研究数据信度质量较高。使用 Kendall 协调系数检验专家评分的一致性情况，第 1 轮统计结果显示：W=0.222>0.2，X2=392.550（P<0.01），说明 24 位专家的评价具有关联性。

表 4-3　　　　　　　　第 1 轮专家问卷内容效度的 Ca 值（N=24）

类别	工作实践	理论分析	同行了解	个人直觉
赋值(分)	1	0.6	0.45	0.15
Ca 专家对调查内容的判断依据(人次)	22	13	5	6

表 4-4　　　　　　　　第 1 轮专家问卷内容效度的 Cs 值（N=24）

类别	很熟悉	熟悉	比较熟悉	不太熟悉	不熟悉
赋值(分)	1	0.8	0.5	0.2	0
Cs 专家对调查内容的熟悉程度(人)	5	17	2	0	0

① 杨婉秋，杨彦春，沈文伟，等. 地震灾后早期快速心理评估内容的德尔菲法研究[J]. 中国心理卫生杂志，2018，32(9)：731-733.

（3）第 1 轮专家问卷指标筛选结果

在第 1 轮专家问卷调查中，笔者初步拟定了体育教育专业学生核心素养指标体系的 4 个一级指标、12 个二级指标和 61 个三级指标构成（见表 4-5）。请 24 位专家根据 Likert5 级评分法对指标进行评分，并对存在问题的指标提出筛选意见和修改建议。筛选指标根据界值法①进行，第 1 轮指标筛选标准为：指标均数≥总指标均数−标准差，计算结果（4.08）与指标"重要"选项赋值（4 分）中取较低的一个作为界值（界值取 4）；变异系数≤总变异系数均数+标准差（界值取 18.37%）；认可率≥总认可率均数−标准差（界值取 78.46%）。若某项指标达到 3 个标准则直接纳入，达到 1 个或者 2 个标准则需要通过专家意见决定是否纳入，未达到 3 个标准则直接排除。

表 4-5　　　　　第 1 轮问卷专家评分结果统计表（N=77）

体育教育专业学生核心素养指标	平均值	标准差	变异系数（%）	总认可率（%）
A1 思想品质领域	4.958	0.204	4.117	100
A2 专业能力领域	4.917	0.282	5.742	100
A3 基础学习领域	4.625	0.495	10.693	100
A4 自我发展领域	4.458	0.588	13.194	96
B1 情感、态度与价值观	4.708	0.464	9.861	100
B2 师德师风	5.000	0	0	100
B3 体育品德	4.750	0.442	9.312	100
B4 中小学体育教学能力	4.833	0.381	7.876	100
B5 中小学运动训练能力	4.708	0.464	9.861	100
B6 中小学体育竞赛能力	4.417	0.504	11.402	100
B7 体育科研与创新能力	<u>3.917</u>	0.776	<u>19.801</u>	<u>75</u>
B8 体育学科与其他学科知识群	4.250	0.737	17.346	83
B9 运动能力与健康行为	4.417	0.717	16.240	88
B10 交流沟通	4,000	0.659	16.485	79
B11 社会团体中进行互动	4.125	0.680	16.477	83
B12 自我管理与自主发展	4.208	0.779	<u>18.512</u>	79
C1 国家认同	4.667	0.565	12.100	96

---

① 司琦，金秋艳．青少年体育健康促进干预项目评价指标体系构建［J］．武汉体育学院学报，2018，52（3）：67-74.

王慧莉，吕万刚．中国竞技健美操核心竞争力研究［J］．武汉体育学院学报，2020，54（4）：93-100.

续表

体育教育专业学生核心素养指标	平均值	标准差	变异系数(%)	总认可率(%)
C2 公民意识	4.458	0.658	14.759	92
C3 职业认同	4.708	0.464	9.861	100
C4 教育情怀	4.708	0.464	9.861	100
C5 师德规范	4.917	0.282	5.742	100
C6 立德树人	4.833	0.381	7.876	100
C7 关爱学生	4.875	0.338	6.930	100
C8 自身修养	4.750	0.442	9.312	100
C9 体育精神	4.833	0.381	7.876	100
C10 体育道德	4.792	0.509	10.622	96
C11 体育品格	4.833	0.381	7.876	100
C12 中小学体育与健康课程思政建设	4.375	0.711	16.250	88
C13 中小学体育与健康课程标准应用	4.375	0.711	16.250	88
C14 教学文件制定	4.250	0.608	14.304	92
C15 体育教学情境创设	4.292	0.624	14.542	92
C16 体育教学组织与管理	4.708	0.550	11.682	96
C17 中小学体育教学方法与技能	4.875	0.338	6.930	100
C18 体育课堂学习指导	4.542	0.338	14.488	92
C19 体育课堂教学评价	4.333	0.702	16.199	88
C20 运动训练的组织管理	4.583	0.584	12.733	96
C21 科学选材	4.250	0.676	15.898	88
C22 运动训练计划制定	4.583	0.504	10.988	100
C23 运动训练内容选择与方法、手段运用	4.833	0.381	7.876	100
C24 学生运动训练技战术、心理辅导	4.500	0.659	14.653	92
C25 运动训练效果评价	4.333	0.702	16.199	88
C26 体育表演展示与竞赛参与	4.250	0.794	18.682	88
C27 体育竞赛规则的理解和运用	4.208	0.658	15.636	88
C28 体育竞赛临场分析与指导	4.542	0.588	12.952	96
C29 体育竞赛结果的综合评价	4.125	0.680	16.477	83
C30 体育表演展示与竞赛的组织管理	4.292	0.624	14.542	92
C31 体育竞赛执裁	3.958	0.690	17.438	75
C32 发现问题与科学选题	4.375	0.770	17.592	83

体育教育专业学生核心素养指标	平均值	标准差	变异系数(%)	总认可率(%)
C33 科研信息的收集、处理	3.958	0.690	17.438	75
C34 科研方法的合理选择与有效运用	4.083	0.717	17.566	79
C35 教学实验、调研的实施	4.25	0.676	15.898	88
C36 撰写论文与申报课题	4.083	0.654	16.013	83
C37 研究成果的评价	3.750	0.794	21.173	63
C38 体育学科基础知识	4.583	0.504	10.988	100
C39 人文社科与自然科学基础知识	3.917	0.654	16.694	75
C40 跨学科领域知识整合	3.792	0.833	21.968	63
C41 运动认知与体能状况	4.458	0.588	13.194	96
C42 专项运动能力与技战术运用	4.667	0.565	12.100	96
C43 终身体育锻炼意识与习惯	4.542	0.658	14.488	92
C44 健康知识掌握与运用	4.500	0.590	13.106	96
C45 情绪调控与环境适应	4.208	0.721	17.134	83
C46 口头与书面的表达、沟通	4.542	0.779	17.153	83
C47 汉语及外语的表达、沟通	3.542	0.779	21.996	46
C48 阅读理解与积极倾听	3.750	0.944	25.176	67
C49 数字化技能辅助课堂教学	3.750	0.944	25.176	58
C50 团队合作	4.667	0.637	13.650	92
C51 人际交往礼仪与技巧	4.250	0.608	14.304	92
C52 尊重、理解多元体育文化	4.000	0.722	18.058	83
C53 解决冲突与协商	4.375	0.576	13.161	96
C54 家、校、社区体育活动交流与沟通	4.208	0.658	15.636	88
C55 全民健身活动的推广	3.917	0.830	21.184	71
C56 自我学习	4.833	0.381	7.876	100
C57 自我控制	4.583	0.504	10.988	100
C58 自我评价	4.500	0.511	11.350	100
C59 自我反思与改进	4.792	0.415	8.658	100
C60 体育教师专业发展	4.417	0.654	14.804	92
C61 体育教师职业生涯规划	4.333	0.637	14.701	92

备注：总认可率=(选择"很重要"的专家数+选择"重要"的专家数)/专家总数×100%。

　　根据数理统计的指标筛选结果和专家访谈意见，笔者对表中有"下画线"的指标进行直接删除或者进一步修改。例如，"B7 体育科研与创新能力"没有到达纳入标准，则直接删除。在第 1 轮专家问卷结果汇总时，笔者将指标处理意见与部分专家进行访谈沟通。中小学体育教师这类专家非常认同直接删除，认为对于本科生来说科研能力作为一般素养即可；但是，高校专家并不认同删除该指标，指出本科生体育科研能力依然非常重要，尤其是对于以后要读研究生的那类学生。最终，本研究构建者依据 24 位专家判断而产生的数据结果、中小学体育教师目前工作实景，决定将"B7 体育科研与创新能力"换成"综合育人能力"，这样更加符合目前中小学体育教师职业需求的现状。

　　对于已经符合纳入条件的指标，部分专家还是提出了质疑，例如，"B9 运动能力与健康行为"。这个指标最初是依据 2017 年版新课标中"运动能力""健康行为"的结构分层划分，虽然属于国标，但是同期已有学者对此提出了质疑，并进行了解释分析①。笔者重新查阅了运动能力的各种概念界定，按照运动能力在不同复杂情境中身体活动的表现特点将运动能力分为：①基本运动能力，侧重产生于日常生活情境中的先天基本身体活动能力，例如走、跑、跳、投等；②体育表演展示能力，侧重产生于体育表演情境中的将体育与艺术融合的身体活动能力，例如运动会开幕式、闭幕式团体操表演；③专项运动能力，侧重于体育训练、竞赛情境中通过后天专门训练的身体活动能力，例如体操、田径、足球竞技能力。从而将"健康行为"修改为"B10 运动促进健康的行为塑造与技能掌握"，着重所指健康行为是由"运动"促进的，排除其他诱导因素。

　　"B10 交流沟通"这个指标确定纳入，但是它的下一层次"C47 汉语及外语的表达、沟通"和"C48 阅读理解与积极倾听""C49 数字化技能辅助课堂教学"则直接删除。C 级层次的指标可以重新修改或者填补，添加了"C41 体育运动肢体语言的表达与传播"这一指标，这是在体育特定情境中出现的交流沟通方式。例如，在乒乓球双打比赛中，双打运动员在发球前，会在乒乓球桌下隐蔽地出示一个双方都知道的手势，这种肢体语言其实代表着一种技战术配合。在团体操中，会有指挥者使用小旗子打出旗语指挥团体操的队形变化；在新晋奥运项目街舞 Breaking 项目中，会有"斗舞"环节，而斗舞所使用的街舞肢体动作代表特定含义，仿佛两位街舞运动员在"对话"。另外，体育运动肢体语言还可以传播体育之美。例如，著名的希腊雕塑《掷铁饼者》整体艺术形象健美而动人，被作为 1948 年伦敦奥运会视觉形象之一向全球传达奥运精神。体育教育专业学生如果注意到体育运动肢体语言

　　①　熊文. 体育与健康学科核心素养基本理论问题审思——基于《课程标准》运动能力、健康行为的辨正[J]. 体育科学，2021，41(11)：88-98.

　　肖紫仪，熊文，王辉. 辨误与厘正：体育素养、体育学科核心素养在我国学校体育的引入与应用审视[J]. 武汉体育学院学报，2022，56(6)：93-100.

运用的重要性，会为未来的体育课上增加不一样的色彩。

另外，对于"C60 体育教师专业发展""C61 体育教师职业生涯规划"这类指标，部分专家均认为与本科生关联不大，所以笔者也进行了相应的修改或者删除。从第 1 轮专家问卷调查结果分析以后，我们会发现对于学生核心素养指标存在若干种不同视角的理论解析，不能单纯判断谁对、谁错，可以从这些不同视角的理论解析中发现对同一个指标含义与关系的认知是发展变化的，而且每一个指标都不可避免地带有时空地域、文化背景等特征。

2. 第 2 轮专家问卷：再次筛选指标

(1)第 2 轮被调查专家的基本信息

参与体育教育专业学生核心素养指标体系构建第 2 轮问卷调查专家共计 22 人，其中中小学教师 2 人。专家遴选资质主要以职称(见图 4-5)、教育程度(见图 4-6)和工作年限(见图 4-7)作为判断的主要依据。

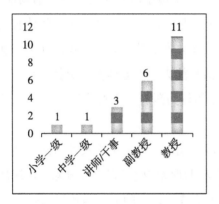

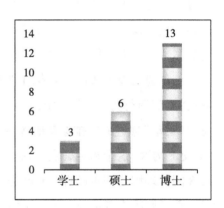

图 4-5　第2轮问卷调查专家的职称分布(N=22)　图 4-6　第2轮问卷调查专家的教育程度分布(N=22)

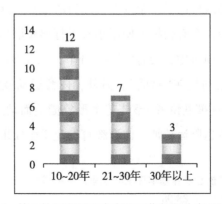

图 4-7　第 2 轮问卷调查专家的工作年限分布(N=22)

（2）第 2 轮专家问卷信效度等基本信息

第 2 轮专家问卷，发放问卷 25 份，回收问卷 22 份，回收率 88%，有效率 100%。问卷的内容效度依据专家的权威性（见表 4-6、表 4-7），第 2 轮专家问卷的专家权威系数 $Cr=(Ca+Cs)/2=(0.69+0.84)/2=0.77>0.5$，说明专家的权威程度较高，具有较高的专业领域理论与实践水平。问卷的信度采用 Cronbach 信度分析，第 2 轮 Cronbach $\alpha=0.958>0.8$，说明删除或者修改某些指标以后，研究数据的信度质量进一步提升。使用 Kendall 协调系数检验专家评分的一致性情况，第 2 轮统计结果显示：$W=0.297>0.2$，$X2=387.275（P<0.01）$，说明 22 位专家的评价具有关联性，一致性有所提升。但 Kendall 协调系数介于 0.2~0.4 之间，说明专家评价的一致性程度一般。

表 4-6 　　　　　　　　　　**第 2 轮专家问卷内容效度的 Ca 值（N=22）**

类别	工作实践	理论分析	同行了解	个人直觉
赋值（分）	1	0.6	0.45	0.15
Ca 专家对调查内容的判断依据（人次）	13	13	3	4

表 4-7 　　　　　　　　　　**第 2 轮专家问卷内容效度的 Cs 值（N=22）**

类别	很熟悉	熟悉	比较熟悉	不太熟悉	不熟悉
赋值（分）	1	0.8	0.5	0.2	0
Cs 专家对调查内容的熟悉程度（人）	9	10	3	0	0

（3）第 2 轮专家问卷指标筛选结果

根据第 1 轮专家问卷的反馈结果，笔者对指标进行了修订，在第 2 轮专家问卷调查中确定了体育教育专业学生核心素养指标体系的 4 个一级指标、13 个二级指标和 45 个三级指标构成（见表 4-8）。笔者请 22 位专家根据 Likert5 级评分法对指标进行评分，并对存在问题的指标提出筛选意见和修改建议。第 2 轮指标筛选标准为：指标均数 ≥ 总指标均数 - 标准差，计算结果（4.38）与指标"重要"选项赋值（4 分）中取较低的一个作为界值（界值取 4）；变异系数 ≤ 总变异系数均数 + 标准差（界值取 16.97%）；认可率 ≥ 总认可率均数 - 标准差（界值取 88.31%）。若某项指标达到 3 个标准则直接纳入，达到 1 个或者 2 个标准则需要通过专家意见决定是否纳入，未达到 3 个标准则直接排除。

根据数理统计的指标筛选结果和专家访谈意见，笔者对表 4-8 中有"下画线"的指标进行重点处理，处理方式有直接删除或者进一步修改。那么，就重点对有两个"下画线"的指标与专家交流，再决定具体处理意见。例如，对于"B7 综合育人能力"指标，专家意见大体分为两种：中小学体育教师与高校体育教育专业管理层领导认为，根据政策文件和中小学工作实景，该指标应该存在。在今后中小学"减负"和中考体育、高考体育改革背景下，体育老师应该"多能一专"，毕竟担任班主任或者课后托管等管理性工作任务的机会逐渐增多。但是，高校体育教育专业的任课教师认为应该删除。理由是作为体育教师应该是"一专多能"，就是要重点提升体育领域的知识、技能，尤其是专项运动技术。本研究构建者根据目前师范类专业认证提出"践行师德、学会教学、学会育人、学会发展"的毕业要求，认为应该保留该指标，这也是新时代教师专业发展的新要求。

表 4-8　　　　　　　　**第 2 轮问卷专家评分结果统计表（N＝62）**

体育教育专业学生核心素养指标	平均值	标准差	变异系数（%）	总认可率（%）
A1 思想品质领域	4.955	0.213	4.303	100
A2 专业能力领域	4.818	0.395	8.193	100
A3 基础学习领域	4.727	0.456	9.643	100
A4 自我发展领域	4.636	0.581	12.533	95
B1 理想信念	4.909	0.294	5.994	100
B2 师德师风	4.909	0.294	5.994	100
B3 体育品德	4.955	0.213	4.303	100
B4 体育教学能力	4.955	0.213	4.303	100
B5 课余训练与参赛指导能力	4.682	0.646	13.805	91
B6 体育竞赛组织与管理能力	4.409	0.666	15.108	91
B7 综合育人能力	4.318	0.839	<u>19.423</u>	<u>86</u>
B8 体育教育专业学科知识的掌握	4.727	0.456	9.643	100
B9 运动能力	4.818	0.501	10.400	95
B10 运动促进健康的行为塑造与技能掌握	4.500	0.598	13.280	95
B11 自主管理	4.591	0.590	12.859	95
B12 交流沟通	4.545	0.596	13.108	95
B13 社会参与	4.818	0.395	8.193	100
C1 为国争光	4.273	0.883	<u>20.660</u>	<u>82</u>
C2 职业认同	4.818	0.501	10.400	95

续表

体育教育专业学生核心素养指标	平均值	标准差	变异系数(%)	总认可率(%)
C3 育人情怀	4.955	0.213	4.303	100
C4 践行师德	4.864	0.351	7.222	100
C5 关爱学生	4.955	0.213	4.303	100
C6 注重修养	4.636	0.492	10.620	100
C7 体育精神	4.773	0.429	8.987	100
C8 体育道德	4.909	0.294	5.994	100
C9 体育品格	4.818	0.501	10.400	95
C10 教学设计能力	4.682	0.568	12.130	95
C11 教学实施能力	5.000	0.000	0.000	100
C12 教学评价能力	4.682	0.568	12.130	95
C13 课余训练设计能力	4.500	0.740	16.445	86
C14 课余训练实施能力	4.636	0.658	14.191	91
C15 体育参赛指导能力	4.591	0.666	14.510	91
C16 课余训练与参赛的评价能力	4.500	0.598	13.280	95
C17 竞赛组织工作程序的制定与实施能力	4.500	0.673	14.947	91
C18 体育竞赛现场展示的组织能力	4.409	0.854	19.371	86
C19 裁判员与参赛队伍竞赛管理的实施能力	4.318	0.646	14.968	91
C20 裁判员执裁能力	4.409	0.796	18.062	91
C21 班级管理	4.045	0.575	14.225	86
C22 健康教育	4.409	0.734	16.651	86
C23 体育主题教育活动的组织与实施	4.273	0.703	16.441	86
C24 教育教学基础知识的理解与应用	4.773	0.528	11.072	95
C25 学校体育专业知识的理解与应用	4.682	0.568	12.130	95
C26 运动项目理论知识的应用与分析	4.591	0.666	14.510	91
C27 健康教育基础知识的理解与应用	4.682	0.568	12.130	95
C28 基本运动能力	4.409	0.666	15.108	91
C29 体育表演展示能力	4.500	0.673	14.947	91
C30 专项运动能力	4.545	0.800	17.610	82

续表

体育教育专业学生核心素养指标	平均值	标准差	变异系数(%)	总认可率(%)
C31 体育锻炼兴趣与习惯养成	4.818	0.395	8.193	100
C32 运动康复与保健技能运用	4.455	0.596	13.375	95
C33 体育运动风险防范与处理	4.773	0.429	8.987	100
C34 自主学习与行动	4.773	0.429	8.987	100
C35 自主调控与适应	4.455	0.596	13.375	95
C36 自主评价与反思	4.364	0.790	18.094	91
C37 自主规划与应变	4.364	0.658	15.078	91
C38 口头、书面语言的表达与沟通	4.818	0.501	10.400	95
C39 信息理解与媒体辨析	4.091	0.811	19.829	82
C40 数字化技能运用	4.364	0.848	19.427	86
C41 体育运动肢体语言的表达与传播	4.500	0.598	13.280	95
C42 人际关系与团队合作	4.909	0.294	5.994	100
C43 解决冲突与协商共建	4.682	0.477	10.183	100
C44 社会体育活动参与及责任	4.364	0.902	20.674	91
C45 尊重、理解多元体育文化	4.045	0.844	20.860	77

备注：总认可率=(选择"很重要"的专家数+选择"重要"的专家数)/专家总数×100%。

对于"B12 交流沟通"下属层次"C39 阅读理解与媒体辨析"和"C40 信息咨询、通讯的数字化技能运用"这两个指标，专家意见大体分为两种：中小学体育教师认为应该删除。他们的工作任务就是上体育术科课程，而健康知识部分经常融入运动技术教学之中，不会再单独上理论课程，所以这两个指标工作中很少涉及。但是，大多数高校体育教育专业的任课教师认为应该保留该指标。处于信息时代，无论是普通人还是体育教师都应该具备阅读理解和媒体辨析与数字化技能，尤其是在疫情期间展开的线上体育课教学的情况下，没有数字化教学技能就无法真正上好一堂线上体育课。因此，本研究构建者也认为应该保留该指标。

(4)采用专家访谈法咨询指标修订的再次修订

经历了两轮专家问卷调查，笔者与各位专家进行了多次交流沟通，了解了每一位专家对指标筛选的意见和建议。对指标进行再次修订的时候，面对第2轮指标筛选数理结果与专家建议，笔者依然感觉学生核心素养模型的轮廓忽远忽近、突明突暗，故犹豫不决、尚存疑惑，所以针对指标修订问题再次向专家进一步咨询(见表4-9)。

表4-9　　　　　　第2轮专家问卷调查指标修订相关问题的访谈内容(N=5)

访谈提纲	访谈对象	访谈方式
问题1：您对第2轮专家问卷的总体评价，认为还有哪些突出问题，或者哪些指标还存在问题	(1)WXB，教授，国际级裁判，教龄38年，现任武汉体育学院体育教育学院院长。研究方向：体育教育训练学(体操类教学训练理论与方法)，体育人才学。曾作为中国援外专家担任埃及国家青年体育委员会体育天才学校体操队主教练，担任2008年北京奥运会组委会体育部体操竞赛团队训练主管，还多次担任亚洲体操联合会男子体操教练员培训班授课专家	2022年4月23日上午8：30—9：00武汉体育学院体育教育学院院长办公室面谈
问题2：向专家汇报了目前指标筛选存在的问题，然后针对第2轮专家问卷中存在临界值附近("下画线")的那些指标，谈谈您的处理意见和建议	(2)SYK，教授，博导，北京体育大学体育学博士后，教龄17年，现任河南大学体育学院副院长。研究方向：体育教育训练学(排球)，体育文化学	2022年4月29日19：30—20：00微信语音
随机问题，例如：在您的工作中，您认为目前体育教育专业学生核心素养的培养现状如何？其中哪些学生核心素养指标在课堂教学环节培育较好，哪些做得不好或者忽视了？产生这些问题的原因是什么？有什么好的改进策略	(3)WJ，教授，博导，教龄15年，现任北京体育大学运动人体科学学院运动生理教研室主任。研究方向：运动训练提高人体机能水平的理论研究与实践应用	2022年4月22日18：30—19：00微信语音
	(4)SCX，副教授，国际级裁判，教龄17年，现任沈阳体育学院体育教育学院田径教研室教师。研究方向：体育教育训练学(田径)	2022年5月4日16：00—17：00微信语音
	(5)SP，小学一级，国家级裁判，教龄14年，现任东莞市塘厦镇中心小学体育教师、健美操校队主教练、人事处副处长，东莞市聂武体育名师工作室成员。研究方向：小学体育教育	2022年4月23日19：00—20：00微信语音

针对问题1的回答汇总：第2轮专家问卷整体指标设计比第1轮较为清晰，学生核心素养模型的轮廓已经大体勾勒。从定量角度来说，通过数理统计，根据临界值判断，这些指标几乎都可以纳入，没有大的问题；但是，从定性角度来说，还有一些指标经不起仔细推敲，指标拟定措辞细节不到位，且指标与指标之间的相关关系(递进或并列、重要程度

或时间顺序等)还需要进一步考虑。

针对问题 2 的回答汇总:你所指出的临界值附近的那些指标其实反映了两个潜在的问题。其一,目前中小学体育教师需求现状与高校体育教育专业学生培养规格之间存在矛盾。作为高校育人机构的管理者和体育教育专业的任课教师是否深刻了解目前中小学体育教师一线工作实景,特别是了解最近一次"体育与健康"课程新课标的实施对中小学体育教师质量的新要求。针对新课标的实施,目前体育教育专业师资人才培养应该做出哪些应对措施?中小学教师认为,中小学核心素养导向的课程改革趋势应该引领高校人才培养做出相应的改革措施,我们中小学需要什么样的体育教师,高校就应该培养什么样的人才;而高校老师据固有观念认为,高校人才培养属于高等教育,不应该跟着基础教育的课程改革趋势走,高等教育应该有自己的一套教育改革体系。其二,针对核心素养导向的课程改革,高校体育教育专业人才培养改革何去何从?专家提出,目前是按照师范专业认证所提出"一践行、三学会"(践行师德、学会教学、学会育人、学会发展)的毕业要求展开新一轮的教学改革。所以,对于指标的修订,你主张,你举证。你要对以上两个潜在的问题有所思考,然后根据你的研究主旨做出判断。

针对随机问题的回答汇总:目前,以核心素养为导向的课程改革已然全面展开。但是这项改革并不是局部修改教学元素的某一项,而是以课程体系为中心展开人才培养体系全路径的铺陈。整个人才培养体系的配套改革是一项系统工程,这就注定了需要时间,需要过程,逐步推进。最明显的改变就是从对教学内容的关注转向对学习结果的关注,从对标准化考试的关注转向对复杂情境下心智灵活性的关注。例如,目前我们正在经历本科专业评估、师范专业认证,这些评估活动中都强调"成果导向",注重学生的学习结果。那么,学生发展核心素养的学习结果是什么?教学中如何引导学生产生这些学习结果?这些学习结果又是如何评价的?显然,学生核心素养评价是个有待破解的难题,而且这个难题不是仅仅建立一个评价指标体系就可以完结的事情。从学生核心素养培育环境来讲,课堂教学环节稳步推进改革,属于基础学习领域的这类核心素养指标培育效果良好,但是属于专业能力领域的这类核心素养指标由于实践平台的建设还没有明显突破,所以还有待提升。

根据此次专家访谈,笔者不仅对体育教育专业学生核心素养指标筛选有了更清晰的判断,而且对指标筛选所呈现出来的潜在问题也有了更为深刻的认知。站在评价角度,再次审视学生核心素养模型的各个指标,注意到一个关键点——从建模初始就需要考虑到每项指标所呈现的学习结果是什么。

3. 第 3 轮专家问卷:确定指标排序

根据第 2 轮专家问卷的反馈结果,笔者对指标又进行了修订,确定了该模型的 4 个一级指标、13 个二级指标和 45 个三级指标构成。参与体育教育专业学生核心素养指标体系构建第 3 轮问卷调查专家共计 12 人，其中中小学教师 2 人。在专家遴选方面，笔者是从第 2 轮问卷调查专家中选择效率高、沟通次数较多的专家。第 3 轮问卷调查的主要任务是请 12 位专家根据 T. L. Saaty 教授制定的 1~9 级相对重要性等级表（见表 4-10），对指标进行排序。

表 4-10　　　　　　　　　　　**T. L. Saaty 教授 1~9 级相对重要性等级表**

标度	含义说明
1	表示两因素相比较，具有同样重要的性质
3	表示两因素相比较，一个因素比较另一个因素稍微重要一些
5	表示两因素相比较，一个因素比较另一个因素明显重要一些
7	表示两因素相比较，一个因素比较另一个因素强烈重要一些
9	表示两因素相比较，一个因素比较另一个因素极端重要
2、4、6、8	表示上述标度相邻判断的中间值
倒数	若因素 I 与因素 J 比较判断得 B_{IJ}，则因素 J 与因素 I 比较判断得 $B_{JI} = 1/B_{IJ}$

（三）采用层次分析法计算指标权重值

建立专家问卷原始数据表，使用 SPSS22.0 进行描述性统计分析；使用 SPSSAU（Version 19.0）在线软件进行数据的层次分析。根据专家排序构建判断矩阵，采用层次分析法（AHP）求得每个指标的权重值，计算指标权重。笔者现以 A1 思想品质领域、A2 专业能力领域、A3 基础学习领域、A4 自主发展领域 4 个一级指标权重的确立过程为例（见表 4-11、表 4-12、表 4-13），进行详细说明。

1. 构建指标的判断矩阵

表 4-11　　　　　　**体育教育专业学生核心素养领域指标 A1-A4 的判断矩阵**

A	A1	A2	A3	A4
A1	1	2	3	4
A2	1/2	1	2	3
A3	1/3	1/2	1	2
A4	1/4	1/3	1/2	1

2. 计算判断矩阵的特征向量

表 4-12　　　　体育教育专业学生核心素养领域指标 **A1-A4** 的 **AHP** 层次分析结果

指标	特征向量	权重值	最大特征值	CI 值
A1	1. 863	46. 582%		
A2	1. 109	27. 714%	4. 031	0. 010
A3	0. 644	16. 107%		
A4	0. 384	9. 597%		

3. 对判断矩阵进行一致性检验

首先，计算一致性指标 $CI = \dfrac{\lambda_{max} - n}{n - 1}$；

其次，计算随机一致性比值 $CR = \dfrac{CI}{RI} < 0. 10$。

表 4-13　　　　　　　同阶平均一致性 **RI** 指标

判断矩阵阶数(n)	3	4	5	6	7	8	9
RI 值	0. 52	0. 89	1. 12	1. 26	1. 36	1. 41	1. 46

若判断矩阵满足此条件，即可认为该判断矩阵的一致性是满意的，即由此确定的各元素的单权重是合理的，同阶平均一致性指标 RI 值符合条件(见表 4-14)。

$$CI = \frac{\lambda_{max} - n}{n - 1} = \frac{4. 031 - 4}{4 - 1} = 0. 010$$

$$CR = \frac{CI}{RI} = 0. 010/0. 89 = 0. 012 < 0. 10$$

表 4-14　　　体育教育专业学生核心素养领域指标 **A1-A4** 一致性检验结果汇总

最大特征根	CI 值	RI 值	CR 值	一致性检验结果
4. 031	0. 010	0. 890	0. 012	通过

本次针对体育教育专业学生核心素养领域指标 A1-A4 的 4 阶判断矩阵计算得到的 CR 值为 0. 012<0. 1，说明判断矩阵满足一致性检验，计算所得权重具有一致性。依照此计算过程，可计算出全部指标的权重。

笔者采用专家问卷调查法和访谈法对体育教育专业学生核心素养指标体系中的指标进行筛选，并通过层次分析法计算指标权重值，将指标的定性与定量分析结合起来，确保学生核心素养模型理论构建的合理性。体育教育专业学生核心素养指标体系包括 4 个一级指标、13 个二级指标和 45 个三级指标(见表4-15)，每个指标的权重值代表了它所在的子系统中的重要程度。

表 4-15　　　　**体育教育专业学生核心素养结构层次模型指标权重值(N=62)**

总指标	一级指标	权重	二级指标	权重	三级指标	权重
体育教育专业学生核心素养	A1 思想品质领域	46.582%	B1 理想信念	16.378%	C1 家国情怀	16.378%
					C2 职业理想	29.726%
					C3 育人信念	53.896%
			B2 师德师风	29.726%	C4 践行师德	29.726%
					C5 关爱学生	53.896%
					C6 注重修养	16.378%
			B3 体育品德	53.896%	C7 体育精神	16.378%
					C8 体育品格	29.726%
					C9 体育道德	53.896%
	A2 专业能力领域	27.714%	B4 体育教学能力	46.582%	C10 教学设计能力	25.000%
					C11 教学实施能力	50.000%
					C12 教学评价能力	25.000%
			B5 课余训练与参赛指导能力	27.714%	C13 课余训练设计能力	9.597%
					C14 课余训练实施能力	46.582%
					C15 体育参赛指导能力	27.714%
					C16 课余训练与参赛的评价能力	16.107%
			B6 体育竞赛组织与管理能力	16.107%	C17 竞赛组织程序的制定与实施能力	46.582%
					C18 体育竞赛现场展示的组织能力	16.107%
					C19 裁判员与参赛队伍竞赛管理能力	9.597%
					C20 裁判员执裁能力	27.714%
			B7 综合育人能力	9.597%	C21 班级管理	16.378%
					C22 健康教育	53.896%
					C23 体育主题教育活动的组织与实施	29.726%

总指标	一级指标	权重	二级指标	权重	三级指标	权重
体育教育专业学生核心素养	A3 基础学习领域	16.107%	B8 体育教育专业学科知识的掌握	29.726%	C24 教育教学基础知识的理解与应用	46.582%
					C25 学校体育专业知识的理解与应用	27.714%
					C26 运动项目理论知识的应用与分析	9.597%
					C27 健康教育基础知识的理解与应用	16.107%
			B9 运动能力	53.896%	C28 基本运动能力	16.378%
					C29 体育表演展示能力	29.726%
					C30 专项运动能力	53.896%
			B10 运动促进健康的行为塑造与技能掌握	16.378%	C31 体育锻炼兴趣与习惯养成	53.896%
					C32 运动康复与保健技能运用	16.378%
					C33 体育运动风险防范与处理	29.726%
	A4 自主发展领域	9.597%	B11 自主管理	29.726%	C34 自主学习与行动	46.582%
					C35 自主调控与适应	27.714%
					C36 自主评价与反思	9.597%
					C37 自主规划与应变	16.107%
			B12 交流沟通	16.378%	C38 口头、书面语言的表达与沟通	46.582%
					C39 信息理解与媒体辨析	9.597%
					C40 数字化技能运用	16.107%
					C41 体育运动肢体语言的表达与传播	27.714%
			B13 社会参与	53.896%	C42 人际关系与团队合作	46.582%
					C43 解决冲突与协商共建	27.714%
					C44 社会体育活动参与及责任	16.107%
					C45 尊重、理解多元体育文化	9.597%

二、体育教育专业学生核心素养指标体系的结构层次

为了进一步说明层次的递阶结构和因素的从属关系，笔者将各指标分类、分层，用框图形式排列。以体育教育专业学生核心素养指标体系的一级指标(4 个)、二级指标(13 个)的结构层次为例，建立系统结构图(见图 4-8)。

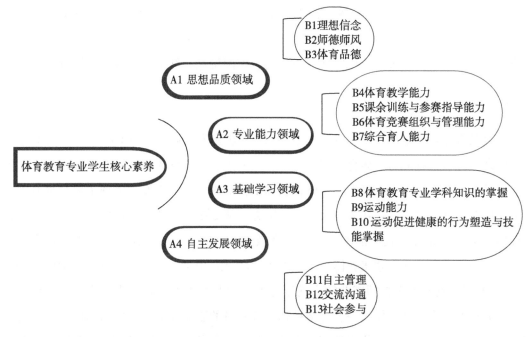

图 4-8　体育教育专业学生核心素养指标体系的结构层次

(一)思想品质领域

体育教育专业学生核心素养指标体系中 A1 思想品质领域(46.582%)包括理想信念、师德师风和体育品德 3 个二级指标,主要从国家层面、职业层面和个体层面展开,体现了体育教育专业学生情感、态度与价值观的形成与塑造。从 2010 年《国家中长期教育改革和发展规划纲要(2010—2020 年)》①提出的"德育为先、能力为重"到 2014 年《教育部关于全面深化课程改革落实立德树人根本任务的意见》②落实党的十八大报告中强调的"立德树人",以及 2020 年教育部《高等学校课程思政建设指导纲要》③提出的全面推进课程思政建设是落实立德树人根本任务的战略举措,构建全程全方位的育人大格局,让所有高校、教师、课程都承担好育人责任,这些政策都在强调培养德智体美劳全面发展的社会主义建设

---

①　中华人民共和国教育部．国家中长期教育改革和发展规划纲要(2010—2020 年)[EB/OL]．(2010-07-29)[2021-01-20]．http：//www. moe. gov. cn/jyb _ xwfb/s6052/moe _ 838/201008/t20100802 _ 93704. html.

②　中华人民共和国教育部．教育部关于全面深化课程改革落实立德树人根本任务的意见[EB/OL]．(2014-04-08)[2020-11-20]．http：//www. moe. gov. cn/srcsite/A26/jcj _ kcjcgh/201404/t20140408 _ 167226. html.

③　中华人民共和国教育部．教育部关于印发《高等学校课程思政建设指导纲要》的通知[EB/OL]．(2020-05-28)[2021-05-06]．http：//www. gov. cn/zhengce/zhengceku/2020-06/06/content_5517606. htm.

者和接班人，必须"德行为先"。特别是在当前国际复杂形势下，面临世界百年未有之大变革，学生思想品质的培育成为育人和育才的核心点，尤其是要培育学生践行社会主义核心价值观，传承中华优秀传统文化脉络，形成具有中国特色、红色基因的思想品质。

(二)专业能力领域

体育教育专业学生核心素养指标体系中 A2 专业能力领域(27.714%)包括体育教学能力、课余训练与参赛能力、体育竞赛组织与管理能力、综合育人能力 4 个二级指标，主要从体育教育专业学生未来从事中小学体育教师工作的真实情境出发，体现了体育教育专业学生在体育教学、训练、竞赛等方面的专业能力。从 2020 年《关于全面加强和改进新时代学校体育工作的意见》①提出的配齐配强体育教师、开齐开足体育课、强化学校体育教学训练、健全体育竞赛和人才培养体系等要求到 2021 年《中学教育专业师范生教师职业能力标准(试行)》②提出的对教师职业能力的新标准，这些政策都在强调当今作为一名体育教师应该关注的工作重点、作为一名合格教师应该具备的职业能力。特别指出的是，体育教育专业的培养目标首先要定位于教育工作者，然后才是体育教育工作者，③ 所以体育教师在综合育人方面应体现出"以体育智、以体育人"的特色。

(三)基础学习领域

体育教育专业学生核心素养指标体系中 A3 基础学习领域(16.107%)包括体育教育专业学科知识的掌握、运动能力、运动促进健康的行为塑造与技能掌握 3 个二级指标，主要围绕体育教育专业学生应该掌握的基础知识、基础技能等，体现了体育教育专业学生在学科知识的掌握、运动技能、健康行为等方面的基础建构。体育教育专业学生的课程体系是由体育类与教育类两个主板块组成，"体"是指学生应该掌握体育专业知识和技能，"教"是指学生应该具备教育工作者的行业属性。学生只有基础学习扎实，才可以为后续体育教师专业发展蓄势待发。

---

① 中国政府网. 中共中央办公厅国务院办公厅印发《关于全面加强和改进新时代学校体育工作的意见》和《关于全面加强和改进新时代学校美育工作的意见》[EB/OL]. (2020-10-15)[2020-10-17]. http://www.gov.cn/zhengce/2020-10/15/content_5551609.htm.

② 中华人民共和国教育部. 教育部办公厅关于印发《中学教育专业师范生教师职业能力标准(试行)》等五个文件的通知[EB/OL]. (2021-04-02)[2022-01-05]. http://www.moe.gov.cn/srcsite/A10/s6991/202104/t20210412_525943.html.

③ 季浏. 进一步深化高校体育教育专业改革[N]. 中国教育报，2014-02-24(012).

(四)自主发展领域

体育教育专业学生核心素养指标体系中 A4 自主发展领域(9.597%)包括自主管理、交流沟通、社会参与 3 个二级指标，主要从终身学习的角度看待个体发展、个体与社会团体互动，体现了体育教育专业学生整合个人发展与社会适应成为合格公民的特质。从 1995 年国务院颁布的《全民健身计划纲要》①指出全面提高国民体质和健康水平，构建面向大众的体育健身服务体系；到 2014 年国务院印发的《关于加快发展体育产业促进体育消费的若干意见》②提出营造重视体育、支持体育、参与体育的社会氛围，并将全民健身上升为国家战略；再到 2016 年国务院印发的《"健康中国 2030" 规划纲要》③指出提高全民身体素质，完善全民健身公共服务体系，广泛开展全民健身运动，加强体医融合和非医疗健康干预等，这些政策的实施必定扩展了体育在社会生活中的功能与作用，将为体育教育专业学生扩展更为广阔的工作领域。

三、体育教育专业学生核心素养与表现标准的映射关系

(一)学生核心素养是架接教育目标与课程标准的重要枢纽

目前，世界上多数国家都在用核心素养来具体化教育目标，而且基于核心素养研制课程标准已蔚然成风。从宏观层面来讲，核心素养实际上已成为连接教育目标与课程标准的重要枢纽(见图 4-9)，④ 体现出新时代教育目标的具体内涵。其实，核心素养是一种理论构想，对素养指标的内涵、结构层次以及相互关系进行学理分析和论证；同时，也是课程标准的内在逻辑，传达出内容标准与表现标准等要素设计与实施的技术诉求。如果没有核心素养，教育目标将是一种抽象、美好的海市蜃楼，无法被传达与实施；课程标准也将失去方向无法落实教育目标，从而导致国家所需要的人才培养规格在学科教育中也无法显现。

体育教育专业学生核心素养的重要作用就是衔接教育目标与课程标准(内容标准和表现标准)，使抽象的教育目标通过明确核心素养的结构层次、行为表现和发展水平形成一

---

①　中共中央国务院. 全民健身计划纲要[EB/OL]. (1995-06-20)[2023-01-22]. http：//www.scio. gov. cn/xwfbh/xwbfbh/wqfbh/2015/33862/xgzc33869/Document/1458253/1458253. htm.

②　中共中央国务院. 国务院关于加快发展体育产业促进体育消费的若干意见[EB/OL]. (2014-10-20)[2023-01-22]. http：//www. gov. cn/zhengce/content/2014/10/20/content_9152. htm.

③　中共中央国务院. "健康中国 2030" 规划纲要[EB/OL]. (2016-10-25)[2023-01-22]. http：//www. gov. cn/zhengce/2016/10/25/content_5124174. htm.

④　钟启泉，崔允漷. 核心素养与教学改革[M]. 上海：华东师范大学出版社，2017：16.

个多层级、具体化的育人目标体系，为统领和规范体育教育专业本科学段学生学业质量提供重要的依据。该育人目标体系①可以分为顶层的"教育目的"、中层的"学科育人目标"、底层的"课程教学目标"，将国家人才培养的教育标准在育人目标体系中层层体现出来。从课程与教学层面来讲，以学生核心素养为导向引领相对抽象的课程目标，可以弥补"三维目标"割裂的问题，促进教学模式与学习方式的变革，创建基于核心素养的新型学业质量标准观。

图 4-9 学生核心素养的枢纽作用

（二）学生核心素养指标体系为研制表现标准提供分析框架

核心素养作为一种类概念，会形成有逻辑性的层次网络模型即核心素养的指标体系。其中每一项指标（目标信息）都是对个人发展和社会所需新型人才整体形象（源信息）类比推理的映射，体现了特定时代（信息时代）不同地域文化的烙印。从学生核心素养和表现标准的关系来讲，学生核心素养指标体系中每一个指标都会有对应的表现标准，因此会形成一个与学生核心素养指标体系结构层次相对应的表现标准体系。而且，由于学生核心素养指标体系处于一种连续发展的动态，指标所对应的表现水平也会呈现出阶段性特征。也就是说，学生核心素养指标体系不仅影响了表现标准体系外在的结构层次，而且会影响表现标准体系中表现水平、表现样例的呈现。因此，体育教育专业学生核心素养指标体系的构建就成为表现标准研制中最为重要的先导环节，为研制表现标

---

① 钟启泉，崔允漷．核心素养研究［M］．上海：华东师范大学出版社，2018：43.

准提供了一种分析框架。

(三)表现标准是描述学生核心素养发展水平的规范化证据

从本质来讲，表现标准是核心素养的具体化，与课程内容相结合，从学生学习结果的角度描述不同阶段学生学业质量发展水平和特征。① 对于体育教育专业学生核心素养的表现标准来说，通过表现情境、表现水平、表现样例等将抽象的学生核心素养指标进行具体化的表现描述，凸显了学生核心素养发展水平由低级到高级的序列化学习轨迹，为判断学生核心素养发展状态提供有效证据。所以说，基于表现标准的学生核心素养评价是通过对学生学习结果的质性表述和样例呈现描述出核心素养发展水平的综合性评价。它改变过去以内容标准为主线只关注知识点和标准答案的现状，建立以学生发展核心素养为主线关注学习结果的评价体系，其特点是"以证据为中心"取代了以往"以知识点为中心"的评价方式，从而使核心素养变得可操作、可测量、可评价。

另外，从作为有效学习结果的证据来看，核心素养指标与表现标准的映射关系并非一一对应。因为核心素养指标与行为表现之间的关系比较复杂，一种核心素养指标可能会有多种行为表现，或者一种行为表现也可能体现出多种核心素养指标，所以在研制表现标准时一定要尽其可能收集多方面、多类型的证据，以免出现"盲人摸象"的后果。还需要特别注意的是，学生核心素养会受到表现情境的影响，只有在同一情境下收集到的证据才具有可比性。

---

① 汪晓赞，何耀慧，尹志华. 基于核心素养的高中体育与健康学业质量阐释、构成与超越[J]. 成都体育学院学报，2021，47(1)：32-40.

本 章 小 结

　　本章以"从学习结果界定未来人才形象"为逻辑起点，依据构建者应秉持"度之以远事，验之以近物，参之以平心"的操作原则与时代性、专业性、系统性、发展性的指标筛选原则，采用以"需求—功能"模式为主、以"文化—心理结构"模式和"全息—层次"模式为辅的思路构建体育教育专业学生核心素养指标体系。该体系包括 A1 思想品质领域、A2 专业能力领域、A3 基础学习领域、A4 自主发展领域 4 个一级指标，13 个二级指标和 45 个三级指标。随后，简要剖析体育教育专业学生核心素养与表现标准的映射关系，指出学生核心素养是衔接教育目标与课程标准的重要枢纽，该体系的构建成为表现标准研制中最为重要的先导环节，为研制表现标准提供一种分析框架；而表现标准则是学生核心素养发展水平的规范化证据，凸显了其由低级到高级的序列化学习轨迹。

第五章　循证视角下体育教育专业学生核心素养的表现标准体系构建

从学生核心素养评价角度来看，依据第四代评估理论"以证据为中心"的测评框架清晰描述了学生模型与证据模型的相关关系，而在本书中体育教育专业学生核心素养与表现标准也呈现出这样的映射关系。在学生核心素养的测评框架中，学生模型是明确测量的目标与内容，即体育教育专业学生核心素养指标体系；证据模型主要是详细描述学生在具体任务情境中具有什么样的表现才可以反映所要测量的核心素养指标，就是说每一项学生核心素养指标都需要提交可能产生的学生学习结果。其实，表现标准作为规范化学习结果，是经过证据合成后带有一定理想化色彩描述学生核心素养发展水平的标准化证据。

从证据文化内涵来看，表现标准研制与实施的过程隐藏着以证据为中心的"证据文化"构建过程。这种"证据文化"渗透在证据的收集与制作、创建与合成、解析与应用、存储与共享的每个环节，改变了依赖个人主观经验和直觉判断进行的思想和行为活动。本章立足于本土教育环境，借鉴循证实践理论中证据的处理方式解决表现标准研制的证据质量问题，尝试从呈现框架、循证程序和证据支持3个方面探索体育教育专业学生核心素养的表现标准体系，为促进本土表现标准理论与实践的发展铺垫基石，也为推动"证据文化"的本土化改良传播进行初步探索。

第一节　体育教育专业学生核心素养表现标准的呈现框架

一、体育教育专业学生核心素养表现标准的呈现方式

通过对表现标准的分类与构成以及中美体育领域表现标准的相关论述，为体育教育专业学生核心素养表现标准的呈现方式提供了理论基础与实践经验。目前，国外表现标准的呈现方式有美国的能力水平案例例证模式、英国的跨年级连续性尺度模式和加拿大的分年

级成就图模式 3 种典型模式。① 本书借鉴美国的能力水平案例例证模式,从表现标准与核心素养的映射关系出发,建立体育教育专业学生核心素养水平进阶模式,以锚定表现标准、年级水平表现标准和教学单元表现标准 3 类为例,解析体育教育专业学生核心素养表现标准的呈现方式,旨在服务于课程与教学层面。

(一)锚定表现标准

锚定标准(Anchor Standards)提供了一种概括性的标准。体育教育专业学生核心素养锚定表现标准反映了该专业学生核心素养整体发展水平,属于终结性标准,相当于毕业标准或者初级体育教师标准。其呈现方式为"学生核心素养指标(二级)+表现描述+表现水平"(见表5-1)。表现水平的划分出于判断是否符合毕业标准,所以设置"合格"一个等级即可。

表 5-1   体育教育专业学生核心素养的锚定表现标准呈现框架

体育教育专业学生核心素养的锚定表现标准					
释义:					
学生核心素养指标			表现描述		表现水平
一级指标	释义	二级指标	学习目标	学习成果	合格
A1 思想品质领域		B1 理想信念			
		B2 师德师风			
		B3 体育品德			
A2 专业能力领域		B4 体育教学能力			
		B5 课余训练与参赛指导能力			
		B6 体育竞赛组织与管理能力			
		B7 综合育人能力			
A3 基础学习领域		B8 体育教育专业学科知识的掌握			
		B9 运动能力			
		B10 运动促进健康的行为塑造与技能掌握			
A4 自主发展领域		B11 自主管理			
		B12 交流沟通			
		B13 社会参与			

---

① 杨向东. 基础教育学业质量标准的研制[J]. 全球教育展望,2012(5):32-41.

(二)年级水平表现标准

年级水平表现标准提供了一种按照大学年级划分的进阶性标准。体育教育专业学生核心素养年级水平表现标准反映了该专业学生每一个年级核心素养发展水平，并呈现层次递进、难度递增的进阶性特点。其呈现方式为"学生核心素养指标(三级)+表现水平+表现描述"(见表 5-2)。表现水平的划分直接按照大学四年年级段进行划分，分为一级(大学一年级)、二级(大学二年级)、三级(大学三年级)、四级(大学四年级)4 级表现水平。

表 5-2　　　　　　　**体育教育专业学生核心素养的年级水平表现标准呈现框架**

体育教育专业学生核心素养的年级水平表现标准						
释义：						
学生核心素养指标			表现水平(一～四级)与表现描述			
			年级水平学习成果			
一级指标	二级指标	三级指标	一级	二级	三级	四级
A1 思想品质领域	B1 理想信念	C1 家国情怀 C2 职业理想 C3 育人信念				
	B2 师德师风	C4 践行师德 C5 关爱学生 C6 注重修养				
	B3 体育品德	C7 体育精神 C8 体育品格 C9 体育道德				
A2 专业能力领域	B4 体育教学能力	C10 教学设计能力 C11 教学实施能力 C12 教学评价能力				
	B5 课余训练与参赛指导能力	C13 课余训练设计能力 C14 课余训练实施能力 C15 体育参赛指导能力 C16 课余训练与参赛的评价能力				
	B6 体育竞赛组织与管理能力	C17 竞赛组织程序的制定与实施能力 C18 体育竞赛现场展示的组织能力 C19 裁判员与参赛队伍竞赛管理能力 C20 裁判员执裁能力				
	B7 综合育人能力	C21 班级管理 C22 健康教育 C23 体育主题教育活动的组织与实施				

续表

学生核心素养指标			表现水平(一 ～ 四级)与表现描述			
一级指标	二级指标	三级指标	年级水平学习成果			
			一级	二级	三级	四级
A3 基础学习领域	B8 体育教育专业学科知识的掌握	C24 教育教学基础知识的理解与应用				
		C25 学校体育专业知识的理解与应用				
		C26 运动项目理论知识的应用与分析				
		C27 健康教育基础知识的理解与应用				
	B9 运动能力	C28 基本运动能力				
		C29 体育表演展示能力				
		C30 专项运动能力				
	B10 运动促进健康的行为塑造与技能掌握	C31 体育锻炼兴趣与习惯养成				
		C32 运动康复与保健技能运用				
		C33 体育运动风险防范与处理				
A4 自主发展领域	B11 自主管理	C34 自主学习与行动				
		C35 自主调控与适应				
		C36 自主评价与反思				
		C37 自主规划与应变				
	B12 交流沟通	C38 口头、书面语言的表达与沟通				
		C39 信息理解与媒体辨析				
		C40 数字化技能运用				
		C41 体育运动肢体语言的表达与传播				
	B13 社会参与	C42 人际关系与团队合作				
		C43 解决冲突与协商共建				
		C44 社会体育活动参与及责任				
		C45 尊重、理解多元体育文化				

可能的证据来源：

(三)教学单元表现标准

教学单元表现标准提供了一种按照教学单元划分的具体性标准，一般会围绕一个主题教学内容进行设计，被称为"主题教学单元"。其呈现框架可以根据主题实际需要，对表现标准中表现水平、表现描述、表现样例等构成要素进行灵活组合。例如，体育教育专业核心素养教学单元表现标准反映了该专业学生在课程教学单元中核心素养发展水平，相当于形成性标准，呈现出可评性、可测性特点。其呈现方式为"学生核心素养指标(三级)+表现水平+表现描述+表现样例"（见表 5-3）。

表 5-3　　　　　　　**体育教育专业学生核心素养的教学单元表现标准呈现框架**

体育教育专业学生核心素养教学单元表现标准

B4 体育教学能力

释义：

表现水平	表现描述			表现样例		
	学生核心素养指标 B4 体育教学能力			范例	证据	评价
	C10 教学设计能力	C11 教学实施能力	C12 教学评价能力			
1 级						优（91~100）
2 级						良（81~90）
3 级						中（71~80）
4 级						差（60~70）
5 级						劣（60 以下）

可能的证据来源：

表现水平的划分出于对核心素养指标评价的需要，分为 1~5 级，分别对应评价等级名称为"1 级（优）、2 级（良）、3 级（中）、4 级（差）、5 级（劣）"。表现样例分为范例、证据与评价三个部分：范例是以往学生的学习成果，为证据判断提供参考尺度；证据是所获得的目前学生学习成果，评定者可以收集多种类型的证据；评价是对各种证据进行价值判断，确定学生核心素养指标发展水平。其实，教学一线的教师最常用的是"表现水平+表现样例"这种呈现方式，因其直观、简洁，方便操作。

二、体育教育专业学生核心素养表现标准的构成要素

体育教育专业学生核心素养表现标准的构成要素主要包括学生核心素养指标、表现水平、表现描述和表现样例等。这些要素从不同方面描述学生学习结果，使抽象、复杂的学生核心素养可以全息呈现，为学生核心素养的培育提供了清晰的目标。

（一）学生核心素养指标

根据体育教育专业学生核心素养与其表现标准之间的映射关系，体育教育专业学生核心素养指标体系为表现标准呈现提供了分析框架，即每一项学生核心素养指标都会有对应

的表现水平、表现描述语和表现样例。

(二)表现水平

表现水平是对学生核心素养发展程度的界定，其表现层级及其名称一般是根据评价的目的与需要决定的。如果是认证需要，只要设定一个合格水平即可；如果是区分学生学业质量，一般情况下将其划分为 3～5 级较为常见。例如，美国表现标准常用基础(Basic)、熟练(Proficient)、高级(Advanced)3 级表现水平，我国《普通高中体育与健康课程标准(2017 年版 2020 年修订)》[①]中体育与健康学科核心素养按照 5 级表现水平划分，《义务教育体育与健康课程标准(2022 年版)》[②]中体育与健康学科课程目标按照 4 级表现水平划分。

本书对于体育教育专业学生核心素养的锚定表现标准可以采用"合格"表现水平，只设定一个合格水平直接对齐毕业标准(见表 5-1)；年级水平表现标准对照大学四年年级段，分为一级(大学一年级)、二级(大学二年级)、三级(大学三年级)、四级(大学四年级)的年级进阶式的 4 级表现水平(见表 5-2)；教学单元表现标准则针对课堂评价需要，比较灵活，可以分为 3～5 级。例如，如果分为 5 级表现水平(见表 5-3)，分别对应评价等级的名称为"1 级(优)、2 级(良)、3 级(中)、4 级(差)、5 级(劣)"。

(三)表现描述语

以往，表现标准中的表现描述是根据内容标准直接进行分解的。表现标准的研制者是以学科知识体系和线索为中心来表述学生学习结果，主要是从学生掌握"知识点"的程度来撰写表现描述语。这种表现标准与内容标准保持高度匹配，表现标准的目标取向就是对内容标准的掌握程度和质量描述。[③] 而目前，表现标准的研制者主要是从学生学习结果的角度对不同阶段学生核心素养不同维度所达成的表现水平进行具体描述。[④] 对于表现描述语的撰写有很多种方法，课程与教学层面较为常用的有分解核心素养和分解课程目标两种思路。但是，无论采用哪种方法，都需要先构建学生核心素养模型。运用这两种方法撰写表现描述，关键要把握：(1)核心素养指标要具备可评性，这意味着每一项核心素养指标所

① 中华人民共和国教育部.普通高中体育与健康课程标准(2017 年版 2020 年修订)[S].北京：人民教育出版社，2020：93-96.

② 中华人民共和国教育部.义务教育体育与健康课程标准(2022 年版)[S].北京：北京师范大学出版社，2022：7-9.

③ 赵广涛.小学体育学业评价的价值取向——评价与课程标准一致性研究[J].河南教育学院学报(自然科学版)，2010，19(2)：77-80.

④ 汪晓赞，何耀慧，尹志华.基于核心素养的高中体育与健康学业质量阐释、构成与超越[J].成都体育学院学报，2021，47(1)：32-40.

对应的具体学习结果一定要能够被测量、被评价；（2）核心素养指标要具备发展性，这意味着同一项核心素养指标所对应的具体学习结果可以体现出不同的表现水平；（3）核心素养指标要具备实证性，这意味着每一项核心素养指标所对应的具体学习结果可以在复杂情境中实际表现出来，而不是理想状态下的理论构想或偶然闪现的小概率事件。另外，需要慎重考虑如何用精准的语言描述各个表现水平的学生学习结果，这是难点。

1. 分解核心素养

从分解核心素养这种思路来撰写表现描述语，常用的有演绎法与归纳法。演绎法的思路是由上而下，先分解体育教育专业学生核心素养指标，将指标所包含的核心概念作为关键词；再结合内容标准中某一教学主题，直接描述核心素养指标的表现水平。归纳法的思路是由下而上，先分解体育教育专业学生核心素养指标；再从学生学习结果中提取相关表现水平的典型特征，结合内容标准中某一教学主题撰写表现描述语；最后，总结出各个表现水平的描述语并进行修改、完善，也可以补充学生实际学习结果的表现样例，使各个层级表现水平的区分度显而易见。

2. 分解课程目标

从分解课程目标这种思路来撰写表现描述语，前期是从教育目标—核心素养—课程目标开始理顺逻辑起点的。首先，根据所构建的课程总目标，按照核心素养一级指标分解出课程子目标；其次，根据课程子目标，描述其在学科主题或内容相关的任务情境中所产生的学习目标与学习结果；最后，根据学习结果的表现水平特征，总结出对应表现水平的描述语，并再次根据学生实际学习结果进行验证、反复修改。

(四)表现样例

通过表现水平的划分和表现描述语的撰写，我们可以从文字上大体了解学生核心素养的表现标准。如果可以附上表现样例，那么便为理解表现标准提供了更为直观的参考点，为表现标准在课堂教学中的应用提供了快捷方式。本研究以循证视角出发，受到"基于证据的方法（From Z to A：Using Validity Evidence）"[①]操作启示，"以证据为中心"强调证据在表现标准研制中的重要作用，在收集学生学习结果进而提炼有效证据的基础上，关注表现水平的描述与外部证据的高度关联。这种方法的优点是利用所积累的学生学习结果形成证据链，不仅可以描述某一时间段某一群体学生的静态表现，而且还可以由一届学生的证据模型推衍出下一届学生的学习进度或者发展潜力，形成一个动态数据集群，不仅可以评价

---

① Gregory J. Cizek. Setting performance standards：Foundations, Methods, and Innovations[M]. 2nd ed. New York and London：Routledge, 2012.

当下学生核心素养发展的现状，还可以预测学生核心素养发展的潜力。但是，这种方法的缺点是需要长期积累学生学习结果，数据收集、整理、提炼的工作量非常大，最终导致表现标准的研制周期较长。

1. 表现样例的来源

表现样例的来源主要有两个方面：一个方面是学生日常学习表现，即学生按照课程教学大纲和教案要求完成教师布置的各类作业以及各类标准化测试项目(期中考试、期末考试以及资格考试)的测试结果，可以从中直接选择符合各个表现水平的典型样例。另外一个方面是通过创设复杂情境而产生的表现样例，即表现标准研制者需要创设特定复杂情境和表现性任务，通过特定复杂情境下学生问题解决的行为表现来获得学生是否具备相关核心素养的证据。

2. 表现样例的筛选

表现样例的筛选要注意以下问题：(1)表现样例的包容性。这个样例可以代表该表现水平上几乎所有学生的表现特征，而不是择优而录。(2)表现样例的差异性。不同表现水平的样例之间具有明显差异。(3)表现样例的公平性。注意伦理与公平，即这个样例对于同类学生不存在任何歧视或者伤害学生自尊。

第二节 体育教育专业学生核心素养表现标准研制的循证程序

一、体育教育专业学生核心素养表现标准研制的参照程序

从循证视角来看，体育教育专业学生核心素养表现标准的研制程序本质上就是循证教育实践的操作流程。循证教育实践必须有证可循、依证实践，[①] "以证据为中心"搭建起理论研究与实践经验的交融平台，将最佳证据与专业智慧高效整合应用于教育决策评估。体育教育专业学生核心素养表现标准的研制需要通过复杂情境下学生问题解决的行为表现来获得学生是否具备相关核心素养的证据，也就是说要从大量的学生学习结果中提炼出与学生核心素养表现水平相对应的有效证据，最终形成规范化的学习结果——表现标准。所以，表现标准研制的整个程序其实就是追寻最佳证据的过程。笔者现借鉴循证实践理论，以循证医学与循证社会科学为例，对其经典的循证程序进行简析，为体育教育专业学生核心素养表现标准研制的循证程序提供参照。

---

① 胡晓玲，柳春艳. 循证教育学概论[M]. 北京：中国社会科学出版社，2021：17-19.

(一)循证医学的创证用证程序

循证医学采用的是"创证用证"的科学决策，在循证过程中非常重视证据的收集与制作、表达与存储、评估与决策。"创证"是指生产和获得证据的过程，"用证"是指使用最佳证据指导决策的过程。[①] 这其实就是循证医学的循证程序。在实际操作中，证据按照现存方式分为"有证"与"无证"两种，两者的循证程序略有不同。

1. 有证查证用证

由于医学科学的严谨性，确保了现有文献中存在大量足以作为"证据"的信息以及共享的循证医学数据库。"有证查证用证"是一个非常典型的证据处理流程，充分利用现有的各种来源、各种类型、各种级别的证据，通过筛选原则与方法，提炼出最佳证据进行评估，而后制定决策。例如，医生针对病人的病情，利用全部来源的证据，通过证据筛选原则确立最佳证据；然后结合病人的意愿，制定医疗决策。这个就是医生在查询现有证据资料的基础上，利用这些证据制定病人医疗方案的过程。

2. 无证创证用证

由于医学科学的探索性，总会遇到一些疑难杂症或者医疗技术、药物等创新发展的需求导致并没有现存的有效证据的情况。"无证创证用证"是循证实践解决现实问题中遇到的一种特殊情况，指对于尚没有可靠证据的现实问题，可以提出假设并通过进一步的调查或者实验研究收集证据，积累原始证据。例如，医生针对病人的病情并没有查到现存的可靠证据，就需要对该问题相关的所有干预措施和研究结果进行全面检索，展开统计分析制作系统评价；或者展开实验研究验证假设，从实验研究中获得新的证据。这就是医生为了解决问题而实施的一个"创证"过程。

(二)循证社会科学的系统评价流程

循证社会科学以"证据"为核心基础，通过社会科学领域最佳证据的生产、转化和应用，促进循证实践和科学决策。其中，系统评价是生产和转化高质量证据的重要研究方法。系统评价(Systematic Review，SR)是指按照一定的纳入标准，广泛收集关于某一方面问题的所有相关研究，对纳入的研究进行严格的偏倚风险和证据质量评估，将各研究结果进行定量合并分析或定性客观评价，以对该问题进行系统总结的一种证据综合的研究方

---

① 刘晓燕，王一平. 循证设计——从思维逻辑到实施方法 [M]. 北京：中国建筑工业出版社，2016：79.

法。① 该方法根据社会学科的研究领域与问题，分为定量系统评价和定性系统评价。

1. 定量系统评价流程

定量系统评价(Quantitative Systematic Reviews)是指针对某一具体问题，全面收集所有已发表和未发表的相关研究，采用 Meta 分析对同类研究数据进行合并分析的一种二次研究类型。② 其具体操作流程(见图 5-1)为：(1)问题构建。要明确欲解决的研究问题，并按照该研究问题的关键因素制定相应的边界界定。(2)制定纳入和排除标准。要预先设定研究合格标准，例如受试人群、干预措施等。(3)文献检索与筛选。主要是数据库的选择和检索式的制定。(4)证据评价。为了保证纳入研究的真实性和可靠性，要进行偏倚风险评估。(5)资料提取和数据收集。为保证研究资料提取和收集的完整性和质量，研究团队应由 2 名研究者同时并独立进行，然后通过商讨或者第三方评价解决分歧。(6)结果分析与解释。根据纳入研究异质性程度，最终结果可以采用定性分析(描述性总结)和定量分析(Meta 分析)进行报告撰写。

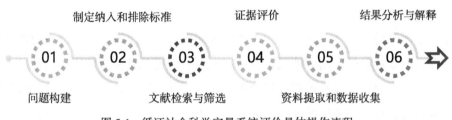

图 5-1　循证社会科学定量系统评价具体操作流程

2. 定性系统评价流程

定性系统评价(Qualitative Systematic Reviews)是指针对某一具体问题，经过系统检索后纳入符合标准的定性研究，并通过客观评价、综合分析得出结论的一种研究类型。③ 其具体操作流程(见图 5-2)为：(1)问题构建。按照常用模型，对研究对象、研究内容、研究设计、评价内容、研究类型等要素进行设定。(2)文献检索与筛选。主要是数据库的选择和检索式的制定。(3)证据评价。主要是对研究目的、研究方法、研究设计等方面进行偏倚风险评估，尽可能找出风险的来源并分析其对系统评价结果的影响。(4)资料提取和

---

① 杨克虎，李秀霞，拜争刚. 循证社会科学研究方法：系统评价与 Meta 分析[M]. 兰州：兰州大学出版社，2018：3.

② 杨克虎，李秀霞，拜争刚. 循证社会科学研究方法：系统评价与 Meta 分析[M]. 兰州：兰州大学出版社，2018：14-19.

③ 杨克虎，李秀霞，拜争刚. 循证社会科学研究方法：系统评价与 Meta 分析[M]. 兰州：兰州大学出版社，2018：20-32.

数据收集。需要特别注意的是，定性研究中的证据多用文字描述个人行为或经验，所以应注意提取方法的选择。（5）证据合成。在这点，定性与定量系统评价存在明显的差别，主要是具有特定的证据合成方法，例如主题综合法（Thematic Synthesis）、Meta-民族志（Meta-ethnography）、批判地解释性整合（Critical Interpretive Synthesis，CIS）等。（6）结果分析与解释。根据定性系统评价报告指南要求以描述性的语言进行表达。

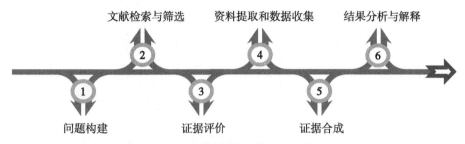

图 5-2　循证社会科学定性系统评价具体操作流程

二、体育教育专业学生核心素养表现标准研制的循证程序构成要素

笔者借鉴循证医学和循证社会学的循证程序，并根据本研究特点设计了体育教育专业学生核心素养表现标准研制的循证程序。其构成要素主要包括问题构建、证据创建、证据合成、证据解析、决策制定、实践验证六要素（见图 5-3）。这些要素充分回应了从循证视角出发建立起的清晰脉络，按照"提出问题—创证用证—遵循证据—应用实践—后效评价"的逻辑思路设计的表现标准研制程序。该循证程序在具体实施过程中，并非要求每一次循证实践都必须包括这六个要素及其方法路径；而是要根据研究问题的具体特点，选取相应的要素及其方法路径形成组合方案，并且在实际应用中以证据为中心循环往复地运行。

（一）问题构建

问题构建这个部分要重点说明研究对象与研究内容。本研究确立研究对象的关键词为"表现标准"，且进一步将研究对象的范围限制在"体育教育专业""学生核心素养"；研究的主要内容是"体育教育专业学生核心素养的表现标准"，从体育教育专业学生核心素养表现标准的理论构建与应用实践展开；从研究类型上讲属于定性研究，所以在研究方法的选择上会较多涉及访谈法、问卷调查法、观察法等。

（二）证据创建

证据创建这个部分最重要的是采用什么类型的研究方法进行资料提取和数据收集。根

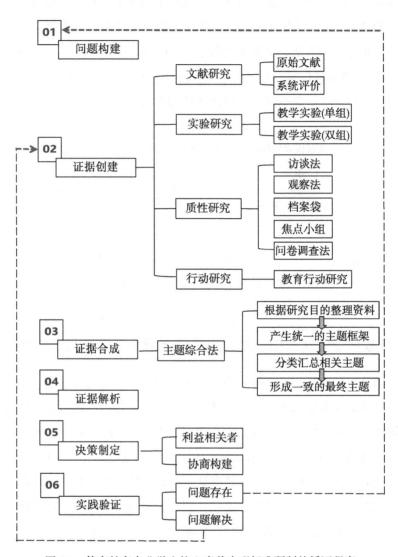

图 5-3　体育教育专业学生核心素养表现标准研制的循证程序

据研究问题的特性，创建证据可以采用一种方法路径，方便快捷解决研究问题；也可以同时采用几种方法路径，从不同途径获得多样化的证据，从丰富的证据中提升对研究问题理解的通透性。其中循证教育学常用的原始研究方法有实验研究、质性研究和行动研究，二次研究方法有系统评价和 Meta 分析。① 本书在体育教育专业学生核心素养的锚定表现标准研制中，拟采用质性研究的方法；在体育教育专业学生核心素养的教学单元表现标准研制中，拟采用行动研究的方法。

---

① 胡晓玲，柳春艳. 循证教育学概论［M］. 北京：中国社会科学出版社，2021：133-149.

(三)证据合成

证据合成这个部分最重要的是采用什么合成方法对所收集的证据进行条理性、结构化的归纳整理。本研究主要采用主题综合法,以归纳、理解、分析的主观思维为主,根据体育教育专业学生核心素养指标体系中的指标对所对应的证据进行归纳整理。该方法的优点是清晰确定主题,兼顾多样化的证据,便于研究者综合。特别是对于学生核心素养的表现标准来讲,由于核心素养所体现的是知识、能力和价值观三维的综合,因此证据所体现的往往不是单一维度。所以,对于证据的归纳整理要依赖于专家或者研究者的经验及主观考量。研究者可以进行充分且全面的思考,从而得到更加立体的表现标准表达。

(四)证据解析

证据解析这个部分最重要的是整理出证据合成后的最终结果,并对每个主题所表达的含义或关系进行解析。本研究主要采用描述性的语言表达建立体育教育专业学生核心素养等的表现标准体系。对于学生核心素养的表现标准来说,研究者除了直观描述,还可以尝试挖掘不同核心素养指标以作为分主题之间的内在联系——包括共性、相关性或相似性,使各个层级之间表现标准的相关关系显性呈现。而研究者在解析过程中,如果可以达到从描述性语言表达到分析性语言表达的递进,加深对证据与表现标准映射关系的理解,或许可以产生新观点或者新解释。

(五)决策制定

决策制定这个部分最重要的是对建立起来的体育教育专业学生核心素养的表现标准体系初稿进行修订。依据第四代评估理论,本研究对该表现标准体系的修订是在征求利益相关者的基础上进行的协商构建,使作为科学研究程序所产生的技术理性成果可以带有人本主义的温度。特别是对于学生核心素养的表现标准,以后作为学生核心素养评价的质性工具,要将国家的教育目标、学校的课程目标、教师的教学目标、学生的学习目标、家长的期望目标、用人单位的考核目标汇聚一体,体现出表现标准在各个社会领域具有的不同功能与作用。

(六)实践验证

实践验证这个部分最重要的是制定实践验证的方案,在教学实践中去验证表现标准的效度。一般情况下,实践验证会产生两种结果:(1)如果研究问题存在,说明经过教学实践学生核心素养指标与其对应的表现标准并不符合,那么根据失败原因需要构建一个新的研究问题，再次进入问题构建环节。（2）如果问题解决，那么该表现标准就可以作为新证据纳入循证教育学数据库，成为新晋有效证据。由此，问题构建—系统论证—实践验证—新问题再构建的循环往复就充分体现了循证程序的特点。

三、体育教育专业学生核心素养表现标准研制程序的实施困境

根据本研究特点设计的体育教育专业学生核心素养表现标准研制中"理想状态"的循证程序，其本质就是遵循最佳证据解决问题的过程。所谓"理想状态"的循证程序，从理论上来讲，就是不受证据现实存在条件或者其他因素的限制，都可以通过这个程序所呈现的一种或几种方法路径排列组合所构成的解决方案完成对研究问题的探索。但是，以国内表现标准的证据存在条件来看，这种理想状态的循证程序并不能在本书中完整实现。目前，体育教育专业学生核心素养表现标准研制程序存在着一定的现实困境：首先，证据缺失。从文献研究角度，根据前文研究综述发现，国内以"表现标准"为独立研究主题的研究成果在数量和质量上并不能满足系统评价文献筛选的要求；而虽然国外表现标准的研究成果在数量与质量上可以满足系统评价的要求，但其表现标准的内容并不适应国内教育环境。其次，循证数据库的缺失。除了原始文献外，国内也没有循证教育学数据库可以提供与表现标准相关的系统评价以作为二次研究证据。所以文献研究中系统评价这种方法路径暂时没有办法实现，只有在教学实验研究、质性研究和行动研究中寻找突破口。

但是，现实的这些困境并不能阻碍对表现标准研制程序的理想化设计与未来发展趋势的预判。笔者坚信，即使是现在没有证据条件去实施的方法路径，也一定会随着表现标准研究的深入而逐步完善。这样的预判来自以下动因：首先，教育信息化的突飞猛进已然渗入到教育的各个领域和课堂的每个角落，各类型各层级教育信息的处理转化、学生学习结果的证据呈现等都将迎来新的面貌。证据的处理方式有了信息技术的加持，极大地助力成果导向教育理念的实施可以"有证可循、依证实践"。尤其是促进了基于证据的教育研究同时折射出的实证主义取向的科学研究和人文主义取向的质性研究，[①] 从量化与质性不同层面丰富核心素养的表现标准研究。其次，大数据时代国内循证教育学数据库的建设也会像循证医学数据库一样从无到有，直至为世界上更多的研究者提供有效证据，达到证据的共享与传播。例如，美国的有效教育策略信息交流中心（What Works Clearinghouse，WWC）[②] 和英国的政策与实践信息协调证据中心（The Evidence for Policy and Practice Information and

---

① 阎光才. 对英美等国家基于证据的教育研究取向之评析[J]. 教育研究，2014，35(2)：137-143.

② 杨文登. 循证教育学理论及其实践——以美国有效教学策略网为例[J]. 宁波大学学报(教育科学版)，2012，34(2)：5-10.

Coordinating Centre，EPPI)都获得其政府支持并在"基于证据"的教育政策研究与教育行业循证实践中得到充分的认可,[1] 其范式已走在国际前列。

第三节 体育教育专业学生核心素养表现标准研制的证据支持

证据支持是循证实践获得成功的根本保证。循证医学和循证社会学都会有自己的循证实践数据库,数据库中的循证证据体系会有一套科学化的操作规则,既有利于研究者规范纳入有效证据,又有利于研究者便捷使用证据。本书借鉴循证实践理论中对证据的处理方式,立足于本土教育环境,尝试建立课程与教学层面适用的结构化证据支持系统,为体育教育专业学生核心素养表现标准的研制提供高质量证据保证,也为推动"证据文化"的本土化改良传播进行初步探索。

一、证据支持的原则

(一)实践性

证据必须经过实践的检验。初始证据无论是来源于研究者的理论构建,还是实践者的实践经验,都需要经过实践验证以确保其质量。循证实践理论提出"遵循最佳证据"做出决策,那么什么样的证据才是"最佳证据"？对本研究来讲,最佳证据就是体育教育专业学生核心素养所呈现出来的学习结果,通过它们可以提炼出学生核心素养的表现标准。

(二)针对性

证据必须针对所构建的研究问题与研究方法。研究者通过问题构建这个环节,明确研究对象与研究内容以及研究类型,抓住研究问题的核心,采用适当的研究方法获得证据。研究问题是"因",证据是"果",无论证据是定量的数据还是定性的描述语,都必须真实、客观反映研究问题。对本研究来讲,通过这些证据提炼的表现标准可以对应体育教育专业学生核心素养指标体系中的每一项指标。

(三)情境性

证据必须产生于特定情境之中。证据不会孤立存在,每个证据都会有自己产生的特定

---

[1] 洪成文,莫蕾钰."基于证据"教育政策研究的评估与整合——以英国 EPPI 与美国 WWC 的经验为例[J].新疆师范大学学报(哲学社会科学版),2015,36(6):121-127.

环境。要探究其在特定情境中所附带的信息，这才是证据的价值。可以说每一种证据就是一张拼图，若干张拼图才可以拼凑出完整答案。这就意味着证据可以从不同角度反映研究问题。对于本研究来讲，体育教育专业学生核心素养本身所具备的情境性就决定了必须考虑证据提取时的情境，这样才可以保证从同一情况这些证据中提炼出来的表现标准可以描述学生核心素养的各个维度。

(四)复制性

证据必须在同一创建条件下重复出现且呈现相同、相似的特点。如果只是偶尔出现一次，那么需要反思下这种小概率事件发生的真正原因是什么？证据不仅仅是对显性信息的提炼和总结，也包括对隐性信息的外在表达，例如深植于内心的情感、态度和价值观等，但这些证据的提取具有很大的难度。在统一创建条件下，有的证据不能重复出现，那就说明该证据不属于有效证据。对于本研究来讲，体育教育专业学生核心素养所呈现的学习结果可以在同一情境中重复出现，那么这样的学习结果才是反映核心素养达成度比较稳定的有效证据。

二、证据的信息来源

证据是可以获得的事实或者信息的集合，其关键特征是可获得性和有效性。在循证实践理论中，证据的信息来源可以分为三类：第一类是理论研究成果。主要包括原始文献和系统评价的二次研究。第二类是现实实践经验。例如循证医学中的临床试验、循证社会学中的质性研究、循证教育学中的行动研究等。第三类则是理论研究与实践经验的结合。可以先从理论研究寻找相关线索，然后通过实践去验证；也可以先实践产生证据，然后再进行比较和判断。实际上，前两类比较简便实用，适合在微观层面上为课程与教学中表现标准研制提供证据支持；而第三类耗时较长，比较适合在宏观层面上为锚定表现标准研制提供证据支持。

证据的信息来源范围和涉及内容非常广泛，通常在信息收集过程中，可以围绕一个主题或者在几个分主题的统领下逐层展开。针对体育教育专业学生核心素养的表现标准研制，其证据的信息来源围绕学生核心素养模型这个主题主要分为：其一，学生学习行为表现与学习结果。其二，教师教学行为表现与绩效评价。其三，学校教学管理者与教学督导专家的课程观察与教学评价。其四，学校教务管理系统的数据库和教育网络平台。目前，随着教育信息技术的普及与线上线下混合式教学模式的应用，大量教育网络平台为教师的教学与学生的学习提供了更多的信息表达与存储的空间。除了传统的纸质类型的证据，大量的电子文件、视频、音频等电子信息类型的证据出现，为学生核心素养的表现标准研制提供了丰富、鲜活的直接证据。

三、证据的收集方法

(一)通过文献研究获得的信息

在循证实践理论中，原始文献和系统评价是最常见的重要证据。各个研究领域循证数据库的建设，为这些证据提供了存储空间与共享平台，并且对于通过文献研究获得的信息形成了规范化的证据处理方式，方便即时更新数据库中的证据源。在通过文献研究获得信息的时候，最为关键的是文献数据库的选择与信息检索方法的应用。这些会影响到通过文献研究获得的信息的质量。本书通过原始文献研究，了解了体育教育专业学生核心素养表现标准相关研究的概貌，为学生核心素养表现标准的理论构建与研制开发提供了前期研究基础。但是很遗憾，由于国内有关表现标准的独立主题原始文献质量不能达到系统评价的纳入标准，目前笔者还无法采用系统评价为本研究提供有效证据。

(二)通过实验研究获得的信息

在循证实践理论中，循证医学较多采用干预组与对照组探讨干预措施的效果，通过医学临床试验或者医院疾病的典型病例获得相关信息。在循证教育学中，教学实验常用的有单组前后测设计的实验模式、双组前后测设计的实验模式和所罗门四组设计的实验模式。[①] 在通过实验研究获得信息的时候，最为关键的是制定纳入和排除标准，尤其是要考虑受试人群、干预措施等一系列指标；另外，还有通过证据评价对不同试验类型采取不同的偏倚风险评估工具。在本书中，因为是对体育教育专业学生核心素养的表现标准进行的初次探索，之前并未存在该类学生核心素养的表现标准的有关教学实验研究，所以笔者目前无法通过实验研究为本研究提供有效证据。

(三)通过质性研究获得的信息

质性研究的特点是研究者在自然真实的情境下采用多种资料的收集方法对社会现象进行整体性的探究。[②] 这样既保证了研究情境的真实性，又使研究者在与研究对象的互动中能体会到不易觉察的信息，从而提高了研究的效度。本书在体育教育专业学生核心素养的锚定表现标准研制中，拟采用质性研究以获得学生核心素养学习结果的相关信息。质性研

---

① 胡晓玲，柳春艳．循证教育学概论[M]．北京：中国社会科学出版社，2021：140.
② 陈向明．质的研究方法与社会科学研究[M]．北京：教育科学出版社，2000：12.

究获得信息的方法很多，例如常用的访谈法、观察法、档案袋实物收集、焦点小组、问卷调查法等。在通过质性研究获得信息的时候，研究者需要注意研究问题与研究方法的适配性，可以采用一种方法，也可以采用多种方法，确保信息的真实、丰富。另外，还需要注意在分析这些信息的时候，无论是运用解释性分析还是反思性分析，研究者都要保持中立的态度，力求客观公正。

(四)通过行动研究获得的信息

循证教育学中常采用教育行动研究获得信息。教育实践者在实践情境中不断进行探索和反思，着力于解决教育实践问题，改进教育工作，提高行动质量。本书在体育教育专业学生核心素养的教学单元表现标准研制中，拟采用行动研究获得学生核心素养学习结果的相关信息。在行动研究实施过程中，最关键的是行动方案的制定与实施，要注重"行动"与"反思"。教育实践者作为行动方案的操作者，需要结合教育实践具体问题、行动目标以及自身知识、经验在实践中检验行动方案的可行性，不断反思遇到的困难、找到需要改进的地方，最终获得一个可执行的改进方案。

四、证据的合成方法

证据的合成方法有很多种。本研究主要采用主题综合法，根据体育教育专业学生核心素养指标体系中的指标对所对应的证据进行归纳整理。主题综合法的关键步骤为：首先，根据研究目的整理所收集的证据，归纳、整理形成不同的主题类别；其次，产生统一的主题框架，由描述性主题发展到分析性主题，每一级主题都代表了形成主题的阶段性过程；再次，分类汇总相关主题，其具有概括性和针对性的特点，为产生新观点或者新解释提供支持；最后，形成一致认可的最终主题。主题综合法的关键步骤体现了"三级诠释"（描述性主题—分析性主题—最终主题)的主题形成思路，为学生核心素养表现标准的研制提供条理性、结构化的证据合成方法。

五、证据的分级分类

(一)证据分级

证据的内涵可以从两个方面理解："证"是合乎逻辑的推理，"据"是事实。证据的收集、处理方式不同导致了证据对决策所产生的价值不同，所以需要对证据进行分级处理。在循证实践理论中，循证医学除了提出遵循最佳证据的原则这一贡献之外，还提出了经典的金字塔证据分级标准，为循证医学数据库纳入标准化的证据样例提供保证。随后，循证社会学、循证教育学等也根据自身研究特点以及证据现实状况，参考循证医学金字塔证据分级标准制定了自己的证据分级标准。例如，2002年，美国国家研究院提出了判断教育研究质量的证据分级（见图5-4），其中一级证据的级别为最高级别，五级证据的级别为最低级别。① 目前，循证教育学研究中也提出了若干种证据分级标准，一种是类似循证医学的金字塔证据分级，另外一种是根据具体研究问题自创的证据分级。总体来讲，国内还没有公认的、权威的符合中国教育特色的证据分级标准。② 因为循证教育学不可能像循证医学一样，使证据做到科学、客观的标准化，就像社会科学很难做到像自然科学一般完全科学化、客观化，所以循证教育学的证据分级问题至今仍然是一个悬而未决的科研命题。

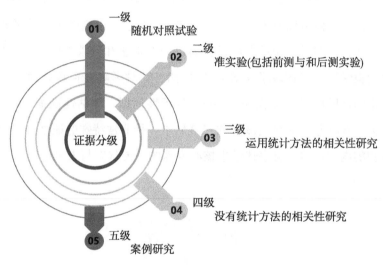

图5-4　循证教育学中针对判断教育研究质量问题的证据分级

在本书中，笔者从前期文献综述就发现，表现标准研究存在有效证据匮乏、证据级别不高、证据不完整等问题。究其根本原因，在传统的教学实践中，相关人员缺乏教学证据的取证、制证、存证、用证等证据意识，以致符合我国教育环境和教学规律的"证据文化"尚未形成。在循证教育学中，教师与学生、教育研究者、教育管理决策者都是以证据为中心，形成一个可持续积累、实践、改进的教育共同体。所以，对循证教育证据的标准化研究是非常有必要和有价值的。

① 任维平，程京艳，马莉，等．大学英语循证教学法［M］．北京：清华大学出版社，2013：80.
② 任萍萍，李鑫．循证教育研究：缘起、困境、体系框架与实施建议［J］．中国电化教育，2021（12）：33-39.

(二)证据分类

在循证实践理论中，证据的分类就是根据证据的性质、特点、用途等属性特征，按照一定的原则和方法建立相应的类别标准。[①] 证据的分类标准很多，按照证据的处理次数来说，分为原始研究证据与二级研究证据(系统评价)；按照证据的传播渠道来说，分为正式公开发表、灰色文献(会议论文、学位论文和内部资料等)、在研证据、网上信息等；按照证据收集的研究类型与研究方法来说，分为文献研究、实验研究、质性研究、行动研究及其具体研究方法；按照证据的存储类型来说，分为原始证据开发库、系统评价证据库、高端智库。另外，还有直接按照研究问题进行分类的。例如，针对大学英语循证教学法这类微观教学问题，按照主体可以分为以学生为主体的教学法、以教师为主体的教学法、教学双方并重的教学法；按照教学侧重点可以分为综合教学法和分项教学法(口语教学法、听力教学法、阅读教学法、写作教学法等)。[②] 再如，针对影响教育政策制定这类宏观研究问题，按照证据的性质可以分为描述性证据、分析性证据、评估性证据、预测性证据(见图 5-5)。[③] 其实，本研究的主题"表现标准"就属于一种非常特殊的证据，可以从描述—分析—评价—预测的内在逻辑思路表述学生核心素养的发展状态与未来趋势。

图 5-5 循证教育学中针对影响教育政策制定问题的证据分类

① 刘晓燕，王一平. 循证设计——从思维逻辑到实施方法[M]. 北京：中国建筑工业出版社，2016：132.

② 任维平，程京艳，马莉，等. 大学英语循证教学法[M]. 北京：清华大学出版社，2013：33-48.

③ 张琦. 遵循循证原则制订教育政策[J]. 中国教育学刊，2007(7)：11-15.

六、证据的样例结构

证据的样例没有固定、标准的统一结构，一般是根据循证数据库系统评价报告中涉及资料条目(信息来源、提取等)或证据总结的要求进行撰写。在本书中，笔者在明确的问题引导下，围绕体育教育专业学生核心素养模型中每个指标对应的表现标准研制进行证据收集，以体育教学能力为例说明证据的样例结构(见表5-4)。

表5-4　　**体育教育专业学生核心素养的表现标准研究证据样例结构举例**

证据条目	证据子条目	具体内容
证据描述	证据标题	体育教育专业学生核心素养指标体系——B4 体育教学能力
	证据关键词	C10 教学设计能力
	证据分级	循证教育学-五级(案例研究)
	证据分类	通过行动研究获得证据，属于描述性证据
	证据具体内容	学生撰写的教案(可以采用文字、图片、表格等多种方式表达，然后按照一定的评价等级填写)
		优　××××××
		良　××××××
		中　×××××
		差　×××××
		劣　×××××
证据创建描述	证据创建者简介	任课教师×××，电邮：×××××××@ qq. com
	证据创建情境	专项理论与实践课程的课堂模拟教学情境
	证据创建时间、地点	20××年×月×日，××××××学校学习通网络教学平台
	证据应用情况	学期教学能力培养评价等级划分的依据

本 章 小 结

　　本章从呈现框架、循证程序和证据支持 3 个方面解析了体育教育专业学生核心素养表现标准体系作为一种标准化"证据"的框架结构、研制程序和处理方式。(1)借鉴国际框架构建了体育教育专业学生核心素养表现标准的呈现框架，采用锚定表现标准、年级水平表现标准和教学单元表现标准 3 种呈现方式，其构成要素主要包括学生核心素养指标、表现水平、表现描述语和表现样例。(2)以循证医学的创证用证程序和循证社会科学的系统评价流程为参照，构建了体育教育专业学生核心素养表现标准研制的循证程序，包括问题构建—证据创建—证据合成—证据解析—决策制定—实践验证 6 项构成要素，并简析了该循证程序的实施困境。(3)借鉴循证实践理论中证据处理方式，立足于本土教育环境，构建了体育教育专业学生核心素养表现标准研制的证据支持系统，提出了实践性、针对性、情境性、复制性的证据支持原则，并对证据的信息来源、收集方法、合成方法、分级分类和样例结构进行具体说明，为体育教育专业学生核心素养表现标准的研制提供高质量证据保证，也为推动"证据文化"的本土化改良传播进行初步探索。

第六章　循证视角下体育教育专业学生核心素养表现标准的研制案例

体育教育专业学生核心素养指标体系与其表现标准体系的构建完成了对循证视角下体育教育专业学生核心素养表现标准的理论探索。本章将目光聚焦于体育教育专业学生核心素养表现标准的案例开发之中，尝试在课程与教学层面研制体育教育专业学生核心素养的本土化表现标准。本章主要以宏观层面的锚定表现标准与微观层面的教学单元表现标准为例，探索研制中可能遇到的问题与解决方法。试图展现体育教育专业学生核心素养表现标准从学校课程实施的锚定表现标准到单元表现标准的直观图，为表现标准的本土化研制提供案例。

第一节　体育教育专业学生核心素养锚定表现标准的研制案例

一、体育教育专业学生核心素养锚定表现标准研制的前期设计

(一)锚定表现标准研制的定位

体育教育专业学生核心素养锚定表现标准一般需要在国家层面进行研制，类似于《体育与健康课程》中学业质量标准的研发规模与配置。但是，鉴于目前我国表现标准本土化研制的理论基础与实践经验较为薄弱，本书希望通过尝试在学校范围内研制表现标准，呈现出可能遇到的现实问题与解决方案，为表现标准后续的本土化研制提供可参考的实践案例。基于研究边界的限制，笔者将本书中体育教育专业学生核心素养锚定表现标准定位为基于课程与教学取向下，重点服务于学生核心素养的课堂评价，可以在校级层面课程与教学范围内应用。

(二)锚定表现标准研制的目的

《W学院体育教育专业本科人才培养方案(2018年版)》历经4年实施周期(2018年9月至

2022 年 6 月），完成了体育教育专业 2018 级学生的培养全过程，积累了大量的人才培养实践经验。2022 年 5 月，W 学院对 2018 年版培养方案的执行情况进行回顾与总结，继续贯彻"学生中心、产出导向、持续改进"的教学理念，为新一轮本科人才培养方案(2024 年版)的修订做好前期调研。借此时机，笔者展开对 W 学院体育教育专业学生核心素养锚定表现标准的研制工作。其主要目的为：(1)为学生核心素养课堂评价提供质性评价工具；(2)贯彻"产出导向"，明晰学生核心素养发展水平所呈现的学习结果特征；(3)倡导表现标准在课堂教学中的应用。总之，要想在课堂教学中真正落实学生发展核心素养，就要在课堂主题单元的教学情境中基于教育目标与内容标准研制更为细化的各层级表现标准，使学生发展核心素养按照教育目标、课程目标、教学目标、学习目标逐级达标。

(三)锚定表现标准研制的组织

常规操作下，体育教育专业学生核心素养锚定表现标准研制的组织构架应由国家教育部门召集组建，由体育教育领域权威专家和一线教师组成核心研发组，由其他利益相关者均有代表形成工作组，形成团队研制的专门性工作组织。参考最新版《体育与健康课程》的研发时间应该在 2 年左右，其间要经历大规模全国体育教育专业人才培养相关问题的调研、研发组撰写初稿、工作组评议审核与修订、区域教育实践验证与反馈、再次修订等基本程序。

基于本书作为专著的限制，该锚定表现标准的研制由笔者个人承担。笔者在 W 学院承担日常教学、竞赛和人才培养相关工作，为锚定表现标准的研制提供了调研的机会。研究表现标准的初心就是希望核心素养的表现标准可以在课程与教学层面中得以广泛应用。虽然它不是万能通用的表现标准完美模板，但是其研制与实践应用一定要"从学生中来，到学生中去"，与教师、学生的教学活动紧密结合。

(四)锚定表现标准描述对象的选择

限于个人研究条件，锚定表现标准描述的重点对象为笔者所带体育教育专业 2018 级健美操(专修)的 13 组(13 人)和 14 组(12 人)，共计 25 人，调研时间范围为 2018 年 9 月—2022 年 6 月；普通对象为笔者所带体育教育专业健美操(选修)的 5 个班(2017～2021 级)，共计 100 人，调研时间范围为 2018 年 9 月—2022 年 12 月。

二、体育教育专业学生核心素养锚定表现标准研制的循证程序

体育教育专业学生核心素养锚定表现标准的研制所采用的循证程序是按照问题构建—证据创建—证据合成—证据解析—决策制定—实践验证 6 个具体步骤展开，探索每个步骤

可能遇到的问题与解决方法，从而引发对锚定表现标准研制的反思。

（一）问题构建

1. 明确研究对象

体育教育专业学生核心素养锚定表现标准。

2. 构建研究内容

在问题构建部分，首先要确定学生模型，然后根据学生模型析出具体研究内容为：体育教育专业学生核心素养指标体系中 A1 思想品质领域、A2 专业能力领域、A3 基础学习领域、A4 自主发展领域 4 个一级指标，13 个二级指标所映射的表现标准。

3. 判断研究类型

锚定表现标准的研制偏向于定性研究，多采用文献研究法、访谈法、问卷调查法、观察法等对证据进行提炼，通过表现描述语体现出证据的整体概括性。

（二）证据创建

1. 通过文献研究获得信息

通过知网检索期刊（检索时间 2023-02-09），得到以下信息：（1）主题词为"表现标准"的文献数量 56 篇，均与本研究无直接关联，所以无法使用系统评价。（2）主题词为"体育教育专业、核心素养"的文献数量 45 篇，主要涉及核心素养模型[①]、核心素养培育[②]、课程与教学改革[③]、评价[④]等方面。从这些文献中，我们可以深入理解体育教育专业学生核心素养指标体系（见表 6-1）与培育情况。（3）采用体育教育专业学生核心素养指标体系中的二级指标作为主题词进行检索，例如，针对 B4 体育教学能力，主题词为"体育教育专

---

① 李承伟，姚蕾. 基于扎根理论的我国中学体育教师核心素养结构模型构建[J]. 北京体育大学学报，2019，42（10）：117-127，156.

杨丹，王华倬. 职前体育教师核心素养模型构建与探析[J]. 高等教育研究学报，2017，40（2）：34-41.

② 卢光保. 高校体育教育专业学生核心素养培育研究——基于人的现代化理论视角[J]. 体育研究与教育，2020，35（4）：55-59.

王丹，沈友青. 体教融合视域下体育教育专业核心素养培养的 PDCA 周期研究——以湖北第二师范学院体育教育专业为例[J]. 湖北第二师范学院学报，2021，38（5）：86-89.

尹志华，刘皓晖，侯士瑞，等. 核心素养时代体育教师专业发展的挑战与应对——基于《义务教育体育与健康课程标准（2022 年版）》的分析[J]. 体育教育学刊，2022，38（4）：1-9，95.

③ 李蕾，杜晓红，都成凤. 基于学生核心素养发展的体育教育专业课程与教学改革研究[J]. 武术研究，2021，6（8）：153-156.

④ 常志利. 关于体育教育专业核心素养及评价方法的思考[J]. 体育科技文献通报，2018，26（2）：89-90.

业、教学能力"的核心期刊文献数量为 89 篇，主要涉及教学能力①、教育实习②和教学改革与人才培养③等方面。从这些文献中，我们可以深入理解体育教育专业学生教学能力的结构(见表 6-2)与培育情况。

表 6-1　　　　　　　　体育教育专业学生核心素养指标体系证据样例举例

证据条目	证据子条目	具 体 内 容
证据描述	证据标题	基于扎根理论的我国中学体育教师核心素养结构模型构建
	证据关键词	核心素养模型
	证据分级	循证教育学-五级(质性研究)
	证据分类	通过文献资料法、扎根理论、问卷调查法获得证据，属于描述性证据
	证据具体内容	我国中学体育教学核心素养结构模型包括职业信念、专业知识与能力、运动技能、反思与自我发展以及工作与生活管理 5 个维度共 23 个要点
证据创建者描述	证据创建者简介	李承伟、姚蕾(北京体育大学)
	证据创建情境	理论构建
	证据创建时间、地点	《北京体育大学学报》2019，42(10)
	证据应用情况	明晰中学体育教师核心素养价值取向与主要内容

---

① 张娜，赵国华.体育教育专业学生教学能力系统的结构与培养[J].广州体育学院学报，2016，36(1)：117-120.

练碧贞，王新龙，李辉.高等体育院校体育教育专业篮球方向毕业生教学能力现状及培养对策研究[J].北京体育大学学报，2014，37(5)：92-97.

张海灵.高师体育教育专业篮球必修课学生基本教学能力培养的实验研究[J].首都体育学院学报，2010，22(5)：58-61，65.

刘根发.普通高校体育教育专业学生教学能力评价指标体系的构建[J].成都体育学院学报，2008，150(5)：92-94.

② 董国永，卓贞梅，李健，等.新加坡体育教育专业师范生教育实习体系研究[J].成都体育学院学报，2021，47(6)：74-81.

陈旭晖，刘善德.体育教育专业教育实习存在的问题及对策研究——以上海体育学院体育教育专业10级学生为例[J].山东体育科技，2014，36(6)：99-103.

③ 戴俊，刘跃，汪庆波.师范类专业认证背景下体育教育专业术科教学改革与实践——以盐城师范学院为例[J].体育学刊，2023，30(1)：112-117.

汪庆波，戴俊，柴伟丽.教师资格证"国考"下地方院校体育教育专业人才培养研究[J].体育学刊，2021，28(6)：98-104.

马卉君，马成亮，姚蕾.我国中小学体育教师专业性的逻辑起点与路径重构[J].北京体育大学学报，2019，42(6)：89-98.

刘桦楠，季浏.我国高校体育教育专业足球专修课程改革的思考——基于复合型足球师资的培养导向[J].北京体育大学学报，2017，40(3)：79-85.

表 6-2 　　　体育教育专业学生核心素养指标体系 B4 体育教学能力证据样例举例

证据条目	证据子条目	具 体 内 容
证据描述	证据标题	体育教育专业学生教学能力系统的结构与培养
	证据关键词	教学能力
	证据分级	循证教育学-五级(质性研究)
	证据分类	通过文献资料法、专家问卷调查法等获得证据,属于描述性证据
	证据具体内容	体育教育专业学生教学能力系统的结构包括设计能力、组织能力、讲解示范能力、创新能力、评价能力 5 个维度共 21 个要素
证据创建者描述	证据创建者简介	张娜、赵国华(宁波大学)
	证据创建情境	理论构建
	证据创建时间、地点	《广州体育学院学报》2016,36(1)
	证据应用情况	为体育教育专业学生教学能力培养提供路径

2. 通过质性研究获得信息

在体育教育专业学生核心素养的锚定表现标准研制过程中,笔者借用在 W 学院日常教学、竞赛和人才培养相关工作的机会(见表 6-3),主要采用访谈法、观察法、档案袋实物收集、焦点小组、问卷调查法等获得学生核心素养发展水平的相关信息。

表 6-3 　　　锚定表现标准研制涉及的相关工作活动安排(2022 年 5—12 月)

时间	具体活动安排
2022 年 5 月 17 日	W 学院师范类专业认证工作推进会,向各课程负责人提出要根据《体育教育专业(师范)本科人才培养方案(中学教育第二级)》进行体育教育专业本科课程教学大纲(2022 年版)的修订工作
2022 年 5 月 18 日	W 学院体育教育专业本科健美操(专修)课程教学大纲(2022 年版)修订小组会议(健美操教研室第 1 次撰写小组会议)
2022 年 5 月 25 日	W 学院教务处开展《W 学院本科人才培养方案(2018 年版)》执行情况与修订建议工作调研会(健美操教研室)
	W 学院体育教育专业本科健美操(专修)课程教学大纲(2022 年版)修订小组会议(健美操教研室第 2 次撰写小组会议)
2022 年 5 月 26—28 日	《W 学院本科人才培养方案(2018 年版)》执行情况与修订建议工作 3 次学生调研(调研对象为 6 名体教 2018 级学生)

续表

时间	具体活动安排
2022 年 6 月 1 日	W 学院体育教育专业本科健美操（专修）课程教学大纲（2022 年版）修订小组会议（健美操教研室第 3 次撰写小组会议）
2022 年 9 月 7 日	W 学院体育教育专业本科健美操（专修）课程教学大纲（2022 年版）修订小组会议（健美操教研室第 4 次撰写小组会议）
2022 年 10 月 6 日	依据教务处教学质量评估与监控中心《W 学院本科专业评估方案（2022 年修订）》汇总教师工作与学生培养信息（数据采集范围为 2021 年 9 月 1 日—2022 年 8 月 31 日）
2022 年 10 月 12 日	W 学院体育教育专业本科健美操（专修）课程教学大纲（2022 年版）修订小组会议（健美操教研室第 5 次撰写小组会议）
2022 年 10 月 19—20 日	W 学院体育教育专业健美操（专修）毕业论文指导工作（体教 2019 级 14 人）
2022 年 10 月 26—27 日	W 学院体育教育专业健美操（专修）毕业论文指导工作（体教 2019 级 14 人）
2022 年 11 月 9 日	W 学院体育教育专业健美操（专修）课程教学大纲（2022 年版）修订小组会议（健美操教研室第 6 次撰写小组会议）
2022 年 11 月 12 日	教务处组织 W 学院学生教学技能竞赛（指导学生参赛）
2022 年 11 月 16—17 日	W 学院体育教育专业健美操（专修）毕业论文指导工作（体教 2019 级 14 人）
2022 年 11 月 23—24 日	W 学院体育教育专业健美操（专修）毕业论文指导工作（体教 2019 级 14 人）
2022 年 12 月 7 日	W 学院党员教师家校协同行动电话访谈（访谈对象为 2 名 22 级硕士研究生及其家长，该生源本科为体教 18 级学生）

（1）访谈法

① 在 2022 年 5—11 月，W 学院展开了体育教育专业本科课程教学大纲（2022 年版）修订工作。其中，笔者作为体育教育专业健美操（专修）课程教学大纲 2012 年版、2018 年版、2022 年版的主笔人，借此次机会与参会教务管理者、指导专家、撰写小组同事就与培养方案、教学大纲配套的表现标准研制进行深度交流、访谈，面对面征求专家对表现标准初稿的意见。

②在 2022 年 5 月底，W 学院教务处开展《W 学院本科人才培养方案（2018 年版）》执行情况与修订建议工作调研。笔者作为体育教育专业 2004 级、2006～2012 级、2015 级、2018 级、2022 级健美操（专修）任课教师，负责撰写体教 2018 级健美

操（专修）课程人才培养问题的调研报告，并面对面 3 次征求体教 2018 级学生 6 人对表现标准初稿的意见。

③在 2022 年 10—11 月，笔者借用体育教育专业 2019 级健美操（专修）毕业论文指导工作的机会，面对面 4 次征求体教 2019 级学生 14 人对表现标准初稿的意见。

④在 2022 年 12 月，笔者利用 W 学院党员教师家校协同行动进行电话访谈，征求 2022 级硕士研究生 2 人（该生源本科为体教 2018 级学生）及其家长 2 人对体育教育专业人才培养质量的意见（见表 6-4）。

表 6-4 　　　　体育教育专业学生核心素养锚定表现标准初稿修订的访谈内容

访谈信息	具 体 内 容
访谈对象	W 学院教务管理者、专家、同事，体育教育专业健美操专项学生 2018 级 6 人、2019 级 14 人，体育教育训练学（健美操）2022 级硕士研究生 2 人及其家长 2 人
访谈时间	2022 年 5—12 月
访谈方式	访谈小集体讨论或者单独面谈、电话访谈
访谈提纲	问题 1：针对体育教育专业学生核心素养锚定表现标准的初稿提出修改意见 问题 2：针对体育教育专业人才培养质量提升、学生发展核心素养提出建议

被访谈的专家指出：在研制锚定表现标准过程中，要注意参照国标与本科人才培养方案，对齐本校毕业标准，贴近体教 2018 级学生现实表现，从整体上高度概括体育教育专业本科毕业生合格标准的人才群像。另外，随着人才培养方案、教学大纲的修订，与之配套的课堂教学诸因素也应进行改革，尤其是教师的教学方法、学生的学习方法与考试的评价方法。

被访谈的体教 2018 级、2019 级学生指出：锚定表现标准里的指标我们都很熟悉，分开看好像每一项指标都可以达到且难度不大；但是如果在复杂任务情境下，我们也不知道自己的核心素养可以达到什么样的表现水平。也就是说，平时考试我们就得到一个分数，没有任何其他评价反馈意见。因为大学的学习与考试通常是背教材、划重点、做卷子、训练、竞赛、考运动技术。现在除了每学期考试次数增多了，好像没有什么实质上的改变。即使有大学生三创项目、体育竞赛、学生寒暑假志愿者活动等实践机会，我们也会受到名额限制，并不是所有学生都可以得到锻炼的机会。对这个表现标准，我们以前没有听说过，了解一些后还比较感兴趣，希望下一届学生可以试一试用这个测量下核心素养发展水平，也可以明确知道自己的学习结果到达什么标准才算好。

被访谈的学生家长指出：对您所介绍的学校人才培养改革与措施、各项教育实践活动等，我们了解到一些。希望你们老师教好书，看好学生不出事就好。家长最关心的是学校要保证孩子的人身安全，毕业后孩子能找到合适的工作。其实，家长的诉求直白、真实，认为判断学校人才培养质量的唯一标准就是孩子毕业后能找到工作。

通过以上访谈，锚定表现标准研制的定位与目的更加清晰。对于锚定表现标准来说，针对专家的访谈勾勒出表现标准研制的"方圆"规矩，针对学生的访谈反映出表现标准在核心素养评价中的应用需求，针对家长的访谈透露出表现标准应对接的社会需求，因为社会需求是检验学校人才培养质量的"金标准"。

（2）观察法

①在 2022 年 11 月，笔者观摩教务处组织 W 学院学生教学技能竞赛，并指导学生参赛，在现场重点观察体育教育专业学生体育教学能力整体表现状况。这为锚定表现标准中体育教学能力表现水平的划分提供现实参考。

②在 2018 年 9—2022 年 6 月，笔者作为体教 2018 级健美操（专修）的任课教师，依据学校 2018 年版人才培养方案与课程教学大纲完成了对 2018 级健美操（专修）学生的培养全过程，在教学第一现场观察学生学习结果产生的全过程，积累了大量学生学习结果的直接资料。另外，作为体教 2017~2021 级健美操（普修）的任课教师，笔者广泛接触了体教专业学生群体，在教学第一现场观察体教专业学生群体的学习表现。

（3）档案袋

① 在 2022 年 10 月，笔者依据教务处教学质量评估与监控中心《W 学院本科专业评估方案（2022 年修订）》汇总教师个人工作与学生培养信息（数据采集范围为 2021 年 9 月 1 日—2022 年 8 月 31 日），对体育教育专业 2018 级健美操（专修）学生第 8 学期的学习结果有了更为清晰的整体认知，并收集实证材料上交。

② 笔者担任体教 2018 级健美操（专修）任课教师，收集学生每个学期的学习结果。其中，W 校从 2020 年 2 月正式启用超星学习通平台，为教师的教学与学生的学习扩展了线上教育平台，使学生的学习结果可以形成与内容标准配套的电子档案袋（见表 6-5）。这为表现标准的研制提供第一手资料。

（4）焦点小组

在 2022 年 5—11 月，W 学院健美操教研室展开了体育教育专业健美操（专修）课程教学大纲（2022 年版）的修订工作。焦点小组包括高级职称 8 人，中级职称 5 人，共计 13 人，教龄均为 10 年以上。笔者作为该大纲的主笔人，负责作为焦点小组的访谈者引发小组的集体讨论。在这种受访者可以互相交谈和倾听的讨论氛围中，团队动力的作用激发了每个参与者的知识与经验特质，使之有可能表达出单独访谈中很难激发的灵感。笔者充分利用W 学院健美操教研室每周三下午业务学习时间，焦点小组一共开展了 6 次活动，前后分为两个阶段：①上半年中的前 3 次，主要根据体教 2018 级学生 4 年周期的教育实践经验和修订的 2022 年版新大纲，撰写出配套的锚定表现标准初稿；②下半年中的后 3 次，主要根据 2022 年版新大纲的再次修订与体教 2022 级健美操新生的教学实践，对初稿进行同步对照修改。

表 6-5　　　　体育教育专业 2018 级健美操(专修) 学生学习结果的档案袋信息收集

时间段	学习结果存储平台	具 体 内 容
2020 年 2 月—2020 年 7 月第 4 学期健美操(专修)	超星学习通	电子档案袋(基础理论作业、健身健美操轻器械组合动作创编制图作业、健身健美操运动技术展示视频作业、教学实践作业、训练方案设计作业)
2020 年 8 月—2021 年 1 月第 5 学期健美操(专修)	超星学习通	电子档案袋(基础理论作业、健身健美操成套队形创编制图作业、竞技健美操运动视频作业、教学实践作业、裁判评分实践作业)
2021 年 3 月—2021 年 7 月第 6 学期教育实习	体教学院教学办档案袋	教育实习资料
2021 年 8 月—2022 年 1 月第 7 学期健美操(专修)	超星学习通	电子档案袋(基础理论作业、竞技健美操组合动作创编制图作业、啦啦操运动视频作业、教学实践作业)
2022 年 2 月—2021 年 6 月第 8 学期毕业论文	W 学院大学生毕业论文(设计) 管理系统(中国知网)	本科毕业论文全过程电子文档

(三)证据合成

本书锚定表现标准的研制采用了主题综合法和专家问卷调查法，对所收集的证据进行层次化、结构化的归纳整理。

1. 主题综合法

主题由点、线、面构成三级描述。(1)确定一级主题，要求"精准的面"。本书采用文献研究法、访谈法、问卷调查法、观察法等完成证据收集，通过对证据进行表现描述和关键词提炼，将体育教育专业学生核心素养指标分为 A1 思想品质领域、A2 专业能力领域、

A3 基础学习领域、A4 自主发展领域 4 个一级指标。(2)确定二级主题，要求"粗略的线"。本书根据学生学习结果所呈现出来的"关键词"，对二级指标进行初步的归类。例如，在 A2 专业能力领域中，依据体育教师工作情境与职业特征，首先确定的就是 B4 体育教学能力，因为它是体育教育专业学生所应该具备的核心专业能力。然后，其他专业能力依次列出，再根据专家问卷进行指标筛选。(3)确定三级主题，要求"典型的点"。此即在学生学习结果中普遍存在的且可以作为表现样例。例如，在 B4 体育教学能力中，作为表现样例最多的就是教案的设计作业、说课 PPT 制作作业、运动技术动作组合或者成套的教学视频作业、创编实践作业、裁判实践评分作业，教学实践互评作业等。从这些学习结果，我们可以归纳出来分别属于 C10 教学设计能力、C11 教学实施能力、C12 教学评价能力的典型样例。

2. 问卷调查法

通过主题综合法，形成了体育教育专业学生核心素养指标的初稿。在 2022 年 1—5 月，笔者对体育教育专业学生核心素养指标进行了 3 轮专家问卷调查，意在构建学生模型。在体育教育专业学生核心素养指标体系的构建过程中，笔者对日常教学中所呈现出来的学习结果(超星学习通中电子档案袋)进行反复筛选，为后续的证据解析提供学生核心素养指标表现描述与表现水平的样例。

(四)证据解析

1. 体育教育专业学生锚定表现标准的呈现

通过证据创建与证据合成，笔者整理出来体育教育专业学生核心素养的锚定表现标准的初步呈现结果(见表 6-6)，并对每个指标所表达的含义或者关系进行解析。该锚定表现标准立足于体育教育专业，面向所有体育教育专业学生，不局限于仅仅培养合格中小学体育教师的核心目标，而是以培育"完整的人"的教育理念促进学生发展核心素养，体现出对个体和社会都可以产出有价值的成果。

表 6-6　　　　　**体育教育专业学生核心素养的锚定表现标准**

体育教育专业学生核心素养的锚定表现标准	
释义	体育教育专业学生核心素养的锚定表现标准：描述学生通过体育教育专业整个学段的学习，能够胜任中小学学校体育工作所呈现出来的表现水平与学习结果(证据观测点)。以"从学习结果界定未来人才形象"为逻辑起点，主要从思想品质领域、专业能力领域、基础学习领域、自主发展领域 4 个方面展开表现描述未来中小学学校体育工作者群像

续表

依据	W 学院 2021 年版《体育教育专业(师范)本科人才培养方案(中学教育第二级)》体育教育专业培养目标：本专业全面贯彻落实党的教育方针和国家教师教育相关政策要求，旨在培养德、智、体、美、劳全面发展，具有高尚的师德修养、正确的育人理念、扎实的人文与科学素养，宽厚的体育学及相关学科基础知识，较为突出的运动项目技能与教育教学实践能力，能够主动适应体育与健康课程改革及深化体教融合发展需要，胜任中学体育与健康课程教学、课外体育活动组织、班级管理等工作的综合素质高、创新能力强、发展潜力大的体育骨干教师。预判：本专业毕业五年左右的学生，应具备践行师德、厚基高能、育体育人、专业发展等方面的素养

学生核心素养指标			表现描述		表现水平
一级指标	释义	二级指标	学习目标	学习成果 (证据观测点)	合格
A1 思想品质领域	体育教育专业学生所具备的思想品质从国家层面上来说能够坚定理想信念，从教师职业特点来说能够践行师德师风，从个人层面来说能够塑造体育品德	B1 理想信念	以习近平新时代中国特色社会主义思想为指导，形成对中国特色社会主义的思想认同、政治认同、理论认同和情感认同，能够在教书育人实践中自觉践行社会主义核心价值观；具有家国情怀，热爱教育事业，树立职业理想，认同教师工作的价值在于传播知识、塑造灵魂，理解教师是学生学习的促进者与学生成长的引路人	例如：在复杂情境中，通过学生的外在行为表现可以观察到他们折射出家国情怀、职业理想和育人信念的样例(证据观测点：C1 家国情怀、C2 职业理想、C3 育人信念)	在复杂情境中，从思想品质方面学生可以表现出思想或者观念上的理解与认同，可以独立作出判断与选择；甚至可以体现出关怀与合作，进而能够帮助或者引导其他人
		B2 师德师风	贯彻党和国家的教育方针，以立德树人为己任，具有高尚的师德和依法执教的意识，遵守中学教师职业道德规范，自觉维护学生与自身的合法权益；关爱学生，公正平等地尊重学生的人格和学习发展的权利；注重自身修养，具有健全的人格、强健的体魄，言谈举止符合教师礼仪和教育教学场景要求	例如：在教学能力实践情境中，通过学生的外在行为表现可以观察到他们践行师德、关爱学生、注重修养的样例(证据观测点：C4 践行师德、C5 关爱学生、C6 注重修养)	
		B3 体育品德	在体育运动中应当遵循的道德规范以及形成的价值追求和中华体育精神内核	例如：在体育情境中，通过学生的外在行为表现可以观察到他们秉持的体育精神、体育品格和体育道德的样例(证据观测点：C7 体育精神、C8 体育品格、C9 体育道德)	

续表

学生核心素养指标			表现描述		表现水平
一级指标	释义	二级指标	学习目标	学习成果（证据观测点）	合格
A2 专业能力领域	体育教育专业学生所具备的能够胜任中小学学校体育工作的专业知识与技能，成为"厚基高能"的应用型体育人才	B4 体育教学能力	作为体育教师角色，基本掌握教育教学的基础理论与方法，初步具有分析解决教育教学实践问题的能力；准确理解《义务教育体育与健康课程标准》《普通高中体育与健康课程标准》的内涵和要点，针对中学生身心发展和体育学习特点，进行体育教学设计、实施课堂教学、评价、研究等	例如：在教学能力实践情境中，学生撰写的教案等教学文件、学生讲解示范技术动作的视频资料，以及学生说课、微课、公开课的视频资料等（证据观测点：C10 教学设计能力、C11 教学实施能力、C12 教学评价能力）	在复杂情境中，从专业能力和基础学习方面可以表现出"厚基高能"的应用型体育人才特征，例如：获得教师职业资格证；期末理论、技术技能考试全部及格，教育实习及格、本科毕业论文及格；至少获得三级运动员资格证、三级教练员资格证、二级裁判员资格证等
		B5 课余训练与参赛指导能力	作为体育教练员角色，具备一定的中小学课余训练与参赛指导能力	例如：在校外教育实习中，担任中小学校体育教练员的实践样例（证据观测点：C13 课余训练设计能力、C14 课余训练实施能力、C15 体育参赛指导能力、C16 课余训练与参赛的评价能力）	
		B6 体育竞赛组织与管理能力	作为体育竞赛承办者角色，具备一定的中小学体育竞赛组织与管理能力	例如：在校外教育实习中，担任体育竞赛组织与管理工作任务的实践样例（证据观测点：C17 竞赛组织程序的制定与实施能力、C18 体育竞赛现场展示的组织能力、C19 裁判员与参赛队伍竞赛管理能力、C20 裁判员执裁能力）	
		B7 综合育人能力	作为班主任角色，树立德育为先理念，了解中学德育原理与方法；基本掌握班集体建设、班级教育活动组织的方法，能够合理分析、解决班级教学与管理实践的相关问题；能够掌握促进学生健康行为养成的方法，引导学生形成健康文明的生活方式；理解体育精神实质与内涵，掌握以体育人的途径与方法，能够组织体育主题教育活动对学生进行教育和引导	例如：在校外教育实习中，担任班主任、托管助教的实践样例（证据观测点：C21 班级管理、C22 健康教育、C23 体育主题教育活动的组织与实施）	

学生核心素养指标			表现描述		表现水平
一级指标	释义	二级指标	学习目标	学习成果（证据观测点）	合格
A3 基础学习领域	体育教育专业学生所具备的能够胜任中小学学校体育工作的专业知识与技能，成为"厚基高能"的应用型体育人才	B8 体育教育专业学科知识的掌握	系统掌握体育学科的基本知识、基本原理和基本技能，理解体育学科体系的思想与方法，具备胜任中小学体育教师的教育学、体育学等相关理论知识的整合能力，并根据复杂情境进行应用与分析	例如：在复杂情境中，问题解决过程中所展示出对基础知识的理解、应用与分析的样例（证据观测点：C24 教育教学基础知识的理解与应用、C25 学校体育专业知识的理解与应用、C26 运动项目理论知识的应用与分析、C27 健康教育基础知识的理解与应用）	在复杂情境中，从专业能力和基础学习方面可以表现出"厚基高能"的应用型体育人才特征，例如：获得教师职业资格证；期末理论、技术技能考试全部及格，教育实习及格、本科毕业论文及格；至少获得三级运动员资格证、三级教练员资格证、二级裁判员资格证等
		B9 运动能力	无论是在日常生活、工作情境中，还是在体育表演、训练、竞赛情境中，都可以具备一定的身体活动能力	例如：在体育竞赛中所展示的运动能力、成绩或名次（证据观测点：C28 基本运动能力、C29 体育表演展示能力、C30 专项运动能力）	
		B10 运动促进健康的行为塑造与技能掌握	在增进自身身心健康、形成文明生活方式的过程中，养成体育锻炼的兴趣与习惯，掌握一定的运动康复与保健技能，可以防范与处理体育运动风险	例如：在日常生活情境中，所展示出来健康行为的样例（证据观测点：C31 体育锻炼兴趣与习惯养成、C32 运动康复与保健技能运用、C33 体育运动风险防范与处理）	
A4 自主发展领域	体育教育专业学生所具备的能够获得个人健全生活，并在与社会互动中承担社会责任、体现个人价值	B11 自主管理	具有终身学习与专业发展意识，认识到教师是反思型实践者。为适应时代和教育发展需求，自主学习、独立思考，自主行动、自强自立；在复杂情境下，能够根据环境调整身心状态，通过评价找准定位，通过反思预测未来；具备规划、执行与应变能力，促进实现自我价值	例如：在日常生活情境中，所展示出来的有效管理自己学习和生活，认识和发现自我价值，进行职业发展规划等自我管理能力的样例（证据观测点：C34 自主学习与行动、C35 自主调控与适应、C36 自主评价与反思、C37 自主规划与应变）	在复杂情境中，从自主发展方面学生可以表现出根据个人需求积极主动地寻求学习、发展的机会，并能在个人与社会的互动中进行价值定位，寻求高质量的健康生活并满足社会需求
		B12 交流沟通	能够运用口头、书面语言表达思想和观念，并积极倾听、有效沟通；能够理解信息内容，并对不同媒体的发声立场进行辨析；掌握数字化技能，保障信息处理与应用；能够运用体育运动肢体语言表达与传播	例如：在复杂情境中，所展示出来论文写作、PPT 制作与演讲等交流沟通能力的样例（证据观测点：C38 口头、书面语言的表达与沟通、C39 信息理解与媒体辨析、C40 数字化技能运用、C41 体育运动肢体语言的表达与传播）	
		B13 社会参与	具备尊重与关怀的人际互动，展现团队精神与合作能力，并能够在冲突中协商解决问题；积极参与社会体育活动，并具有社会责任感；具备多元文化与国际视野，能够尊重、理解多元体育文化	例如：在复杂情境中，所展示出来的团队合作、社会体育活动志愿者等社会参与能力的样例（证据观测点：C42 人际关系与团队合作、C43 解决冲突与协商共建、C44 社会体育活动参与及责任、C45 尊重、理解多元体育文化）	

2. 体育教育专业学生锚定表现标准的要素

(1)要素的内容简析

体育教育专业学生核心素养的锚定表现标准主要包括学生核心素养指标(一级和二级)、表现描述(学习目标和学习成果)和表现水平(合格)3 项要素。其中，学习目标是根据学生核心素养的二级指标进行细化的，所对应的学习成果其实不是一两个样例，而是超星学习通上存储的在整个教学过程中收集、储存的证据集合，我们可以按照证据观测点(学生核心素养的三级指标)去分类整理这些直接证据。在研读美国表现标准相关文件的时候，笔者发现表现标准本身的文本长度一般只有两三页，简洁、明了；但是却单独配套一本说明学习成果样例的指导手册。究其原因，原来是考虑到教学过程中学生学习结果的丰富性、多样性，故而对于每一条表现标准都会收集尽可能多的表现样例，从多个侧面进行详细说明。由于笔者个人研究能力有限，本书并没有以学习成果手册的形式展示所有样例，而是选择列出证据观测点举例说明。这样既指明了证据可能的来源，又为证据的多样性提供更多的"留白"空间，以免忽略了某些不易觉察的学习结果。

对于该锚定表现标准来说，其表现水平从整体上对标毕业要求。在表现水平的描述上存在两个方面困难：一方面，目前呈现出的是单一核心素养指标所达到的程度，而现实的复杂情境中有可能是复合核心素养指标综合在一起所达到的程度。这种表现水平要具体情境具体分析，在此框架表格中暂时无法一一呈现。另一方面，有的核心素养指标所对应的表现水平无法单独衡量，例如爱国情怀、关爱学生这类思想品质领域的指标。只能创设复杂情境，通过具体的表现性任务去观察学生的行为表现，从中分析出学生的内在心理倾向、态度以及思想观念等。

(2)要素的关系梳理

锚定表现标准的出现，使学生核心素养—学习目标—学习成果—表现水平在表现标准的框架中形成了培养目标、课程育人、评价问责的一致性话语体系，将抽象的教育目标转化为课程教学的学习目标，使难以量化的核心素养通过学习成果和表现水平的描述呈现出来，打破了核心素养作为理想化的教育目标被"高高挂起"的困境，使学生发展核心素养在每一节鲜活的教学课中"悄悄渗透"。其实，锚定表现标准更加直接地反映了学生核心素养背后所体现的人才观，即社会所需要的未来人才是如何被定义的，需要承担什么样的工作任务与社会责任；同时，也体现了学生核心素养背后所体现的能力观，即教育是如何被定位的，是教"知识"，还是授"技能"？

(五)决策制定

决策制定这个部分的核心任务就是对所建立起来的体育教育专业学生核心素养的锚定

表现标准初稿进行修订。一般国家层面的表现标准由教育部门负责组织，其研制锚定表现标准的常规做法是：首先，研制工作组将所研制的锚定表现标准连同工作报告等一系列证据资料上交政府部门，由政府部门组织教育领域的专家对该工作报告、锚定表现标准与证据资料进行审核，并提出修改方案。其次，研制工作组根据专家等人的建议进行多轮修改，再次将稿件提交专家组审核。再次，研制工作组面向社会层面关注锚定表现标准研究、应用的利益相关者进行专项大规模的调查反馈，可以通过特定的网站进行问卷调查或者委托第三方信息服务公司进行社会层面的抽样调查。最后，研制工作组根据调查结果，对该标准进行多轮修改，并再次提交专家组审核。如果通过，就可以采用这一版本的锚定表现标准进行全国范围内抽样的区域性试行，通过教育实践去验证锚定表现标准的效度。

在本书中，从体育教育专业学生核心素养的锚定表现标准框架建立以来，笔者通过对专家、学生、家长的多次访谈，3轮专家问卷等调查活动以及笔者任课教学实践经验与收集的学生学习结果证据，进行初稿撰写。在修改过程中，笔者以被调查者所提出的问题为导向，逐一进行问题解决，不断完善锚定表现标准的呈现框架。

(六)实践验证

实践验证这个部分的核心任务是制定实践验证方案，由教育部门统筹安排在全国范围内抽样区域性试行，在教学实践中去验证表现标准的效度。受限于笔者的研究能力，本书并没有进行该锚定表现标准全国范围内抽样的区域性教学实践验证。但是，在主题单元表现标准的研制过程中，笔者进行了单元表现标准的教学实践验证。

三、体育教育专业学生核心素养锚定表现标准研制的评价与反思

在体育教育专业学生核心素养锚定表现标准研制的整个过程中，笔者收集了被调查者(专家、学生、家长)对该锚定表现标准的评价意见，汇总如下：第一，认为锚定表现标准应由国家教育部门官方研制与发布，学校基层单位在教学实践中做好执行工作即可。如果个人进行研制，必然能力有限，锚定表现标准研制的权威性不足。第二，认为通过与笔者多次交流、讨论，对表现标准有一定了解，也产生了一定兴趣。该锚定表现标准的研制为我国表现标准的本土化探索提供了案例，推动了表现标准在体育教育专业课程与教学层面的应用。当然，此次研制在锚定表现标准各要素精准表述、各要素之间的映射关系处理上存在不足之处，但可以看出笔者针对存在的问题也提出了相应的解决办法。总体上来讲，该锚定表现标准比较注重实用性。

根据被调查者的评价意见，反思整个锚定表现标准研制过程，笔者认为：第一，作为一线任课教师，应提升对表现标准的认知，要充分意识到表现标准在核心素养导向的课程

改革中所起到的重要作用。它可以实现对学生发展核心素养表现水平的过程监测与总结评价。无论锚定表现标准的研制主体是谁，一线任课教师都应该了解表现标准制定与实施的来龙去脉，做国标方圆之内心智灵活的执行者，使锚定表现标准的应用有规矩、有温度。这个时代最严重的挑战不是如何设计出更像人一样的机器，而是如何保护人，让人不被像机器那样对待。① 笔者希望锚定表现标准的应用可以促进学生发展核心素养，使未来人才不拘一格、百花齐放，而不是被标准的框架所束缚成为统一标准的"机器人"。第二，一线任课教师教学评价能力薄弱，缺乏证据意识。对于学生学习结果的评价，无论从评价方法与手段的选择，还是评价证据的搜集与整理、评价等级的测量或划分，都需要教师要精进教学评价能力，尤其是要重视评价后的反馈与改进。

总之，鉴于以往我国课程标准中表现标准缺席已久，对于表现标准的重要性认识不足，亟待加强对表现标准的理论构建与实践探索。通过此次锚定表现标准研制的尝试性探索，笔者意识到不足之处，希望可以进一步探索体育领域学习成果分类体系、表现水平进阶层级体系和学习成果与表现水平的相关关系。从国外文献资料判断，只有不断提升体育教育专业学生核心素养锚定表现标准呈现框架中要素研制的科学化、精细化程度，才能更加有利于助推锚定表现标准分解为单元表现标准，才会极大地促进体育领域基于核心素养的课堂评价实施与反馈。

第二节　健美操课程教学能力单元表现标准研制的行动研究

一、健美操课程教学能力单元表现标准研制的行动研究设计

(一)行动研究主体的确定

一般来说，行动研究会涉及研究者、实践者、研究者与实践者所属工作机构或项目资助机构、一般公众等4类主体。② 这些主体会对行动研究产生不同程度的影响和制约。在本书中，采用行动研究中的独立工作模式，笔者集研究者与实践者为一身，利用担任体教2018级健美操(专修)老师的工作机会，以体教2018级健美操(专修)学生为实践合作者，按照计划—行动—考察—反思的行动研究流程展开对健美操课程教学能力单元表现标准研制的行动研究。

---

① 檀传宝.教育思想的花园:教育基本理论前沿讲座[M].北京:教育科学出版社,2020:406.
② 熊欢.体育人文社会学质性研究方法及应用[M].北京:科学出版社,2017:283-284.

(二)行动研究内容与周期的安排

行动研究内容围绕 B4 体育教学能力主题单元表现标准研制这一中心任务展开(见表6-7),一共分为两轮:第 1 轮为研制单元表现标准的初稿,第 2 轮是对初稿进行验证,进一步完善、修订。教学时间段选择为体教 2018 级大学二年级下学期(第 4 学期)健美操(专修)课程(2020 年 2—6 月)。因为疫情,学校利用超星学习通平台实施线上教学,学生每次课都将学习结果上传学习通,而这些学习结果的累积可以形成完整的证据链。学生为体教 2018 级健美操专项 13 组(13 人)和 14 组(12 人),共计 25 人(备注:学习通班级群中含学校教务处督导老师 1 名,随堂监控教学质量);学时安排为每 1 次课 2 学时,1 周 2 次课,共计 18 周 72 学时。

表 6-7 **健美操课程教学能力单元表现标准研制的行动研究计划**

教学时间	教学主要内容	行动研究周期	行动研究内容
第 1~2 周 (2020 年 2 月 17 日—2 月 26 日)	1. 健美操教学理论与方法 2. 健身健美操成套动作	前期准备	师生双方熟悉线上教学流程,掌握超星学习通教学平台的操作技能;了解行动研究计划,为教学能力主题单元表现标准研制做好准备工作
第 3~11 周 (2020 年 3 月 2 日—4 月 29 日)	全民健身操舞系列有氧轻器械五级(花伞)成套动作(组合一~组合八)	第 1 轮 行动研究	围绕 B4 体育教学能力(观测点 C10 教学设计能力、C11 教学实施能力、C12 教学评价能力)展开学生学习结果的证据收集,研制单元表现标准的初稿
第 12~17 周 (2020 年 5 月 6 日—6 月 10 日)	全民健身操舞系列有氧轻器械六级(爵士棍)成套动作(组合一~组合九)	第 2 轮 行动研究	对单元表现标准初稿进行验证,进一步完善、修订
第 18 周 (2020 年 6 月 15 日—6 月 17 日)	复习考试	后期收尾	证据处理、总结反思

(三)行动研究伦理规范的执行

整个行动研究都是在 W 学院健美操(专修)课程的课堂教学中完成的,符合学校教务处课堂教学纪律与规范。在线上教学开课时,笔者简要介绍了此次单元表现标准研制的行动研究内容与周期安排，并向学生介绍了本研究所遵循的伦理规范。其一，尊重平等。在行动研究中，教师与学生是实践的合作者，双方在自愿、平等和互相尊重的伦理框架下共同参与实践，旨在通过行动研究解决教学问题，进而促进教学质量的提高。其二，公正公开。在行动研究中，笔者公正处理所取得的研究资料、研究结果和评价实践者的表现。所有学生学习结果的证据收集均上传至超星学习通教学平台(见图6-1)体教2018级健美操(专修)13组和14组，形成每位同学的电子档案袋，并设置为班级成员可见。行动研究是教师与学生共同参与的研究，作为研究者和实践者的教师要公开自己从此项研究中所获得的利益。例如，笔者会将学生学习结果、访谈内容、评价结果等在论文中作为例证展示，将初稿交给学生审阅，均需征求学生同意并作匿名化处理。

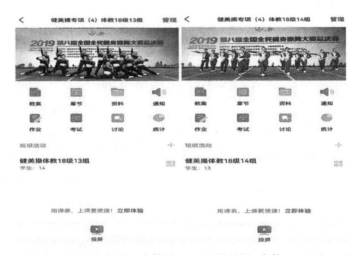

图6-1 超星学习通教学平台体教2018级健美操(专修)13组和14组

二、健美操课程教学能力单元表现标准研制的第一轮行动研究

(一)第一轮行动目标

在第一轮行动研究中，教师的教学目标是通过全民健身操舞系列有氧轻器械五级(花伞)成套动作(组合一~组合八)的教学过程，使学生可以同步掌握五级成套动作的教学能力，并能够独立完成模拟老师3分钟微课的设计、实施、评价的表现性任务。依据教学目标，第一轮行动研究的目标就是重点探索学生完成微课的行为表现，为单元表现标准的研制提供学生学习结果的直接证据。另外，还可以针对教师与学生在表现性任务的完成过程中存在的问题进行反思、改进。

(二)第一轮行动计划

第一轮行动研究的实施框架(见表6-8)依据表现性评价理论设计,[①] 旨在设置模拟中小学健美操教师微课的实践情境,通过学生表现性任务的完成,收集学生的学习结果,为教学能力主题单元表现标准的研制提供证据资料。第一轮行动研究的实施时间为2020年3月2日(第3周第5次课)—4月29日(第11周22次课),共计9周18次课。1周2次课,一般是先理论讲解再技术实践。例如,第1次课结束时,学生向学习通提交理论纸笔作业;第2次课结束时,学生向学习通提交视频作业,并展开评价。

表6-8　　健美操课程教学能力单元表现标准研制第一轮行动研究的实践框架

应用流程	内容	具 体 说 明
学习目标	知识与能力	1. 理解与应用健美操教学理论与方法(健美操教材第三章)
		2. 关于C10教学设计能力:具备微课教案中组合动作的单线条文图记写能力与术语表述能力
		3. 关于C11教学实施能力:具备完成3分钟微课视频——对五级组合动作的讲解与示范能力
		4. 关于C12教学评价能力:具备超星学习通上对自己与同学的学习结果进行自评与他评的能力
	课程思政	对学生的学习行为表现围绕B1理想信念、B2师德师风、B3体育品德这3个方面展开课堂观察(本轮暂时不做重点研究)
评价目标	知识与能力	1. 微课教案中单线条记写与术语表述
		2. 微课视频中五级组合动作的讲解与示范
		3. 对学习结果的自评与他评
	课程思政	整体性评价,通过观察学生完成模拟教师表现性任务的学习结果,从B1理想信念、B2师德师风、B3体育品德这3个方面进行综合评价
问题情境	实践情境	模拟中小学健美操教师准备3分钟微课视频
	实践对象	体育教育专业2018级健美操(专修)大二学生25人,已经具有一定的专项技术基础和教学能力
	实践操作平台	学校超星学习通App教学平台实施线上教学
	实践组织形式	在专项教师的指导下,以学生小组合作(3人/组)形式展开

① 王慧莉,吕万刚. 表现性评价在体育课程思政建设中的应用研究——以体育教育专业体操类专项课程为例[J]. 体育学刊,2022,29(1):103-110.

续表

应用流程	内容	具体说明	
		表现性任务的指导语	表现性任务的类型
表现性任务	表现性任务1：制图与术语	采用线上课堂教学(超星学习通App)，设置教学能力主题单元，引导学生完成微课教案中组合动作的单线条文图记写与术语表述。参考资料为健美操教材、体育绘图教材、健美操公开示范课视频资料等	1. 纸笔任务，完成微课教案中组合动作的单线条文图记写与术语表述 2. 口头任务，根据制图运用术语练习讲解组合动作，也可以撰写讲解词
	表现性任务2：讲解与示范	采用线上课堂教学(超星学习通App)，设置教学能力主题单元，引导学生完成3分钟微课视频，内容为五级组合动作的讲解与示范，重点以身体动作与轻器械动作为主。参考资料为健美操教材、健美操公开示范课视频资料等	1. 视频任务，3分钟微课 2. 视频任务，组合或成套动作表演展示 3. 纸笔任务，学习日志和进度记录 4. 处理突发问题
	表现性任务3：自评与他评	采用线上课堂教学(超星学习通App)，设置教学能力主题单元，引导学生完成对学习结果的自评与他评。参考资料为健美操教材、学校学生教学基本功大赛评价量表、全民健身操舞裁判评分规则	1. 纸笔任务，观看学习通上传的学生作业，并在学习通讨论空间中写下评价意见或建议 2. 口头任务，课堂上发表对自己与同学的作业评价，也可以展开集体讨论
评分规则	表现标准	1. 关于C10教学设计能力：文图记写能力表现标准 2. 关于C11教学实施能力：讲解与示范能力表现标准 3. 关于C12教学评价能力：自评与他评能力表现标准	
实施评价	课堂总结	教师评价与学生评价相结合。可以采用纸笔任务，完成评估量表；也可以制作PPT演讲展示，总结小组以及个人表现	

(三)第一轮行动实施

1. 第一轮C10教学设计能力：文图记写能力表现标准

在第一轮行动实施中，教师针对教学设计能力所创设的表现性任务是制图与术语。在健美操课程教案中，对技术教学内容的表述通常可以采用文图记写的形式，直观、生动，具有健美操课程教案的特色。在备课撰写教案的过程中，学生对技术动作绘图细节的揣摩，不仅可以更加深刻思考技术动作重点和难点，而且还可以整理好自己讲解动作时的术语口头表达。在第一轮行动研究中，教师收集了25位同学的8周8次制图作业。从整体完成情况来看，这200份作业大体上可以分为优良生(见表6-9)和学困生(见表6-10)两种表现水平，而且每位同学的作业完成质量都在逐步提升。另外，通过对课堂学习的观察，教师发现文图记写能力较强的学生，他们的讲解与示范能力也相对表现较好。

表6-9　　第一轮行动研究C10教学设计能力不同表现水平学生学习结果任务清单(优良生)

表现性任务	具 体 说 明	
	表现性任务的指导语	表现性任务的类型
1. 制图与术语	采用线上课堂教学(超星学习通App),设置教学能力主题单元,引导学生完成微课教案中组合动作的单线条文图记写与术语表述。参考资料为健美操教材、体育绘图教材、健美操公开示范课视频资料等	1. 纸笔任务,完成微课教案中组合动作的单线条文图记写与术语表述 2. 口头任务,根据制图运用术语练习讲解组合动作,也可以撰写讲解词

全民健身操舞系列有氧轻器械五级(花伞)成套动作(组合一)

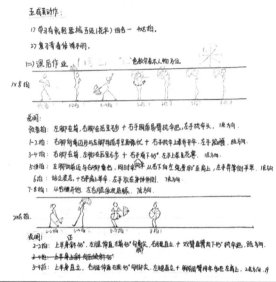

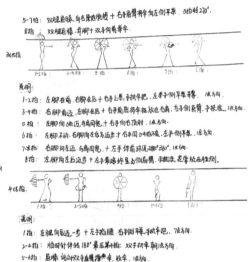

全民健身操舞系列有氧轻器械五级(花伞)成套动作(组合二)

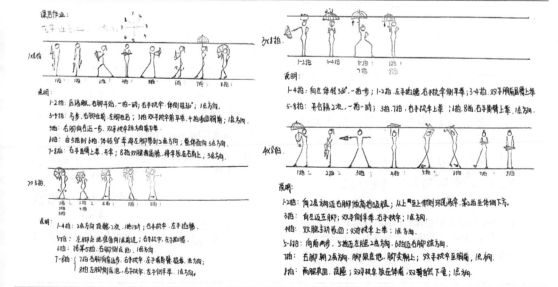

续表

全民健身操舞系列有氧轻器械五级(花伞)成套动作(组合三)

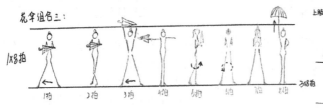

全民健身操舞系列有氧轻器械五级(花伞)成套动作(组合四)

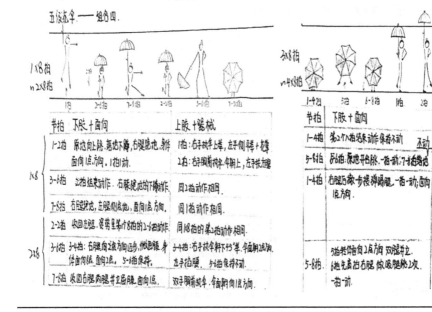

续表

全民健身操舞系列有氧轻器械五级（花伞）成套动作（组合五）

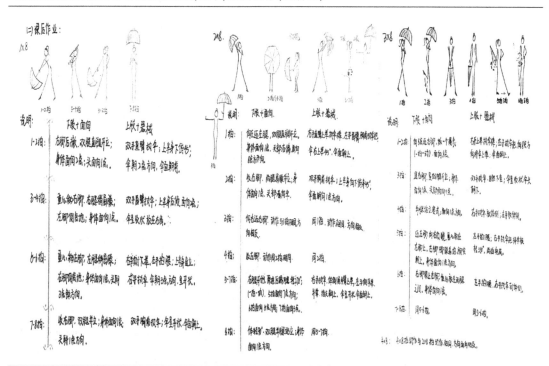

全民健身操舞系列有氧轻器械五级（花伞）成套动作（组合六）

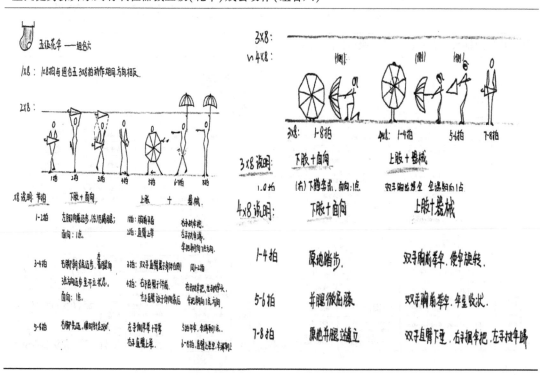

全民健身操舞系列有氧轻器械五级(花伞)成套动作(组合七)

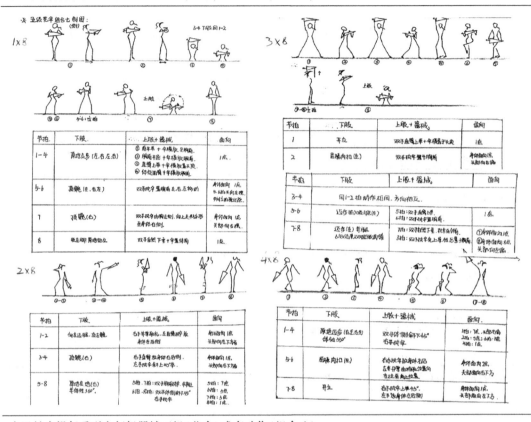

全民健身操舞系列有氧轻器械五级(花伞)成套动作(组合八)

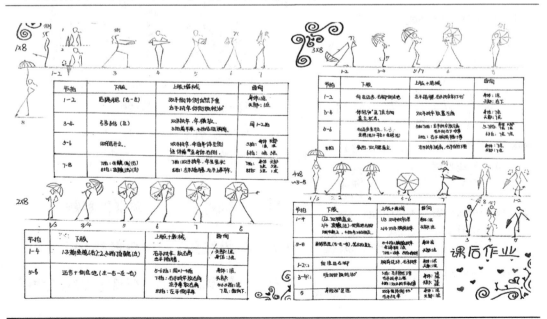

表 6-10　第一轮行动研究 C10 教学设计能力不同表现水平学生学习结果任务清单(学困生)

表现性任务	具体说明	
	表现性任务的指导语	表现性任务的类型
1. 制图与术语	采用线上课堂教学(超星学习通 App),设置教学能力主题单元,引导学生完成微课教案中组合动作的单线条文图记写与术语表述。参考资料为健美操教材、体育绘图教材、健美操公开示范课视频资料等	1. 纸笔任务,完成微课教案中组合动作的单线条文图记写与术语表述 2. 口头任务,根据制图运用术语练习讲解组合动作,也可以撰写讲解词

全民健身操舞系列有氧轻器械五级(花伞)成套动作(组合一)

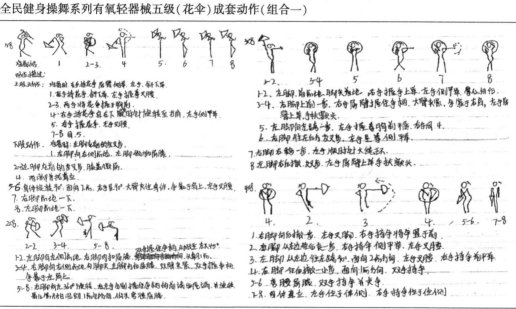

全民健身操舞系列有氧轻器械五级(花伞)成套动作(组合二)

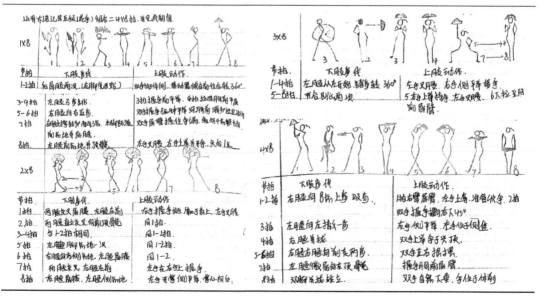

全民健身操舞系列有氧轻器械五级（花伞）成套动作（组合三）

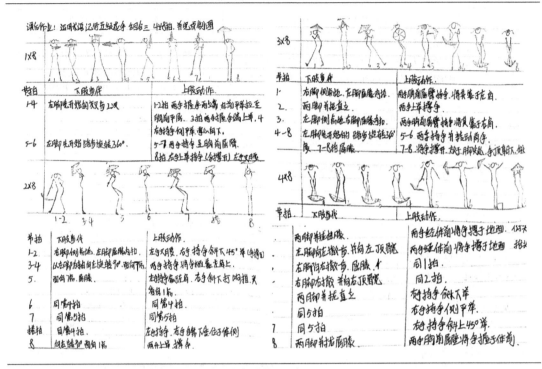

全民健身操舞系列有氧轻器械五级（花伞）成套动作（组合四）

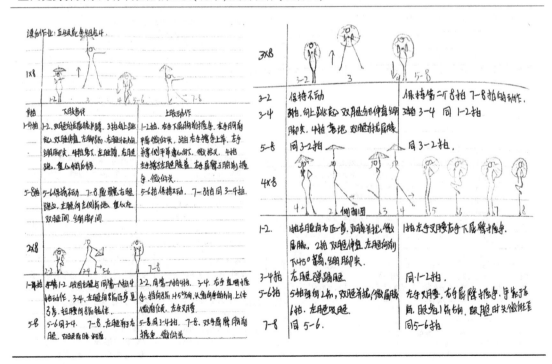

续表

全民健身操舞系列有氧轻器械五级(花伞)成套动作(组合五)

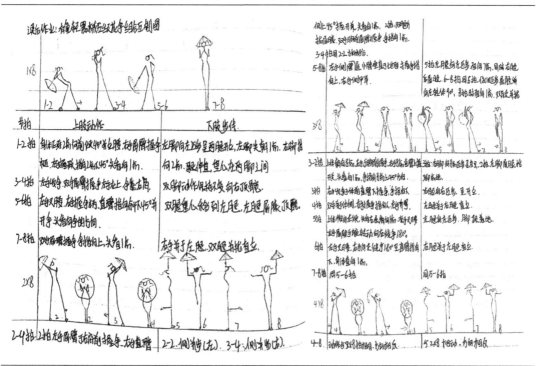

全民健身操舞系列有氧轻器械五级(花伞)成套动作(组合六)

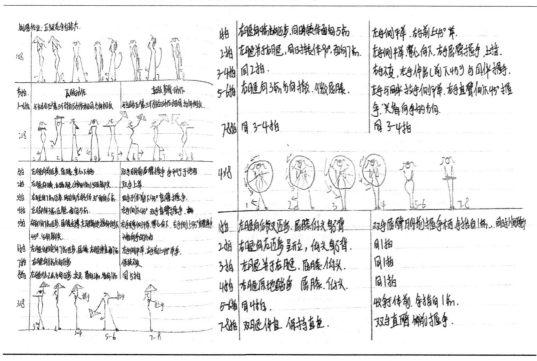

续表

全民健身操舞系列有氧轻器械五级(花伞)成套动作(组合七)

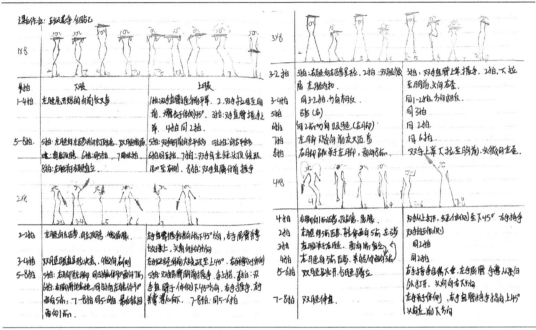

全民健身操舞系列有氧轻器械五级(花伞)成套动作(组合八)

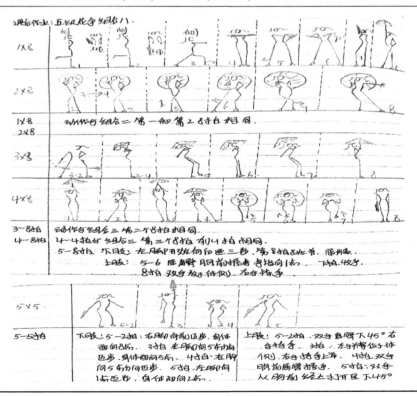

通过对学生学习结果的证据分析，笔者初步研制了 C10 教学设计能力：文图记写能力表现标准（见表 6-11）。从学生制图与术语作业质量来看，水平主要集中在中等附近。表现水平可划分为优良生与学困生，评价等级优良生包括优与良、学困生包括中与差。优良生以 W 同学为例，制图较为规范，会注意到制图中辅助线条和符号的运用等细节；术语表述较规范，语言简洁、有条理，对人与花伞的互动细节把握准确。学困生以 C 同学为例，制图逐渐规范，但质量参差不齐；术语表述一般，头、躯干的面向以及人与花伞的相对位置等细节不清晰。通过课堂学习观察，笔者发现 W 同学值得称赞的优点是从第一次作业到最后一次作业，一直在尝试制图与术语的各种表述体例，试图寻找最优的搭配组合。每次作业的呈现，都会让教师反复查看后发现其中的新意，可以体会到是一份非常用心的作业。W 同学作业中所体现出来的探索求知精神、敢于尝试新鲜事物的学习态度等品质对于师范生培养来说尤其重要。

表 6-11　　　　第一轮行动研究 C10 教学设计能力：文图记写能力表现标准

表现水平	表现描述		表现样例		
	C10 教学设计能力：文图记写能力		范例	证据	评价等级
优良生	1. 总体上，熟练掌握与应用单线条简图记写方法与绘制技巧，制图与术语配合相得益彰		—	—	优（91~100）
	2. 制图精准、富有艺术观感，可以正确反映动作的开始姿势、参与动作部位、动作做法、动作方向、动作数量和结束姿势 3. 熟练掌握场地方位、动作方向、动作相互关系、动作做法术语的应用，术语表述简洁、流畅		W 同学	见表 6-9	良（81~90）
学困生	1. 总体上，基本掌握单线条简图记写方法与绘制技巧，制图与术语配合基本对应		C 同学	见表 6-10	中（71~80）
	2. 制图合理、基本符合动作真实，可以反映动作的开始姿势、参与动作部位、动作做法、动作方向、动作数量和结束姿势 3. 基本掌握场地方位、动作方向、动作相互关系、动作做法术语的应用，术语表述基本正确		—	—	差（60~70）

从第一轮行动研究的教学目标达成来看，教师清醒意识到学生树立学习目标的重要性。只有老师的期待与学生的努力方向一致时，才可以得到预期学习结果。那么，如何才可以了解学生内心的想法，使学生树立起个人的学习目标？这就引发了另外一个问题。以

往教师备课的时候，重点考虑的是教学目标与教学方法；现在，以学生为中心的教学就应该更加关注学生的学习目标与学习方法。另外，线上授课与线上提交作业的这种教学模式加强了教师与学生对学习结果的共同关注，使教学评价真正成为教学环节中师生共同参与的重要活动。

2. 第一轮 C11 教学实施能力：讲解与示范能力表现标准

在第一轮行动实施中，教师针对教学设计能力所创设的表现性任务是讲解与示范，重点以身体动作与轻器械动作为主。健美操专项技术的学习与教学能力的培养是同频共振的，在大学一年级对于讲解与示范能力培养所使用的动作素材要求是针对单个基本动作，在大学二年级则是针对组合动作。在本次健美操课程的教学中，教师引导学生完成 3 分钟以全民健身操舞系列有氧轻器械五级(花伞)成套动作(组合一~组合八)为讲解与示范的主要内容的微课视频。在第一轮行动研究中，教师收集了 25 位同学的 8 周 8 次组合动作的讲解与示范视频作业。从整体完成情况来看，这 200 份视频作业大体上可以分优良生和学困生两种表现水平，而且每位同学的视频作业完成质量都在逐步提升。另外，通过对课堂学习的观察，教师发现学生对于讲解法主要采用的是完整讲解和分解讲解相结合，对于示范法主要采用的是完整示范与分解示范，个别同学采用了正误对比讲解和正误对比示范。学生这些学习结果的呈现很大程度上是受到了教师课堂教学中所列举的公开课视频范例的影响，这说明学生对这些优秀范例进行了自主学习。

通过对学生学习结果(学习通视频作业)的证据分析，笔者初步研制了 C11 教学实施能力：讲解与示范能力表现标准(见表 6-12)。优良生以 W 同学为例，整体完成比较流畅，开头稍微紧张，越讲越自然；讲解术语表达完成度良好，但是讲解顺序稍欠合理；示范较为规范，并且使用了正误对比示范，强调动作的难点。学困生以 C 同学为例，整体完成一般，可以察觉明显的紧张；讲解术语表达一般，讲解的顺序合理，但是有点像背课文一样不太自然；示范一般，可以使用完整示范与分解示范，但是分解示范过程出现了遗忘动作的现象。通过访谈，笔者了解到 W 同学其实是一遍一遍反复拍摄，观看回放，再对比教师视频范例，从中间挑选出最满意的才上传学习通。而且 W 同学还自创了一种练习方法，通过视频通话与同学进行互相模拟授课或者在家里直接把家人作为授课对象。所以，教师观看微课视频时候，就会觉得 W 同学的讲解与示范符合真实面对学生这样的教学情境，而觉得 C 同学则像背课文。但 C 同学的进步其实很大，也确实是写了讲解稿件背了很多遍，由于每次拍摄不是忘记讲解词就是忘记动作，所以总是反反复复拍摄视频多次。从学生视频作业来看，在疫情期间，同学们都非常珍惜每一次线上授课相聚的时间，每次都积极参与课上答疑、讨论的环节；课后又全力以赴地完成各类作业，不希望因为疫情而影响学业。

表 6-12　　　　　第一轮行动研究 **C11 教学实施能力：讲解与示范能力表现标准**

表现水平	表现描述	表现样例		
	C11 教学实施能力：讲解与示范能力	范例	证据	评价等级
优良生	1. 熟练掌握与应用讲解与示范的理论与方法，讲解与示范灵活配合、相得益彰	—	—	优（91~100）
	2. 能够围绕表现性任务中心有目的和针对性地运用术语进行讲解，并根据讲解的位置和时机灵活调配多种讲解方法。熟练完成健美操组合动作身体动作与轻器械动作的讲解任务，讲解简洁、明了，生动、形象 3. 能够围绕表现性任务中心有目的采用多种示范形式进行示范，并选择利于学生观察的示范面、示范速度与距离。熟练完成健美操组合动作的示范任务，示范规范、优美	W 同学	见学习通视频作业	良（81~90）
学困生	1. 基本掌握讲解与示范的理论与方法，讲解与示范配合基本对应	C 同学	见学习通视频作业	中（71~80）
	2. 能够围绕表现性任务中心运用术语进行讲解，并根据讲解的位置和时机使用讲解方法。基本可以完成健美操组合动作身体动作与轻器械动作的讲解任务，讲解正确、完整，真实、直白 3. 能够围绕表现性任务中心采用正面示范或者镜面示范形式进行示范，并选择利于学生观察的示范面。基本完成健美操组合动作的示范任务，示范一般	—	—	差（60~70）

3. 第一轮 C12 教学评价能力：自评与他评能力表现标准

教学评价是对教学效果进行的价值判断，广泛存在于整个教学过程之中，发挥着诊断、导向、激励、反馈的作用，是检验教学任务与学习目标是否达到的重要环节。在第一轮行动研究中，健美操课程教学评价主要是围绕学生的学习结果展开的，包括对专业理论知识、专项技术以及能力、态度等的综合评价，可以采取自我评价、他人评价的教学评价方式。在开始第 3 周教学时，教师针对前两周的学生学习结果展开评价活动。教师收集的25 位同学的 25 份评价意见，大体上可以分为优良生（见表 6-13）和学困生（见表 6-14）两种表现水平。然后，教师根据每位同学的作业完成度又划分了优、良、中、差 4 个等级，发现其中评为优等级和差等级的学生数量较少，大多数学生集中在良等级和中等级。

通过对学生学习结果的证据分析，笔者初步研制了 C12 教学评价能力：自评与他评能力表现标准（见表 6-15）。通过对课堂学习的观察，教师发现口头任务完成较好的同学，其纸笔任务也完成得较好，课堂发言的活跃程度与书面表达的完成度呈正相关关系。笔者还发现一个有趣的现象，课堂上的口头评价多半以自己为评价对象，主要采取自我评价的方法；学习通讨论群里的书面评价多半以同学整体为评价对象，主要采取他人评价的方法。在第一轮行动研究中，教师对学生的教学评价并没有进行特别的引导与内容设定，而是想看一看"野生"状态下学生教学评价能力的初始表现水平。

表6-13　第一轮行动研究 C12 教学评价能力不同表现水平学生学习结果任务清单(优良生)

表现性任务	具 体 说 明	
	表现性任务的指导语	表现性任务的类型
表现性任务 3：自评与他评	采用线上课堂教学(超星学习通 App)，设置教学能力主题单元，引导学生完成对学习结果的自评与他评。参考资料为健美操教材、学校学生教学基本功大赛评价量表、全民健身操舞裁判评分规则	1. 纸笔任务，观看学习通上传的学生作业，并在学习通讨论空间中写下评价短语 2. 口头任务，课堂上发表对自己与同学的作业评价，也可以展开集体讨论

学习结果评价等级：优

健美操专项（4）体
教18级13组　　再次发放
LX
第1楼 2020-03-06 12:34　　♡ 👍 1

通过这次对同学们理论作业的批改，总结如下：
优点：1. 很多同学的绘图技术较上次作业有非常大的进步，线条的流畅性提高很多，小人绘画得也很规范，动作看起来十分清洁准确；2. 有些同学术语描述很简洁规范不啰嗦，让人一眼看去就知道描述的是什么动作；3. 有些同学笔记记录很完整，一看就是查阅了很多的资料；有些同学的笔记不光对教材内容的不饱满做了补充，还有自己的思考见解；这些同学对待作业很用心；4. 在动作的设计上，有些同学的动作设计很新颖，自己做了很多的创新，动作组合丰富，值得大家学习。
缺点：1. 有些同学的笔记还是没有摆脱对教材内容的照抄照搬，没有自己的思考和运用；2. 术语表达上有些同学不太规范，有点啰嗦；3. 小部分同学的绘图还是有些许欠缺，还可以进一步提高；4. 要注意作业各个部分的布局安排，可以让人清晰地明确哪部分是属于哪部分的；5. 有些同学的动作设计较简单，没有很多创新。
技术作业：通过观看其他同学的视频，有些同学的动作质量完成很好，有发力有定位，整个跳操的气氛很活跃，笑容也很灿烂，表现力很强。不足之处在于，大部分同学都会有忘动作的情况，很多同学动作质量完成不是很好，动作看起来软绵绵的，也没有很强烈的表现力，缺少微笑；在这种特殊时期，我们更要严格地要求自己，基本功不能落下。通过这次的技术作业，发现自己在动作的完成质量和表现力上还是存在很多不足，与同学们有些差距，后面会继续努力，争取有所提高。

健美操专项（4）体
教18级13组　　再次发放
DXY
第7楼 2020-03-07 15:05　　♡ 👍 1

编排作业：
优点：1. 大多数同学通过上一次的互评，在这一次的作业中，大家的绘图有了很大的进步。
2. 有些同学的课堂笔记一直保持着自己的思考，没有一味地抄课本，很值得我们学习。
3. 大家的术语表达也比上一次精练了许多。
缺点：1. 有的同学的下肢动作的编排过于简单，希望下次绘图的时候，可以多加一些步伐进去。
2. 有的同学的术语表达还是有一点啰嗦，可以再多看看相关的术语表达技巧。
技术作业：
优点：1. 有的同学动作有力度，也看得出来每个同学都在认真努力完成。
2. 大家的表现力和熟练度都还好。
缺点：1. 动作的标准规范还有待提高，虽然不能去学校学习，但是我们在家一定要认真完成技术内容，每天练习一点。
2. 前段时间我们学习了面部表情训练法，但是这次大家在技术作业中的表现力还不算很好，还需要多加练习才行。
3. 有些同学没有自我介绍，这点我自己也缺少。
总体来说，大家这次的理论作业都有很大的进步，但技术作业还需要我们多努力。争取下次有更大的突破。我也会通过互评，发现自己的不足之处。疫情在家，我们一起努力学习，加油，姐妹们。
收起

健美操专项（4）体
教18级14组　　再次发放
HYY
第1楼 2020-03-06 10:10　　♡ 👍 1

理论作业对比上次来说总体上有了很大的进步！
1. 同学们都能摆脱抄教材的模式，对某个知识点进行了扩展与完善，对教材进行了进一步的理解与应用。
2. 在术语运用这一方面也有了很大的提高，很多同学都能运用专业术语来完整地描述动作的拍节。
3. 小人也画得规范了许多，十分生动形象，能清楚地了解所要表达的动作。
4. 同学们的创编能力很不错，运用了大绕环小绕环，还有动作方向的转变。
技术动作的评价如下：
优点：1. 同学们都能跟着音乐或者拍节完整流畅地跳下来。
2. 少数同学的表现力很好，全程面带微笑。
缺点：1. 很多同学的步子不够大，例如一开头的时候不应该是迈小步向前，应该有往前面冲的感觉，当然也有可能是因为空间限制的原因，使许多同学步子较小。
2. 大多数同学表情控制不够好，这是一个青春活力的操，所以应该全程面带笑容，而很多同学脸上没有笑容。
3. 有一些同学还存在错误动作或者动作方向搞反了的现象，应该多抠视频动作，与视频里面的人的动作做到一致或者更好。
4. 很多同学动作控制力度不够好，比如绷脚尖的时候没有绷，还有些同学的动作软绵绵的，而这个操的动作应该坚定有力。
5. 少数同学存在动作抢拍的情况，应该多听听音乐跟着音乐的拍子走。
收起

学习结果评价等级：良

 健美操专项（4）体教18级14组　再次发放

HY　第7楼 2020-03-06 13:48　👍1

1. 理论作业

在这一次的理论作业中，大家已经逐渐改善了照搬照抄的笔记方式，这一次关于爵士元素和街舞元素，教材上的内容较少。很多同学通过自己在网上查阅资料、文献，通过自己的整理，使得这次课堂笔记部分的理论内容丰富了许多。从这方面，也可以看出同学们对待作业都是非常认真的。每一次的作业都有进步，虽然还有很多不足，但我相信会越来越好。

2. 创编作业

相较于前几次作业，大家画小人画得越来越好，对于技术动作的描述也越来越规范、准确。有的同学描述得非常详细，包括手型的方向都有具体的描述。在创编上也不仅仅拘泥于一次模式，通过其他手型以及步伐的融入，使得创编的内容更加新颖，创编能力得到了很大的提高。

3. 技术作业

通过这次技术作业，看了同学们的视频，发现了自己很多的不足和缺陷。这次技术作业我觉得大家完成得都很不错，但是相较于在学校的水平，还是有些退步的。所以说，健美操还是需要每天坚持练一些基本功，长时间不练就会导致自己的水平退步。在这个特殊的时期。我们可以利用自己周围的环境做一定量的运动。最后，希望疫情早日结束，我们早日回到学校，😀武汉加油！

收起

 健美操专项（4）体教18级14组　再次发放

CQ　第8楼 2020-03-06 14:14　👍1

理论上

1. 在理论作业上，同学们已能够独立地去查找资料与思考，不再是单一的抄一抄模式了。这是一个很大的进步。

2. 在术语的准确度上同学们有很大的提高，不再是用口语来描述动作，而是学会用专业术语进行描述。

3. 在图像绘画上，同学们的图画线条日渐清晰流畅，而且越来越生动。

技术上

1. 同学们都完成了最基本的要求，完整地跳完一套青春修炼手册，但是仅仅是完成，质量还是有待提高。

2. 就我自己而言，我能明显感觉到自己在技术上的退步，排除场地限制等客观因素，更重要的还是自己平时训练不够导致技术退步，而且自己的表现力不够，对面部表情的控制并不好，需要继续努力。

3. 从动作的规范程度来看，很多同学的动作或多或少存在错误，自己松散，这也是需要改正的。很多同学感觉有点放不开，步子不大，给人一种腿部没有力量、很松散的感觉，这就要求我们在日后的学习过程中要加强身体素质和体能的训练。

收起

 健美操专项（4）体教18级14组　再次发放

ZYF　第6楼 2020-03-06 12:45　👍1

这次互评后我觉得了大家都较之前有很大的进步。1. 就课堂笔记部分，同学们都没有仅仅局限于教材上的内容，而是通过自己在网上查资料等途径来丰富笔记内容。我觉得可以改进的是同学们可以适当增加自己的见解与想法感悟，把理论与实践相结合，学会运用我们所学的理论知识。

2. 课后作业部分，绘图也比之前规范了许多，动作也比之前丰富了，不过我觉得在创新性方面还可以提高，在小人细节方面和规范性方面还有很大的提升空间。我相信经过每次的锻炼，我们的绘图技术和创编能力会更加优秀！

3. 这次的技术考试方面，让我深刻地意识到了我们体能技术的退步，虽然可能存在因为空间场地限制的原因，但不可否认的是现在的我们比之前在学校的我们在体能、基本功、身体控制能力、运作力度规范程度以及柔韧动作幅度等方面差了不止一个等次，甚至还存在动作不熟练和忘记动作的情况。因此，我觉得因为疫情而延缓开学的我们应该在家也不能放松，每天要练习基本功，锻炼自己的体能，不仅要复习以前学过的套路，更应主动学习原定这学期学习的套路动作。还有对于跳操时节奏较快、卡不上音乐节奏的同学可以多听听音乐，感受乐点，在跳操时心情放松不要紧张，不抢节拍。最后在表情方面、动作的表现力方面一直是我们的弱点，我们更应该注意，在家坚持训练，争取有所提升！

收起

 复主贴　👍1

表6-14 　　第一轮行动研究 C12 教学评价能力不同表现水平学生学习结果任务清单(学困生)

表现性任务	具 体 说 明	
	表现性任务的指导语	表现性任务的类型
表现性任务 3：自评与他评	采用线上课堂教学(超星学习通 App)，设置教学能力主题单元，引导学生完成对学习结果的自评与他评。参考资料为健美操教材、学校学生教学基本功大赛评价量表、全民健身操舞裁判评分规则	1. 纸笔任务，观看学习通上传的学生作业，并在学习通讨论空间中写下评价短语 2. 口头任务，课堂上发表对自己与同学的作业评价，也可以展开集体讨论

学习结果评价等级：中

健美操专项（4）体教18级14组　再次发放

MZT　　　第4楼 2020-03-06 12:11　　　1

先是理论作业：
总的来说比上一次要好一些。
1. 就我自己而言，在做这次理论作业时会对比上一次的作业以及当时同学们和老师的点评来有目的地改正某些不好的地方。通过自己查找的资料和同学们的笔记，也更多地了解了爵士和街舞。
2. 看了同学们的理论作业，也感觉到越来越多的人注意到了笔记问题，这次还有同学设计了自己的爵士或街舞元素的热身带操组合。术语的表达越来越明确清楚。制图越来越规范，设计元素也越来越多，在动作方位、技术上也有了新的体现。
在技术作业上：
这是我们第一次以这样的形式交技术作业。虽然会有错动作、抢拍或是方向搞错的问题，表现力也不够好，技术也没达到平时训练的要求，比如侧并步的提踵、侧平举的高度等，但我觉得整体还是不错的。

复主贴　　　1

健美操专项（4）体教18级14组　再次发放

HML　　　第3楼 2020-03-06 11:58　　　1

理论：
1. 通过这次批改作业，我发现有少数同学在理论作业里自己设计了简单的爵士、街舞训练方法，我觉得这点很好。
2. 同学们的制图都越来越规范，动作也越来越多样化，包括方位、动作拍节设计也多了起来。
3. 另外经过这两次作业，我认为如果同学们能在笔记里多加一些自己对街舞、爵士的认识见解和想法就更好了，这样可以帮助自己去认识、了解街舞、爵士，以便日后在学习的过程中能更加清楚方便地掌握街舞、爵士的技术。
技术：
1. 存在动作力度和动作幅度不够大的问题，可能有些是因为空间场地的限制。
2. 表现力不高，有的同学笑得不够多。
3. 技术动作控制不到位，侧平举该举的没有举到位，该踮脚尖的地方没有踮起来，腿部力量也不够。
4. 另外还存在一些忘动作和方向搞反的现象，下去需要多加练习。

复主贴　　　1

健美操专项（4）体教18级14组　再次发放

HR　　　第5楼 2020-03-06 12:17　　　1

理论评价心得：1. 大家的课堂笔记逐渐摆脱抄教材的局限，开始注重自己的理解和表达。2. 在创编的过程中，同学们的创编能力渐渐得到了提升，但同时应注重加强小人刻画的规范性与术语运用的准确性以及创编的新颖程度。3. 通过批改大家的作业，我从中感受到大家做作业态度严谨积极，我也受益匪浅，看到了自己的不足。
实践评价心得：1. 青春修炼手册的成套动作，大家能够流畅地完成，但一套动作中存在些许问题。2. 成套动作的练习过程中，要加强动作的表现力与表情的感染力。3. 我们还是应该加强基本功的训练，手臂和腿部的发力有待加强。4. 通过观察大家的成套动作，在发现问题的同时也给自己敲响了警钟，在以后的训练过程中，会更加注意这些问题。
收起

复主贴　　　1

表 6-15　　　　　第一轮行动研究 C12 教学评价能力：自评与他评能力表现标准

表现水平	表现描述	表现样例		
	C12 教学评价能力：自评与他评能力	范例	证据	评价等级
优良生	1. 熟练掌握教学评价中自我评价和他人评价的理论与方法，并在教学评价实践中可以进行应用与分析 2. 在健美操教学评价实践中，针对复杂情境下所产生的学生学习结果可以采用合理的评价方法，对评价对象与评价内容展开准确的价值判断	LX DXY HYY （学生）	见表 6-13	优 （91~100）
	3. 口头或者书面评价表达具有个人独立见解和反思，可以发挥教学评价的诊断、导向、激励、反馈等作用，能够促进教学效果的提升	HY CQ ZYF （学生）	见表 6-13	良 （81~90）
学困生	1. 基本掌握教学评价中自我评价和他人评价的理论与方法，并在教学评价实践中可以进行应用 2. 在健美操教学评价实践中，针对复杂情境下所产生的学生学习结果可以采用一定的评价方法，对评价对象与评价内容展开一定的价值判断	MZT HML HR （学生）	见表 6-14	中 （71~80）
	3. 口头或者书面评价表达具有个人观点，基本可以发挥教学评价的诊断、导向、激励、反馈等作用	—	—	差 （60~70）

目前，教学评价多数情况下是以教师为主体完成对学生学习结果的评价，而学生很少有机会真正作为课堂教学中的评价主体展开教学评价的实践活动。对于常见的课程教学流程来讲：预习是第一关，在此学生建立了对学习内容的初步整体观念；课堂学习是第二关，在此学生真正接触到学习内容是什么；课后作业是第三关，在此学生完成对学习内容的吸收、内化、外用。通常学习就到此为止了，其实，学生对自己或者他人的学习结果进行评价是课堂学习的第四关，也是尤其重要的一关。通过教学评价，学生才可以对学习结果所达到的程度有较清晰的认识。通过自身与他人之间的横向比较，学生可以重新审视自身以及他人的优缺点，从而对自己进行准确的定位；进而，对这种差距产生的原因进行分析，找到影响因素与解决方案；最后，通过评价后的反馈与反思，真正抓住现实学习中的主要矛盾进行改进、提升。在第一轮行动中，表现标准的出现给师生课堂带来新鲜感，学生由好奇表现标准是什么，到经历了表现标准的研制过程后，甚至在教学评价中使用了表现标准。当表现标准受到学生的认可，其不再是外界强压于学生身上枷锁，而是根植于学生内心深处的行为规范。其实，这才是标准实施的理想状态。

(四)第一轮行动反思

1. 针对教师的教学效应

(1)从教学设计过程来讲,第一轮行动研究尝试了一种逆向的线上教学设计方式。这种"逆向"教学设计①即以学生学习为中心,以学生学习结果为导向,时刻关注学生学习目标的达成与学生学习结果的产出,并且根据教学内容与方法、教学组织等教学诸要素对学生学习结果产生的影响不断地进行即时调整。这样,使整个教学过程在目标—结果之间不断进行对标,给教师的教学提供了即时反馈信息。

(2)从教学实施过程来讲,第一轮行动研究是初次尝试研制教学单元表现标准,缺少先前的表现标准做比较进行效度参照。所以在教学过程中,教师的教与学生的学都只有一个整体概括性的课程目标,缺乏一个精准的靶心子目标——学习目标,以及这个学习目标所对应的表现标准。笔者考虑到,如果第一轮行动研究所获得学生学习结果的样本量偏少的话,就有可能出现"盲人摸象"的现象,即所拟定的教学单元标准从局部看是符合客观真实的,但是从整体来看却具有一定的局限性。这种现实情况的存在,就导致了表现水平只分为优良生与学困生两个水平,它们之间存在一个模糊的边界。但这并不影响教学评价的进行,因为表现标准不仅有表现水平的划分,还有表现样例的存在,这一点教师和学生都可以直观感受到,而且评价等级也处于一个明确的分数区间范围。

(3)从教学评价过程来讲,第一轮行动研究重视学生教学评价能力培养的实践环节。超星学习通教学平台的存在为学生教学评价能力实践提供了锻炼的机会。每一次线上提交作业后,教师都会在学习通的讨论群中创设话题,建立师生评价、生生评价的通道以供对学习结果进行反馈。这样就改变了以往老师教学、老师批作业、老师写评语的单一教学流程,而增加了师生、生生互动的机会。师生在课堂上共同展开评价讨论,在学习通上书面表达评价意见,评价形式多样、方法多样。在这个交流过程中,具有不同观点、态度的人形成了教学评价共同体,自由发表个人意见,并将个体自觉自省融入群体共同的价值导向之中。通过课堂体验和课程观察,这种公开的教学评价活动使笔者充分认识到,每一项评价意见其实就是一面"魔法镜",不仅能够清晰照出对方的优缺点,更重要的是,还能照出自己真实内心的价值判断,从而可以不断促进自省与反思。

---

① 荣俊杰,阎智力. 逆向教学设计及其在体育教学中的应用路径[J]. 武汉体育学院学报,2017,51(12):75-79.

2. 针对学生的学习效应

通过课堂观察或者学生访谈，笔者发现学生反映最大的苦恼不是每天学习后完成作业，而是清楚学习目标后对自己能产生什么样的学习结果而感到焦虑。超星学习通上的作业提交通道经常出现学生上传—删除—重新上传—再删除—再上传这种情况；尤其是在可以看到全组同学的作业后，大家纷纷内卷起来，所有人都不愿意做最差的那一份作业的证据案例。另外，知道老师是因为做博士学位论文采集证据而进行这次行动研究，全组同学每一次作业都竭尽全力，导致老师在寻找差等级作业证据案例的时候，居然很难有所收获。通过这次行动研究，学生了解了教师关于表现标准的研究，并对研制的教学单元表现标准怀有好奇心。笔者也会将表现标准的阶段性稿件交由学生提建议或者展开集体讨论。笔者认为，表现标准的研制只有经过学生的认同，学生才会愿意在教学单元中以表现标准为学习目标达标的参照，自觉将自己的学习结果向表现标准对齐。学生在第一轮行动研究结束时，终于意识到教学评价的作用与功能。以前就认为交完作业自己的学习任务就完结了，评价都是老师的事情。当学生以评价者的身份重新看待自己和同学们的学习结果时，就会体会到自己的学习深度与对学习结果的认知、判断有重要的影响，遇到质疑的地方就会主动通过各种途径查找资料进行验证求实，通过课堂的集体讨论也会产生新的认知火花与价值判断导向，从而加深了对学习内容的内化程度，对知识的掌握也达到了识记—理解—应用—分析—综合—评价这样的进阶目标。

三、健美操课程教学能力单元表现标准研制的第二轮行动研究

(一)第二轮行动目标

在第二轮行动研究中，教师的教学目标是通过全民健身操舞系列有氧轻器械六级（爵士棍）成套动作（组合一~组合九）的教学过程，使学生可以同步掌握六级成套动作的教学能力，并能够独立完成模拟老师3分钟微课的设计、实施、评价的表现性任务。依据教学目标，第二轮行动研究的目标就是继续探索学生完成微课的行为表现，提供第二轮学生学习结果的直接证据，进而对第一轮行动研究所研制的单元表现标准初稿进行验证、修订。另外，继续针对教师与学生在表现性任务的完成过程中存在的问题进行反思、改进。

(二)第二轮行动计划

第二轮行动研究的实施框架（见表6-16）依据表现性评价理论设计，旨在设置模拟中小

学健美操教师微课的实践情境，通过学生表现性任务的完成，收集学生的学习结果，为教学能力主题单元表现标准的研制提供更多的证据资料。第二轮行动研究的实施实践为 2020年5月6日(第12周第23次课)至6月10日(第17周34次课)，共计6周12次课。1周2次课，一般是先理论讲解再技术实践，然后在一个教学结束的时候举行1次课堂评价的集体讨论，对学生学习结果进行自评与他评，对教师教学效果进行学生评价与建议。例如，第1次课结束时，学生向学习通提交理论纸笔作业；第2次课结束时，学生向学习通提交视频作业；每3周举行1次课堂评价的集体讨论。

(三)第二轮行动实施

1. 第二轮 C10 教学设计能力：创编与文图记写能力表现标准

在第二轮行动实施中，教师针对教学设计能力所创设的表现性任务是操化组合动作的创编设计与文图记写。从表现性任务的难易程度上来讲，这次比第一轮行动研究中的任务难度有所提升，除了需要具备单线条文图记写能力与术语表述能力，还增加了对操化组合动作的创编设计能力的考查，以上要点形成了较复杂的复合型表现性任务。学生可以使用上个教学内容全民健身操舞系列有氧轻器械五级(花伞)成套动作中的动作元素，将其重新创编设计成为新的组合动作，达到学以致用的目的。在第一轮行动研究中，教师收集了25位同学的6周4次创编与制图作业。从整体完成情况看，这100份作业大体上可以分为优良生(见表6-17)和学困生(见表6-18)两种表现水平，而且大多数同学的作业完成质量具有了质的变化。

表6-16　健美操课程教学能力单元表现标准研制第二轮行动研究的实践框架

应用流程	内容	具 体 说 明
学习目标	知识与能力	1. 理解与应用健美操教学理论与方法(健美操教材第三章)
		2. 关于C10教学设计能力：具备微课教案中操化组合动作的创编与文图记写能力
		3. 关于C11教学实施能力：具备完成3分钟微课视频——对六级组合动作的讲解与示范能力
		4. 关于C12教学评价能力：具备超星学习通上对自己与同学的学习结果进行自评与他评的能力
	课程思政	对学生的学习行为表现围绕B1理想信念、B2师德师风、B3体育品德这3个方面展开课堂观察(本轮暂时不做重点研究)

续表

应用流程	内容	具体说明	
评价目标	知识与能力	1. 微课教案中操化组合动作的创编与文图记写	
		2. 微课视频中六级组合动作的讲解与示范	
		3. 对微课教案中操化组合动作创编与文图记写的自评与他评	
	课程思政	整体型评价,通过观察学生完成模拟教师表现性任务的学习结果,从 B1 理想信念、B2 师德师风、B3 体育品德这 3 个方面进行综合评价	
问题情境	实践情境	模拟中小学健美操教师准备 3 分钟微课视频	
	实践对象	体育教育专业 2018 级健美操(专修)大二学生 25 人,已经具有一定的专项技术基础和教学能力	
	实践操作平台	学校超星学习通 App 教学平台实施线上教学	
	实践组织形式	在专项教师的指导下,以学生小组合作(3 人/组)形式展开	
表现性任务		表现性任务的指导语	表现性任务的类型
	表现性任务 1:创编与制图	采用线上课堂教学(超星学习通 App),设置教学能力主题单元,引导学生完成微课教案中操化组合动作的创编设计与文图记写。该自编操化组合动作要求使用五级所学操化动作元素。参考资料为健美操教材、体育绘图教材、健美操流行操舞视频资料等	1. 纸笔任务,完成微课教案中操化组合动作的创编设计与文图记写 2. 口头任务,根据制图运用术语练习讲解自编操化组合动作,也可以撰写讲解词
	表现性任务 2:讲解与示范	采用线上课堂教学(超星学习通 App),设置教学能力主题单元,引导学生完成 3 分钟微课视频,内容为六级组合动作的讲解与示范,重点为身体动作与轻器械动作的重难点分析、易犯错误提示。参考资料为健美操教材、健美操公开示范课视频资料等	1. 视频任务,3 分钟微课 2. 视频任务,自编组合或成套动作表演展示 3. 纸笔任务,学习日志和进度记录 4. 处理突发问题
	表现性任务 3:自评与他评	采用线上课堂教学(超星学习通 App),设置教学能力主题单元,引导学生完成对学习结果的自评与他评。参考资料为健美操教材、全民健身操舞裁判评分规则等	1. 纸笔任务,观看学习通上传的学生作业,并在学习通讨论空间中写下评价意见或建议 2. 口头任务,课堂上发表对自己与同学的作业评价,也可以展开集体讨论
评分规则	表现标准	1. 关于 C10 教学设计能力:创编与文图记写能力表现标准	
		2. 关于 C11 教学实施能力:讲解与示范能力表现标准	
		3. 关于 C12 教学评价能力:自评与他评能力表现标准	
实施评价	课堂总结	教师评价与学生评价相结合。可以采用纸笔任务,完成评估量表;也可以制作 PPT 演讲展示,总结小组以及个人表现	

表 6-17　第二轮行动研究 C10 教学设计能力不同表现水平学生学习结果任务清单(优良生)

表现性任务	具体说明	
	表现性任务的指导语	表现性任务的类型
1. 创编与制图	采用线上课堂教学(超星学习通 App),设置教学能力主题单元,引导学生完成微课教案中操化组合动作的创编设计与文图记写。该自编操化组合动作要求使用五级所学操化动作元素。参考资料为健美操教材、体育绘图教材、健美操流行操舞视频资料等	1. 纸笔任务,完成微课教案中操化组合动作的创编设计与文图记写 2. 口头任务,根据制图运用术语练习讲解自编操化组合动作,也可以撰写讲解词

自编操化动作组合一(开合跳)

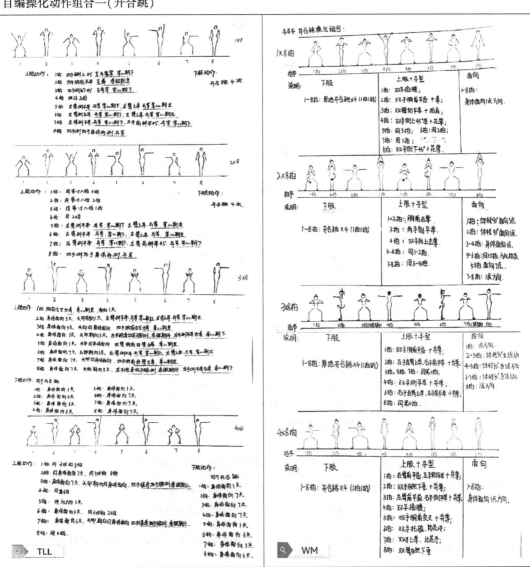

自编操化动作组合二(吸腿跳)

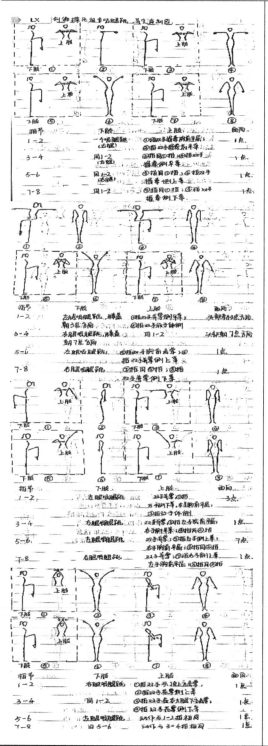

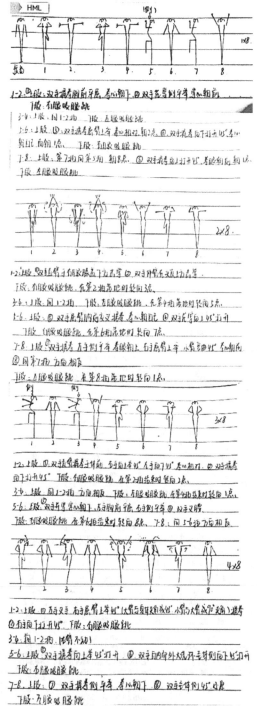

续表

自编操化动作组合三(弓步跳)

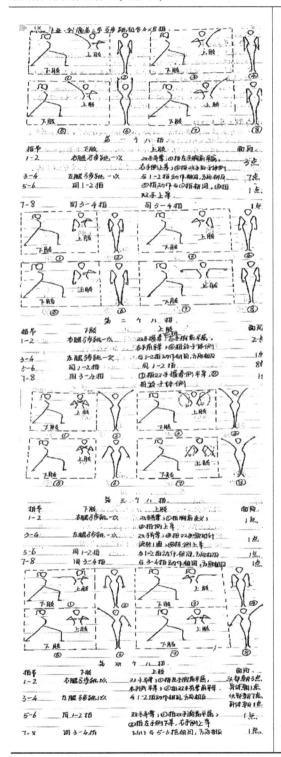

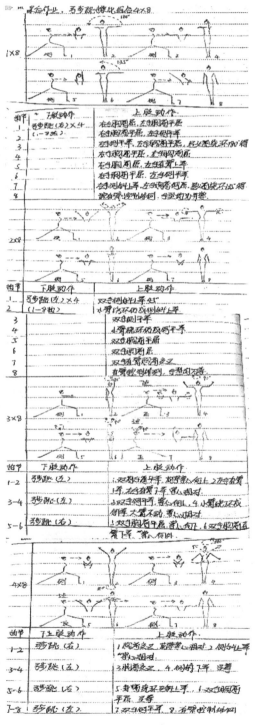

自编操化动作组合四(前弹踢腿)

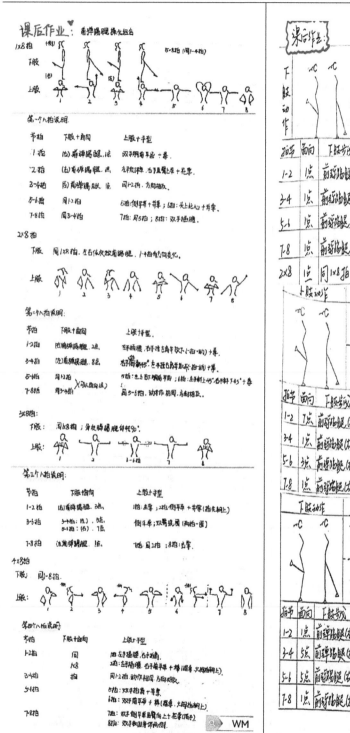

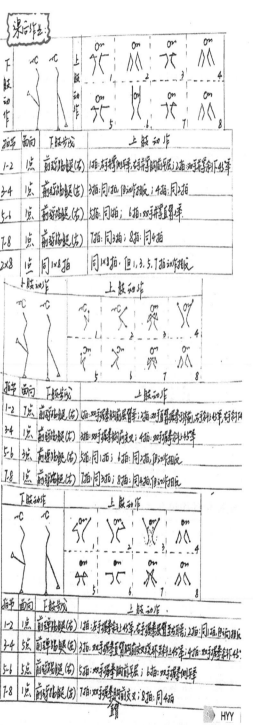

表 6-18 第二轮行动研究 C10 教学设计能力不同表现水平学生学习结果任务清单(学困生)

表现性任务	具体说明	
	表现性任务的指导语	表现性任务的类型
1. 创编与制图	采用线上课堂教学(超星学习通 App),设置教学能力主题单元,引导学生完成微课教案中操化组合动作的创编设计与文图记写。该自编操化组合动作要求使用五级所学操化动作元素。参考资料为健美操教材、体育绘图教材、健美操流行操舞视频资料等	1. 纸笔任务,完成微课教案中操化组合动作的创编设计与文图记写 2. 口头任务,根据制图运用术语练习讲解自编操化组合动作,也可以撰写讲解词

自编操化动作组合一(开合跳)

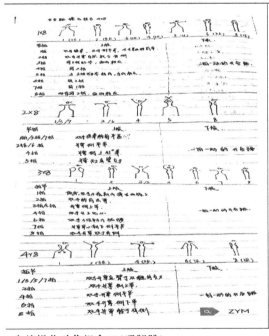
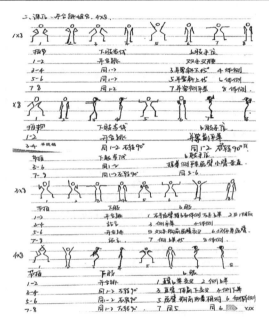

自编操化动作组合二(吸腿跳)

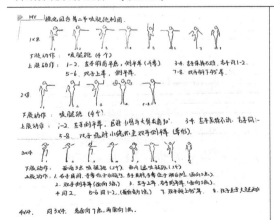
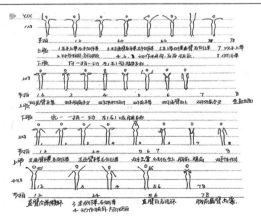

自编操化动作组合三(弓步跳)

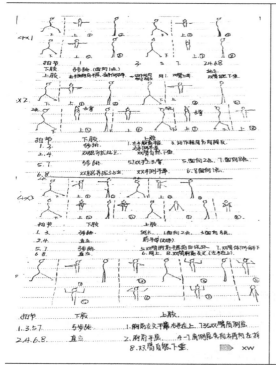

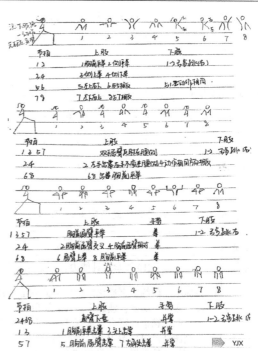

自编操化动作组合四(前弹踢腿)

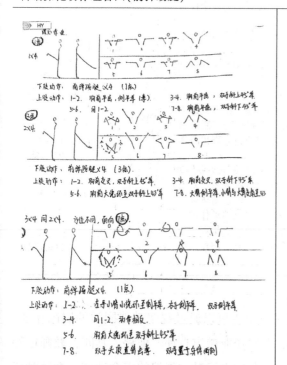

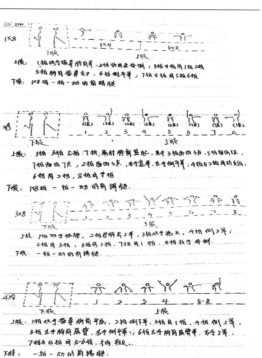

通过对学生学习结果的证据分析,在第一轮行动研究"C10 教学设计能力:文图记写能力"表现标准的基础上,笔者展开对"创编与文图记写能力"表现标准的探讨(见表 6-19)。从学生创编与制图作业质量来看,水平主要集中在中上等附近,其表现水平可划分为优良生与学困生。对于表现水平为优良生的学生来说,制图环节基本上不存在明显的问题。在这个基础上,再按照创编能力,又可将优良生分为优等级与良等级。其实,学生创编能力的培养不是一蹴而就的,而是循序渐进分阶段进行的。对于大学二年级健美操专修学生则是要求对已学动作元素进行重新排列组合形成新的组合动作,并非要求原创。这项作业从第二次行动研究开始,一直持续到学期末,不限制学习通作业提交的规定时间与次数,学生可以不断进行修改、讨论。

表 6-19 **第二轮行动研究 C10 教学设计能力:创编与文图记写能力表现标准**

表现水平	表现描述	表现样例		
	C10 教学设计能力:创编与文图记写能力	范例	证据	评价等级
优良生	1. 总体上,熟练掌握操化组合创编的方法与规则,操化组合创编新颖、多样、流畅;熟练掌握与应用单线条简图记写方法与绘制技巧,制图精准、富有艺术观感,制图与术语配合相得益彰,表现出制图技能可以游刃有余为创编设计提供支持 2. 创编设计能够展示出操化动作的多样性(使用不同关节运动、动作空间、动作幅度、肢体长度、动作节奏,使用对称或者不对称的动作等)和流畅性(清晰、自然地展示从一个位置到另一个位置的运动轨迹)	TLL WM LX (学生)	见表 6-17	优 (91~100)
	3. 文图记写能够精准表达操化组合的创编意图,可以正确反映动作的开始姿势、参与动作部位、动作做法、动作方向、动作数量和结束姿势;并熟练掌握场地方位、动作方向、动作相互关系、动作做法术语的应用,术语表述简洁、流畅	HML HR HYY (学生)	见表 6-17	良 (81~90)
学困生	1. 总体上,基本掌握操化组合创编的方法与规则,操化组合创编准确、连贯;基本掌握单线条简图记写方法与绘制技巧,制图合理、基本符合动作真实,制图与术语配合基本对应,表现出制图技能基本可以满足创编设计的需求 2. 创编设计能够展示出操化动作的准确性(使用不同关节运动、动作空间、动作幅度、肢体长度、动作节奏,使用对称或者不对称的动作等)和连贯性(展示从一个位置到另一个位置的运动轨迹)	ZYM YJX HY XW (学生)	见表 6-18	中 (71~80)
	3. 文图记写能够基本表达操化组合的创编意图,可以反映动作的开始姿势、参与动作部位、动作做法、动作方向、动作数量和结束姿势;基本掌握场地方位、动作方向、动作相互关系、动作做法术语的应用,术语表述基本正确	—	—	差 (60~70)

教师每 3 周组织 1 次课堂集体讨论。大多数学生可以通过观摩其他同学的制图作业、视频作业,了解每位同学的创编构思优缺点,并对作业做出自评、他评。其间,教师还特意设计了一个小环节:学生自由结合两人一组,分别学习对方创编的组合动作,在试跳新

组合的过程中把自己发现的问题与创编者讨论，然后两人一起进行修改。在学生之间双向交流的过程中，许多灵感又被激发出来，使彼此对创编的理解更进一步。通过课堂学习观察，教师还发现一个现象：创编设计的表现水平与技术能力高低无直接关联，反而有一些平时技术能力欠佳的学生创编出来的组合动作更加复杂多样、更具挑战性。健美操专修课程在体育课程中属于术科课程，以往的教学中非常重视学生健美操专项运动技术水平的提升，要求学生达到二级运动员的技术标准。其中是否会存在以技术水平评价健美操专修学生学业成就水平的倾向？在教学评价中，不仅要考虑教什么、学什么、评什么的一系列问题，还要考虑评价的指标是什么、评价的方法是什么、评价的标准是什么的一系列问题，缺少某一个环节，必然会造成评价结果的偏颇。

笔者通过第二轮行动发现，表现标准就像一个观察、描述学生的摄像机，将学生所有的学习结果立体呈现出来。教师通过分析学习结果可以透视学生核心素养的达成度。如果单纯以分数来量化评价学生的学习结果，是无法形成连续多届学生的纵向比较；如果使用表现标准来描述学生的学习结果，只要设定同样的表现情境和情境中的表现任务，就可以针对同样表现任务的完成来评价连续多届学生，完成对教育质量的一个纵向长期的监测。

2. 第二轮 C11 教学实施能力：讲解与示范能力表现标准

在第二轮行动实施中，教师针对教学设计能力所创设的表现性任务是讲解与示范，重点为身体动作与轻器械动作的重难点分析、易犯错误提示。在第一轮行动中，学生通过对全民健身操舞系列有氧轻器械五级(花伞)成套动作的学习，初步掌握身体动作与轻器械动作相互配合的技术技巧，而且每个组合的讲解示范都是围绕身体动作与轻器械动作展开的。在此基础上，教师提升了第二轮行动表现性任务的难度，不仅要求学生讲解示范身体动作与轻器械动作，还要求他们更进一步将组合动作的重难点提炼出来，针对重难点进行动作技术分析，并提示易犯错误。

在本次健美操课程的教学中，教师引导学生完成 3 分钟以全民健身操舞系列有氧轻器械六级(爵士棍)(组合一~组合九)为讲解与示范主要内容的微课视频。在第二轮行动研究中，教师收集了 25 位同学的 6 周 9 次组合动作的讲解与示范视频作业。从整体完成情况来看，这 225 份视频作业大体上可以分优良生和学困生两种表现水平，而且每位同学的视频作业完成质量都在逐步提升，也越来越展示出个人的讲解示范风格。另外，通过对课堂学习的观察，教师发现学生对于讲解法主要采用的是完整讲解和分解讲解相结合、正误对比讲解，对于示范法主要采用的是完整示范与分解示范、快慢节奏对比示范、正误对比示范。学生这些学习结果的呈现很大程度上不再受到教师课堂教学中所列举的公开课视频范例的局限，而是体现出学生对如何讲解示范组合动作有了更多自己的想法，并且不停地进行各种尝试。

　　通过对学生学习结果(学习通视频作业)的证据分析,笔者针对第二轮行动所设置的表现性任务研制了 C11 教学实施能力:讲解与示范能力表现标准(见表 6-20)。优良生以 W 同学为例。笔者通过对 W 同学的访谈得知:(1)该生每次视频作业采用的讲解与示范方法都会考虑到根据组合动作特点进行灵活调配,也会尝试采用不同的讲解与示范方法去完成同一任务;然后,自己进行反复对比,直至调配到讲解与示范方法的最佳的组合模式。(2)该生每次视频作业一定是面对真实的教学对象,有通过视频电话把同组同学当作"学生"的,有把家人和邻居家的小孩子当作"学生"的。这种模拟老师的真实授课情境,会使自己迅速进入教师角色,针对不同年龄的"学生"所产生的各种学习困难,都要想出解决办法。因此,W 同学的视频作业中对重难点技术分析和易犯错误提示这个部分是依据现实丰富的素材而提炼出的个人对技术教学的理解与感悟,具有很强的针对性。(3)学以致用,该生敢于登上社会平台进行专业展示。在 2020 年疫情特殊时期,W 同学参加了由湖北长江日报举办的"居家战役运动汇"活动。由于提交的视频中展示出健美操教学的专业水准和健康快乐的学习氛围,W 同学带领父亲一起居家运动的健身视频获得了优秀奖。通过对W 同学视频作业的分析,笔者可以了解到她在不断尝试中更加体会到教学内容与教学方法之间相互影响的关系,明白了教学方法使用的是否得当会直接影响到教学内容的传输和教学效果的提升这个道理。

表 6-20　　　　　　第二轮行动研究 C11 教学实施能力:讲解与示范能力表现标准

表现水平	表现描述		表现样例		
	C11 教学实施能力:讲解与示范能力		范例	证据	评价等级
优良生	1. 总体上,熟练掌握与应用讲解与示范的理论与方法,讲解与示范灵活配合、相得益彰,甚至可以形成个人教学风格 2. 讲解简洁、明了,生动、形象。能够围绕表现性任务中心有目的和针对性地运用术语进行讲解,并根据讲解的位置和时机灵活调配多种讲解方法。熟练完成健美操组合动作身体动作与轻器械动作的讲解任务,并且可以进行重难点技术分析以及易犯错误提示		W 同学	见学习通视频作业	优 (91~100)
	3. 示范规范、优美。能够围绕表现性任务中心有目的采用多种示范形式进行示范,并选择利于学生观察的示范面、示范速度与距离。熟练完成健美操组合动作的示范任务,技术表现优良		—	—	良 (81~90)
学困生	1. 总体上,基本掌握讲解与示范的理论与方法,讲解与示范配合基本对应 2. 讲解正确、完整,真实、直白。能够围绕表现性任务中心运用术语进行讲解,并根据讲解的位置和时机使用讲解方法。基本可以完成健美操组合动作身体动作与轻器械动作的讲解任务,并且可以指出重难点或易犯错误		C 同学	见学习通视频作业	中 (71~80)
	3. 示范较为规范。能够围绕表现性任务中心采用正面示范或者镜面示范形式进行示范,并选择利于学生观察的示范面。基本完成健美操组合动作的示范任务,技术表现一般或欠佳		—	—	差 (60~70)

学困生以 C 同学为例。笔者通过对 C 同学的访谈得知：（1）该生每次都是参照老师的范例完成视频作业的，范例是怎么讲解与示范的，她就直接照着做。后期教师没有提供教学范例，而是提供了第一轮行动中研制的表现标准初稿，她也会按照表现标准初稿上的表现描述照着做。C 同学的学习习惯是在完成作业的时候，一定要有个模板参照，否则她自己不知道到底应该怎么做。（2）该生性格内向，所以在微课视频中能做示范的情况下，很少讲解。当老师建议她增加讲解词的时候，她也会写好讲解稿背下来。但关于组合动作的重难点或者易犯错误这个部分的讲解，她主要是围绕自己认为的重难点或者易犯错误来讲解的，没有考虑到真实学生对象的年龄段理解力这个问题。所以，在课堂教学与学生作业呈现、课堂观察与集体讨论、个别访谈中，对学生学习结果的收集、提炼以及教学单元表现标准的研制、验证、修订，可以促进教师了解、分析学习结果产生的背后究竟有什么样的影响因素，从而为学生学习目标的达成提供精准的教学策略。

3. 第二轮 C12 教学评价能力：自评与他评能力表现标准

在第二轮行动研究中，健美操课程教学评价的主要内容是操化组合动作创编与文图记写所呈现的制图作业和视频作业。通过这些学习结果，教师可以了解到学生对健美操创编理论知识、专项技术与学习态度等的综合评价。这些评价主要采取自我评价、他人评价的教学评价方式。教师随着学生组合动作的创编进度同步进行阶段性评价，将每次评价意见直接发在学习通讨论区的作业提交处；同时，也会在每次课堂上进行集体讨论，分析学生视频作业创编的优缺点；最后，到学期末撰写关于整个创编过程的总评小结。教师收集的 25 位同学的 25 份总评小结，大体上可以分为优良生（见表 6-21）和学困生（见表 6-22）两种表现水平。然后，教师根据每位同学的作业完成度又划分了优、良、中、差 4 个等级，发现其中评为优等级的学生数量明显增多，良等级和中等级的学生数量各半。

通过对学生学习结果的证据分析，在第一轮研制的"C12 教学评价能力：自评与他评能力表现标准"的基础上，笔者对表现标准初稿进行了修订（见表 6-23）。笔者利用第一轮行动中研制的表现标准作为学生学习目标达成度的对照尺度，并且收集班里同学的典型学习结果作为表现样例。而这些就发生在学生自己身边的表现样例更具有说服力，使学生相信通过自己的努力是可以达到学习目标的。一旦有了这种信心，那些具体的学习目标就会变得可望可及。另外，老师还在表现性任务中设定了评价的引导语，除了个评、他评的常规评价外，还要求学生评价后发掘存在的问题，并进一步分析影响因素。教师将原先仅仅评价现状引向反思问题，促使学生学会使用评价结果查找学习存在的问题。通过课堂观察，笔者发现大多数学生已经养成评价的习惯，凡是在学习通作业提交处上传自己的各类作业，就会同步浏览已交作业并进行简短评价；课堂上的集体评价讨论时常会比较活跃，越来越多的学生敢于直面自身真实，自评的力度也加大了。不仅如此，学生对待其他同学评价的书面表达也更有逻辑性，围绕小标题形成不同的层次多角度展开剖析。第一轮行动研究表现性任务 9 周完成，而第二轮则 6 周完成。在任务难度进阶升级的情况下，任务完成时间却大大缩短，学生的教学评价能力也得到了整体提升。

表 6-21　第二轮行动研究 C12 教学评价能力不同表现水平学生学习结果任务清单（优良生）

表现性任务	具 体 说 明	
	表现性任务的指导语	表现性任务的类型
表现性任务 3：自评与他评	采用线上课堂教学（超星学习通 App），设置教学能力主题单元，引导学生完成对学习结果的自评与他评。参考资料为健美操教材、全民健身操舞裁判评分规则等	1. 纸笔任务，观看学习通上传的学生作业，并在学习通讨论空间中写下评价意见或建议 2. 口头任务，课堂上发表对自己与同学的作业评价，也可以展开集体讨论

学习结果评价等级：优

续表

LX　操化组合创编总结

个人评价：

① 经过这么多次动作创编的实践，感觉自己有了一些进步，头脑中的动作素材储备越来越多，设计出来的动作更丰富了许多；

② 有些动作的设计符合规律，跳起来很顺畅，但是大部分动作设计，虽然可以跳出来，但基本上无规律可循，对动作创编规律的掌握还有待提高；

③ 有时候只顾着设计动作，没有注意到动作间的衔接是否流畅，只看到了个体没有顾及整体，导致动作连贯不够，协调性差，不够科学；

同学评价：

① 同学们都有各自不同的创编风格，经过这么长时间的学习，同学们在动作创编、术语使用、编用技术上明显都有很明显的提高；

② 部分同学动作设计十分合理，遵循着运动规律，训练到身体部位也很合理；还有一些同学在设计上动了自己的小心思，加入了一些新编的动作素养，十分有创新性；

③ 有时同学们用动作设计也会出现一些问题，比如衔接不流畅，设计不科学，动作选择单调，跳起来不顺畅等，这说明我们还要继续学习，完善自己；

④ 在编排过程中，大家都能做出漂亮的动作展现，这更说明了我们的动作素材丰富，平时可以多看视频，观看其他同学作业，积累素材；

创编小技巧：

① 单臂与双臂结合，曲臂与直臂结合，走时按还不顺时按结合结合；

② 腿的动作从上举→侧上举→侧前举→侧下举→前举，相反的也可行；

③ 卷腹臂与胸前续臂相结合；

④ 可以变更画面，但不宜过多变更，防止动作不流畅；

⑤ 先收再发，这样动力会顺畅一些；

⑥ 最后一个拍拍第八拍通常为收势动作；

动作完成质量影响因素：

① 上、下肢力量不足，导致动力不够，展位不足；

② 动作的设计不够科学合理，导致做的两肢展不协调，顺畅；

③ 缺乏自信，不能大胆展现自己，动作幅度太小；

④ 对展开的动作熟练程度，掌握程度不高，再加上上肢结合，难度增大；

KL　操化组合创编总结

个人评价：

经过多次的创编和想动作，改动作，从一开始的懵懂到现在对心创编的动作有了一点点的思考，也学会了很多不一样的创编方式，以及对动作的方位和身体掌握规则都有了更深一步的了解，很多时候自己创编出来的动作曲虽最看起来非常容易，但是去实施之会有着许许多多的困难，也有的时候完全练过来不起来。

与自己相配的动作是最好的，经过创编以及不断的修改，让自己的作品不断地提升和完善，这就是最大的收获，一步一步地提升自己，不断进步，脑子里有个车里的认知和画面，身体掌握动作方位，不断地去思考改进，创编出不一样的形式和特别收获也满满！

同学评价：

每位同学都有着自己的特色和创编风格，并且都在不断地提升，大家都是从一开始的不协调到现在对创编的得心应手，每个人的风格都在不断的变化，并且越来越好看，一开始大家对配的创编跟身体可结合存在着不同感，但是大家都善考着勇于挑战困难同心，之所以身体创编大家的作品都一次比一次的优秀并且对自己的练习就越来越有信心，再者，大家都一次次回想一次次改向再努力，大家都与相互借鉴对着，彼此的进步。

创编小技巧：

① 找规律，每个动作都有自己的规律，并且相连接起来；

② 看视频欠，看一些优秀的作品，和身体控制，以及动作的变化；

③ 找创编错误的原因，创编，评价，都是要考虑到的问题方向，动作的连接与动作间展有着很重要的联系；

④ 发力，动作的完成质量主要看动作的发力和相对动作间熟练程度；

⑤ 身体控制，身体控制需要多练一些力量练习，让自己更熟悉身体推和掌握动作的方位；

⑥ 观察和考虑每个动作可以都用哪些方位而向完成，可以多尝试不一样的动作和其难度；

动作完成质量影响因素：

① 动作的设计可能存在一定问题，导致完成动作展差出现偏差；

② 身体控制，动作完成的质量主要为发力和身体控制，身体掌握不住之使多练也不到，从而完成一个漂亮的动作；

③ 发力，有的同学可能会比较松散，发力不够，就会形成动作的不美观；

④ 力量，身体力量不够的很容易造成动作的失败，所以要多加力量的练习；

⑤ 最重要的一点就是自信，面对镜头，同伴，老师等都要有信心，有底气，彼此激励才能练功一举了。

学习结果评价等级：良

操作过后创编总结：

个人总结：一，刚开始感觉并不是很难很枯燥，从刚开始的海牛四肢到现在的舞蹈看材，这些是不断添加到队伍内又比较容易得来的。二，创编上，刚开始一般都是一招一动的操比动作，比较则需要自己设计，刚开始动手，上肢动作设计是蛮难蛮乱的动作，但往往自己比较喜欢创编落着乱乱。所以，现在设计上肢动作就蛮有很比较多样，而且也设计配比试着改，也会在动作应注意一下协调性和画面流畅的情况。三，通过视频记录自己的动作，总能去发现自己动作做得不是自己心中所想那样，规范要需要改正。四，动作的储备也比之前增加了，这些很重要。

肌能评价：在做价做发作业后，我们会分多自己成队，然后互相评价式评价，在评价和讨论的过程中每一种动作，做人评价自己，可以发现自身多优点缺点，评价他人习他人优势之处，像家装质量上，动作画面的，动作的发力，动作是否很连续，协调性如何。

创编小技巧：
① 最多一个捕抓的框架八点安型，要么收住价格。
② 原画讲说：手型的朝向，面向，关节位置等细节都需要表达出来。
③ 被评挡住的部分，耶拍两面，一张带头，一张半张两人物动作。
④ 一般上肢设计会有双臂相同的动作。

动作完成质量影响因素：
① 协调性不够，上肢与下肢配合不到。
② 发力不，上肢太发乱，下肢发力不足。
③ 上下肢姿势配合不够。

ZYJ

TLL 创编总结：

个人总结：
个人的创编是一个自我创造的过程，通过自己动手动作理解创造组合，创成自己的一个创编风格。先从一开始循规蹈矩，动作创编没有新意，只是一个八响一个八拍想想，到后来从网近观赏争捕羽毛节目中学习到动作并自己吸收的动作。了解动作的专业性，再加上因为老师作业后的评价，知明白了创编组后的规律，也有自己的创编意识。

同学评价：优点：① 同学们都逐渐形成了自己的创编风格。② 每个同学在进行评价过后都有进步。③ 每个同学的创编组后都是的丰富的动作来愈丰富。④ 每个同学的动作设计也是愈发流畅。⑤ 在设计动作的时候也兼顾考虑到了其他人学习的时候。

缺点：① 创编简单。② 动作丰富的同学不能做到动作优物考虑不全面。③ 净化创编前后有雷同，动作储备太少。④ 同学们再加上音乐，配后的时间，节奏会有不同。

创编小技巧：
① 先单臂再双臂 ② 先曲臂再直臂
③ 先收放节间有度 ④ 审视自己的人物。

易响因素：① 动作记录表！
① 动作储备少。② 创编次数少，经验不足。
③ 对动作的了解不全面。

结束呀！

表 6-22　第一轮行动研究 C12 教学评价能力不同表现水平学生学习结果任务清单(学困生)

表现性任务	具体说明	
	表现性任务的指导语	表现性任务的类型
表现性任务 3：自评与他评	采用线上课堂教学(超星学习通 App)，设置教学能力主题单元，引导学生完成对学习结果的自评与他评。参考资料为健美操教材、全民健身操舞裁判评分规则等	1. 纸笔任务，观看学习通上传的学生作业，并在学习通讨论空间中写下评价意见或建议 2. 口头任务，课堂上发表对自己与同学的作业评价，也可以展开集体讨论

学习结果评价等级：中

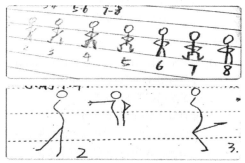

操化创编总结
从最初开始创编的画图小人

到现在的大长腿对我来说每次画图都是一次成长，从最初的磕磕绊绊到现在的得心应手都离不开老师和同学的帮助，作业下面耐心的夸奖和委婉的建议都是我一步一步变化的基石，我每一拍节的创编动作都是通过我自己实践得出的，跳的顺我才会记录下来，跳的不顺我就会重新找元素再进行创编，每次创编没有灵感的时候，我都会复看同学们的视频，不得不得说每一个同学都有一套自己的创编套路和自己的思想，就很棒很 nice！就拿这两次我和娟娟的互换来说，我发出这样的感叹："这个手臂动作可以这样花里胡哨的，厉害。"当然我这个花里胡哨是一个褒义词，然后再看看其他组的视频真的是可以一眼就看出来优点在哪里。

问题
1. 定位不准确不知道是因为没有镜子还是每次录视频都看不见画面的原因，我感觉对的位置在画面里就是不准确
2. 身体素质还是老问题跳的时候一定要记得把核心力量收紧
3. 创编的时候可以注意下手部的动作。

小技巧
我感觉只有在我创编的时候我才想的出
1. 一次创编安排一到两个稍微难的动作就是所谓的亮点
2. 实践是检验真理的唯一标准，每个动作的衔接最好是多跳几遍
3. 想要设计方位变化的时候，先考虑动作是否适合这个方位，不然像我上次一样跳合合跳跳着成了弓步跳就很尴尬了

XW

257

表 6-23　　　　　　第二轮行动研究 C12 教学评价能力：自评与他评能力表现标准

表现水平	表现描述		表现样例		
	C12 教学评价能力：自评与他评能力		范例	证据	评价等级
优良生	1. 熟练掌握教学评价中自我评价和他人评价的理论与方法，并在教学评价实践中可以进行应用与分析 2. 在健美操教学评价实践中，针对复杂情境下所产生的学生学习结果可以采用合理、多样化的评价方法，对评价对象与评价内容展开准确的价值判断；而且，还善于从评价结果中发现问题，找到影响因素或者解决方案		LWG ZYM LX KL （学生）	见表 6-21	优 (91~100)
	3. 口头或者书面评价表达具有个人独立见解和反思，可以发挥教学评价的诊断、导向、激励、反馈等作用。对于个人，能够清晰认知、定位自我；对于他人，能够明辨事态且可以进一步分析原因		ZYJ TLL （学生）	见表 6-21	良 (81~90)
学困生	1. 基本掌握教学评价中自我评价和他人评价的理论与方法，并在教学评价实践中可以进行应用 2. 在健美操教学评价实践中，针对复杂情境下所产生的学生学习结果可以采用一定的评价方法，对评价对象与评价内容展开一定的价值判断；而且，可以从评价结果中发现问题，并提出解决方法		ZHJ JJX XW （学生）	见表 6-22	中 (71~80)
	3. 口头或者书面评价表达具有个人观点，基本可以发挥教学评价的诊断、导向、激励、反馈等作用。对于个人，能够了解自己的学习状态；对于他人，能够明辨优缺点		—	—	差 (60~70)

(四)第二轮行动反思

1. 针对教师的教学效应

(1)在教学设计过程中，表现标准为教师逆向教学设计提供必要证据。表现标准为教师设计单元、课时教学目标达成度提供参照尺度，将教学初始的预期学习结果与教学结束的最终学习结果联系起来，进行教学效果的判定。在第二轮行动中，笔者教师尝试使用第一轮行动研制的表现标准向学生说明学习目标应有的达成度，特别是表现样例的存在，使学生更加体会到具体、真实的学习结果应该是什么样子的。当预设教学目标确定后，教师围绕着预期学习结果考虑教学内容与教学方法、教学组织等教学诸要素的安排，引导学生完成学习目标。

(2)在教学实施过程中，表现标准为教师教学进程提供阶段性反馈信息。表现标准为教师找到每个学生的定位点，使老师可以了解到某个学生在群体中的表现水平，也可以了解到某个学生自身前后比较的进步幅度。例如，通过对第一轮行动与第二轮行动学生学习结果呈现的比较，教师可以很清晰看到学生在每个阶段的阶段性学习结果的整体情况，也可以通过课堂观察与访谈得到学生学习结果呈现的影响因素，利于教师发现教学问题，因材施教，顺势引导。其实，表现标准就是教学过程中每一站的进阶台阶，教师可以根据阶段性教学效果进行调整，使教学诸要素达到最优化的效果，从而促进教学效果的提升。在第一轮行动中，学生用9周时间完成了表现性任务；而在第二轮行动中，则用6周时间完成了难度进阶的表现性任务。

(3)在教学评价过程中，表现标准为评价学生学习结果提供质性评价工具。表现标准是从学生学习结果中提炼出来的，其中的表现样例也是属于较为典型的学习结果。在第二轮行动中，针对不同阶段同样主题教学单元的教学效果进行评价时，教师会遇到更加丰富、多样的学生学习结果，而这些"新鲜"的学习结果对于表现标准的修订与表现案例的扩容提供了原始证据。一方面，教师在教学评价过程中，要关注到学生学习结果呈现与表现标准描述之间存在的差异，并进一步分析这种差异产生的原因，探究其根源是属于研制表现标准的效度问题，还是属于教学中存在的问题。这样就可以更加准确的针对问题提出改进的策略。另外一方面，教师要积极引导学生参与教学评价，促进师生形成平等关系并参与评价过程，获得学生对表现标准的理解与认同。

2. 针对学生的学习效应

(1)针对表现标准的课堂应用，树立了教学评价意识与习惯。学生从开始的好奇到现在的理解并实施，真正贯彻了成果导向的教学理念。在学习初始，学生了解表现标准，对照其制订自己的个人学习计划，使整个学习过程有明确的目标、有参考的表现样例；在学习过程中，学生通过自评、他评，使学习过程与评价过程互相融合，清晰了解到自己的阶段性学习效果与同组同学的整体学习效果，并可以及时做出改进。在教学评价中，评价结果不再是一个数字分数，也不再是老师一个人的评价意见。从学习目标的制定到学习过程的实施再到最后的学习评价，每一个环节都有学生的主动参与，使学生真正成为学习的主人。

(2)线上授课的教学模式促进了学生自主学习能力的提升。为了完成教师布置的理论制图作业与技术展示、教学技能视频作业，许多学生课后花费了大量的时间和精力，主动加深专业学习的深度与基础知识的广度。而且，由于每次的学生作业都会提交到学习通作业讨论区，这个时候学习结果的产生与评价不再只有学生和老师两个人的对话形式，而是除了"师生"组合形式之外，还形成了"生生"组间组内的组合形式。当所有的作业与评价都处于一种公开平等的状态下进行，学生的学习结果要面对教师和其他同学的监督，每位学生都会力求自己的作业可以对齐表现标准的要求。

四、第一轮和第二轮行动研究的效应讨论

1. 体育教育专业学生核心素养教学单元表现标准的研制根植于教学过程创设的复杂情境之中。在第一轮行动中，没有表现标准的时候，笔者设置复杂情境和表现性任务，收集学生学习结果作为教学目标达成的证据，再从这些证据中提炼出表现标准；在第二轮行动中，根据已经研制出的表现标准初稿，笔者再次设置复杂情境与难度升级的表现性任务，继续收集学生学习结果，进而对表现标准初稿进行修订，从而最终形成了学生核心素养发展不同阶段的教学单元表现标准。由此，笔者发现复杂情境的创设与学生核心素养表现标准的研制具有密切关联。

2. 体育教育专业学生核心素养教学单元表现标准的效度受到复杂情境的条件控制、表现性任务的设计与学生学习结果的有效性、多样性等因素影响。表现标准来源于复杂情境中产生的学生真实有效的学习结果，其效度确实是受到众多复合因素的影响。因此，研制表现标准并不是一蹴而就的事情，需要群策群力，并且要经历一定的周期进行理论论证与实践验证。另外，通过对学生学习结果的长期监测，可以形成同一类别学生核心素养发展的纵向轨迹，这样在表现标准的表现水平划分、表现描述语的撰写以及表现样例的选择方面会更加贴近学生真实。

3. 体育教育专业学生核心素养教学单元表现标准在教学中发挥了诊断、反馈、促改和决策的复合功能，有效形成同一标准下教学—评价—反馈的闭合回路。在以预期学习结果为导向的逆向教学设计中，笔者突出了以表现标准为学生核心素养达成度的靶心，在学习初始阶段就对学生的学习现状进行诊断，在学习过程进行阶段性反馈，最终依据评价结果展开促改与制定教学决策。其实，在整个教学过程中，学生对自己的预期学习结果的达成也充满了期待，对照表现标准不断审视自己的每一次作业完成质量。例如，在第一轮和第二轮行动研究中，笔者所收集到的学生学习结果都很少会有差等级的表现样例。其实，差等级的表现样例并不是不存在，而是学生在学习通上传作业的过程中，通过对照表现标准进行自我评价或者接收到同学的评价建议，通常会删除自己原先的作业，然后进行不断地修改、补充，直至提交自己最满意的一份作业。如果教师的教学目标与学生的学习目标同向而行而产生共同的期待，那么教学效果的提升往往会出现事半功倍的状态。

综上所述，在第一轮和第二轮行动研究中，表现标准带给老师和学生以新视角看待教师的教学目标与学生学习目标的达成。表现标准的应用促进教师教学评价能力的提升与"证据文化"意识的觉醒，使教师深刻体会到自身教学评价能力的薄弱与"证据文化"意识的缺乏；同时，也唤醒了学生对教学评价理论与方法的认知，进而转变了评价者与评价对象的单一身份认同，促进学生形成了教学评价的习惯。从此，课程目标不是老师一个人努

力的目标，而是老师与学生共同努力的目标；批改作业不再是老师一个人的任务，提交作业也不再是学生学习活动的结束，教学评价环节成为教师与学生全员参与的集体教学反思与探讨活动。在体育教育专业人才培养过程中都会有特定的质量要求，这也是表现标准存在的意义；但是，真正具备核心素养的体育教育专业学生并不是流水线上按照统一标准生产的"机器人"，而是一个个富有有趣灵魂和鲜活个性的"全面发展的人"。所以，表现标准的制定与实施不应该是呆板的、冰冷的，应该是在规则范围内灵活的、有温度的。

本 章 小 结

本章主要对循证视角下体育教育专业学生核心素养表现标准的研制进行了本土化的初次实践探索。

(1)对于体育教育专业学生核心素养锚定表现标准的研制主要分为 3 个阶段：首先，通过前期设计明确锚定表现标准研制的定位、目的、组织和对象。然后，采用循证程序按照从问题构建—证据创建—证据合成—证据解析—决策制定—实践验证 6 个具体步骤研制锚定表现标准。该锚定表现标准包括学生核心素养指标(4 个一级指标和 13 个二级指标)、表现描述(学习目标和学习成果)和表现水平(合格)。最后，对锚定表现标准的研制进行评价与反思，指出该锚定表现标准比较注重实用性，希望可以进一步探索体育领域学习成果分类体系、表现水平进阶层级体系以及学习成果与表现水平的映射关系等。

(2)对于体育教育专业学生核心素养单元表现标准的研制主要以健美操课程教学能力单元表现标准研制为案例，采用行动研究展开实践探索。该单元表现标准包括 B4 体育教学能力指标(C10 教学设计能力、C11 教学实施能力和 C12 教学评价能力 3 个三级指标)、表现水平(优良生和学困生)、表现描述和表现样例(范例、证据和 4 级评价等级)。随后，对行动研究的效应展开讨论：体育教育专业学生核心素养教学单元表现标准的研制根植于教学过程创设的复杂情境之中，其效度受到复杂情境的条件控制、表现性任务的设计以及学生学习结果的有效性、多样性等因素影响；表现标准在教学中发挥了诊断、反馈、促改和决策的复合功能，有效形成同一标准下教学—评价—反馈的闭合回路，并促进教师教学评价能力的提升与"证据文化"意识的觉醒，也促进学生对教学评价认知的提升与参与习惯的养成。

第七章 结论建议与研究展望

第一节 结论与建议

一、结论

1. 体育教育专业学生核心素养的表现标准是以课程与教学为取向，描述体育教育专业学生核心素养发展水平与证据的规范化学习结果。

2. 体育教育专业学生核心素养指标体系是由思想品质领域、专业能力领域、基础学习领域、自主发展领域 4 个一级指标，13 个二级指标和 45 个三级指标构成。学生核心素养是架接教育目标与课程标准的重要枢纽，它的构建成为表现标准研制中最重要的先导环节，为研制表现标准提供分析框架；而表现标准则凸显了学生核心素养发展水平由低级到高级的序列化学习轨迹。

3. 体育教育专业学生核心素养的表现标准体系包括：(1)呈现框架采用锚定表现标准、年级水平表现标准和教学单元表现标准 3 种呈现方式，其构成要素主要包括学生核心素养指标、表现水平、表现描述语和表现样例。(2)循证程序包括问题构建—证据创建—证据合成—证据解析—决策制定—实践验证 6 项构成要素。(3)证据支持系统包括证据支持的原则、信息来源、收集方法、合成方法、分级分类和样例结构。

4. 体育教育专业学生核心素养锚定表现标准的研制主要分为 3 个阶段：(1)通过前期设计明确锚定表现标准研制的定位、目的、组织和对象。(2)采用循证程序 6 个步骤研制锚定表现标准。其包括学生核心素养指标(4 个一级指标和 13 个二级指标)、表现描述(学习目标和学习成果)和表现水平(合格)。(3)评价与反思。认为该锚定表现标准比较注重实用性，但对体育领域学习成果分类体系、表现水平进阶层级体系以及学习成果与表现水平的映射关系等缺乏更为严谨的论证。

5. 采用行动研究研制了健美操课程教学能力单元表现标准。其包括 B4 体育教学能力指标(C10 教学设计能力、C11 教学实施能力和 C12 教学评价能力 3 个三级指标)、表现水平(优良生和学困生)、表现描述和表现样例(范例、证据和 4 级评价等级)。该单元表现标准的研制根植于教学过程创设的复杂情境之中,其效度受到复杂情境的条件控制、表现性任务的设计和学生学习结果的有效性、多样性等因素影响;表现标准在教学中发挥了诊断、反馈、促改和决策的复合功能,促使同一标准下教学—评价—反馈的闭合回路有效形成。

二、建议

(一)针对体育教育专业学生核心素养指标体系构建方面

1. 要深刻认识和分析核心素养指标的内涵和构成特征,其体系构建要依据国情、符合学理、易于实践。而且核心素养指标体系要遵循系统的整体性和动态性原则,它的指标构成并不是一成不变的,而是会受到任务、情境与专业共同体和社会文化等因素的影响。

2. 要贯彻成果导向理念,明确核心素养指标所对应的预期学习结果,使核心素养指标通过学习结果的呈现可观察、可测量,以便获得学生核心素养达成度的学习结果,为教育决策提供教育质量持续改进的有效证据。

3. 要面对核心素养的学科性与跨学科属性争议,积极探索在复杂情境中体育教育专业学生跨学科核心素养指标的生成,以培育"全面发展的人"为核心满足学生个人发展和社会需求。

(二)针对体育教育专业学生核心素养的表现标准体系构建方面

1. 在表现标准的呈现框架中,要注意锚定表现标准、年级水平表现标准和教学单元表现标准 3 种呈现方式与构成要素的匹配,使形式服务于内容;要注意学生核心素养指标、表现水平、表现描述和表现样例之间的映射关系,尤其是要对体育领域学习成果的分类与表现水平的划分、表现描述语的撰写与表现样例的选择进行更为深入、细致的系统研究。

2. 在表现标准研制的循证程序中,目前受到证据条件的限制无法完整实施,导致证据创建环节证据来源类型不足,证据合成环节方法单一。但表现标准的实施过程其实就是理想标准照进现实证据的验证过程,循证方向是可行的,需要进一步加强循证程序理论探索与实践应用的结合度。

3. 在证据支持系统中,对于证据的信息来源、收集方法、合成方法、分级分类和样例结构的分析要更多地结合体育领域问题展开应用实践探索。另外,要加速教育决策数据库的建设，保证高质量的证据产出与存储，这将助力成果导向的教育理念真正做到有证可循、依证实践。

（三）针对体育教育专业学生核心素养的表现标准研制实践方面

1. 主动协调表现标准实施过程中利益相关者的关系，强调达成共识的协商过程。只有表现标准被利益相关者理解、认可或接受而成为内心的行为准则，以评促改的效果才可以达到。

2. 积极构建以证据为中心的"证据文化"，强化证据意识，提升评价能力。证据意识的觉醒引发了对"证据文化"的关注，对评价能力的反思。其实，研制表现标准的过程就是寻找证据、遵循最佳证据做出决策的过程，而证据的质量直接决定了表现标准的信效度。

3. 聚焦学习结果的"标准解包"映射过程，以学习成果为导向，按照表现标准所要求的预期学习结果开始逆向设计、正向实施，最大限度保证学习结果与评价目标的一致性。

4. 处理好表现标准执行的技术理性倾向与坚持以人为本的教育本质之间的平衡问题。基于证据的教育决策要在符合标准要求与尊重人性化之间保持张力。

第二节　研究展望

为了解决体育教育专业学生核心素养评价问题，本书以循证新视角在课程与教学层面对表现标准进行了专题研究。"质量为王、标准先行"，大数据时代"以证据为中心"基于标准的评价与决策无处不在，表现标准的功能与价值将在更广大的理论研究与应用实践领域寻求不断地突破；同时，表现标准也会吸收不同领域的智慧充实自身的理论与方法体系，促使更值得期待的科研探索之旅由此开启。

一、推进表现标准的共享化

在课程与教学层面，推进表现标准的共享化主要体现在：（1）师生共享。在教师"追求理解"的逆向教学设计[①]中，表现标准是逆向教学设计的必要证据，也是构建表现性任务的必要元素；在学生"指向改进"的学习过程[②]中，表现标准能阐明期望学生达到的学习结果，可以为学生提供学习进程的反馈信息，从而培养学生自主学习与自我监控能力。

---

① Grant Wiggins, Jay McTighe. 追求理解的教学设计：第二版[M]. 闫寒冰，宋雪莲，赖平，译. 上海：华东师范大学出版社，2016.

② 刘良华，王小明. 指向改进的教学与评价[M]. 上海：华东师范大学出版社，2016.

(2)全程共享。在标准—教学—评价一致性视角下①，表现标准贯穿教学过程与评价过程，由标准驱动使所学即为所教、所教即为所评、所学即为所评。(3)共享共建。在"促进学习"的课堂评价②中，表现标准规范课堂评价的行为与方法，促进课堂评价功能的转变；而且通过不断获得新的学习结果，产生新的证据，对自身进行周期性修订。(4)渐进共享。循序渐进推进共享的进程，使表现标准的应用由个体到群体，由局部到整体。

二、推进表现标准的信息化

在教育部门政府管理和学校教务管理层面，推进表现标准的信息化主要体现在：(1)建立健全基于"协同—标准—监测"的教育部门政府管理机制，实施数据驱动或者基于证据的决策范式。通过政府协同第三方教育质量循证数据库的建设，制定表现标准循证证据的监测程序，规范表现标准循证证据的处理模式，对于教育产出全过程实施证据信息化管理，为教育部门制定教育决策提供数据支持。(2)建立健全基于"以证据为中心"多元互动的学校教务管理机制，落实成果导向的教育理念。一方面，实施"以证据为中心"的课堂学习多元互动模式，使教师的教学过程与学生的学习过程和师生共同参与的课堂评价过程通过聚焦"学习结果"展开互动，从预期学习结果到阶段性学习结果再到最终学习结果，形成一条在同一表现标准下学生学习结果的"证据链"，使每一位学生都有属于自己的成长轨迹。另一方面，实施"以证据为中心"的课堂教学质量监测，使学校教务部门掌握课堂教学产出，为学校教育决策提供数据支持。学校要重视教师、学生评价能力与证据数据化处理能力的培养与提升，促进证据文化的形成。

三、推进表现标准的整体化

在社会需求层面，推进表现标准的整体化主要体现在：(1)注重联系。强调国际国内表现标准的关联而不是孤立，应建立与国际教育质量接轨的表现标准。世界命运共同体的形成拉近了地球村居民之间的距离，人才的国际化流动已成为常态。我国应对齐国际标准，提升教育质量，使人才培养质量具有国际竞争力。(2)注重整合。强调学校与社会对人才培养质量达成统一标准，应建立以核心素养为纲对接学校教育与社会职业需求的表现标准。积极促进学生个体与自然、集体、社会的联系，在活动时空上向自然环境、生活环境和社会环境领域延伸；充分利用教育质量循证数据库，拓展表现标准在教学、评价、问责或者职业资格认证、求职、晋升等领域的应用功能。(3)注重建构。强调表现标准内在

---

① 杨向东，崔允漷. 课堂评价：促进学生的学习和发展[M]. 上海：华东师范大学出版社，2012.
② 王少非. 促进学习的课堂[M]. 上海：华东师范大学出版社，2018.

的层次结构关系，应建立具有统一化、差异化、多样化的国家教育评价体系中各级各类表现标准。表现标准的统一化，体现了表现水平的公平性；表现标准的差异化，体现了表现指标内容的特色性；表现标准的多样化，体现了表现样例的丰富性。

参 考 文 献

[1]王策三.教学论稿[M].北京：人民教育出版社，2005：65.

[2]中国教科院教育质量标准研究课题组.教育质量国家标准及其制定[J].教育研究，2013(6)：4-16.

[3]邵朝友.基于学科素养的表现标准研究[M].上海：华东师范大学出版社，2017.

[4]季浏，钟炳枢.普通高中体育与健康课程标准(2017年版)解读[M].北京：高等教育出版社，2018：6.

[5]崔允漷.迎接新的教育评价范式[M]//周文叶.中小学表现性评价的理论与技术.上海：华东师范大学出版社，2014：9.

[6]中华人民共和国教育部.国家中长期教育改革和发展规划纲要(2010—2020年)[EB/OL].(2010-07-29)[2021-01-20].http：//www.moe.gov.cn/jyb_xwfb/s6052/moe_838/201008/t20100802_93704.html.

[7]中华人民共和国教育部.教育部发布我国高等教育领域首个教学质量国家标准[EB/OL].(2018-01-30)[2020-07-24].http：//www.moe.gov.cn/jyb_xwfb/gzdt_gzdt/s5987/201801/t20180130_325920.html.

[8]Organization for Economic Co-operation and Development(OECD).Definition and Selection of Key Competencies：Executive Summary[M/OL].Paris，France：OECD，2005[2020-11-15].http：//www.oecd.org/dataoecd/47/61/35070367.pdf.

[9]中华人民共和国教育部.教育部关于全面深化课程改革落实立德树人根本任务的意见[EB/OL].(2014-04-08)[2020-11-20].http：//www.moe.gov.cn/srcsite/A26/jcj_kcjcgh/201404/t20140408_167226.html.

[10]崔允漷，雷浩.教—学—评一致性三因素模型的建构[M]//刘良华，王小明.指向改进的教学与评价.上海：华东师范大学出版社，2015：3-12.

[11]黄山.教师真的在基于证据作出教学决策吗？——对89次教学决策过程的分析[M]//刘良华，王小明.指向改进的教学与评价.上海：华东师范大学出版社，

2015：307-315.

[12]中国政府网．中共中央 国务院印发《深化新时代教育评价改革总体方案》[EB/OL]．（2020-10-13）[2020-10-14]．http：//www. gov. cn/zhengce/2020-10/13/content_5551032. htm.

[13]贺新家，周贤江，王红梅．核心素养视角下我国学校体育政策及特征研究——基于2014 年以来的 11 份政策文本量化分析[J]．武汉体育学院学报，2019，53（10）：28-35.

[14]杨向东．"21 世纪学习与测评议丛"总序[M]//琳达·达令-哈蒙德（Linda Darling-Hammond），编．新一代测评：超越标准化考试，促进 21 世纪学习．韩芳，译．长沙：湖南教育出版社，2020：1-3.

[15]王少非．促进学习的课堂评价[M]．上海：华东师范大学出版社，2018：120.

[16]中国政府网．中共中央办公厅国务院办公厅印发《关于全面加强和改进新时代学校体育工作的意见》和《关于全面加强和改进新时代学校美育工作的意见》[EB/OL]．（2020-10-15）[2020-10-17]．http：//www. gov. cn/zhengce/2020-10/15/content_5551609. htm.

[17]中华人民共和国教育部．普通高中课程方案（2017 年版 2020 年修订）[S]．北京：人民教育出版社，2020：14.

[18]中华人民共和国教育部．普通高中体育与健康课程标准（2017 年版 2020 年修订）[S]．北京：人民教育出版社，2020.

[19]季浏．体育教师未来不再是"教书匠"[N]．中国教育报，2017-01-06（8）.

[20]尹志华，刘皓晖，侯士瑞，等．核心素养时代体育教师专业发展的挑战与应对——基于《义务教育体育与健康课程标准（2022 年版）》的分析[J]．体育教育学刊，2022，38（4）：1-9，95.

[21]胡庆山，向彪，王维．专业认证下体育教育专业课程思政建设：理论逻辑、现实审视与策略因应[J]．武汉体育学院学报，2022，56（11）：45-53.

[22]凌晨．专业认证——我国体育教育专业人才培养质量保障的新举措[J]．武汉体育学院学报，2017，51（1）：77-81.

[23]舒宗礼，王华倬．面向"卓越体育教师"培养的体育教育专业课程体系的重塑与优化[J]．武汉体育学院学报，2017，51（4）：75-81.

[24]张磊，孙有平，季浏，等．范式及其反思：我国高校体教专业术科教学改革研究 20年[J]．武汉体育学院学报，2014，48（7）：78-83，97.

[25]吕万刚，季彦霞．我国体育高等教育面临形势与挑战及对体育类专业建设的启示[J]．

天津体育学院学报，2022，37（5）：497-503.

[26]黄爱峰，王健，郭敏，等．基于体育教师专业标准的体育教育专业课程改革研究——以华中师范大学专业教改实验为例[J]．武汉体育学院学报，2016，50（9）：63-68.

[27]维克托·迈尔-舍恩伯格（Viktor Mayer-Schönberger），肯尼思·库克耶（Kenneth Cukier）．大数据时代：生活、工作与思维的大变革[M]．盛杨燕，周涛，译．杭州：浙江人民出版社，2013.

[28]杨克虎，李秀霞，拜争刚．循证社会科学研究方法：系统评价与 Meta 分析[M]．兰州：兰州大学出版社，2018：364-388.

[29]童峰．基于循证实践方法的老年人口健康干预研究[M]．成都：西南财经大学出版社，2016：123.

[30]托尼·瓦格纳（Tony Wagner）．序言[M]//鲍勃·伦兹（Bob Lenz），贾斯汀·威尔士（Justin Wells），莎莉·金斯敦（Sally Kingston）．变革学校：项目式学习、表现性评价和共同核心标准．周文叶，盛慧晓，译．长沙：湖南教育出版社，2020：1-4.

[31]Our global reach-OECD[EB/OL]．[2020-11-15]．http：//www. oecd. org/about/members-and-partners/.

[32]Organization for Economic Co-operation and Development（OECD）. Definition and Selection of Key Competencies：Executive Summary[M/OL]. Paris, France：OECD, 2005[2020-11-15]．http：//www. oecd. org/dataoecd/47/61/35070367. pdf.

[33]林崇德．21 世纪学生发展核心素养研究[M]．北京：北京师范大学出版社，2016.

[34]European Commission and the Member States within the Education and Training 2010 Work Programme. The key competences for lifelong learning—a European reference framework[J]. Official Journal of the European Union, 2006, L 394：10-18.

[35]United Nations Educational, Scientific and Cultural Organization（UNESCO）. Toward Universal Learning：What Every Child Should Learn[R]. Quebec, Canada：UNESCO Institute for Statistics and Center for Universal Education at Brookings, 2013：1.

[36]United Nations Educational, Scientific and Cultural Organization（UNESCO）. Toward Universal Learning：What Every Child Should Learn[R]. Quebec, Canada：UNESCO Institute for Statistics and Center for Universal Education at Brookings, 2013：4-49.

[37]核心素养研究课题组．中国学生发展核心素养[J]．中国教育学刊，2016（10）：1-3.

[38]林崇德．构建中国化的学生发展核心素养[J]．北京师范大学学报（社会科学版），2017（1）：66-73.

[39]林崇德．中国学生核心素养研究[J]．心理与行为研究，2017，15（2）：145-154.

[40]唐智松，徐竹君，杨士连．"核心素养"概念的混沌与厘定[J]．课程·教材·教法，2018，38(8)：106-113．

[41]钟启泉．基于核心素养的课程发展：挑战与课题[J]．全球教育展望，2016，45(1)：3-25．

[42]崔允漷，邵朝友．试论核心素养的课程意义[J]．全球教育展望，2017，46(10)：24-33．

[43]崔允漷．素养：一个让人欢喜让人忧的概念[J]．华东师范大学学报(教育科学版)，2016(1)：3-5．

[44]崔允漷．追问"核心素养"[J]．全球教育展望，2016，45(5)：3-10，20．

[45]余文森．核心素养导向的课堂教学[M]．上海：上海教育出版社，2017：15．

[46]王俊民，丁晨晨．核心素养的概念与本质探析——兼析核心素养与基础素养、高阶素养和学科素养的关系[J]．教育科学，2018，34(1)：33-40．

[47]马健生，李洋．核心素养的边界与限度——一种比较分析[J]．北京师范大学学报(社会科学版)，2018(3)：28-40．

[48]沈章明，许营营．"核心素养"的生成逻辑与发展方向：基于相关政策文本的分析[J]．外国教育研究，2019，46(11)：3-28．

[49]杨向东．关于核心素养若干概念和命题的辨析[J]．华东师范大学学报(教育科学版)，2020，38(10)：48-59．

[50]钟启泉，崔允漷．核心素养研究[M]．上海：华东师范大学出版社，2018：37-44．

[51]赵富学．中国学生体育学科核心素养研究[M]．北京：人民出版社，2020：138．

[52]教育部高等学校教学指导委员会．普通高等学校本科专业类教学质量国家标准(上)[M]．北京：高等教育出版社，2018：76-84．

[53]约翰·杜威．我们怎样思维：经验与教育[M]．姜文闵，译．北京：人民教育出版社，2005．

[54]中华人民共和国教育部．教育部办公厅关于印发《中学教育专业师范生教师职业能力标准(试行)》等五个文件的通知[EB/OL]．(2021-04-02)[2022-01-05]．http：//www.moe.gov.cn/srcsite/A10/s6991/202104/t20210412_525943.html．

[55]刘新阳．教育目标系统变革视角下的核心素养[J]．全球教育展望，2017，46(10)：49-63．

[56]张华．论核心素养的内涵[J]．全球教育展望，2016(4)：10-24．

[57]杨向东．基础教育学业质量标准的研制[J]．全球教育展望，2012(5)：32-41．

[58]SADLER D R.Specifying and promulgating achievement standards[J].Oxford Review of

Education, 1987, 13(2): 191-209.

[59] Board of Education of the City of New York. New Standards™ Performance Standards (New York City Science—First Edition) [M/OL]. New York: Board of Education of the City of New York, 1999: 2-19[2020-08-19]. http: //science with grambo. com/Teacher Center/ PDFs/Performance Standards_NYC_Science. pdf.

[60] Office of Legislative Counsel State of California. Leroy Greene California Assessment of Academic Achievement Act. (Added by Stats. 1995, Ch. 975, Sec. 1. Effective January 1, 1996.) [EB/OL]. [2020-08-20]. http: //leginfo. legislature. ca. gov/faces/codes_display Text. xhtml? lawCode=EDC&division=4. &title=2. &part=33. &chapter=5. &article=1.

[61] Douglas E. Harris, Judy F. Carr. How to Use Standards in the Classroom [M]. Alexandria, Virginia: Association for Supervision & Curriculum Development, 1996: 4-6.

[62] Board of Education of the City of New York. New Standards™ Performance Standards (New York City Science—First Edition) [M/OL]. New York: Board of Education of the City of New York, 1999: 2-19[2020-08-19]. http: //science with grambo. com/Teacher Center/ PDFs/Performance Standards_NYC_Science. pdf.

[63] LANCE T. IZUMI. Developing and Implementing Academic Standards: A Template for Legislative and Policy Reform [M]. San Francisco, California: Pacific Research Institute for Public Policy, 1999: 49-50.

[64] CLARK, L. The standards just a click away [J]. Instructor, 2001, 111(1): 78. 5p.

[65] 汪贤泽. 基于课程标准的学业成就评价程序研究 [D]. 上海: 华东师范大学, 2008: 78.

[66] 雷新勇. 学业标准——基于标准的教育改革必须补上的一环 [J]. 上海教育科研, 2009(6): 15-18.

[67] 李珍, 辛涛, 陈平. 标准设定: 步骤、方法与评价指标 [J]. 考试研究, 2010, 6(2): 86.

[68] 赵广涛. 小学体育学业评价的价值取向——评价与课程标准一致性研究 [J]. 河南教育学院学报(自然科学版), 2010, 19(2): 78.

[69] 沈南山. 学业评价标准研究: 内涵、范式与策略 [J]. 课程·教材·教法, 2011, 31(11): 18-22.

[70] 周文叶, 崔允漷. 论促进教学的表现性评价: 标准—教学—评价一致性的视角 [M]// 杨向东, 崔允漷. 课堂评价: 促进学生的学习和发展. 上海: 华东师范大学出版社, 2012: 27.

[71] 伍远岳. 中小学生实践能力：结构、表现标准与评价[J]. 综合实践活动研究，2014
（7）：26.

[72] Alaska Board of Education & Early Development. Alaska English/Language Arts and
Mathematics Standards［M/OL］. Juneau，Alaska：Alaska Board of Education & Early
Development，2012：9，102［2020-08-21］. https：//education. alaska. gov/akstandards/
standards/ELA_and_Math. pdf.

[73] Alaska Department of Education & Early Development. Content and Performance Standards
for Alaska Students（Fifth Edition）［M/OL］. Juneau，Alaska：Alaska Department of
Education & Early Development，2016：20［2020-08-21］. https：//education. alaska.
gov/akstandards /standards/Content Standards. pdf？v＝1.

[74] 原克学，郝华杰. 对研制义务教育阶段学业质量评价标准的思考[J]. 教育理论与实
践，2017，37（29）：24.

[75] 辛涛，姜宇. 在国际视域下定义教育质量标准[J]. 人民教育，2012（12）：2-6.

[76] 乐毅. 试论制定国家学业质量标准的若干基本问题[J]. 教育研究，2014，35（8）：
40-51.

[77] 汪晓赞，何耀慧，尹志华. 基于核心素养的高中体育与健康学业质量阐释、构成与超
越[J]. 成都体育学院学报，2021，47（1）：32-40.

[78] 张华. 创造 21 世纪理想课程——义务教育课程修订的国际视野[J]. 基础·教育·课
程，2022（10）：5-11.

[79] 付华安. 基于核心素养的基础教育学业质量标准的比较研究[D]. 南宁：广西师范学
院，2017.

[80] 崔允漷，夏雪梅. 试论基于课程标准的学生学业成就评价[J]. 课程·教材·教法，
2007，27（1）：15.

[81] 薛晓嫚. 基于课程标准的阅读学业成就评价概念界定[J]. 宜宾学院学报，2006（5）：
58.

[82] 汪贤泽. 基于课程标准的学业成就评价程序研究[D]. 上海：华东师范大学，2008：
9.

[83] 崔允漷，王少非，夏雪梅. 基于标准的学生学业成就评价[M]. 上海：华东师范大学
出版社，2008：10-13.

[84] 陈羿君. 高级心理测量学的理论与应用[M]. 苏州：苏州大学出版社，2016：173-
186.

[85] 王俊民. 核心素养视域下国际大规模科学学业评估框架与试题研究[D]. 重庆：西南

大学，2018：20.

[86]朱丽.从"选拔为先"到"素养为重"：中国教学评价改革40年[J].全球教育展望，2018，47(8)：37-47.

[87]杨向东.核心素养测评的十大要点[J].人民教育，2017(Z1)：41-46.

[88]孔凡哲.中国学生发展核心素养评价难题的破解对策[J].中小学教师培训，2017(1)：1-6.

[89]罗祖兵，郭超华.学科核心素养评价的困境与出路[J].基础教育，2019，16(5)：49-56.

[90]袁建林，刘红云.核心素养测量：理论依据与实践指向[J].教育研究，2017，38(7)：21-28，36.

[91]周丏晓，刘恩山.如何设计核心素养评估系统：美国NGSS评估系统的国际经验与启示[J].教育科学研究，2019(1)：69-75.

[92]邵朝友.评价范式视角下的核心素养评价[J].教育发展研究，2017，37(4)：42-47.

[93]雷浩，崔允漷.核心素养评价的质量标准：背景、内容与应用[J].中国教育学刊，2020(3)：87-92.

[94]周文叶，陈铭洲.指向核心素养的表现性评价[J].课程·教材·教法，2017，37(9)：36-43.

[95]牛学文.聚焦核心素养的评价原则与方法[J].思想政治课教学，2018(4)：4-7.

[96]赵凤伟，江芸.基于学科核心素养的表现性评价设计——以"我国的社会主义市场经济体制"为例[J].中学政治教学参考，2020(41)：50-53.

[97]钱荃，陈沛.指向核心素养的文学类文本阅读表现性评价[J].语文建设，2021(11)：44-49.

[98]刘桂侠，王牧华，陈萍，王勇.地理学科核心素养评价指标体系的构建与量化研究[J].地理教学，2019(19)：15-20.

[99]傅海伦，张丽，王彩芬.基于Fuzzy-AHP质疑式数学核心素养评价指标体系的研究[J].数学教育学报，2020，29(1)：52-57.

[100]闫白洋.利用ECD模型测量学生社会责任核心素养水平[J].生物学教学，2020，45(3)：7-9.

[101]李美娟，刘红云，张咏梅.计算心理测量理论在核心素养测评中的应用——以合作问题解决测评为例[J].教育研究，2022，43(3)：127-137.

[102]张红峰.基于创新核心素养的高校学习成果分类框架研究[J].教育学术月刊，2018(10)：24-34.

[103]尤林颖，谢永荣．基于 SOLO 分类评价与核心素养的化学教学设计——以人教版必修 1"金属的化学性质"为例[J]．化学教学，2019(3)：50-55.

[104]姜勇，王海贤，潘正旺．基于核心素养的中小学生运动能力评价模型研究[J]．沈阳体育学院学报，2019，38(6)：105-114.

[105]李启迪，齐静，王章明．体育教学"体育品德"目标的评价内容体系构建[J]．北京体育大学学报，2019，42(8)：131-137.

[106]吴爱军．中小学生体育健康行为素养评价体系的构建与实施[J]．教学与管理，2020(34)：74-76.

[107]张春晓，汤利军．中学生健康行为维度测评体系构建[J]．中国学校卫生，2020，41(3)：361-364.

[108]薛昭铭，马德浩．失衡与平衡：体育与健康学科学业质量标准实践取向的理性审视[J]．天津体育学院学报，2020，35(6)：645-650，665.

[109]尚力沛，程传银．基于学科核心素养的体育学习情境：创设、生成与评价[J]．沈阳体育学院学报，2019，38(2)：78-85.

[110]尚力沛．论学生体育学习情境化测评的实施程序与实现策略[J]．首都体育学院学报，2022，34(2)：198-205.

[111]李倩，谭霞，吴欣歆，郑国民．教育评价变革背景下语文学科核心素养测评框架研究[J]．课程·教材·教法，2021，41(2)：95-102.

[112]徐鹏．语文核心素养评价：实施路径与未来展望[J]．课程·教材·教法，2021，41(2)：103-110.

[113]黄河，张雨．基于"四个评价"的小学语文核心素养评价体系研究[J]．语文建设，2021(18)：59-63.

[114]朱立明．高中生数学学科核心素养测评指标体系的构建[J]．教育科学，2020，36(4)：29-37.

[115]喻平，赵静亚．数学核心素养中品格与价值观的评价指标体系建构[J]．课程·教材·教法，2020，40(6)：89-95.

[116]崔志翔，杨作东．义务教育阶段一个数学核心素养的评价框架[J]．数学教育学报，2021，30(5)：47-52.

[117]苏圣奎，陈清华．发挥评价导向功能，促进创新人才培养——以高中生数学建模素养评价指标体系构建为例[J]．中国教育学刊，2022(3)：59-63.

[118]李坤凤．大学生"国家认同"核心素养评价指标体系的构建[J]．学校党建与思想教育，2017(9)：60-64.

[119]李毅，何莎薇，邱兰欢．教育信息化2.0时代下师范生信息素养评价指标体系研究[J].中国电化教育，2020(6)：104-111.

[120]叶平枝，丘苑，周苑妤．托育机构教师核心素养评价指标体系的构建[J]．教育发展研究，2022，42(2)：36-46.

[121]李霞．基于学科核心素养的学生学业评价探析[J]．教育理论与实践，2017，37(19)：61-64.

[122]喻平．基于核心素养的高中数学课程目标与学业评价[J]．课程·教材·教法，2018，38(1)：80-85.

[123]罗丹．基于核心素养的小学生阅读学业成就评价研究[J]．语文建设，2019(2)：69-72.

[124]和学新，杨丹滋．基于学生核心素养发展的学校课程评价策略探讨[J]．当代教育科学，2017(10)：18-22.

[125]杨洋．责任担当：基于核心素养培育的德育课程实施与评价[J]．教育理论与实践，2017，37(20)：46-48.

[126]雷浩．基于核心素养的课程评价：理论基础、内涵与研究方法[J]．上海师范大学学报(哲学社会科学版)，2020，49(5)：78-85.

[127]Rychen D S. An overarching conceptual framework for assessing key competences：lessons from an interdisciplinary and policy-oriented approach[J]. Office for Official Publications of the European Communities, 2004：313-330.

[128]Barth M. Assessment of key competencies—a conceptual framework [J]. World in transition—sustainability perspectives for higher education. Frankfurt：VAS Verlag, 2009：93-100.

[129]Ali Ünlü, Kasper D, Trendtel M, et al. The OECD's Programme for International Student Assessment (PISA) study：a review of its basic psychometric concepts [J]. Springer International Publishing, 2014：417-425.

[130]Hopfenbeck TN, Lenkeit J, El Masri Y, et al. Lessons learned from PISA：a systematic review of peer-reviewed articles on the programme for international student assessment[J]. Scandinavian Journal of Educational Research, 2017：1-21.

[131]郭宝仙．核心素养评价：国际经验与启示[J]．教育发展研究，2017，37(4)：48-55.

[132]檀慧玲，李文燕，万兴睿．国际教育评价项目合作问题解决能力测评：指标框架、评价标准及技术分析[J]．电化教育研究，2018，39(9)：123-128.

[133]董连春，吴立宝，王立东．PISA2021数学素养测评框架评介[J]．数学教育学报，

2019, 28（4）：6-11, 60.

[134]王宇珍，程良宏．PISA2018 阅读素养测评：内在架构、导向特征及对我国的启示 [J]．基础教育，2021, 18（1）：81-91.

[135]苏娜，陈武林，闻佳鑫．中小学生核心素养评价制度的实践转化和路径选择——基于 PISA 项目的经验[J]．教育理论与实践，2019, 39（11）：19-21.

[136]童文昭，杨季冬，王后雄．"宏观辨识与微观探析"素养测评框架的构建——基于 PISA 及高考评价体系的思考[J]．化学教学，2020（8）：74-79.

[137]Pepper D. Assessing key competences across the curriculum-and Europe[J]. European Journal of Education, 2011, 46（3）：335-353.

[138]李刚，吕立杰．可见的评价：基于量规的核心素养评价单编制及应用[J]．教育理论与实践，2018, 38（29）：12-15.

[139]Espinosa Martin MT. Competency assessment through rubrics. The importance of Mathematics in the generic competencies assessment[J]. Historia y Comunicacion Social, 2013, 18：243-255.

[140]刘新阳，裴新宁．教育变革期的政策机遇与挑战——欧盟"核心素养"的实施与评价 [J]．全球教育展望，2014, 43（4）：75-85.

[141]邵朝友，徐立蒙．跨学科素养评价：欧盟成员国的经验与启示[J]．教育发展研究，2018, 38（6）：48-53.

[142]黄志军，郑国民．国际视野下跨学科核心素养测评的经验及启示[J]．教育科学研究，2018（7）：42-47.

[143]Özgür Özcan, Cem Gerçek. Multidimensional analyzing of the microteaching applications in teacher education via videograph[J]. European Journal of Teacher Education, 2018, 42 （3）：1-16.

[144]Verderame M F, Freedman V H, Kozlowski L M, et al. Competency-based assessment for the training of PhD students and early-career scientists[J]. eLife, 2018, 7：e34801.

[145]Ding J F, Kuo J F, Tai W H. Using Fuzzy AHP method to evaluate key competency and capabilities of selecting middle managers for global shipping logistics service providers[J]. Pomorstvo-Scientific Journal of Maritime Research, 2019, 33（1）：3-10.

[146]Singh R, Kumar S. An empirical assessment of information literacy competency of social science researchers：a gender perspective[J]. Annals of Library and Information Studies, 2020, 67（1）：7-16.

[147]Singh R D, Kumar S P. Information literacy competency of researchers in social sciences：

An assessment from diverse perspectives[J]. Library Philosophy and Practice 2021：5685.

[148]Ndandu Marcel, Sikubwabo Cyprien. Contribution of competence based curriculum to the improvement of learning effectiveness in rwandan secondary schools：a case of burera district[J]. Working papers 2022-41-12, Voice of Research.

[149]Aleksić Aleksandar, Nestić Snežana, Huber Michael, et al. The assessment of the key competences for lifelong learning—The fuzzy model approach for sustainable education[J]. Sustainability, 2022, 14(5)：2686.

[150]Redecker C. The use of ICT for the assessment of key competences[J]. JRC-IPTS Working Papers, 2013(1)：3-5.

[151]Zahid Ullah, Adidah Lajis, Mona Jamjoom, et al. A rule-based method for cognitive competency assessment in computer programming using Bloom's taxonomy [J]. IEEE Access, 2019, 7(1)：64663-64675.

[152]Hector Vargas, Ruben Heradio, Jesus Chacon, et al. Automated assessment and monitoring support for competency-based courses[J]. IEEE Access, 2019, 7(1)：41043-41051.

[153]López de Aberasturi Gómez A., Sabater-Mir J., Sierra C. Probabilistic Models for Competence Assessment in Education[J]. Appl. Sci. 2022, 12, 2368.

[154]周文叶, 董泽华. 教师表现性评价系统的研发与实施逻辑：以 edTPA 为例[J]. 教育发展研究, 2021, 41(12)：20-27.

[155]Judge, S.. An innovative teacher immersion residency program that prepares highly effective teachers[J]. INTED2014 Proceedings, 2014：6454-6457.

[156]Williams J A, Hart L C, Algozzine B. Perception vs. reality：edTPA perceptions and performance for teacher candidates of color and White candidates[J]. Teaching and Teacher Education, 2019, 83(1)：120-133.

[157]Miao T, Janchai W, Panyanuwat A.. A quality assessment and competency development through participatory knowledge management approach for stakeholders' in foreign experts introduction project in a Chinese university[J]. International Journal for Quality Research, 2021, 15(2)：507-518.

[158]杨兴兴, 张雨强. 化学实验能力的表现标准开发的初步设想[A]. 第九届全国化学课程与教学论学术年会[C]. 桂林：中国教育学会化学教学专业委员会, 2012：331-335.

[159]韩云凤, 张雨强. 化学实验能力表现标准开发的初步设想[J]. 中学化学教学参考, 2015(23)：4-6.

[160]邵朝友，周明．试论内容标准、表现标准的特点及关系——基于评价与标准一致性的角度[J]．当代教育科学，2006(10)：37-40．

[161]邵朝友．评分规则开发与应用研究[D]．上海：华东师范大学，2007．

[162]邵朝友．三要素表现标准框架的建构与验证研究[J]．当代教育科学，2012(14)：14-17．

[163]邵朝友．基于学科能力的表现标准研究[D]．上海：华东师范大学，2014．

[164]郭元祥，马友平．学科能力表现：意义、要素与类型[J]．教育发展研究，2012，32(Z2)：29-34．

[165]王焕霞．物理学科能力评价指标体系构建研究[J]．湖南中学物理，2015，30(5)：1-3．

[166]王焕霞．物理学科能力表现标准开发研究[J]．湖南中学物理，2015，30(6)：1-2，21．

[167]王焕霞．物理思维能力表现标准的开发研究[J]．物理教师，2017，38(3)：2-4．

[168]王焕霞．物理实验能力表现标准的开发研究[J]．物理教师，2019，40(10)：35-37，42．

[169]伍远岳，伍彪支．基于理解能力表现标准的深度理解教学[J]．教育发展研究，2013，33(8)：76-80．

[170]伍远岳，刘彩姣．理解能力：结构、表现标准及评价——以现代文阅读为例[J]．语文建设，2015(1)：51-55．

[171]曾素林，刘晶晶．信息阅读能力：含义、表现标准及培养策略[J]．教育研究与实验，2014(1)：43-46．

[172]吕晴晴．义务教育阶段英语口语交际能力表现标准研究[D]．徐州：江苏师范大学，2017．

[173]秦凤．高中化学学科能力表现标准开发[D]．曲阜：曲阜师范大学，2012．

[174]周倩．小学生语文书面表达能力表现标准研究[D]．武汉：华中师范大学，2013．

[175]朱伟强，崔允漷．关于内容标准的分解策略和方法[J]．课程·教材·教法，2011，31(10)：24-29．

[176]沈南山．学业评价标准研究：内涵、范式与策略[J]．课程·教材·教法，2011，31(11)：18-22．

[177]雷新勇．学业标准——基于标准的教育改革必须补上的一环[J]．上海教育科研，2009(6)：15-18．

[178]戴金平，项华阳．初中物理学科质量标准制订的行动研究[J]．物理通报，2013

（10）：108-111，123.

[179]赵广涛. 小学体育学业评价的价值取向——评价与课程标准一致性研究[J]. 河南教育学院学报（自然科学版），2010，19（2）：77-80.

[180]刘加霞."逆运算"的内涵解析及其表现标准[J]. 教学与管理，2022（32）：31-33.

[181]张旭，徐书业，潘景丽. 国内外"学习质量标准"研究综述[J]. 广西教育学院学报，2017（2）：168-171.

[182]褚慧玲，贾林芝. 学业评价中生物学科目表现标准的例析与实践[J]. 生物学教学，2012，37（6）：70-73.

[183]徐小丽. 区域英语学科关键能力模型的建构与实施[J]. 教育研究与评论，2018（11）：20-32.

[184]杨钦芬，乔翠兰. 学科能力评价模型的构建与运用[J]. 现代基础教育研究，2019，33（1）：139-147.

[185]尹志华，汪晓赞，季浏. 对中、小学体育教师专业标准制订基本问题认识的实证研究[J]. 中国体育科技，2011，47（6）：121-126.

[186]尹志华，汪晓赞，季浏. 体育教师教育标准体系框架的构建及其内涵[J]. 上海体育学院学报，2016，40（1）：79-84.

[187]尹志华，汪晓赞. 我国体育教师专业标准制订的基础与推进路径探索[J]. 武汉体育学院学报，2018，52（7）：88-94.

[188]尹志华. 中国体育教师专业标准体系的探索性研究[D]. 上海：华东师范大学，2014：247-286.

[189]董国永，王健，翟寅飞，等. 我国中小学初任体育教师的专业发展现状[J]. 体育学刊，2015，22（4）：76-82.

[190]董国永. 我国体育教师专业标准构建研究[D]. 武汉：华中师范大学，2014.

[191]王光森. 基于标准的民警职业成就评价问题初探[J]. 湖南警察学院学报，2016，28（1）：122-128.

[192]蓝洁. 国家资格框架开发背景下职业教育学业质量标准制订的若干问题[J]. 中国职业技术教育，2017（29）：10-14.

[193]钱红斌，沈伟忠. 从多元视角例谈器械体操类教材"方法"设计的合理性及改进意见[J]. 中国学校体育，2019（7）：14-16.

[194]徐敏，郭震.《纲要》精神要求下的单元教学实践与反思[J]. 中国学校体育，2016（3）：21-23.

[195]叶敏. 吃透体育教学内容的范围与标准 夯实教学基础——《浙江省义务教育体育与

健康课程指导纲要》的解读与实施[J]. 当代体育科技，2019，9(26)：103-104.

[196]钱红斌，沈伟忠. 从多元视角例谈器械体操类教材"方法"设计的合理性及改进意见[J]. 中国学校体育，2019(7)：14-16.

[197]杨兴兴，张雨强. 化学实验能力的表现标准开发的初步设想[C]. 中国教育学会. 第九届全国化学课程与教学论学术年会论文集. 2012：331.

[198]崔允漷，夏雪梅. 试论基于课程标准的学生学业成就评价[J]. 课程·教材·教法，2007(1)：13-18.

[199]尹志华，汪晓赞，覃立. 基于标准的职前体育教师质量认证程序开发调查与分析[J]. 体育学刊，2019，26(3)：109-114.

[200]尹志华，汪晓赞，孙铭珠. 基于标准的职前体育教师质量评估认证体系开发研究[J]. 成都体育学院学报，2020，46(2)：85-92.

[201]陶政，董志伟. 基于体育学科核心素养的学生学业评价设计[J]. 运动，2018(10)：101-102.

[202]李启迪，齐静，王章明. 体育教学"体育品德"目标的评价内容体系构建[J]. 北京体育大学学报，2019，42(8)：131-137.

[203]吴爱军. 中小学生体育健康行为素养评价体系的构建与实施[J]. 教学与管理，2020(34)：74-76.

[204]沈启正，周彩莺，季芳. 普通高中学业水平考试命题研究(一)——基于课程标准的内容标准、表现标准与能力立意[J]. 教育测量与评价(理论版)，2013(9)：40-44，23.

[205]张要武，郑宝晋，于芳. 基于考生水平表现标准评价对思想政治学科教学的反馈与改进效用[J]. 考试研究，2015(2)：57-68.

[206]于川，姜志惠. 基于考生水平表现标准评价的高考数学(文史类)教学质量分析[J]. 考试研究，2016(1)：15-29.

[207]张要武，郑宝晋，于芳. 基于学科核心素养的考试评价及教学建议——以2016年高考(天津卷)思想政治试卷为例[J]. 考试研究，2017(2)：23-35.

[208]田晓梅，康宁，赵俊东，等. 加强高中化学学科核心素养培养，提高学生科学思维能力——2016年高考化学探究性试题的分析与启示[J]. 考试研究，2017(2)：36-44.

[209]姜志惠，于川. 基于核心素养刍议高中数学学习方式的现实表现与改进策略——以2017年高考(天津卷)数学文史类试卷为例[J]. 考试研究，2018(2)：13-21.

[210]邓昊源，祁岩，何洁，等. 基于地理实践力素养的考生水平表现评价及其对地理教

学的指导作用——以 2018 年普通高等学校招生全国统一考试(天津卷)文科综合地理部分为例[J]. 考试研究, 2019(1): 16-32.

[211] 康宁, 田晓梅, 何文, 等. 基于化学核心素养之"证据推理与模型认知"的评价与思考——2018 年高考(天津卷)化学试题的分析与启示[J]. 考试研究, 2019(2): 40-49.

[212] 姜志惠, 于川, 王洪亮. 基于大数据刍议普通高考引领"学科核心素养"落地的作用——以 2019 年高考(天津卷)数学(文史类)试题为例[J]. 考试研究, 2020(1): 3-15.

[213] 田晓梅, 何文, 英华, 等. 基于化学核心素养之"科学态度与社会责任"的评价与思考——2019 年高考(天津卷)理科综合化学部分的分析与启示[J]. 考试研究, 2020(2): 59-70.

[214] 郑新文. 在艺术管理学习中使用评分量规的实践和意义[J]. 艺术管理(中英文), 2019(2): 30-38.

[215] 赵忠见. 真实性评价与高职院校职业生涯规划课程评价的耦合性探究[J]. 知识经济, 2017(9): 149-150.

[216] 马珏. 表现性评价: 提升学生问题解决能力的有效途径[J]. 浙江教育科学, 2014(5): 45-47.

[217] 佟柠. 面向真实的学习表现: 地理学科育人新路向[J]. 基础教育课程, 2019(11): 55-60.

[218] 张一旦. 表现性评价应用于数学问题解决的行动研究[D]. 上海: 华东师范大学, 2018.

[219] 马志强. 小学语文口语交际表现性评价的行动研究[D]. 上海: 华东师范大学, 2019.

[220] Yeow Meng Thum. Setting performance standards: concepts, methods, and perspectives [J]. Applied Psychological Measurement, 2003, 27(4): 305-307.

[221] Gregory J. Cizek. Setting performance standards: Foundations, Methods, and Innovations [M]. 2nd ed. New York and London: Routledge, 2012.

[222] Katharine Boursicot. Setting standards in a professional higher education course: defining the concept of the minimally competent student in performance-based assessment at the level of graduation from medical school[J]. Higher Education Quarterly, 2006, 60(1): 74-90.

[223] Karla L. Egan, Steve Ferrara, M. Christina Schneider, et al. Writing performance level descriptors and setting performance standards for assessments of modified achievement

standards: the role of innovation and importance of following conventional practice [J]. Peabody Journal of Education, 2009, 84(4): 552-577.

[224] Sharp L K, Bashook PG, Lipsky MS, et al. Specialty board certification and clinical outcomes: the missing link [J]. Academic Medicine: journal of the Association of American Medical Colleges, 2002, 77(6): 534-542.

[225] Holmboe E S, Huot S, Chung J, et al. Construct validity of the miniclinical evaluation exercise (miniCEX) [J]. Academic Medicine: Journal of the Association of American Medical Colleges, 2003, 78(8): 826-830.

[226] Shahian David M., Nordberg Paul, Meyer Gregg S., et al. Contemporary performance of U. S. teaching and nonteaching hospitals [J]. Academic Medicine: Journal of the Association of American Medical Colleges, 2012, 87(6): 701-708.

[227] Hemmer P A, Hawkins R, Jackson J L, et al. Assessing how well three evaluation methods detect deficiencies in medical students' professionalism in two settings of an internal medicine clerkship [J]. Academic Medicine: Journal of the Association of American Medical Colleges, 2000, 75(2): 167-173.

[228] van der Vleuten CPM, Schuwirth LWT. Assessing professional competence: from methods to programmes [J]. Medical Education, 2005, 39(3): 309-317.

[229] Hauer Karen E., Ciccone Andrea, Henzel Thomas R., et al. Remediation of the Deficiencies of Physicians Across the Continuum From Medical School to Practice: A Thematic Review of the Literature [J]. Academic Medicine: journal of the Association of American Medical Colleges, 2009, 84(12): 1822-1832.

[230] Englander Robert, Flynn Timothy, Call Stephanie, et al. Toward defining the foundation of the MD degree: core entrustable professional activities for entering residency [J]. Academic Medicine: Journal of the Association of American Medical Colleges, 2016, 91 (10): 1353-1359.

[231] Distlehorst L H, Dawson E, Robbs RS, et al. Problem-based learning outcomes: the glass half-full [J]. Academic Medicine: Journal of the Association of American Medical Colleges, 2005, 80(3): 294-299.

[232] Leslie Karen, Baker Lindsay, Egan-Lee Eileen, et al. Advancing faculty development in medical education: a systematic review [J]. Academic Medicine: Journal of the Association of American Medical Colleges, 2013, 88(7): 1038-1045.

[233] van de Wiel Margje W. J., Van den Bossche Piet, Janssen Sandra, et al. Exploring

deliberate practice in medicine: how do physicians learn in the workplace? [J]. Advances in Health ScienceEducation, 2011, 16(1): 81-95.

[234] Mcclelland Megan M., Acock Alan C., Piccinin Andrea, et al. Relations between Preschool Attention Span-Persistence and Age 25 Educational Outcomes [J]. Early Childhood Research Quarterly, 2013, 28(2): 314-324.

[235] Andrade H, Valtcheva A. Promoting Learning and Achievement Through Self-Assessment [J]. Theory Into Practice, 2009, 48(1): 12-19.

[236] Sadler, D. Royce. Grade integrity and the representation of academic achievement [J]. Studies in Higher Education, 2009, 34(7): 807-826.

[237] Tarr James E., Reys Robert E., Reys Barbara J., et al. The impact of middle-grades mathematics curricula and the classroom learning environment on student achievement [J]. Journal for Research in Mathematics Education, 2008, 39(3): 247-280.

[238] Egalite Anna J., Kisida Brian, Winters Marcus A. Representation in the classroom: The effect of own-race teachers on student achievement [J]. Economics of Education Review, 2015, 45(4): 44-52.

[239] Nguyen Phuong-Mai, Elliott Julian G., Terlouw, Cees, et al. Neocolonialism in education: Cooperative Learning in an Asian context [J]. Comparative Education, 2009, 45(1): 109-130.

[240] Beth A. Herbel-Eisenmann. From Intended Curriculum to Written Curriculum: Examining the "Voice" of a Mathematics Textbook [J]. Journal for Research in Mathematics Education, 2007, 38(4): 344-369.

[241] Tamás Keller. Sticky assessments—the impact of teachers' grading standard on pupils' school performance [J]. Routledge, 2016, 42(5): 493-518.

[242] Rob Kickert, Karen M Stegers-Jager, Marieke Meeuwisse, et al. The role of the assessment policy in the relation between learning and performance [J]. Medical Education, 2018, 52(3): 324-335.

[243] Rob Kickert, Marieke Meeuwisse, Karen M. Stegers-Jager, et al. Assessment policies and academic performance within a single course: the role of motivation and self-regulation [J]. Assessment & Evaluation in Higher Education, 2019, 44(8): 1177-1190.

[244] Karen M. Stegers-Jager, Mesut Savas, Jeroen Van Der Waal, et al. Gender-specific effects of raising Year-1 standards on medical students' academic performance and stress levels [J]. Medical Education, 2020, 54(6): 538-546.

[245] FJ Fernández cruz, MJ Fernández díaz. Generation Z's Teachers and their Digital Skills[J]. Comunicar, 2016, 24(46): 97-105.

[246] van de Wiel Margje W. J., Van den Bossche Piet, Janssen Sandra, et al. Exploring deliberate practice in medicine: how do physicians learn in the workplace? [J]. Advances in Health Sciences Education, 2011, 16(1): 81-95.

[247] Lian O B, Engebretsen L, Bahr R. Prevalence of jumper's knee among elite athletes from different sports: a cross-sectional study[J]. AmJ Sports Med, 2005, 33(4): 561-567.

[248] Clarsen Benjamin, Myklebust Grethe, Bahr Roald. Development and validation of a new method for the registration of overuse injuries in sports injury epidemiology: the Oslo Sports Trauma Research Centre (OSTRC) Overuse Injury Questionnaire[J]. Br J Sports Med, 2013, 47(8): 495-502.

[249] Hewett Timothy E., Di Stasi Stephanie L., Myer Gregory D. Current concepts for injury prevention in athletes after anterior cruciate ligament reconstruction[J]. American Journal of Sports Medicine, 2013, 41(1): 216-224.

[250] Ruhe Alexander, Fejer René, Walker Bruce. The test-retest reliability of centre of pressure measures in bipedal static task conditions—a systematic review of the literature[J]. Gait & Posture, 2010, 32(4): 436-445.

[251] Milanović Zoran, Pantelić Saša, čović Nedim, et al. Is recreational soccer effective for improving VO2 max? A systematic review and Meta-analysis[J]. Sports medicine, 2015, 45(9): 1339-1353.

[252] Barros Ricardo M. L., Misuta Milton S., Menezes Rafael P., et al. Analysis of the distances covered by first division brazilian soccer players obtained with an automatic tracking method[J]. Journal of Sports Science and Medicine, 2007, 6 (2): 233-242.

[253] Flansbjer U B, Holmbck A M, Downham D, et al. Reliability of gait performance in men and women with hemiparesis after stroke[J]. Journal of Rehabilitation Medicine, 2005, 37 (2): 75-82.

[254] Faber Marjan J., Bosscher Ruud J., Paw Marijke J. Chin A., et al. Effects of exercise programs on falls and mobility in frail and pre-frail older adults: a multicenter randomized controlled trial[J]. Arch Phys Med Rehabil, 2006, 87(7): 885-896.

[255] Nearing B D, Verrier R L. Modified moving average analysis of T-wave alternans to predict ventricular fibrillation with high accuracy[J]. Journal of Applied Physiology, 2002, 92 (2): 541-549.

［256］Takagawa Junya, Zhang Yan, Wong Maelene L., et al. Myocardial infarct size measurement in the mouse chronic infarction model：comparison of area- and length-based approaches［J］. Journal of Applied Physiology, 2007, 102(6)：2104-2111.

［257］周红. 美国国家教育进展评估(NAEP)体系的产生与发展［J］. 外国教育研究, 2005 (2)：77-80.

［258］周文叶. 共同的核心 明确的高期望——美国 CCSS 对我国基础教育质量标准研制的启示［J］. 教育发展研究, 2012, 32(24)：19-24.

［259］美国国家教育和经济中心, 匹兹堡大学. 美国初中学科能力表现标准 英语、数学、科学、应用学习标准介绍、能力表现说明、作业实例及评注［M］. 上海市教育科学研究院, 译. 北京：人民教育出版社, 2004：3-5.

［260］邵朝友. 美国开发表现标准行动的回顾与借鉴［J］. 外国教育研究, 2013, 40(3)：122-128.

［261］樊丰艺. 2014 版美国国家核心艺术标准 PK-2 年级阶段的分析与启示［D］. 金华：浙江师范大学, 2016.

［262］樊丰艺, 王秀萍. 美国国家核心音乐标准 PK-2 年级的标准内容与特性分析(上)［J］. 中国音乐教育, 2017(6)：35-39.

［263］樊丰艺, 王秀萍. 美国国家核心音乐标准 PK-2 年级的标准内容与特性分析(下)［J］. 中国音乐教育, 2017(7)：32-36.

［264］刘晶晶. 美国阅读能力表现标准对我国的启示［J］. 语文教学与研究(教师版), 2015 (2)：29-31.

［265］美国国家教育和经济中心, 匹兹堡大学. 美国小学学科能力表现标准 英语、数学、科学、应用学习标准介绍、能力表现说明、作业实例及评注［M］. 上海市教育科学研究院, 译. 北京：人民教育出版社, 2004.

［266］美国国家教育和经济中心, 匹兹堡大学. 美国初中学科能力表现标准 英语、数学、科学、应用学习标准介绍、能力表现说明、作业实例及评注［M］. 上海市教育科学研究院, 译. 北京：人民教育出版社, 2004.

［267］美国国家教育和经济中心, 匹兹堡大学. 美国高中学科能力表现标准 英语、数学、科学、应用学习标准介绍、能力表现说明、作业实例及评注［M］. 上海市教育科学研究院, 译. 北京：人民教育出版社, 2004.

［268］卢晓明, 郎建中. 学习能力表现的理论与实践［M］. 上海：上海百家出版社, 2008.

［269］孙青, 杨钦芬. 我国初中英语学科能力表现标准的缺失——中、美英语课标对比分析［J］. 教育科学论坛, 2015(9)：19-21.

[270]尹达. 美国高中母语写作能力表现标准及启示[J]. 天津师范大学学报(基础教育版), 2015, 16(2): 69-72.

[271]高峡. 国内外应用能力框架之比较及其启示[J]. 全球教育展望, 2012, 41(11): 24-30.

[272]王祖浩, 龚伟. 国内外科学学科能力体系的建构研究及其启示[J]. 全球教育展望, 2013, 42(10): 98.

[273]蒋盼盼, 杨钦芬. 我国小学数学课标表现标准的缺失及改进[J]. 教学与管理, 2018 (18): 82-84.

[274]王鼎. PISA 数学测评核心能力运用启示[J]. 外国中小学教育, 2014(2): 11-16.

[275]徐炜蓉, 陈吉. 数学教学质量评价工具 MQI 述评[J]. 现代基础教育研究, 2015, 19 (9): 162-167.

[276]王俊民. 核心素养视域下国际大规模科学学业评估框架与试题研究[D]. 重庆: 西南大学, 2018.

[277]金春花, 卜庆刚. 韩国中小学学业质量标准的特点及其启示[J]. 教育科学研究, 2021(4): 79-85.

[278]李建忠, 孙诚. 欧美职业教育投入模式及对我国的启示[J]. 中国高教研究, 2014, (8): 99.

[279]韩玉. 英、德、日三国职业教育学业评价标准建设的经验与启示[J]. 教育与职业, 2017(24): 22-27.

[280]孙曼丽. 从"能力本位"到"表现标准本位"[D]. 福州: 福建师范大学, 2012.

[281]戴伟芬. 由技术理性主义到整合主义: 美国专业取向教师教育课程的演进[J]. 教育发展研究, 2012, 32(2): 75-79.

[282]戴伟芬. 美国绩效标准本位教师教育课程理念与实践探析[J]. 教育发展研究, 2012, 32(10): 69.

[283]戴伟芬. 从技能训练走向全人发展——美国绩效标准本位教师教育课程改革分析 [J]. 教师教育研究, 2013, 25(1): 76-80, 69.

[284]周珂, 周艳丽, KEATING Xiaofen, 等. 标准驱动的美国体育教师教育质量动态保障体系研究[J]. 体育科学, 2016, 36(1): 20-26, 37.

[285]王健, 董国永, 王涛, 等. 人文主义视野中的美国体育教师专业标准研究[J]. 北京体育大学学报, 2013, 36(7): 93-98.

[286]董国永, 毕永兴. 美国职前体育教师专业标准的问题研究及启示[J]. 成都体育学院学报, 2016, 42(4): 109-114.

[287]尹志华，汪晓赞，季浏．爱尔兰职前体育教师专业标准的分析与启示[J]．北京体育大学学报，2017，40(11)：73-79．

[288]尹志华，毛丽红，汪晓赞，等．美国 NCATE 不同级别新体育教师专业标准的比较研究[J]．北京体育大学学报，2010(7)：95-98．

[289]尹志华，毛丽红，汪晓赞，等．NBPTS 体育教师专业标准研究及其启示[J]．北京体育大学学报，2012(3)：80-84．

[290]尹志华，汪晓赞，孙铭珠，等．职前体育教师专业标准的历史与现实图景——美国密歇根大学 Weiyun Chen 教授学术访谈录[J]．体育与科学，2016，37(6)：7-13．

[291]尹志华，汪晓赞，覃立．加拿大职前体育教师专业标准及其应用研究[J]．西安体育学院学报，2021，38(3)：277-285．

[292]尹志华，汪晓赞，孙铭珠，等．"利器"还是"鸡肋"——美国职前体育教师专业标准认证效果及对我国专业认证的警示[J]．武汉体育学院学报，2021，55(8)：79-86．

[293]张利荣．美国教师表现性评价标准的回顾及反思[J]．山西师大学报(社会科学版)，2018，45(3)：94-99．

[294]贾明学．美国体育教师教育专业认证体系的变革与启示[J]．中国体育科技，2021，57(7)：99-106．

[295]刘永凤．国际"核心素养"研究的最新进展及启示[J]．全球教育展望，2017(2)：31-41，98．

[296]柳鸣毅．体育案例研究本土化学理建构的新倡导[J]．上海体育学院学报，2023，47(1)：93．

[297]陈向明．质的研究方法与社会科学研究[M]．北京：教育科学出版社，2000：447-458．

[298]胡晓玲，柳春艳．循证教育学概论[M]．北京：中国社会科学出版社，2021：146-149．

[299]熊欢．体育人文社会学质性研究方法及应用[M]．北京：科学出版社，2017：282-318．

[300]童峰，郑昊，刘卓．从循证医学到循证实践的思辨与发展[J]．医学与哲学(A)，2017，38(2)：38-42．

[301]侯学良．基于循证科学的建设工程项目实施状态诊断理论与应用[M]．北京：电子工业出版社，2011：1-21．

[302]陈耀龙，沈建通，李琳，谭培勇，李晓，黄程，陈佩贤，张斐，王梦书，叶文，王海英，蔡羽嘉，杜亮，李幼平．循证医学术语介绍Ⅳ[J]．中国循证医学杂志，2009，

9(4)：376-383.

[303]Eddy D M. Practice policies：where do they come from？[J]. The Journal of the American Medical Association，1990，263(9)：1265- 1272.

[304]Guyatt G，Cairns J，Churchill D，et al. Evidence-based medicine：a new approach to teaching the practice of medicine[J]. The Journal of the American Medical Association，1992，268(17)：2420-2425.

[305]Sackett D L，Rosenberg W，Gray J，et al. Evidence based medicine：what it is and what it isn't[J]. British Medical Journal，1996，312(7023)：71-92.

[306]童峰. 基于循证实践方法的老年人口健康干预研究[M]. 成都：西南财经大学出版社，2016：7-10.

[307]拜争刚，齐铱，杨克虎，等. 循证社会科学的起源、现状及展望[J]. 中国循证医学杂志，2018，18(10)：1118-1121.

[308]杨文登，叶浩生. 社会科学的三次"科学化"浪潮：从实证研究、社会技术到循证实践[J]. 社会科学，2012(8)：107-116.

[309]拜争刚，吴淑婷，齐铱. 循证理念和方法在中国社会工作领域的应用现状分析[J]. 社会建设，2017，4(4)：57-66.

[310]童峰. 基于循证实践方法的老年人口健康干预研究[M]. 成都：西南财经大学出版社，2016：124.

[311]童峰，庄世龙，张洪嘉. 社会科学实践研究的新方向：循证实践[J]. 重庆工商大学学报(社会科学版)，2017，34(5)：83-87.

[312]李思源，季婷，拜争刚，等. 循证实践在我国社会科学领域的研究现状分析[J]. 中国社会医学杂志，2017，34(6)：529-532.

[313]杨文登. 循证教育学理论及其实践——以美国有效教学策略网为例[J]. 宁波大学学报(教育科学版)，2012，34(4)：5-10.

[314]Geoff Petty. 循证教学：一种有效的教学法[M]. 宋懿琛，付艳萍，孙一菲，译. 广州：广东教育出版社，2013：1-10，528.

[315]任伟平，程京艳，马莉，等. 大学英语循证教学法[M]. 北京：清华大学出版社，2013：1-4，33-66.

[316]D. Kirk Hamilton，David H. Watkins. 循证设计——各类建筑之"基于证据的设计"[M]. 刘晓燕，王一平，译. 北京：中国建筑工业出版社，2016：9.

[317]王一平. 为绿色建筑的循证设计研究[D]. 武汉：华中科技大学，2012.

[318]杨克虎，李秀霞，拜争刚. 循证社会科学研究方法：系统评价与 Meta 分析[M]. 兰

州：兰州大学出版社，2018：67-70.

[319]张鸣明，帅晓.Campbell 协作网：Cochrane 协作网的姊妹网［J］.中国循证医学，2002，2(2)：132-133.

[320]拜争刚，刘少堃，常健博，等.中国儿童与老年健康证据转化平台的构建与应用［J］.转化医学杂志，2015(3)：154-160.

[321]李红娟，王正珍，隋雪梅，等.运动是良医：最好的循证实践［J］.北京体育大学学报，2013，36(6)：43-48.

[322]湛冰.从《白宫老龄会议报告》管窥美国老年体育政策的演进特点［J］.体育与科学，2017，38(3)：38-44，57.

[323]曹振波，陈佩杰，庄洁，等.发达国家体育健康政策发展及对健康中国的启示［J］.体育科学，2017，37(5)：11-23，31.

[324]吴铭，杨剑，郭正茂.发达国家身体活动政策比较：基于美国、加拿大、英国、日本的视角［J］.北京体育大学学报，2019，42(5)：77-89.

[325]吴铭，杨剑，袁媛，等.《加拿大增加身体活动、减少久坐生活的共同愿景：让我们运动起来》的解读与启示［J］.天津体育学院学报，2020，35(4)：428-433.

[326]湛冰，王凯珍，范成文.从《美国老年法案》修订探索老年体育政策特征及启示［J］.体育学刊，2020，27(4)：35-40.

[327]孔琳，汪晓赞，杨燕国，等.儿童青少年身体活动研究的热点透视及特征解析——基于美国《2018 年身体活动指南咨询委员会研究报告》的证据审读［J］.西安体育学院学报，2021，38(6)：749-757.

[328]黄雅君，王香生.循证医学在运动医学与科学研究中的应用与启示［J］.中国运动医学杂志，2006(5)：616-619，626.

[329]蔡国梁，屈金涛，孙君志，等.循证运动医学的定义、基础、实践与发展［J］.中国组织工程研究，2015，19(51)：8338-8343.

[330]曾玉山，王健.循证实践：特殊体育实践发展的新范式［J］.武汉体育学院学报，2017，51(9)：12-17.

[331]黄晓灵，龙凤英，黄菁.循证实践：农村公共体育精准扶贫研究——以叙永县为例［J］.武汉体育学院学报，2019，53(9)：41-46.

[332]韩磊磊，周李，王艳艳，郭恒涛.跨领域合作视角下中国体医融合的路径选择［J］.武汉体育学院学报，2020，54(9)：5-9，15.

[333]李春晓，吴燕丹，孙延林.呼唤特殊体育的循证实践研究：系统综述方法及其运用［J］.天津体育学院学报，2014，29(1)：75-80.

[334] 钱红胜, 张庆文, 王京, 等. 运动与健康促进研究领域系统评价/Meta 分析的方法学与报告质量评价——基于中文核心期刊[J]. 中国体育科技, 2021, 57(2): 89-97.

[335] 许正东, 弓烨弘, 万嘉倩, 等. 运动干预阿尔茨海默病患者认知功能元分析文献的方法学与证据质量评价[J]. 上海体育学院学报, 2022, 46(5): 19-28.

[336] 王雪强, 陈佩杰, 矫玮, 郑洁皎, 李建华, 王于领, 朱毅, 张志杰, 万里, 马全胜, 周军, 胡敏, 张勇, 苟波, 廖远朋, 张日辉, 杨金田, 许志生, 李建设, 朱琳, 刘静, 陈世益. 运动疗法治疗腰痛的专家共识[J]. 体育科学, 2019, 39(3): 19-29.

[337] 王雪强, 王于领, 张志杰, 朱毅, 李建华, 杨霖, 万里, 马全胜, 马明, 刘春龙, 祁奇, 张伟明, 谭同才, 郭京伟, 许志生, 李扬政, 宋朝, 李艳, 黄大海, 李长江, 矫玮, 侯晓晖, 黄力平, 李豪杰, 苟波, 廖远朋, 陈建, 朱东, 刘静, 赵彦, 王文清, 江征, 谢幼专, 马辉, 陈佩杰. 运动疗法治疗颈痛的中国专家共识[J]. 上海体育学院学报, 2020, 44(1): 59-69.

[338] 蔡治东, 娄淑杰, 陈爱国, 李安民, 杨剑, 徐霞, 赵洪朋, 蒋长好, 项明强, 许东升, 赵静, 袁逖飞, 张力, 王洪彪, 温家银, 陶于, 党挺, 刘传道, 刘团结, 刘伟志, 邓轩峰, 韩燕, 曹慧, 王兴. 体育锻炼延缓老年人认知衰退量效关系的专家共识[J]. 上海体育学院学报, 2021, 45(1): 51-65, 77.

[339] 钱学森, 于景元, 戴汝为. 一个科学新领域——开放的复杂巨系统及其方法论[J]. 自然杂志, 1990(1): 3-10, 64.

[340] Fraser M. W., Richman J. M., Galinsky M. J., et al. Intervention Research: Developing Social Programs[M]. USA: Oxford University Press, 2009.

[341] 童峰. 基于循证实践方法的老年人口健康干预研究[M]. 成都: 西南财经大学出版社, 2016: 26.

[342] Daly J., Willis K., Small R., et al. A hierarchy of evidence for assessing qualitative health research[J]. Journal of Clinical Epidemiology, 2007, 60: 43-49.

[343] Gueron J. M.. Building evidence: What it takes and what it yields[J]. Research on Social Work Practice, 2007, 17(1): 134-142.

[344] Soydan H.. Applying randomized controlled trials and systematic reviews in social work research[J]. Research on Social Work Practice, 2008, 18(4): 311-318.

[345] Denzin N. K.. The elephant in the living room: or extending the conversation about the politics of evidence[J]. Qualitative Research, 2009, 9(2): 139-160.

[346] Egon G. Guba, Yvonna S. Lincoln. 第四代评估[M]. 秦霖, 蒋燕玲, 等, 译. 北京:

中国人民大学出版社，2008：24.

[347] Arieli-Attali M.，Ward S.，Thomas J.，et al. The expanded Evidence-Centered Design（e-ECD）for learning and assessment systems：a framework for incorporating learning goals and processes within assessment design［J］. Frontiers in Psychology，2019（10）：1-17.

[348] 中华人民共和国教育部. 教育部关于印发《全国普通高等学校体育教育本科专业课程方案》的通知［EB/OL］.（2003-06-19）［2022-08-06］. http：//www. moe. gov. cn/srcsite/A17/moe_938/s3273/200306/t20030619_80793. html.

[349] 武文强，孙涛波. 对我国体育教育国家级特色专业本科培养方案的研究［C］//2015年第十届全国体育科学大会论文摘要汇编（一）. 中国体育科学学会，2015：934.

[350] 王雷. 论体育学在高等教育领域的学科认同与我国体育学发展的 3 种可能——基于对 6 个国家 50 所高校的考察［J］. 体育科学，2018，38（6）：27-37.

[351] 杨桦. 从运动员、教练员、教师到多类别多层次——对我国体育人才培养的思考［J］. 体育科学，2018，38（7）：6-8.

[352] 中华人民共和国教育部高等教育司. 普通高等学校本科专业目录和专业介绍：2012年［M］. 北京：高等教育出版社，2012：82-83.

[353] 教育部高等学校教学指导委员会. 普通高等学校本科专业类教学质量国家标准（上）［M］. 北京：高等教育出版社，2018：76-84.

[354] 黄汉升，陈作松，王家宏，等. 我国体育学类本科专业人才培养研究——《高等学校体育学类本科专业教学质量国家标准》研制与解读［J］. 体育科学，2016，36（8）：3-33.

[355] 中华人民共和国教育部. 教育部关于印发《普通高等学校师范类专业认证实施办法（暂行）》的通知［EB/OL］.（2017-10-26）［2023-05-11］. http：//www. moe. gov. cn/srcsite/A10/s7011/201711/t20171106_318535. html.

[356] 戴俊，刘跃，汪庆波. 师范类专业认证背景下体育教育专业术科教学改革与实践——以盐城师范学院为例［J］. 体育学刊，2023，30（1）：112-117.

[357] 中华人民共和国教育部. 教育部办公厅关于印发《中学教育专业师范生教师职业能力标准（试行）》等五个文件的通知［EB/OL］.（2021-04-02）［2022-01-05］. http：//www. moe. gov. cn/srcsite/A10/s6991/202104/t20210412_525943. html.

[358] 尹志华，汪晓赞，季浏. 中国体育教师专业素质要求的历史演进分析［J］. 体育文化导刊，2015（9）：158-162.

[359] 黄爱峰，王健，郭敏，等. 基于体育教师专业标准的体育教育专业课程改革研究——以华中师范大学专业教改实验为例［J］. 武汉体育学院学报，2016，50（12）：

63-68.

[360]刘世磊. 困境与出路：我国高校体育教育本科专业教育发展探析[J]. 成都体育学院学报，2018，44（2）：121-126.

[361]郑昀，徐林祥. 从"双基"到"三维目标"再到"核心素养"——新中国成立以来语文学科教学目标述评[J]. 课程·教材·教法，2017，37（10）：43-49.

[362]余文森. 从"双基"到三维目标再到核心素养——改革开放40年我国课程教学改革的三个阶段[J]. 课程·教材·教法，2019，39（9）：40-47.

[363]陈长洲，王红英，项贤林，等. 新中国成立70年中小学体育与健康课程标准的演变及反思[J]. 上海体育学院学报，2020，44（6）：85-94.

[364]周红萍，吕万刚. 新中国成立70年来体育教育专业人才培养的演变与特征分析[J]. 武汉体育学院学报，2020，54（8）：65-71.

[365]张杨. 改革开放四十年课程目标研究的成就与反思——以"双基"研究为切入点的观察与思考[J]. 湖南师范大学教育科学学报，2018，17（6）：30-36.

[366]邵天逸. 学校体育课程"三基"教学的思想流变历程、学理阐释与研究聚焦[J/OL]. 首都体育学院学报：1-8[2022-08-09]. DOI：10. 14036/j. cnki. cn11-4513. 2022. 04. 008.

[367]中华人民共和国教育部. 教育部关于印发《基础教育课程改革纲要（试行）》的通知[EB/OL]. （2001-06-08）[2022-08-10]. http：//www. moe. gov. cn/srcsite/A26/jcj_kcjcgh/200106/t20010608_167343. html.

[368]中华人民共和国教育部. 教育部关于全面深化课程改革落实立德树人根本任务的意见[EB/OL]. （2014-04-08）[2020-11-20]. http：//www. moe. gov. cn/srcsite/A26/jcj_kcjcgh/201404/t20140408_167226. html.

[369]《基础教育课程》编辑部. 培养运动能力，塑造体育品德，形成健康行为——访普通高中体育与健康课程标准修订组负责人季浏[J]. 基础教育课程，2018（1）：74-78.

[370]张华. 创造21世纪理想课程——义务教育课程修订的国际视野[J]. 基础教育课程，2022（10）：5-11.

[371]尹志华，汪晓赞. 国家意志与体育新课标表达：论《课程标准（2017年版）》对十九大精神的落实[J]. 武汉体育学院学报，2019，53（3）：81-88.

[372]季浏. 《普通高中体育与健康课程标准》"2017年版"对"实验版"的继承与发展[J]. 首都体育学院学报，2018，30（3）：196-203.

[373]钟秉枢. 发挥《义务教育体育与健康课程标准（2022年版）》的独特作用[J]. 首都体育学院学报，2022，34（3）：233.

[374]季浏. 坚持"三个导向"的义务教育体育与健康课程标准（2022年版）解析[J]. 体育学刊，2022，29（3）：1-7.

[375]汪晓赞.《义务教育体育与健康课程标准（2022年版）》的课程内容结构与特色[J]. 首都体育学院学报，2022，34（3）：241-252，274.

[376]尹志华，刘皓晖，孙铭珠. 核心素养下《义务教育体育与健康课程标准》2022与2011年版比较分析[J]. 天津体育学院学报，2022，37（4）：395-402.

[377]季浏. 新时代我国中小学体育与健康课程的整体构建与发展趋势[J]. 武汉体育学院学报，2022，56（10）：5-12，20.

[378]翟芳，季浏. 国际中小学体育与健康课程目标构建的共性特征与经验启示[J]. 体育与科学，2022，43（4）：81-87.

[379]朱伟强，张旭琳，杜鹃. 让"教会、勤练、常赛"成为体育课程常态——《义务教育体育与健康课程标准（2022年版）》解读[J]. 全球教育展望，2022，51（6）：118-128.

[380]Egon G. Guba，Yvonna S. Lincoln. 第四代评估[M]. 秦霖，蒋燕玲，等，译. 北京：中国人民大学出版社，2008：1-11.

[381]石芳华. 美国全国教师教育评估委员会（NCATE）简介[J]. 比较教育研究，2002（3）：60-62.

[382]喻浩. 美国国家教师教育认证协会（NCATE）简介及其启示[J]. 教书育人，2008（12）：87-89.

[383]Joy Butler. An introduction to NCATE and NASPE/NCATE beginning teacher standards [J]. Journal of Physical Education, Recreation & Dance, 2006(77)：2, 15-32.

[384]Dominique Banville. Analysis of exchanges between novice and cooperating teachers during internships using the NCATE/NASPE Standards for teacher preparation in Physical Education as guidelines[J]. Research Quarterly for Exercise and Sport, 2013(77)：2, 208-221.

[385]Robert J. Martin, Michael Judd. The NASPE/NCATE program report from the reviewers'lens[J]. Journal of Physical Education, Recreation & Dance, 2006(77)：3, 25-31.

[386]Butler J.. An introduction to NCATE and NASPE/NCATE beginning teacher standards：report guidelines, teacher standards, unit standards, and sundry revisions make a convoluted history—now clarified. (NASPE/NCATE Report Preparation for the Accreditation Process)[J]. Journal of Physical Education, Recreation & Dance, 2013, 77（2）：15-32.

［387］SHAPE America［EB/OL］．［2022-09-17］．https：//www. pgpedia. com/s/shape-america.

［388］SHAPE：Society of Health and Physical Education. AAHPERD becomes SHAPE America ［EB/OL］．（2014-09-18）［2022-09-17］．http：//www. shapeamerica. org/pressroom/ 2013/aahperd-becomes-shape-america. cfm.

［389］SHAPE America. Professional development［EB/OL］．［2022-09-17］．https：//www. shapeamerica. org/prodev/default. aspx？hkey=5fc4ffa3-8358-4f30-8959-16e1347323ce.

［390］SHAPE America. SHAPE America sets the standards for Health and Physical Education in the U. S.［EB/OL］．［2022-09-17］．https：//www. shapeamerica. org/standards/default. aspx？hkey=75b907c4-be9a-49c6-a211-a8909fe478ba.

［391］SHAPE America. PE grants，awards and accreditation resources for Health and Physical Education teachers/SHAPE［EB/OL］．［2022-09-17］．https：//www. shapeamerica. org/ grants/default. aspx？hkey=116f4cef-01b7-47ad-9eae-797d14c8c7a0.

［392］SHAPE America. SHAPE America conferences and events［EB/OL］．［2022-09-17］． https：//www. shapeamerica. org/events/default. aspx？hkey=8d8e1084-94ad-44ba-a301- a18ff46a9b29.

［393］SHAPE America. Advocacy-effective Physical Education，Health and Physical Activity- SHAPE America［EB/OL］．［2022-09-17］．https：//www. shapeamerica. org/advocacy/ default. aspx？hkey=e5c43721-2e93-4a21-8452-2b13716e3280.

［394］SHAPE America. SHAPE America resources for Health and PE［EB/OL］．［2022-09-17］． https：//www. shapeamerica. org/publications/resources/default. aspx？hkey=55103b9c- 7979-4a38-a483-c1669fefbc6e.

［395］SHAPE America. National Physical Education Standards Task Force［EB/OL］．［2022-09- 26］．https：//www. shapeamerica. org/standards/pe/NPES_Task_Force. aspx.

［396］SHAPE America. National physical education standards revisions public review & comment- round 1（Open April 4-May 16，2022）survey［EB/OL］．［2022-09-26］．https：//www. surveymonkey. com/r/NationalPEStandards_1.

［397］CAEP. History of CAEP-Council for the Accreditation of Educator Preparation［EB/OL］． ［2022-09-26］．https：//caepnet. org/about/history.

［398］程文. 美国教师培养认证委员会（CAEP）研究［D］．开封：河南大学，2016.

［399］CAEP. Annual Report 2021［EB/OL］．［2022-10-06］．https：//caepnet. org/~/media/ Files/caep/governance/caep-annualreport2021. pdf？la=en.

［400］CAEP. Vision，Mission，& Goals — Council for the Accreditation of Educator Preparation

[EB/OL]. [2022-10-03]. https://caepnet. org/about/vision-mission-goals.

[401]CAEP. Governance-Council for the Accreditation of Educator Preparation [EB/OL]. [2022-10-03]. https://caepnet. org/about/governance.

[402]Sawchuk S.. Teacher-prep accreditor appoints panel to set performance standards [J]. Education Week, 2012, 31(5): e97202.

[403]CAEP. Volunteers-Council for the Accreditation of Educator Preparation[EB/OL]. [2022-10-07]. https://caepnet. org/working-together/volunteers.

[404]CAEP. 2022-initial-standards-1-pager-final. pdf[EB/OL]. [2022-09-12]. https://caepnet. org/~/media/Files/caep/standards/2022-initial-standards-1-pager-final. pdf? la=en.

[405]CAEP. 2022 CAEP Advanced-Level Standards — Council for the Accreditation of Educator Preparation[EB/OL]. [2022-09-12]. https://caepnet. org/standards/2022-adv.

[406]CAEP. caep-2022-standards-workbook-final. pdf [EB/OL]. [2022-09-12]. https://caepnet. org/~/media/Files/caep/accreditation-resources/caep-2022-standards-workbook-final. pdf? la=en.

[407]王红岩. 美国 CAEP 高级认证标准的特点及论争[J]. 外国教育研究, 2019, 46(9): 72-89.

[408]黄俊丽. 美国教师培养认证委员会(CAEP)认证模型研究[D]. 曲阜: 曲阜师范大学, 2018.

[409]人民教育出版社课程教材研究所体育课程教材研究开发中心组. 美国学校体育国家标准研究[M]. 北京: 人民教育出版社, 2007.

[410]SHAPE America. National standards & grade-level outcomes for K-12 physical education [M]. VA: Reston, 2014.

[411]SHAPE America. The essential components of physical education [EB/OL]. [2022-10-23]. https://www. shapeamerica. org/standards/default. aspx? hkey = 75b907c4-be9a-49c6-a211-a8909fe478ba.

[412]SHAPE America. National standards & grade-level outcomes for K-12 physical education [M]. VA: Reston, 2014.

[413]Shirley Holt Hale, Tina Hall. 美国小学体育课程指导[M]. 李永超, 译. 北京: 人民邮电出版社, 2018.

[414]SHAPE America. National standards for initial physical education teacher education [M]. VA: Reston, 2017.

[415]张金敏, 方奇, 邹振凯. 美国体育教师标准的发展、比较及启示[C]//第十二届全

国体育科学大会论文摘要汇编——专题报告（学校体育分会）. 中国体育科学学会，2022：725-727.

[416] 王松丽，李琼. 国际教师教育专业认证评估的证据趋向[J]. 教师教育研究，2019，31（6）：100-107.

[417] 许芳杰. 美国教师教育专业认证评估的证据文化及其对我国的启示[J]. 教师教育研究，2021，33（4）：19-25.

[418] Stuart R. Kahl，Peter Hofman，Sara Bryant. Assessment literacy standards and performance measures for teacher candidates and practicing teachers[J]. Measured Progress，2013：1-31.

[419] 北京大学《荀子》注释组. 荀子新注[M]. 北京：中华书局，1979.

[420] 杨向东. 作为理论构念的素养及其模型构建[J]. 华东师范大学学报（教育科学版），2022，40（11）：41-57.

[421] 杨婉秋，杨彦春，沈文伟，等. 地震灾后早期快速心理评估内容的德尔菲法研究[J]. 中国心理卫生杂志，2018，32（9）：731-733.

[422] 司琦，金秋艳. 青少年体育健康促进干预项目评价指标体系构建[J]. 武汉体育学院学报，2018，52（3）：67-74.

[423] 王慧莉，吕万刚. 中国竞技健美操核心竞争力研究[J]. 武汉体育学院学报，2020，54（4）：93-100.

[424] 熊文. 体育与健康学科核心素养基本理论问题审思——基于《课程标准》运动能力、健康行为的辨正[J]. 体育科学，2021，41（11）：88-98.

[425] 肖紫仪，熊文，王辉. 辨误与厘正：体育素养、体育学科核心素养在我国学校体育的引入与应用审视[J]. 武汉体育学院学报，2022，56（6）：93-100.

[426] 赵广涛. 小学体育学业评价的价值取向——评价与课程标准一致性研究[J]. 河南教育学院学报（自然科学版），2010，19（2）：77-80.

[427] Gregory J. Cizek. Setting performance standards：Foundations，Methods，and Innovations[M]. 2nd ed. New York and London：Routledge，2012.

[428] 胡晓玲，柳春艳. 循证教育学概论[M]. 北京：中国社会科学出版社，2021.

[429] 杨克虎，李秀霞，拜争刚. 循证社会科学研究方法：系统评价与 Meta 分析[M]. 兰州：兰州大学出版社，2018.

[430] 阎光才. 对英美等国家基于证据的教育研究取向之评析[J]. 教育研究，2014，35（2）：137-143.

[431] 杨文登. 循证教育学理论及其实践——以美国有效教学策略网为例[J]. 宁波大学学

报(教育科学版)，2012，34(2)：5-10.

[432]洪成文，莫蕾钰."基于证据"教育政策研究的评估与整合——以英国 EPPI 与美国 WWC 的经验为例[J].新疆师范大学学报(哲学社会科学版)，2015，36(6)：121-127.

[433]陈向明.质的研究方法与社会科学研究[M].北京：教育科学出版社，2000：12.

[434]任萍萍，李鑫.循证教育研究：缘起、困境、体系框架与实施建议[J].中国电化教育，2021(12)：33-39.

[435]刘晓燕，王一平.循证设计——从思维逻辑到实施方法[M].北京：中国建筑工业出版社，2016：132.

[436]任维平，程京艳，马莉，等.大学英语循证教学法[M].北京：清华大学出版社，2013：33-48.

[437]张琦.遵循循证原则制订教育政策[J].中国教育学刊，2007(7)：11-15.

[438]李承伟，姚蕾.基于扎根理论的我国中学体育教师核心素养结构模型构建[J].北京体育大学学报，2019，42(10)：117-127，156.

[439]杨丹，王华倬.职前体育教师核心素养模型构建与探析[J].高等教育研究学报，2017，40(2)：34-41.

[440]卢光保.高校体育教育专业学生核心素养培育研究——基于人的现代化理论视角[J].体育研究与教育，2020，35(4)：55-59.

[441]王丹，沈友青.体教融合视域下体育教育专业核心素养培养的 PDCA 周期研究——以湖北第二师范学院体育教育专业为例[J].湖北第二师范学院学报，2021，38(5)：86-89.

[442]李蕾，杜晓红，都成凤.基于学生核心素养发展的体育教育专业课程与教学改革研究[J].武术研究，2021，6(8)：153-156.

[443]常志利.关于体育教育专业核心素养及评价方法的思考[J].体育科技文献通报，2018，26(2)：89-90.

[444]张娜，赵国华.体育教育专业学生教学能力系统的结构与培养[J].广州体育学院学报，2016，36(1)：117-120.

[445]练碧贞，王新龙，李辉.高等体育院校体育教育专业篮球方向毕业生教学能力现状及培养对策研究[J].北京体育大学学报，2014，37(5)：92-97.

[446]张海灵.高师体育教育专业篮球必修课学生基本教学能力培养的实验研究[J].首都体育学院学报，2010，22(5)：58-61，65.

[447]刘根发.普通高校体育教育专业学生教学能力评价指标体系的构建[J].成都体育学

院学报，2008，150（5）：92-94.

[448]董国永，卓贞梅，李健，等．新加坡体育教育专业师范生教育实习体系研究[J]．成都体育学院学报，2021，47（6）：74-81.

[449]陈旭晖，刘善德．体育教育专业教育实习存在的问题及对策研究——以上海体育学院体育教育专业10级学生为例[J]．山东体育科技，2014，36（6）：99-103.

[450]戴俊，刘跃，汪庆波．师范类专业认证背景下体育教育专业术科教学改革与实践——以盐城师范学院为例[J]．体育学刊，2023，30（1）：112-117.

[451]汪庆波，戴俊，柴伟丽．教师资格证"国考"下地方院校体育教育专业人才培养研究[J]．体育学刊，2021，28（6）：98-104.

[452]马卉君，马成亮，姚蕾．我国中小学体育教师专业性的逻辑起点与路径重构[J]．北京体育大学学报，2019，42（6）：89-98.

[453]刘桦楠，季浏．我国高校体育教育专业足球专修课程改革的思考——基于复合型足球师资的培养导向[J]．北京体育大学学报，2017，40（3）：79-85.

[454]檀传宝．教育思想的花园：教育基本理论前沿讲座[M]．北京：教育科学出版社，2020：406.

[455]王慧莉，吕万刚．表现性评价在体育课程思政建设中的应用研究——以体育教育专业体操类专项课程为例[J]．体育学刊，2022，29（1）：103-110.

[456]荣俊杰，阎智力．逆向教学设计及其在体育教学中的应用路径[J]．武汉体育学院学报，2017，51（12）：75-79.

[457]Grant Wiggins，Jay McTighe．追求理解的教学设计：第二版[M]．闫寒冰，宋雪莲，赖平，译．上海：华东师范大学出版社，2016.

[458]刘良华，王小明．指向改进的教学与评价[M]．上海：华东师范大学出版社，2016.

[459]杨向东，崔允漷．课堂评价：促进学生的学习和发展[M]．上海：华东师范大学出版社，2012.

[460]王少非．促进学习的课堂[M]．上海：华东师范大学出版社，2018.

后　记

行文至此，感慨万千。本书成稿于我博士学位论文的精华，也呈现出我学术成长中的收获与困惑。博士求学之路跌宕起伏、蜿蜒曲折，就像长江之水流淌过许多未涉足的地方，看到过许多未曾见的风景，体会过许多未触及的冷暖，最终奔流入海不复返。回顾这段隽永的读博时光，内心充满了眷恋，这是我在人生经历中收获的宝贵财富。

鉴于新课标实施背景下社会对中小学体育师资人才培养的质量需求以及体育教育专业学生核心素养评价的现实困境，《循证视角下体育教育专业学生核心素养的表现标准研究》一书为解决"学生核心素养如何有效评价"这一现实问题对"表现标准"进行了专题研究。其实，最初的选题意图是在核心素养的课程改革中构建"以证据为中心"的体育教育专业学生核心素养测评框架。但是，随着文献阅读的深入，逐渐发现有关核心素养评价指标体系构建的研究成果已经粗具规模，但是对于核心素养指标评价标准的研究成果却较为少见。那么，如果核心素养评价指标没有明确的表现标准，将如何实施有效评价？于是，本书最终将选题聚焦于"表现标准"主题词上，以循证实践理论新视角建立体育教育专业学生核心素养表现标准体系的理论与实践框架，试图从学理上丰富对表现标准概念与内涵、呈现框架、循证程序与证据支持等基本理论问题的本土化认知，并为表现标准的本土化研制提供一个典型的案例。

本书通过对表现标准的专题研究，还发现表现标准的效度与证据的质量密切相关，而表现标准的研制与实施过程其实也反映了以证据为中心的"证据文化"构建过程。"证据文化"改变了依赖个人主观经验和直觉判断进行的思想和行为活动，通过强化证据意识，自觉收集教育过程中质性信息和量化数据，采用混合方法对数据信息进行提炼、转化和应用，进而对教育效能进行理性评估，最终形成证据驱动的决策指导教育质量的持续改进。那么，随着大数据时代的到来，建立高质量的循证数据库去收集学生、教师、学校等教育信息，可以充分了解教育产出的实际情况，为教育评价提供各类特征数据。由此可见，我国教育评价领域中对教育产出的证据标准、证据来源、证据类型等有关"证据文化"的理论研究与实践探索尚存巨大的拓展空间。非常遗憾的是，本书在对表现标准研究的过程中所引发的对"证据文化"的初步探索微不足道，希望今后能在更多学者的关注与参与下，可以进一步取得更为丰硕的优质研究成果，同步促进表现标准研究的纵深发展。

本书的成稿离不开我的博士生导师武汉体育学院吕万刚教授的悉心指导。感谢导师教诲，徒儿朽木。师徒相处场景，历历在目、点滴在心。吕老师作为校长，印象中永远都是雷厉风行、严肃认真、不苟言笑的工作状态。每次去办公室向吕老师提交作业、交流讨论，他总是放下手中繁忙的工作事务，在第一时间给予积极回应。反复给我修改论文，甚至连标点符号也不放过；耐心倾听我的想法，甚至支持我不成熟的科研设想，而且还时常鼓励。我可以向吕老师坦诚我的任何科研设想，而不用担心暴露自己的浅薄无知，因为他从未有过任何嫌弃或者不悦。反而，吕老师总会想尽办法从多角度分析问题，指引我正确的方向。接触久了，就会发现吕老师不怒自威的外表下其实隐藏着一颗老父亲的心，时刻操心每一位学生的学业、就业等问题。总之，吕老师是真诚地希望每一位学生都发展得好，永远把学生的事情放心上。在我读博的取经路上，遇到了九九八十一难，但有了吕老师的智慧锦囊指点迷津，使我心无旁骛、专注科研。其实，读博看似是做学术论文，实质上却是磨练心性。特别感谢吕老师，是因为他能够充分理解我所热爱的学术追求，并且全力帮我一点一点实现我的梦想；而且，吕老师的言传身教也使我明白了许多为人处世的道理。我该拿什么报答师恩呢？我将牢记吕老师在武汉体育学院2023届学生毕业典礼上的校长致辞：希望全体毕业生无论何时何地，无论顺境逆境，都要带着武体人的"公勇诚毅、学思辨行"，勇敢、坚定、乐观、豪迈地去追逐自己的梦想；都能以豁达的心态直面高潮与低谷，以宽容的性情去对待失落和坎坷，不管多远、多难，都不要忘了最初对选择的承诺，不要陷入生活中的鸡毛蒜皮，不要让那些刺耳的声音把你带偏了方向；都要志存高远、努力奋斗，把课堂学习和工作实践紧密结合起来，厚植家国情怀，怀抱梦想又脚踏实地，敢想敢为又善作善成，在担当国家富强、民族复兴的时代使命中铸就精彩人生。

同时，众多知名学者为我博士学位论文提供了广阔的学术思想与多维的专家智慧，这些思想的闪光点也体现在本书之中。特别感谢参与我博士学位论文开题报告答辩会的答辩主席黄冈师范学院漆昌柱教授，评委武汉体育学院陈晴教授、魏旭波教授、彭小伟教授和赵富学教授；参与我博士学位论文预答辩的答辩主席华中师范大学体育学院王健教授，评委湖北大学体育学院张春合教授、华中师范大学体育学院胡庆山教授、武汉体育学院郑湘平教授和赵富学教授；参与我博士学位论文答辩的答辩主席华东师范大学体育与健康学院季浏教授，评委华中师范大学体育学院王斌教授、湖北大学体育学院张春合教授、武汉体育学院彭小伟教授和赵富学教授。

我要感谢武汉体育学院的同事，在我读博期间，我得到了各位同事的支持与帮忙，使我有足够的时间与精力完成学业。今后，我将以饱满的工作状态与大家并肩奋进，共同完成更艰巨的工作挑战！

　　我要感谢我的同学，河南大学体育学院体育教育专业 1997 级、武汉体育学院研究生院体育教育训练学硕士研究生 2001 级和博士研究生 2017 级。感谢同学们在访谈、问卷调查中给予我的鼓励、支持与帮助。每次通话，都仿佛回到当初那个青春飞扬的年代，好似我们从未离开。无论时空变换，同学间的情谊永存心间。

　　我要感谢我的父亲王润麒和母亲葛素梅，无私的爱是我前进的动力，无论遇到什么困难，一想到家人就会生出无穷的力量与勇气。生命不能穿越时空，但爱可以，一家人必须整整齐齐地聚在一起。还要感谢我的爱子胡昊宇，妈妈与你一起学习、成长，互相鼓励、共同进步！

　　和光同尘，与时舒卷。新时代，新征程，勇毅前行向未来。

2024 年 6 月

武汉东湖